2019

国家统计局河南调查总队　编

Compiled by Survey Office of the
National Bureau of Statistics in Henan

图书在版编目（CIP）数据

河南调查年鉴 = Henan Survey Yearbook. 2019 / 国家统计局河南调查总队编. -- 北京 : 中国统计出版社, 2020.1
ISBN 978-7-5037-9121-5

Ⅰ. ①河… Ⅱ. ①国… Ⅲ. ①统计资料—河南—2019—年鉴 Ⅳ. ① C832.61-54

中国版本图书馆 CIP 数据核字（2020）第 003904 号

河南调查年鉴 -2019

作　　者 / 国家统计局河南调查总队
责任编辑 / 郭　栋
封面设计 / 李雪燕
出版发行 / 中国统计出版社
通信地址 / 北京市丰台区西三环南路甲 6 号　邮政编码 /100073
电　　话 / 邮购（010）63376909　书店（010）68783171
网　　址 /http://www.zgtjcbs.com/
印　　刷 / 河北鑫兆源印刷有限公司
经　　销 / 新华书店
开　　本 /880mm×1230mm　1/16
字　　数 /820 千字
印　　张 /22.5　彩页 0.25 印张
版　　别 /2020 年 1 月第 1 版
版　　次 /2020 年 1 月第 1 次印刷
定　　价 /280.00 元

本书附同版本 CD-ROM 一张，光盘内容以书面文字为准。
如有印装差错，由本社发行部调换。

《河南调查年鉴-2019》
编委会和编辑人员

编 委 会

编 辑 部

编者说明

一、《河南调查年鉴—2019》是一部全面反映河南省经济社会发展情况的抽样调查资料年刊。本书收录了全省和市、县（区）2018年经济和社会发展有关方面大量的调查统计数据，以及重要历史年份的全省主要调查统计数据。

二、本年鉴正文内容分为10个部分，即1.综合；2.农业；3.畜牧业；4.消费价格；5.生产价格；6.农产品价格；7.人民生活；8.县域经济；9.城市经济；10.全国及分省（市、区）指标。主要篇末附有《主要统计指标解释》。

三、资料中所使用的度量衡单位均采用国际统一标准计量单位。

四、本年鉴部分数据合计数或相对数，由于单位取舍不同产生的计算误差未作机械调整。

五、本年鉴各表中，有关对全表的注解均在该表上方，对表中部分指标的注解则在该表下方。凡带续表的资料，对部分指标的注解一律在最后续表的下方。

六、本年鉴表中的符号使用说明："空格"表示该项统计指标数据不详或无该项数据；"#"表示其中的主要项。

七、本年鉴的编辑出版，得到了国家统计局和河南省统计局的大力支持和帮助，值此出版之际，特致谢忱！

八、由于编者水平所限，加之编辑时间仓促，本年鉴中不当之处，敬请读者批评指正。

河南调查年鉴编辑部

二〇一九年十二月

目　　录

一、综　　合

二、农　　业

三、畜牧业

四、消费价格

五、生产价格

六、农产品价格

七、人民生活

八、县域经济

九、城市经济

十、全国及分省（市、区）指标

综　合

资料整理：洪曼绮

合　影

1-1 全省行政区划(2018年底)

单位：个

市	市			县	市辖区	镇	乡	街道办事处	居民委员会	村民委员会
		省辖市	县级市							
全 省	**38**	**17**	**21**	**85**	**52**	**1173**	**618**	**660**	**5974**	**45653**
郑州市	6	1	5	1	6	73	13	91	816	2288
开封市	1	1		4	5	34	45	38	419	2127
洛阳市	2	1	1	8	6	106	24	58	484	2710
平顶山市	3	1	2	4	4	53	33	57	233	2561
安阳市	2	1	1	4	4	66	23	46	358	3173
鹤壁市	1	1		2	3	14	5	25	202	779
新乡市	3	1	2	6	4	77	41	36	239	3533
焦作市	3	1	2	4	4	34	18	56	176	1816
濮阳市	1	1		5	1	42	33	14	107	2963
许昌市	3	1	2	2	2	60	16	27	789	1676
漯河市	1	1		2	3	37	9	6	77	1269
三门峡市	3	1	2	2	2	29	33	12	133	1270
南阳市	2	1	1	10	2	159	45	39	370	4514
商丘市	2	1	1	6	2	97	70	30	234	4536
信阳市	1	1		8	2	83	86	40	475	2868
周口市	2	1	1	8	1	101	67	38	375	4644
驻马店市	1	1		9	1	97	57	42	415	2473
济源市	1		1			11		5	72	453

1-2 各市、县(市、区)名称(2018年底)

市	县(市、区)数(个)	市辖县	市辖区	县级市
郑州市	12	中牟	中原区、二七区、管城回族区、金水区、上街区、惠济区	巩义市、荥阳市、新郑市、登封市、新密市
开封市	9	杞县、通许、尉氏、兰考	龙亭区、顺河回族区、鼓楼区、禹王台区、祥符区	
洛阳市	15	孟津、新安、栾川、嵩县、汝阳、宜阳、洛宁、伊川	老城区、西工区、瀍河回族区、涧西区、吉利区、洛龙区	偃师市
平顶山市	10	宝丰、叶县、鲁山、郏县	新华区、卫东区、湛河区、石龙区	汝州市、 舞钢市
安阳市	9	安阳、汤阴、滑县、内黄	文峰区、北关区、殷都区、龙安区	林州市
鹤壁市	5	浚县、淇县	鹤山区、山城区、淇滨区	
新乡市	12	新乡、获嘉、原阳、延津、封丘、长垣	红旗区、卫滨区、凤泉区、牧野区	卫辉市、辉县市
焦作市	10	修武、博爱、武陟、温县	解放区、中站区、马村区、山阳区	沁阳市、孟州市
濮阳市	6	清丰、南乐、范县、台前、濮阳	华龙区	
许昌市	6	鄢陵、襄城	魏都区、建安区	禹州市、长葛市
漯河市	5	舞阳、临颍、	源汇区、郾城区、召陵区	
三门峡市	6	渑池、卢氏	湖滨区、陕州区	义马市、灵宝市
南阳市	13	南召、方城、西峡、镇平、内乡、淅川、社旗、唐河、新野、桐柏	卧龙区、宛城区	邓州市
商丘市	9	虞城、民权、宁陵、睢县、夏邑、柘城	梁园区、睢阳区	永城市
信阳市	10	息县、淮滨、潢川、光山、固始、商城、罗山、新县	浉河区、平桥区	
周口市	10	扶沟、西华、商水、太康、鹿邑、郸城、淮阳、沈丘	川汇区	项城市
驻马店市	10	确山、泌阳、遂平、西平、上蔡、汝南、平舆、新蔡、正阳	驿城区	
济源市	1			济源市

1-3　河南省主要统计指标居全国位次

指　标	2000年	2005年	2010年	2015年	2016年	2017年	2018年
生产总值	5	5	5	5	5	5	5
生产总值增速	14	5	21	13	9	11	11
居民消费价格指数	26	9	13	20	10	23	11
一般公共预算收入	9	8	9	8	8	8	8
一般公共预算支出	7	7	5	5	5	5	5
规模以上工业增加值增速	17	4	14	7	7	11	14
社会消费品零售总额	5	5	5	5	5	5	5
进出口总额	18	16	16	11	10	10	11
#出口	14	13	17	11	10	8	8
居民可支配收入				24	24	24	24
城镇				24	25	24	25
农村				17	18	17	15
在岗职工平均工资	30	30	26	31	31	31	31

注：2010年以前固定资产投资为城镇口径，居民可支配收入为城乡一体化调查结果(1-3~7同)。

1-4　河南省主要统计指标占全国比重

单位：%

指　标	1952年	1978年	1990年	2000年	2010年	2015年	2016年	2017年	2018年
生产总值	5.3	4.4	5.0	5.0	5.6	5.4	5.4	5.4	5.3
第一产业	6.6	6.4	6.5	7.9	8.1	6.9	6.7	6.3	6.6
第二产业	5.8	4.0	4.3	5.0	6.7	6.4	6.5	6.3	6.0
第三产业	2.8	3.2	4.5	4.0	3.9	4.3	4.4	4.5	4.6
人均生产总值		60.3	65.6	68.6	79.6	78.4	78.9	78.2	77.6
一般公共预算收入	2.5	3.5	4.3	3.8	3.4	3.6	3.6	3.7	3.8
一般公共预算支出	1.0	4.7	4.3	4.3	4.6	4.5	4.6	4.7	4.9
粮食产量	6.3	6.9	7.4	8.9	9.9	9.8	9.6	9.9	10.1
社会消费品零售总额	3.9	4.6	3.8	4.8	5.1	5.2	5.3	5.4	5.4
进出口总额	0.1(1957年)	0.6	0.9	0.5	0.6	1.9	1.9	1.9	1.8
#出口	0.3(1957年)	1.0	1.4	0.6	0.7	1.9	2.0	2.1	2.2
居民可支配收入						78.0	77.4	77.7	77.8
城镇						82.0	81.0	81.2	81.2
农村						95.0	94.6	94.7	94.6

1-5 国民经济和社会发展

指 标	1978年	2000年	2005年	2010年	2015年	2016年	2017年	2018年
人口与就业								
人口(万人)								
年底总人口	7067	9488	9768	10437	10722	10788	10853	10906
#城镇人口	963	2201	2994	4052	5023	5232	5444	5639
常住人口			9380	9405	9480	9532	9559	9605
就业(万人)								
年底就业人员	2807	5572	5662	6042	6636	6726	6767	6692
#在岗职工	420	718	681	723	1077	1096	1083	920
城镇登记失业人数	15.74	21.40	33.02	38.20	42.46	43.58	40.67	48.60
宏观经济								
国民核算								
生产总值(亿元)	162.92	5052.99	10621.56	23157.64	37084.20	40249.23	44552.83	48055.86
第一产业	64.86	1161.58	1844.04	3127.14	4015.56	4063.65	4139.29	4289.38
第二产业	69.45	2294.15	5510.12	12930.83	18156.04	19275.82	21105.52	22034.83
第三产业	28.61	1597.26	3267.40	7099.67	14912.60	16909.76	19308.02	21731.65
人均生产总值(元)	232	5450	11383	24516	39209	42341	46674	50152
固定资产投资(亿元)								
全社会固定资产投资								
#固定资产投资								
#工业投资								
#房地产开发投资								
#基础设施投资								
#民间投资								
对外贸易								
进出口总额(亿元)	1.99	188.36	626.54	1204.40	4600	4714.70	5232.79	5512.71
进口额	0.27	64.71	213.42	491.27	1916	1879.35	2060.98	1933.73
出口额	1.72	123.65	413.12	713.13	2684	2835.34	3171.81	3578.99
利用外资(万美元)								
实际利用外商直接投资	565(1985年)	53999	122960	624670	1608637	1699312	1722428	1790214
能源(万吨标准煤)								
能源生产总量	4434	6591	14522	17438	11231	9705	10091	
能源消费总量	3353	7919	14625	18594	23161	23117	22944	
财政(亿元)								
一般公共预算收入	33.73	246.47	537.65	1381.32	3016.05	3153.48	3407.22	3766.02
一般公共预算支出	27.67	445.53	1116.04	3416.14	6799.35	7453.74	8215.52	9217.73
物价总指数(以上年为100)								
居民消费价格总指数	100.1	99.2	102.1	103.5	101.3	101.9	101.4	102.3
商品零售价格总指数	100.1	98.5	101.7	103.7	99.8	100.3	101.3	102.9
农业生产资料价格总指数	97.9	99.6	107.9	103.1	100.3	100.8	99.7	104.3
人民生活								
居民可支配收入(元)				9520	17125	18443	20170	21964
城镇	315	4766	8668	15930	25576	27233	29558	31874
农村	105	1986	2871	5524	10853	11697	12719	13831
居民消费支出(元)					11835	12712	13730	15169
城镇	274	3831	6038	10838	17154	18088	19422	20989
农村	82	1316	1892	3682	7887	8587	9212	10392
在岗职工平均工资(元)	590	6930	14282	30303	45920	50028	55997	64148

总量和速度指标

2018年为以下各年%					年均增长速度(%)		
1978年	2000年	2005年	2010年	2017年	1979-2018年	2001-2018年	2013-2018年
154.3	114.9	111.7	104.5	100.5	1.1	0.8	0.6
585.6	256.2	188.3	139.2	103.6	4.5	5.4	3.9
		102.4	102.1	100.5			0.3
238.4	120.1	118.2	110.8	98.9	2.2	1.0	1.0
219.0	128.1	135.1	127.2	84.9	2.0	1.4	1.3
308.8	227.1	147.2	127.2	119.5	2.9	4.7	4.1
6011.7	626.5	364.9	199.0	107.6	10.8	10.7	8.3
850.4	229.8	176.1	137.6	103.3	5.5	4.7	4.1
11611.9	813.5	414.8	201.1	107.2	12.6	12.4	8.1
11516.4	642.6	387.0	219.7	109.2	12.6	10.9	9.9
4333.5	607.2	355.9	196.5	107.2	9.9	10.5	8.0
	4031.9	1207.7	355.7	108.1		24.0	15.0
	4381.4	1009.7	287.8	102.0		24.7	10.0
	9004.6	1804.9	331.7	98.9		28.4	15.0
	2055.1	785.8	521.4	118.5		21.4	24.9
	7969.7	1782.2	342.7	103.2		28.7	13.4
277074.2	2926.7	879.9	457.7	105.3	21.9	20.6	9.1
714041.6	2988.5	906.1	393.6	93.8	24.8	20.8	5.6
208226.1	2894.4	866.3	501.9	112.8	21.0	20.6	11.4
	3315.3	1455.9	286.6	103.9		21.5	6.7
11165.2	1528.0	700.5	272.6	110.5	12.5	16.4	10.8
33313.1	2068.9	825.9	269.8	112.2	15.6	18.3	10.7
102.2	103.1	100.2	98.8	100.9	0.1	0.2	
102.8	104.5	101.2	99.2	101.6	0.1	0.2	0.1
106.5	104.7	96.7	101.2	104.6	0.2	0.3	-0.2
			230.7	108.9			9.5
10118.8	668.7	367.7	200.1	107.8	12.2	11.1	7.7
13208.6	696.5	481.8	250.4	108.7	13.0	11.4	8.5
7660.3	547.9	347.6	193.7	108.1	11.5	9.9	7.3
12719.7	789.8	549.4	282.2	112.8	12.9	12.2	12.8
10872.5	925.7	449.2	211.7	114.6	12.4	13.2	9.1

1-5 续表 1

指　　标	1978年	2000年	2005年	2010年	2015年	2016年	2017年	2018年
城市概况								
供水总量(万立方米)		191706	183436	179122	196709	203936	208604	216305
排水管道长度(公里)		6070	10201	14733	20467	21376	23624	25027
城市煤气、天然气家庭用量(万立方米)		30100	31384	63663	110929	113516	137045	157939
公共汽(电)车总数(标台)		12514	12514	18912	27355	29615	34082	37833
道路长度(公里)		4920	7090	9413	12318	13042	13876	14538
公园绿地面积(公顷)		6286	12644	18361	25201	25429	30002	31934
产　　业								
农林牧渔业								
主要农产品产量								
粮食(万吨)	2097.40	4101.50	4582.00	5581.82	6470.22	6498.01	6524.25	6648.91
棉花(万吨)	22.42	70.38	67.70	33.89	6.77	4.88	4.40	3.79
油料(万吨)	24.16	392.55	449.60	515.66	538.99	549.82	586.95	631.03
烟叶(万吨)	29.95	27.60	28.84	28.75	28.85	28.26	26.70	25.31
园林水果(万吨)	47.11	364.73	555.69	797.50	919.68	927.12	931.98	907.39
年底大牲畜存栏头数(万头)	515.03	1445.73	1508.80	719.19	411.70	353.67	376.09	377.01
年底生猪存栏头数(万头)	1724.90	3787.69	4439.00	4540.55	4361.95	4268.82	4390.00	4337.15
年底羊存栏只数(万只)	989.70	2961.40	3988.00	1895.40	1926.00	1535.45	1682.02	1734.07
肉类(万吨)	45.64	517.00	689.00	608.96	647.22	625.94	655.84	669.41
工业								
规模以上工业增加值增速(%)		11.6	23.3	19.0	8.6	8.0	8.0	7.2
建筑业								
建筑业总产值(亿元)		357.34	1066.15	4400.61	8047.65	8807.99	10086.58	11360.52
施工房屋面积(万平方米)		5308.29	10813.15	28677.13	53132.48	55784.03	55694.68	63789.69
竣工房屋面积(万平方米)		2629.33	4787.12	13156.03	18026.91	41675.82	20226.02	20624.12
交通运输、仓储、邮政业								
客运量(万人)	11177	83912	98099	167804	126812	122342	116574	112611
#铁路	4319	4727	5842	8399	13068	14525	16178	17095
公路	6781	79017	91920	158630	112535	106415	98753	93707
货运量(万吨)	18206	60678	78827	202470	192715	205385	229458	259416
#铁路	6722	10172	14806	14224	9802	9562	9406	10012
公路	11321	50133	62684	183291	172431	184255	207066	235183
邮电业务总量(亿元)	0.71	130.06	556.50	486.11	1317.28	986.08	1816.04	4383.72
批发和零售业、住宿和餐饮业								
社会消费品零售总额(亿元)	71.79	1869.80	3380.88	8004.15	15740.43	17618.35	19666.8	20594.7

2018年为以下各年%					年均增长速度(%)		
1978年	2000年	2005年	2010年	2017年	1979-2018年	2001-2018年	2013-2018年
	112.8	117.9	120.8	103.7		0.7	2.3
	412.3	245.4	169.9	105.9		8.2	6.4
	524.7	503.2	248.1	115.2		9.6	12.9
	302.3	302.3	200.0	111.0		6.3	9.6
	295.5	205.1	154.4	104.8		6.2	5.1
	508.0	252.6	173.9	106.4		9.5	7.1
317.0	162.1	145.1	119.1	101.9	2.9	2.7	2.0
16.9	5.4	5.6	11.2	86.1	-4.3	-15.0	-22.1
2611.9	160.8	140.4	122.4	107.5	8.5	2.7	1.7
84.5	91.7	87.8	88.0	94.8	-0.4	-0.5	-3.2
1926.1	248.8	163.3	113.8	97.4	7.7	5.2	0.7
73.2	26.1	25.0	52.4	100.2	-0.8	-7.2	-14.2
251.4	114.5	97.7	95.5	98.8	2.3	0.8	-0.9
175.2	58.6	43.5	91.5	103.1	1.4	-2.9	-0.9
1466.7	129.5	97.2	109.9	102.1	6.9	1.4	-0.2
	3179.2	1065.6	258.2	112.6		21.2	11.2
	1201.7	589.9	222.4	114.5		14.8	8.9
	784.4	430.8	156.8	102.0		12.1	3.9
2039.3	270.9	231.7	126.8	96.6	7.8	5.7	0.4
395.8	361.6	292.6	203.5	105.7	3.5	7.4	10.0
2959.5	254.0	218.3	118.0	94.9	8.8	5.3	-0.9
2184.2	654.3	503.6	232.1	113.1	8.0	11.0	9.5
148.9	98.4	67.6	70.4	106.4	1.0	-0.1	-4.0
3356.5	758.0	606.2	248.9	113.6	9.2	11.9	10.4
2967603.6	19864.2	4642.4	1713.5	241.4	29.4	23.8	69.2
28687.5	1101.4	609.2	257.3	104.7	15.2	14.3	11.2

1-5 续表 2

指 标	1978年	2000年	2005年	2010年	2015年	2016年	2017年	2018年
金融业(亿元)								
金融机构人民币年底存款余额	45.71	4753.41	10003.96	23148.83	47629.91	53977.62	59068.66	63867.63
金融机构人民币年底贷款余额	99.99	4356.94	7434.53	15871.32	31432.62	36501.17	41743.31	47834.76
租赁和商务服务业								
接待旅游者人数(万人次)		32.50	60.05	146.84	268.29	293.95	307.32	321.73
旅游外汇收入(万美元)		12390	21604	49877	84948	89542	98182	103362
科学研究、技术服务和地质勘查业								
研究与试验发展(R&D)经费内部支出(亿元)		24.80	55.61	211.38	435.04	494.19	582.05	671.52
技术市场成交额(亿元)		21.16	26.37	27.69	45.56	59.24	76.93	149.74
三种专利授权量(项)		2766	3748	16539	47766	49145	55407	82318
水利、环境和公共设施管理业								
水资源总量(亿立方米)		669.95	558.56	534.89	287.17	337.35	423.06	339.83
环境污染治理投资总额(亿元)		8.06	82.34	132.25	360.16	455.08	879.74	
教育								
专任教师数(万人)								
高等学校	0.54	2.02	4.63	7.75	9.80	10.27	10.84	11.54
普通中学	29.34	30.86	37.30	38.10	42.87	43.63	46.21	49.24
小学	42.88	45.93	47.55	49.04	47.21	47.42	48.86	50.02
在校学生数(万人)								
高等学校	2.73	26.24	85.19	145.67	176.69	187.48	200.47	214.08
普通中学	521.62	638.14	758.22	661.56	599.12	615.43	634.65	661.94
小学	1140.26	1130.63	986.84	1070.53	937.05	965.59	982.06	994.60
卫生、社会保障和社会福利业								
卫生机构床位数(万张)	10.20	19.86	21.40	32.76	48.96	52.16	55.90	60.85
#医院、卫生院	9.73	18.34	20.23	30.44	45.65	48.74	52.21	57.04
卫生技术人员数(万人)	11.44	26.84	28.92	37.28	51.96	54.67	58.05	62.13
#执业(助理)医师	4.38	11.11	11.11	15.48	19.86	20.68	22.03	23.55
文化、体育和娱乐业								
图书出版总印数(万册)		35077	27260	20150	23224	24608	27498	31068
期刊出版总印数(万册)		10721	9323	8524	8602	8166	8517	8351
报纸出版总印数(万份)		129104	197896	214158	204783	192659	178615	167782

注：1.本表价值量指标除邮电业务总量2001年以来为2000年不变价，1990-2000年按1990年不变价格计算，以前年度按1980年不变价格计算，其他价值量指标均按当年价格计算。(下同)。 生产总值、工业增加值、邮电业务总量、在岗职工平均工资发展(增长)速度均按可比价格计算。
2.2005年以后生产总值相关数据已按新的行业划分办法和第三次经济普查数据调整(下同)。
3.1994年始财政收入为分税制后新口径数据(下同),发展(增长)速度按可比口径计算。

2018年为以下各年%					年均增长速度(%)		
1978年	2000年	2005年	2010年	2017年	1979-2018年	2001-2018年	2013-2018年
139732.1	1343.6	638.4	275.9	108.1	19.8	15.5	12.2
47837.5	1097.9	643.4	301.4	114.6	16.7	14.2	15.4
	989.9	535.7	219.1	104.7		13.6	9.1
	834.2	478.4	207.2	105.3		12.5	9.1
	2707.5	1207.6	317.7	115.4		20.1	13.7
	707.6	567.8	540.8	194.6		11.5	24.5
	2976.1	2196.3	497.7	148.6		20.7	20.5
	50.7	60.8	63.5	80.3		-3.7	4.2
2137.0	571.3	249.2	148.9	106.5	8.0	10.2	5.0
167.8	159.6	132.0	129.2	106.6	1.3	2.6	4.0
116.7	108.9	105.2	102.0	102.4	0.4	0.5	0.1
7841.8	815.9	251.3	147.0	106.8	11.5	12.4	5.4
126.9	103.7	87.3	100.1	104.3	0.6	0.2	0.4
87.2	88.0	100.8	92.9	101.3	-0.3	-0.7	-1.4
596.6	306.4	284.3	185.7	108.9	4.6	6.4	7.5
586.2	311.0	282.0	187.4	109.3	4.5	6.5	7.7
543.1	231.5	214.8	166.7	107.0	4.3	4.8	6.4
537.7	212.0	212.0	152.1	106.9	4.3	4.3	5.8
	88.6	114.0	154.2	113.0		-0.7	5.2
	77.9	89.6	98.0	98.1		-1.4	-2.2
	130.0	84.8	78.3	93.9		1.5	-4.1

4.在岗职工、工资1997年及以前年度为职工口径(下同)。
5.进出口总额1992年及以后年度为海关数，其他为有关部门数(下同)。
6.2008-2012年客货运输量为公路水路运输量专项调查数据，2013年、2015年客货运输量按交通部新统计方法测算(下同)。
7.从2013年起，国家统计局开展了城乡一体化住户收支与生活状况调查，本表及以下相关表格数据来源于此调查，与2013年前的分城镇和农村住户调查的调查范围、方法和口径有所不同。

1-6 国民经济和社会发展结构指标

单位：%

指　　标	2000年	2005年	2010年	2015年	2016年	2017年	2018年
人口							
城乡结构							
市镇	23.2	30.7	38.8	46.9	48.5	50.2	51.7
乡村	76.8	69.3	61.2	53.2	51.5	49.8	48.3
性别结构							
男	51.6	51.6	51.8	51.8	51.7	51.7	51.7
女	48.4	48.4	48.2	48.2	48.3	48.3	48.3
就业							
就业人员产业结构							
第一产业	64.0	55.4	44.9	39.0	38.4	36.9	35.4
第二产业	17.5	22.1	29.0	30.8	30.6	31.1	30.6
第三产业	18.5	22.5	26.1	30.2	31.0	32.0	34.0
国民核算							
生产总值产业结构							
第一产业	23.0	17.4	13.5	10.8	10.1	9.3	8.9
第二产业	45.4	51.9	55.8	49.0	47.9	47.4	45.9
第三产业	31.6	30.8	30.7	40.2	42.0	43.3	45.2
固定资产投资							
固定资产投资产业结构							
第一产业			4.4	4.2	4.9	5.4	4.6
第二产业			51.1	48.6	46.6	43.7	28.6
第三产业			44.5	47.1	48.5	50.9	66.8
#重点行业占工业投资比重							
#五大主导产业				48.7	47.7	43.4	38.2
#传统产业				35.1	35.4	36.9	40.3
#高耗能工业				25.8	26.3	26.5	29.9
能源							
能源消费总量结构							
原煤	87.6	87.2	82.8	76.5	75.1	73.3	
原油	9.6	8.7	9.3	13.1	13.5	14.1	
天然气	1.7	2.2	3.4	4.5	5.2	5.9	
一次电力及其他能源	1.1	1.9	4.5	5.9	6.2	6.8	
财政							
一般公共预算收入结构							
#各项税收	79.1	68.0	73.6	69.7	68.4	68.4	70.5
一般公共预算支出结构							
#农林水事务	7.7	7.4	11.7	11.6	10.8	11.2	10.9
教科文卫	24.3	24.2	28.7	32.0	31.1	31.2	30.9
#科学技术	1.5	1.2	1.3	1.2	1.3	1.7	1.7

1-6　续表

单位：%

指　　标	2000年	2005年	2010年	2015年	2016年	2017年	2018年
生活							
城镇居民消费结构							
食品烟酒				28.1	28.0	26.7	25.7
衣着				10.5	9.7	9.2	8.1
居住				19.8	20.8	21.8	23.9
生活用品及服务				8.1	7.9	8.1	7.1
交通通信				10.9	11.0	11.7	12.0
教育文化娱乐				11.6	11.5	11.5	11.6
医疗保健				8.0	8.4	8.3	9.2
其他用品和服务				3.1	2.7	2.8	2.4
农村居民消费结构							
食品烟酒				29.2	28.5	27.1	26.7
衣着				8.3	7.9	7.7	7.1
居住				20.8	20.6	21.8	21.9
生活用品及服务				7.1	6.8	7.0	6.7
交通通信				12.3	14.1	13.5	12.4
教育文化娱乐				10.8	11.0	11.2	11.8
医疗保健				9.7	9.3	9.9	11.8
其他用品和服务				1.7	1.7	1.8	1.6
工业							
增加值重点行业比重							
#五大主导产业				44.0	44.4	44.6	45.2
#传统产业				45.3	44.5	44.2	46.6
#高技术产业				8.8	8.7	8.2	10.0
运输业							
货运量运输方式结构							
#铁　路	16.8	18.8	7.0	5.1	4.7	4.1	3.9
公　路	82.6	79.5	90.5	89.5	89.7	90.2	90.6
水　运	0.6	1.7	2.4	5.4	5.6	5.6	5.5
客运量运输方式结构							
#铁　路	5.6	6.0	5.0	10.3	11.9	13.9	15.2
公　路	94.2	93.7	94.5	88.7	87.0	84.7	83.2
水　运	0.1	0.1	0.2	0.2	0.2	0.3	0.3
批发零售贸易、住宿和餐饮业							
社会消费品零售总额结构							
批发零售和贸易业	84.9	84.0	84.9	86.1	86.0	85.9	85.2
住宿和餐饮业	11.7	13.9	13.8	13.9	14.0	14.1	14.8
环境							
工业企业污染防治投资结构							
#治理废水		49.2	35.4	13.4	4.7	7.0	
治理废气		34.2	60.4	70.9	84.7	59.5	
治理固体废物		11.7	0.7	2.4	0.2	0.8	
治理噪声		0.2	0.4	0.0	0.0	0.8	

1-7 国民经济和社会发展比例和效益指标

本表价值量指标均按当年价格计算。

指　　标	2000年	2010年	2015年	2016年	2017年	2018年
人口						
出生率(‰)	13.07	11.52	12.70	13.26	12.95	11.72
死亡率(‰)	5.93	6.57	7.05	7.11	6.97	6.80
自然增长率(‰)	7.14	4.95	5.65	6.15	5.98	4.92
就业						
城镇户均就业人口(人)	1.94	1.95	1.76	1.66	1.66	1.75
城镇登记失业率(%)	2.60	3.38	3.00	3.00	2.76	3.02
国民核算						
经济增长贡献率(%)						
第一产业	10.2	4.7	5.8	5.6	5.8	4.4
第二产业	62.6	68.3	54.8	43.6	44.6	45.6
第三产业	27.2	27.0	39.4	50.8	49.6	50.0
全社会劳动生产率(元/人.年)	9377	38625	56376	60242	66037	71411
第一产业	3382	11659	15330	15721	16305	17650
第二产业	24282	77797	89926	94066	101458	106135
第三产业	15827	42971	76880	82602	90741	97757
对外经济贸易和国际旅游						
进出口总额相当于生产总值比例(%)	3.7	5.2	12.4	11.7	11.7	11.5
境外每一来豫游客支出(美元)	381	340	317	305	319	321
能源						
能源生产弹性系数		0.21			0.51	
能源消费弹性系数	0.77	0.69	0.14			
单位GDP能耗降低率(%)		-3.53	-6.57	-7.64	-7.90	-5.01
单位GDP电耗降低率(%)		0.80	-8.98	-3.95	-1.72	0.29
单位工业增加值能耗降低率(%)		-10.75	-11.54	-10.98	-9.10	-7.97
财政						
一般公共预算收入占GDP比重(%)	4.9	5.9	8.1	7.8	7.6	7.8
家庭						
少儿抚养系数(%)		29.7	30.7	31.0	31.3	31.6
老年抚养系数(%)		11.8	13.9	14.4	14.9	15.6
生活						
城乡居民收入比例						
(农民人均可支配收入为1)	2.40	2.90	2.36	2.33	2.32	2.30

1-7 续表

指　标	2000年	2010年	2015年	2016年	2017年	2018年
农业						
每公顷播种面积农产量(千克)						
粮食	4542	5581	5906	5791	5977	6097
棉花	903	957	1053	974	1100	1033
油料	2630	3457	3747	4222	4200	4318
工业						
成本费用利润率(%)	4.5	10.2	7.2	7.0	7.2	8.6
资产负债率(%)	66.4	55.2	47.0	47.7	48.1	54.9
总资产贡献率(%)	8.6	22.4	13.9	13.1	13.0	12.3
产品销售率(%)	98.0	98.7	98.2	97.9	98.6	98.3
建筑业						
劳动生产率(元/人)		183639	287604	322917	354856	373130
技术装备率(元/人)	5302	10173	13294	12652	12494	11894
金融						
金融机构存款相当于						
生产总值比例 (%)	94.1	99.7	127.8	134.1	132.6	132.9
金融机构存贷比(存款=100)	91.7	68.6	66.0	67.6	70.7	74.9
科技						
研究与试验发展经费内部支出						
与国内生产总值之比(%)	0.50	0.91	1.17	1.23	1.31	1.40
教育						
小学学龄儿童净入学率(%)	99.8	99.9	100.0	100.0	100.0	100.0
初中毕业生升学率(%)	41.4	79.5	90.0	87.7	88.8	80.6
高中阶段毛入学率(%)			90.3	90.4	90.6	91.2
九年义务教育巩固率			94.0	94.1	94.3	94.6
高中阶段毛入学率			90.3	90.4	90.6	91.2
高中升学率			81.2	84.4	88.6	91.1
高等教育毛入学率			36.5	38.8	41.8	45.6
每万人拥有大学生(含研究生)(人)	28	149	228	234	258	279
卫生						
每万人拥有卫生机构院床位(张)	20.9	34.8	51.6	54.7	58.5	63.4
每万人拥有执业医师(人)	11.7	16.5	21.0	21.7	23.0	24.5

1-8 自然资源

项　目	2005年	2010年	2017年	2018年
地理位置				
东经	110°21′～116°391′	110°21′～116°391′	110°21′～116°391′	110°21′～116°391′
北纬	31°23′～36°23′	31°23′～36°23′	31°23′～36°23′	31°23′～36°23′
矿产资源(保有储量)				
煤炭(亿吨)	260.00	279.74	376.67	388.41
铁矿(矿石,亿吨)	10.60	16.35	20.37	20.55
铝矿(铝土矿矿石,亿吨)	4.59	7.84	11.23	11.84
钼矿(钼,万吨)	374.60	365.05	603.45	601.24
金矿(金,吨)	353.58	379.15	649.48	716.96
炼镁白云岩(矿石,亿吨)	0.32	1.45	3.31	3.31
钨矿(VO3 万吨)	56.63	43.86	27.22	24.87
蓝晶石(万吨)	416.60	355.26	376.33	375.98
红柱石(万吨)	1016.89	995.38	854.30	854.30
天然碱(矿物,万吨)	8384.90	8830.11	14675.01	14621.01

主要统计指标解释

行政区划　指国家对行政区域的划分。根据有关法规规定，我国的行政区域划分如下：（1）全国分为省、自治区、直辖市；（2）省、自治区分为自治州、县、自治县、市；（3）自治州分为县、自治县、市；（4）自治区、自治州、自治县都是民族自治的地方；县、自治县分为乡、民族乡、镇；（5）直辖市和较大的市分为区、县；（6）国家在必要时设立的特别行政区。

可比价格　指计算各种总量指标所采用的扣除了价格变动因素的价格，可进行不同时期总量指标的对比。按可比价格计算总量指标有两种方法：一种是直接用产品产量乘某一年的不变价格计算；另一种是用价格指数进行缩减。

不变价格　指以同类产品某年的平均价格作为固定价格，用于计算各年的产品价值。按不变价格计算的产品价值消除了价格变动因素，不同时期对比可以反映生产的发展速度。新中国成立后，随着工农业产品价格水平的变化，国家统计局先后五次制定了全国统一的工业产品不变价格和农业产品不变价格。从 1952 年到 1957 年使用 1952 年工（农）业产品不变价格，从 1957 年到 1970 年使用 1957 年不变价格，从 1971 年到 1980 年使用 1970 年不变价格，从 1981 年到 1990 年使用 1980 年不变价格，从 1991 年开始使用 1990 年不变价格。

平均增长速度　平均增长速度表明社会经济现象在一个较长的时期内逐期平均增长变化的程度，它不能根据各个环比增长速度直接求得，但与平均发展速度之间存在着一定的数量关系：平均增长速度＝平均发展速度－1。

平均发展速度是一种根据环比发展速度计算的序时平均数，由于各时期对比的基础不同，所以计算平均发展速度不能采用一般的序时平均数的计算方法，计算方法分为水平法和累计法。水平法，又称几何平均法，即将环比发展速度按连乘法用几何平均数公式计算。累计法，也称方程法，根据一段时期内各年发展水平总和与基期水平的关系，列出方程式计算平均发展速度。水平法着重考虑最后一年所达到的发展水平；累计法着重考虑整个时期累计发展水平的总量。

本《年鉴》内所列的平均增长速度，除固定资产投资用“累计法”计算外，其余均用“水平法”计算。从某年到某年平均增长速度的年份，均不包括基期年在内。如建国四十三年以来的平均增长速度是以 1949 年为基期计算的，则写为 1950-1992 年平均增长速度，其余类推。

国民经济行业分类　自 2012 年定期报表开始使用新的《国民经济行业分类》（GB/T4754-2011）。该分类是由国家统计局组织修订，国家质量监督检验检疫总局和中国国家标准化管理委员会于 2011 年 4 月 29 日发布。这次修订是在 2002 年分类标准的基础上，参照联合国《全部经济活动的国际标准产业分类》（ISIC/Rev.4）进行的。修订后的《国民经济行业分类》（GB/T4754-2012）共有门类 20 个，大类 96 个，中类 432 个，小类 1094 个。

主要统计指标解释

农 业

资料整理：樊福顺

2-1 历年农业生产情况

年份	播种面积(千公顷)	#粮食	#棉花	#油料	粮食产量(万吨)	#小麦	棉花产量(万吨)	油料产量(万吨)	园林水果产量(万吨)
1978	10966.70	9123.30	612.00	465.33	2097.40	868.18	22.42	24.16	47.11
1979	10917.00	9066.70	555.33	632.67	2134.50	969.00	19.84	36.87	52.37
1980	10788.20	8858.90	626.67	710.00	2148.68	890.37	40.62	46.20	43.55
1981	11013.00	9029.30	641.33	744.67	2314.50	1083.50	35.50	55.99	52.30
1982	11076.00	8923.30	754.00	709.33	2217.10	1220.10	32.04	44.16	46.63
1983	11326.70	9286.70	794.00	607.33	2904.00	1455.75	63.24	51.52	58.67
1984	11432.70	8996.70	1162.00	579.33	2893.50	1653.00	86.89	52.50	41.01
1985	11685.30	9029.30	814.30	793.70	2710.53	1528.23	54.73	96.18	53.33
1986	11819.50	9372.20	619.33	921.33	2545.67	1567.90	39.86	98.99	61.23
1987	11952.90	9365.20	717.33	977.33	2948.41	1626.00	57.00	136.57	77.84
1988	11930.20	9053.80	916.03	952.84	2663.00	1520.95	63.71	96.17	74.81
1989	11999.40	9262.00	836.15	915.43	3149.44	1695.13	52.72	118.48	76.75
1990	11889.70	9316.10	823.00	876.40	3303.66	1639.86	67.61	152.29	63.92
1991	12001.90	9040.40	1193.20	896.00	3010.30	1554.28	94.77	127.62	63.67
1992	11936.30	8804.70	1247.90	908.60	3109.61	1650.67	65.85	133.63	87.79
1993	12068.00	8969.00	974.00	1075.00	3639.21	1922.13	66.01	204.50	125.12
1994	12087.70	8810.90	966.70	1242.00	3253.80	1798.42	62.81	225.00	170.54
1995	12136.80	8810.00	1000.10	1271.50	3466.50	1754.18	77.00	298.00	211.66
1996	12257.40	8965.30	933.30	1181.10	3839.90	2026.76	73.57	278.46	247.26
1997	12276.74	8879.90	868.30	1208.50	3894.66	2372.35	79.00	276.66	269.26
1998	12567.05	9101.98	800.00	1235.90	4009.61	2073.53	72.84	312.13	312.60
1999	12659.90	9032.30	733.30	1316.10	4253.25	2291.46	70.73	349.25	349.42
2000	13136.91	9029.60	779.33	1492.54	4101.50	2235.95	70.38	392.55	364.73
2001	13127.70	8822.79	858.20	1443.97	4119.88	2299.71	82.77	362.49	399.12
2002	13359.80	8975.10	793.10	1537.00	4209.98	2248.39	76.49	420.68	427.01
2003	13684.40	8923.30	926.67	1569.90	3569.47	2292.50	37.67	309.91	430.38
2004	13805.69	8970.07	951.80	1554.96	4260.00	2480.93	66.67	408.75	507.07
2005	13922.63	9153.41	781.47	1605.83	4582.00	2577.69	67.70	449.60	555.69
2006	13995.39	9455.80	748.20	1489.10	5112.30	2936.50	81.00	460.07	591.78
2007	14087.84	9528.52	653.16	1464.65	5252.92	2958.31	69.98	478.27	663.80
2008	14181.67	9746.87	527.62	1452.62	5405.80	3036.20	56.66	493.48	714.77
2009	14196.59	9890.62	436.53	1442.27	5506.87	3092.20	42.03	514.34	756.98
2010	14248.69	10027.00	354.23	1431.68	5581.82	3121.00	33.89	515.66	797.50
2011	14258.61	10244.43	280.57	1413.60	5733.92	3144.90	27.04	501.69	835.56
2012	14262.17	10434.56	169.40	1378.05	5898.38	3223.07	16.95	530.38	872.91
2013	14323.54	10697.43	114.96	1361.87	6023.80	3266.33	11.68	542.13	891.25
2014	14378.34	10944.97	88.11	1339.01	6133.60	3385.20	8.44	531.41	899.36
2015	14424.94	11126.30	64.34	1311.84	6470.22	3526.90	6.77	538.99	919.68
2016	14472.25	11219.55	50.03	1302.35	6498.01	3618.62	4.88	549.82	927.12
2017	14732.53	10915.13	40.00	1397.49	6524.25	3705.21	4.40	586.95	931.98
2018	14769.06	10906.08	36.68	1461.40	6648.91	3602.85	3.79	631.03	907.39

注：本表2006年及以后数据均与第三次农业普查数相衔接。

2-2 主要农作物播种面积

单位：千公顷

指 标	2000年	2005年	2010年	2014年	2015年	2016年	2017年	2018年
农作物总播种面积	**13136.91**	**13922.67**	**14320.79**	**14731.54**	**14879.73**	**14902.72**	**14730.23**	**14769.06**
粮食作物	**9029.60**	**9153.41**	**10027.00**	**10944.97**	**11126.30**	**11219.55**	**10915.13**	**10906.08**
夏收粮食	4997.97	5027.33	5390.69	5606.83	5648.60	5730.24	5741.31	5770.11
秋收粮食	4031.63	4126.08	4636.31	5338.14	5477.70	5489.31	5173.82	5135.97
谷物	7743.72	8093.85	9274.24	10270.37	10498.94	10608.13	10412.61	10367.18
稻谷	459.59	511.07	610.84	614.65	616.35	614.09	615.03	620.41
小麦	4922.33	4962.67	5364.56	5581.24	5623.14	5704.91	5714.64	5739.85
玉米	2201.33	2508.31	3233.50	4009.42	4189.91	4210.46	3998.94	3918.96
谷子	80.33	41.31	35.52	34.03	33.83	38.67	36.00	36.36
高粱	12.87	6.41	3.69	5.45	10.25	14.67	21.33	21.34
其他谷物	67.27	64.08	26.13	25.59	25.46	25.33	26.67	30.26
#大麦	67.27	54.03	26.13	25.59	25.46	25.33	26.67	30.26
豆类	683.43	616.53	487.56	413.25	370.35	366.40	389.85	424.00
大豆	564.73	533.58	444.78	381.90	343.56	341.06	345.17	385.55
绿豆	90.39	66.16	42.78	31.36	26.78	25.33	40.00	38.45
红薯	602.45	443.03	265.19	261.34	257.02	245.03	112.67	114.90
油料	**1492.54**	**1605.83**	**1431.68**	**1339.01**	**1311.84**	**1302.35**	**1397.49**	**1461.40**
花生	984.80	979.34	992.14	1023.57	1023.96	1051.03	1151.93	1203.18
油菜籽	248.30	407.79	298.04	207.70	186.58	162.19	155.69	145.02
棉花	**779.33**	**781.47**	**354.23**	**88.11**	**64.34**	**50.03**	**40.00**	**36.68**
麻类	**16.52**	**13.52**	**7.44**	**4.68**	**4.56**	**4.11**	**3.29**	**3.00**
糖料								**2.03**
烟叶	**166.35**	**132.27**	**122.15**	**123.80**	**114.27**	**109.21**	**103.95**	**94.88**
药材类	**60.55**	**174.20**	**121.87**	**118.80**	**113.58**	**99.81**	**112.19**	**132.44**
蔬菜（含菜用瓜）	**1189.20**	**1595.85**	**1720.13**	**1654.84**	**1671.03**	**1682.12**	**1736.14**	**1721.09**
瓜果类（果用瓜）	**305.39**	**333.61**	**326.01**	**297.05**	**292.69**	**312.36**	**318.24**	**307.69**
其他农作物	**92.23**	**127.72**	**206.86**	**157.36**	**178.51**	**120.77**	**103.80**	**103.77**
花卉			83.54	76.71	47.41	57.57	98.37	92.18

注：本表2006年及以后数据已与农普数据衔接(2－5、2－6、2－7、2－8表同此)。

2-3 主要农作物播种面积构成

单位：%

指　　标	2000年	2005年	2010年	2014年	2015年	2016年	2017年	2018年
农作物总播种面积	**100.0**	**100.0**	**100.0**	**100.0**	**100.0**	**100.0**	**100.0**	**100.0**
粮食作物	**68.7**	**65.7**	**70.4**	**76.1**	**77.1**	**77.5**	**74.1**	**73.8**
夏收粮食	38.0	36.1	37.8	39.0	39.2	39.6	39.0	39.1
秋收粮食	30.7	29.6	32.5	37.1	38.0	37.9	35.1	34.8
谷物	58.9	58.1	65.1	71.4	72.8	73.3	70.7	70.2
稻谷	3.5	3.7	4.3	4.3	4.3	4.2	4.2	4.2
小麦	37.5	35.6	37.6	38.8	39.0	39.4	38.8	38.9
玉米	16.8	18.0	22.7	27.9	29.0	29.1	27.1	26.5
谷子	0.6	0.3	0.2	0.2	0.2	0.3	0.2	0.2
高粱	0.1				0.1	0.1	0.1	0.1
其他谷物	0.5	0.5	0.2	0.2	0.2	0.2	0.2	0.2
#大麦	0.5	0.4	0.2	0.2	0.2	0.2	0.2	0.2
豆类	5.2	4.4	3.4	2.9	2.6	2.5	2.6	2.9
大豆	4.3	3.8	3.1	2.7	2.4	2.4	2.3	2.6
绿豆	0.7	0.5	0.3	0.2	0.2	0.2	0.3	0.3
红薯(按折粮薯类计算)	4.6	3.2	1.9	1.8	1.8	1.7	0.8	0.8
油料	**11.4**	**11.5**	**10.0**	**9.3**	**9.1**	**9.0**	**9.5**	**9.9**
花生	7.5	7.0	7.0	7.1	7.1	7.3	7.8	8.1
油菜籽	1.9	2.9	2.1	1.4	1.3	1.1	1.1	1.0
棉花	**5.9**	**5.6**	**2.5**	**0.6**	**0.4**	**0.3**	**0.3**	**0.2**
生麻	**0.1**	**0.1**	**0.1**					
甘蔗								
烟叶(未加工烟草)	**1.3**	**1.0**	**0.9**	**0.9**	**0.8**	**0.8**	**0.7**	**0.6**
药材类	**0.5**	**1.3**	**0.9**	**0.8**	**0.8**	**0.7**	**0.8**	**0.9**
蔬菜及食用菌	**9.1**	**11.5**	**12.1**	**11.5**	**11.6**	**11.6**	**11.8**	**11.7**
瓜果类(果用瓜)	**2.3**	**2.4**	**2.3**	**2.1**	**2.0**	**2.2**	**2.2**	**2.1**
其他农作物	**0.7**	**0.9**	**1.5**	**1.1**	**1.2**	**0.8**	**0.7**	**0.7**
花卉			0.6	0.5	0.3	0.4	0.7	0.6

2-4　主要农作物产品产量

单位：万吨

指　标	2000年	2005年	2010年	2014年	2015年	2016年	2017年	2018年
粮食作物	**4101.50**	**4582.00**	**5581.82**	**6133.60**	**6470.22**	**6498.01**	**6524.25**	**6648.91**
夏收粮食	2268.05	2609.21	3129.48	3395.20	3537.70	3628.32	3715.98	3613.70
秋收粮食	1833.45	1972.79	2452.34	2738.39	2932.52	2869.69	2808.27	3035.21
谷物	3669.73	4277.48	5393.55	5989.56	6331.75	6360.41	6382.89	6483.41
稻谷	318.82	359.77	458.51	500.53	499.88	508.29	485.25	501.41
小麦	2235.95	2577.69	3121.00	3385.20	3526.90	3617.72	3704.98	3602.85
玉米	1074.97	1298.00	1795.31	2088.89	2288.50	2216.29	2170.14	2351.38
谷子	7.86	11.17	9.81	4.10	4.17	5.11	7.57	9.00
高粱	2.00	1.93	0.37	0.67	1.29	1.50	3.32	7.92
其他谷物	30.13	28.92	8.55	10.17	11.00	10.60	11.40	10.85
#大麦	30.13	28.18	8.55	10.17	11.00	10.60	11.40	10.85
豆类	140.13	74.44	88.93	54.00	48.84	49.00	53.36	101.70
大豆	115.78	58.07	83.91	51.52	46.75	46.90	50.36	95.57
绿豆	13.11	10.00	5.03	2.48	2.09	2.10	3.00	6.13
红薯(按折粮薯类计算)	291.64	230.08	99.34	90.03	89.63	88.60	88.00	63.80
油料	**392.55**	**449.60**	**515.66**	**531.41**	**538.99**	**549.82**	**586.95**	**631.03**
花生	335.88	338.30	429.64	466.09	477.12	494.27	529.81	572.44
油菜籽	33.76	87.71	67.40	49.69	46.21	40.90	42.08	38.97
棉花	**70.38**	**67.70**	**33.89**	**8.44**	**6.77**	**4.88**	**4.40**	**3.79**
麻类	**3.64**	**3.76**	**3.88**	**2.87**	**2.87**	**2.71**	**2.24**	**2.12**
糖料	**32.57**	**25.20**	**22.78**	**20.74**	**17.88**	**16.67**	**16.24**	**15.39**
烟叶(未加工烟草)		**28.84**	**28.75**	**29.99**	**28.85**	**28.26**	**26.70**	**25.31**
蔬菜及食用菌	**3981.78**	**5880.25**	**6760.21**	**6848.11**	**6970.99**	**7238.18**	**7530.22**	**7260.67**
瓜果类(果用瓜)	**1093.55**	**1286.47**	**1501.23**	**1468.76**	**1519.94**	**1613.93**	**1670.46**	**1585.37**

2-5 主要农作物单位面积产量

单位：公斤/公顷

指　　标	2000年	2005年	2010年	2014年	2015年	2016年	2017年	2018年
粮食作物	**4542**	**5006**	**5567**	**5604**	**5815**	**5792**	**5977**	**6097**
夏收粮食	4538	5190	5805	6055	6263	6332	6472	6263
秋收粮食	4548	4781	5289	5130	5354	5228	5428	6242
谷物	4739	5285	5816	5832	6031	5996	6130	6254
稻谷	6937	7040	7506	8143	8110	8277	7890	8082
小麦	4542	5194	5818	6065	6272	6341	6483	6277
玉米	4883	5175	5552	5210	5462	5264	5427	6000
谷子	978	2704	2761	1206	1234	1322	2103	2475
高粱	1554	3011	1011	1230	1263	1023	1557	3711
其他谷物	4479	4513	3272	3973	4320	4184	4275	3586
#大麦	4479	5216	3272	3973	4320	4184	4275	3586
豆类	2050	1207	1824	1307	1319	1337	1369	2399
大豆	2050	1088	1886	1349	1361	1375	1459	2479
绿豆	1450	1511	1175	792	779	829	750	1594
红薯(按折粮薯类计算)	4841	5193	3746	3445	3487	3616	7811	5553
油料	**2630**	**2800**	**3602**	**3969**	**4109**	**4222**	**4200**	**4318**
花生	3411	3454	4330	4554	4660	4703	4599	4758
油菜籽	1360	2151	2261	2392	2477	2522	2703	2687
棉花	**903**	**866**	**957**	**958**	**1053**	**974**	**1100**	**1033**
麻类	**2203**	**2781**	**5215**	**6132**	**6286**	**6600**	**6825**	**7082**
糖料	**62635**	**53053**	**66633**	**70648**	**68729**	**68866**	**70346**	**75833**
烟叶(未加工烟草)	**1659**	**2180**	**2354**	**2422**	**2525**	**2588**	**2568**	**2668**
蔬菜及食用菌	**26641**	**36847**	**39301**	**41382**	**41717**	**43030**	**43373**	**42186**
瓜果类(果用瓜)	**35808**	**38562**	**46049**	**49445**	**51929**	**51668**	**52491**	**51525**

2-6　各市农作物播种面积和产量(2018年)

地　区	粮食作物			夏收粮食		
	播种面积(千公顷)	总产量(万吨)	公顷产量(公斤)	播种面积(千公顷)	总产量(万吨)	公顷产量(公斤)
省辖市						
郑州市	324.75	157.35	4845	165.61	78.75	4755
开封市	531.34	301.13	5667	305.20	181.62	5951
洛阳市	516.37	250.54	4852	249.52	118.25	4739
平顶山市	449.44	227.40	5060	219.90	113.97	5183
安阳市	596.53	375.20	6290	325.73	200.70	6161
鹤壁市	172.18	118.60	6888	90.47	60.60	6699
新乡市	726.17	467.64	6440	387.83	259.60	6694
焦作市	283.78	206.28	7269	150.78	111.19	7374
濮阳市	432.61	287.11	6637	233.60	159.10	6811
许昌市	456.01	297.95	6534	233.01	165.54	7105
漯河市	270.67	181.50	6706	145.00	104.10	7179
三门峡市	165.73	71.98	4343	78.47	35.30	4499
南阳市	1313.73	700.84	5335	728.33	407.30	5592
商丘市	1099.88	723.85	6581	603.39	427.17	7079
信阳市	838.51	568.30	6778	315.40	144.90	4594
周口市	1388.00	901.90	6498	734.33	530.20	7220
驻马店市	1297.13	788.85	6081	782.07	504.06	6445
济源市	43.47	23.19	5335	21.47	11.76	5479
省直管县						
巩义市	43.60	17.11	3924	22.67	8.56	3777
兰考县	102.13	56.90	5571	59.80	34.10	5702
汝州市	96.17	47.09	4897	48.17	24.97	5183
滑县	208.40	158.50	7606	120.67	88.30	7318
长垣县	106.53	73.20	6871	55.00	40.30	7327
邓州市	218.67	120.80	5524	138.73	80.20	5781
永城市	210.80	132.70	6295	111.73	80.20	7178
固始县	153.47	113.10	7370	37.33	16.60	4446
鹿邑县	144.40	95.60	6620	72.53	52.00	7169
新蔡县	152.07	91.85	6040	85.20	54.76	6427

注：省辖市的数据包含省直管县的数据。

2-6 续表 1

地　区	秋收粮食			谷物合计					
							稻谷		
	播种面积(千公顷)	总产量(万吨)	公顷产量(公斤)	播种面积(千公顷)	总产量(万吨)	公顷产量(公斤)	播种面积(千公顷)	总产量(万吨)	公顷产量(公斤)
省辖市									
郑州市	159.14	78.60	4939	307.79	148.96	4840			
开封市	226.14	119.51	5285	507.57	291.08	5735	7.38	5.69	7708
洛阳市	266.85	132.29	4958	453.88	224.19	4940	3.11	1.55	4992
平顶山市	229.53	113.42	4942	424.68	216.36	5095	1.36	0.86	6357
安阳市	270.80	174.50	6444	582.23	368.11	6322	0.16	0.12	7458
鹤壁市	81.71	58.00	7098	170.43	117.41	6889			
新乡市	337.80	208.04	6159	701.11	456.10	6505	23.33	15.87	6805
焦作市	133.00	95.09	7150	276.74	203.33	7347	4.67	3.74	8004
濮阳市	199.01	128.01	6433	403.59	276.08	6841	23.77	19.96	8397
许昌市	223.00	132.41	5938	393.05	272.46	6932			
漯河市	125.67	77.40	6159	237.84	170.85	7183			
三门峡市	87.27	36.68	4204	138.02	63.02	4566			
南阳市	585.40	293.54	5014	1231.64	672.07	5457	40.02	29.63	7403
商丘市	496.49	296.69	5976	1036.98	704.38	6793	0.39	0.36	9310
信阳市	523.11	423.40	8094	822.48	562.48	6839	484.68	403.09	8317
周口市	653.67	371.70	5686	1244.00	854.52	6869	0.15	0.14	9199
驻马店市	515.07	284.79	5529	1251.38	772.95	6177	28.95	18.77	6483
济源市	22.00	11.43	5194	41.62	22.56	5421	0.12	0.09	7521
省直管县									
巩义市	20.93	8.55	4083	42.27	16.50	3903			
兰考县	42.33	22.80	5386	98.72	55.07	5578	0.15	0.14	8883
汝州市	48.00	22.13	4610	93.47	45.79	4899			
滑　县	87.73	70.20	8002	207.32	157.58	7600	0.10	0.10	9784
长垣县	51.00	32.90	6451	103.20	72.02	6979	2.00	1.74	8715
邓州市	79.93	40.60	5079	205.26	116.52	5677	3.36	2.09	6221
永城市	99.07	52.50	5299	171.33	122.14	7129			
固始县	116.13	96.50	8309	153.07	112.90	7376	112.47	94.18	8374
鹿邑县	71.87	43.60	6067	129.40	90.70	7009			
新蔡县	66.87	37.09	5547	148.58	91.03	6127	2.55	1.44	5654

2-6　续表 2

地　区	小麦			玉米		
	播种面积（千公顷）	总产量（万吨）	公顷产量（公斤）	播种面积（千公顷）	总产量（万吨）	公顷产量（公斤）
省辖市						
郑州市	165.61	78.75	4755	136.88	67.31	4917
开封市	305.20	181.62	5951	194.95	103.75	5322
洛阳市	249.67	118.14	4732	184.85	98.99	5355
平顶山市	219.14	113.20	5166	203.45	102.16	5021
安阳市	325.73	200.70	6161	250.22	165.46	6612
鹤壁市	90.47	60.60	6699	79.07	56.53	7150
新乡市	387.67	259.54	6695	289.23	180.33	6235
焦作市	150.78	111.19	7374	121.19	88.37	7292
濮阳市	233.53	159.10	6813	146.00	96.91	6638
许昌市	233.01	165.54	7105	159.55	106.65	6684
漯河市	145.00	104.10	7179	92.84	66.75	7190
三门峡市	78.47	35.30	4499	58.32	27.32	4684
南阳市	724.66	406.38	5608	459.14	231.75	5047
商丘市	603.38	427.17	7080	433.29	276.85	6390
信阳市	315.40	144.90	4594	22.40	14.49	6469
周口市	734.33	530.20	7220	509.24	324.14	6365
驻马店市	781.67	503.84	6446	439.90	249.88	5680
济源市	21.47	11.76	5479	20.01	10.71	5350
省直管县						
巩义市	22.67	8.56	3777	17.85	7.86	4407
兰考县	59.80	34.10	5702	38.73	20.81	5374
汝州市	48.17	24.97	5183	44.57	20.68	4639
滑县	120.67	88.30	7318	86.43	69.13	7998
长垣县	55.00	40.30	7327	46.00	29.91	6502
邓州市	137.75	79.85	5797	58.51	30.96	5291
永城市	111.73	80.20	7178	59.60	41.94	7037
固始县	37.33	16.60	4446	3.27	2.12	6477
鹿邑县	72.53	52.00	7169	56.73	38.71	6823
新蔡县	85.20	54.76	6427	60.83	34.83	5725

2-6 续表 3

地　区	豆类合计			大豆		
	播种面积（千公顷）	总产量（万吨）	公顷产量（公斤）	播种面积（千公顷）	总产量（万吨）	公顷产量（公斤）
省辖市						
郑州市	7.46	1.36	1827	6.16	1.20	1951
开封市	12.75	2.71	2122	12.26	2.61	2128
洛阳市	30.52	7.43	2435	21.32	5.05	2370
平顶山市	12.49	3.71	2971	11.57	3.53	3051
安阳市	5.34	1.30	2430	4.73	1.17	2475
鹤壁市	0.52	0.17	3328	0.35	0.14	4071
新乡市	18.71	5.69	3041	18.18	5.52	3039
焦作市	4.85	1.28	2636	4.79	1.26	2621
濮阳市	24.42	6.75	2764	23.94	6.63	2770
许昌市	37.55	10.84	2888	37.35	10.81	2894
漯河市	25.97	6.42	2472	25.97	6.42	2472
三门峡市	21.41	4.64	2170	16.67	3.90	2338
南阳市	57.47	8.63	1502	44.30	6.43	1452
商丘市	53.62	13.77	2569	52.36	13.37	2552
信阳市	7.39	0.72	970	6.10	0.61	998
周口市	113.08	28.43	2514	106.37	27.32	2568
驻马店市	26.80	4.55	1698	24.61	4.31	1750
济源市	1.37	0.39	2873	1.32	0.38	2913
省直管县						
巩义市	0.58	0.08	1363	0.31	0.05	1706
兰考县	1.60	0.50	3146	1.47	0.47	3235
汝州市	0.85	0.26	3062	0.65	0.21	3219
滑　县	0.37	0.12	3162	0.34	0.11	3245
长垣县	2.70	0.82	3030	2.60	0.81	3112
邓州市	11.20	2.83	2526	8.56	2.12	2475
永城市	38.61	9.60	2486	38.46	9.57	2488
固始县	0.14	0.03	2143	0.14	0.03	2143
鹿邑县	13.84	3.70	2673	13.71	3.69	2691
新蔡县	2.33	0.26	1114	1.34	0.15	1119

2-6　续表 4

地　区	红薯			油料合计			花　生		
	播种面积(千公顷)	总产量(万吨)	公顷产量(公斤)	播种面积(千公顷)	总产量(万吨)	公顷产量(公斤)	播种面积(千公顷)	总产量(万吨)	公顷产量(公斤)
省辖市									
郑州市	9.53	7.03	7380	30.59	12.51	4090	27.08	11.95	4411
开封市	10.99	7.34	6678	102.81	47.77	4647	100.44	47.10	4689
洛阳市	31.98	18.91	5915	34.72	11.45	3298	25.72	9.26	3601
平顶山市	12.27	7.32	5968	37.47	12.35	3296	25.89	9.77	3772
安阳市	8.95	5.79	6477	56.32	25.73	4569	52.72	25.13	4767
鹤壁市	1.22	1.01	8294	13.17	4.07	3090	12.68	4.00	3152
新乡市	6.09	5.84	9601	75.38	33.82	4487	73.56	33.34	4533
焦作市	2.20	1.67	7594	23.38	12.41	5306	22.85	12.28	5376
濮阳市	4.59	4.28	9324	31.43	13.96	4441	30.83	13.78	4468
许昌市	25.41	14.65	5766	16.36	5.57	3407	12.51	4.63	3703
漯河市	6.86	4.23	6166	12.59	4.38	3476	9.74	3.75	3854
三门峡市	6.31	4.32	6846	11.57	2.67	2306	4.41	1.19	2695
南阳市	24.62	20.13	8179	368.69	162.47	4407	293.07	146.30	4992
商丘市	9.23	5.70	6179	77.80	42.11	5413	72.22	40.30	5580
信阳市	8.63	5.10	5906	134.46	49.31	3667	69.02	32.92	4770
周口市	30.93	18.95	6128	89.28	42.38	4747	63.72	35.98	5647
驻马店市	19.05	11.35	5959	344.84	147.90	4289	306.28	140.59	4590
济源市	0.48	0.23	4829	0.56	0.18	3253	0.46	0.17	3629
省直管县									
巩义市	0.79	0.53	6791	2.29	0.48	2089	1.51	0.38	2489
兰考县	1.79	1.33	7422	16.73	7.94	4748	16.42	7.86	4787
汝州市	1.85	1.05	5651	6.36	2.18	3427	4.12	1.73	4200
滑县	0.71	0.81	11441	25.93	12.10	4669	25.82	12.08	4677
长垣县	0.37	0.36	9616	9.11	3.60	3956	8.28	3.35	4050
邓州市	2.20	1.45	6611	63.31	29.49	4658	55.01	27.81	5055
永城市	0.85	0.96	11250	1.75	0.66	3773	1.33	0.50	3749
固始县	0.25	0.17	6711	16.81	5.53	3287	8.45	3.43	4059
鹿邑县	1.16	1.20	10345	3.91	1.21	3095	1.62	0.67	4133
新蔡县	1.25	0.56	4468	23.90	8.28	3465	19.54	7.62	3900

2-6 续表 5

地　区	油菜籽			棉　花			烟叶(未加工烟草)		
	播种面积(千公顷)	总产量(万吨)	公顷产量(公斤)	播种面积(千公顷)	总产量(万吨)	公顷产量(公斤)	播种面积(千公顷)	总产量(万吨)	公顷产量(公斤)
省辖市									
郑州市	2.86	0.46	1611	1.21	0.12	954	0.74	0.15	1954
开封市	2.00	0.59	2956	6.83	0.85	1241			
洛阳市	6.59	1.79	2710	1.96	0.23	1155	22.61	5.56	2460
平顶山市	9.43	2.26	2394	0.74	0.08	1069	11.37	2.90	2550
安阳市	2.47	0.44	1788	2.34	0.28	1181			
鹤壁市	0.43	0.06	1392	0.40	0.05	1181			
新乡市	1.63	0.45	2738	1.11	0.13	1134			
焦作市	0.36	0.08	2158	0.24	0.03	1323			
濮阳市	0.53	0.17	3117	1.15	0.19	1665			
许昌市	3.36	0.87	2584	0.84	0.09	1019	9.17	2.64	2877
漯河市	2.11	0.54	2531	0.63	0.07	1099	6.71	1.23	1829
三门峡市	3.50	0.81	2305	1.12	0.11	962	16.23	3.91	2411
南阳市	26.43	7.55	2858	2.33	0.30	1305	17.55	5.91	3368
商丘市	4.85	1.67	3436	4.37	0.51	1159	1.86	0.63	3386
信阳市	57.91	15.41	2660	0.44	0.05	1076	0.41	0.14	3325
周口市	5.14	1.79	3486	2.77	0.40	1454	2.71	0.96	3540
驻马店市	15.37	4.04	2631	0.60	0.06	967	5.04	1.18	2334
济源市	0.04	0.00	1276	0.20	0.02	1118	0.48	0.11	2371
省直管县									
巩义市	0.48	0.08	1567	0.47	0.03	740			
兰考县	0.30	0.08	2612	1.15	0.16	1350			
汝州市	2.03	0.42	2095	0.34	0.04	1114	1.24	0.33	2647
滑县	0.10	0.02	2328	0.49	0.06	1190			
长垣县	0.82	0.25	3045	0.28	0.03	1213			
邓州市	2.15	0.66	3090	0.52	0.05	946	1.20	0.52	4321
永城市	0.39	0.15	3880	0.14	0.02	1500			
固始县	7.38	1.92	2595	0.07	0.01	1014			
鹿邑县	1.23	0.40	3285	0.17	0.03	1480	1.23	0.39	3144
新蔡县	1.46	0.36	2444	0.26	0.02	750			

2-6 续表 6

地 区	蔬菜及食用菌			瓜果类(果用瓜)		
	播种面积(千公顷)	总产量(万吨)	公顷产量(公斤)	播种面积(千公顷)	总产量(万吨)	公顷产量(公斤)
省辖市						
郑州市	58.09	227.60	39177	7.58	30.32	40025
开封市	165.10	768.19	46530	47.46	251.17	52919
洛阳市	65.10	268.70	41276	6.70	19.63	29296
平顶山市	48.18	230.92	47925	5.99	23.89	39899
安阳市	92.72	549.31	59241	12.51	80.91	64661
鹤壁市	11.41	43.22	37867	0.38	1.29	33723
新乡市	62.85	295.40	46998	4.57	24.60	53810
焦作市	33.57	183.76	54740	3.18	14.12	44359
濮阳市	59.91	250.28	41779	5.45	23.47	43042
许昌市	41.37	147.44	35643	2.87	11.48	39991
漯河市	63.01	185.63	29458	11.20	41.24	36837
三门峡市	32.50	118.50	36457	3.51	8.28	23619
南阳市	247.53	1101.13	44484	26.23	129.72	49451
商丘市	211.84	945.25	44620	44.12	253.33	57413
信阳市	138.81	427.67	30810	27.21	121.87	44791
周口市	265.31	1037.95	39122	77.52	432.26	55764
驻马店市	118.90	458.84	38592	21.13	117.53	55622
济源市	4.87	20.88	42900	0.08	0.27	31800
省直管县						
巩义市	1.59	5.00	31494	0.17	0.57	33964
兰考县	8.69	30.67	35302	2.65	11.58	43734
汝州市	7.42	33.56	45252	0.62	1.88	30351
滑县	33.39	198.23	59374	5.27	33.23	63072
长垣县	10.02	57.42	57289	1.97	13.72	69781
邓州市	43.33	215.69	49777	4.82	24.57	51010
永城市	27.41	177.60	64799	3.77	39.69	105387
固始县	34.92	125.74	36006	7.18	37.68	52505
鹿邑县	30.33	116.07	38269	1.89	7.53	39850
新蔡县	12.05	46.31	38435	6.42	31.31	48788

2-7 茶叶、水果产量和面积

项目	2000年	2005年	2010年	2014年	2015年	2016年	2017年	2018年
面积								
茶园面积(千公顷)	20.68	33.09	65.15	105.47	114.00	118.29	115.76	115.67
果园面积(千公顷)	355.90	416.63	456.08	460.05	457.47	449.55	442.67	434.07
苹果园	206.97	165.78	178.22	173.09	171.48	157.84	147.39	129.06
梨园	30.87	39.23	47.36	53.15	54.94	54.81	55.49	63.36
葡萄园	16.75	26.17	29.96	34.07	36.41	38.05	36.94	39.04
猕猴桃园			9.20	10.82	10.99	11.16	11.34	12.00
桃园	29.11	60.22	74.00	70.20	74.04	78.87	82.42	88.23
柑桔园	4.88	10.05	10.85	11.75	11.60	11.60	11.34	8.53
其他果园	67.30	115.18	106.49	106.96	98.01	97.21	97.35	93.85
产量								
茶叶产量(吨)	9163	16902	42732	61119	64855	68583	63954	63427
园林水果产量(万吨)	364.73	555.69	797.50	899.36	919.68	927.12	931.98	907.39
苹果	238.90	300.62	410.39	444.83	453.19	442.42	434.53	402.74
梨	33.30	65.47	94.92	113.52	115.53	118.27	121.84	122.86
葡萄	20.83	41.26	48.49	58.57	64.00	68.54	70.29	76.96
鲜枣	17.78	26.81	39.30	35.85	32.63	33.00	29.91	25.23
柿	15.88	25.86	44.47	54.53	52.19	51.14	50.87	48.39
桃	26.63	60.10	101.57	112.83	118.89	127.26	133.58	141.42
柑桔	2.12	3.59	4.17	4.67	4.94	4.79	4.91	3.91
其他园林水果	9.29	31.98	54.20	74.56	78.30	81.69	86.06	85.86
食用坚果产量(万吨)				38.40	46.50	47.82	49.95	48.59
核桃				10.70	16.59	18.04	19.10	20.34
板栗				17.70	28.36	28.10	29.56	28.22

2-8 各市水果产量(2018年)

单位：万吨

地 区	水果总产量	#苹果	#梨	#葡萄	#枣	#柿	#桃
省辖市							
郑州市	25.13	3.86	2.10	4.50	4.63	0.99	3.34
开封市	47.36	24.32	3.53	3.81	0.42	1.14	13.50
洛阳市	81.10	44.14	5.32	9.70	0.92	7.08	6.07
平顶山市	16.08	1.04	2.51	4.70	0.14	1.28	5.65
安阳市	57.30	21.33	6.82	3.41	11.05	2.28	11.01
鹤壁市	3.42	1.16	0.60	0.57	0.22	0.33	0.54
新乡市	28.05	6.16	4.04	1.80	0.33	0.70	14.52
焦作市	13.88	2.59	2.31	1.59	0.15	1.01	5.91
濮阳市	27.64	15.18	4.47	1.30	0.61	0.16	2.54
许昌市	6.17	1.84	0.90	1.67	0.27	0.07	1.33
漯河市	9.32	0.29	1.61	4.99	0.03	0.11	1.99
三门峡市	240.63	186.64	5.80	8.68	2.99	16.26	14.19
南阳市	95.60	2.35	8.25	2.33	0.72	4.07	18.71
商丘市	174.02	81.60	56.90	16.11	0.25	3.03	13.68
信阳市	13.71	0.08	3.70	2.90	0.22	1.07	5.37
周口市	49.66	8.50	8.11	6.47	1.97	8.05	16.41
驻马店市	14.78	0.49	5.04	2.32	0.30	0.35	5.96
济源市	3.55	1.17	0.84	0.13	0.00	0.43	0.69
省直管县							
巩义市	2.75	0.62	0.33	0.93	0.01	0.16	0.26
兰考县	13.60	7.98	1.79	1.09	0.06	0.02	2.15
汝州市	3.80	0.48	0.32	0.62	0.08	0.78	1.18
滑县	16.15	6.30	3.18	1.42	0.85	1.18	2.91
长垣县	1.51	0.19	0.18	0.58	0.26	0.00	0.30
邓州市	3.20	0.09	0.63	0.29	0.02	0.07	2.01
永城市	26.97	4.78	16.84	1.76	0.03	0.49	2.86
固始县	2.35	0.00	0.64	0.61	0.06	0.45	0.42
鹿邑县	1.23	0.48	0.08	0.25	0.00	0.01	0.41
新蔡县	1.95	0.40	1.10	0.22		0.01	0.20

注：省辖市的数据包含省直管县的数据。

2-9 各市果园面积(2018年)

单位：千公顷

地区	果园总面积	#苹果园面积	#梨园面积	#葡萄园面积	#柑橘园面积	#猕猴桃园面积	#桃园面积
省辖市							
郑州市	19.00	2.18	1.21	2.37	0.00	0.02	2.34
开封市	18.08	9.27	1.30	1.51		0.01	4.88
洛阳市	42.48	15.59	3.21	4.17	0.01	0.19	4.88
平顶山市	12.42	0.89	1.97	1.64		0.08	3.72
安阳市	30.65	7.78	2.33	1.48		0.00	4.49
鹤壁市	2.01	0.34	0.24	0.14		0.00	0.57
新乡市	15.65	3.31	2.19	1.39	0.00	0.02	6.07
焦作市	6.83	1.04	0.89	0.73		0.03	2.74
濮阳市	10.96	4.57	1.80	0.63		0.00	1.79
许昌市	3.84	1.13	0.35	0.66		0.00	0.65
漯河市	3.12	0.09	0.64	1.39		0.09	0.67
三门峡市	63.83	46.82	1.53	2.48	0.01	0.03	4.62
南阳市	84.79	5.58	14.58	3.36	8.30	11.21	22.54
商丘市	57.05	26.07	13.86	6.63		0.04	8.31
信阳市	18.65	0.10	3.73	5.01	0.21	0.23	6.84
周口市	22.33	3.38	5.35	2.61		0.01	5.54
驻马店市	20.16	0.47	7.91	2.78		0.04	7.03
济源市	2.21	0.45	0.26	0.09		0.01	0.57
省直管县							
巩义市	1.50	0.24	0.15	0.34		0.00	0.13
兰考县	4.83	3.05	0.48	0.34			0.72
汝州市	4.08	0.48	0.37	0.46		0.02	1.09
滑县	4.51	1.69	0.82	0.37		0.00	0.89
长垣县	1.39	0.08	0.14	0.30			0.16
邓州市	4.88	0.25	1.02	0.42	0.51	0.12	1.84
永城市	5.32	1.13	1.73	0.69			1.26
固始县	1.41	0.01	0.27	0.38	0.16	0.08	0.16
鹿邑县	0.60	0.25	0.04	0.16			0.14
新蔡县	2.86	0.27	1.76	0.38		0.01	0.34

注：省辖市的数据包含省直管县的数据。

2-10　林业生产情况

项　　目	单　位	2000年	2005年	2010年	2014年	2015年	2016年	2017年	2018年
营林情况									
当年造林面积	千公顷	241.32	186.72	277.11	260.00	200.01	133.49	180.93	173.60
#竹林面积	千公顷	0.82							
退耕还林面积	千公顷	32.83							
按造林方式分									
人工造林面积	千公顷	206.45	173.38	210.92	201.25	154.75	97.65	126.28	137.27
飞机播种造林面积	千公顷	34.87	13.34						
按造林用途分									
用材林	千公顷	56.77	73.9	69.10	67.18	55.39	25.82	29.57	22.75
速生丰产林		18.97	5.85	17.30					
经济林	千公顷	69.10	39	37.12	49.00	37.37	18.01	22.36	28.20
防护林	千公顷	113.80	72.93	170.64	143.08	105.23	89.53	107.82	118.46
薪炭林	千公顷	0.50	0.74						
特种用材林	千公顷	1.10	0.15						
迹地更新面积	千公顷	10.50	0.84						
封山育林面积	千公顷	475.50	385.92	367.46	388.34	425.82	403.46	403.96	350.833
零星(四旁)植树	万株	25806	30639	27328	20768	18921	14012	13611	14069
幼林抚育作业面积	千公顷次	978.00	1239.02	973.16	349.13	217.07	300.39		
成林抚育面积	千公顷	694.80	959.92	951.21	264.57			300.75	301.93
当年苗木产量	万株	225347	201169	153503	253022	268911	279005	282924	298720
育苗面积	千公顷	18.20	28.68	34.94	53.66	59.15	65.83	59.46	53.81
本年新育面积	千公顷	13.30	18.2						
主要林产品产量									
生漆	吨	569	955	2034	2103	2111	2092	2086	1998
油桐籽	吨	57054	45802	120701	84397	79182	81155	68173	66397
油茶籽	吨	3270	8079	20823	18439	24324	29213	32047	49134
乌桕籽	吨	1157	2557	11631	9765	8235	7869	7220	7845
五倍子	吨	934	1709	3986	4163	4173	4072	4062	3897
竹木采伐									
#村及村以下									
木材	万立方米	306.00	55.94	149.67	228.81	228.88	273.99	246.03	258.36
竹材	万根	158.00	506.5	76.50	151.44	153.89	153.5	111.02	118.24

2-11 主要农产品产量与历史最高年份比较

指　　标	单位	2018年	建国以来历史最高年		2018年为建国以来最高的%
			年份	产量	
农产品					
粮食总产量	万吨	6648.91	2018	6648.91	100.0
夏收粮食	万吨	3613.70	2017	3715.98	97.2
#小麦	万吨	3602.85	2017	3705.21	97.2
秋收粮食	万吨	3035.21	2018	3035.21	100.0
#稻谷	万吨	501.41	2016	542.15	92.5
红薯	万吨	63.80	1973	478.50	13.3
玉米	万吨	2351.38	2018	2351.38	100.0
大豆	万吨	95.57	1981	154.00	62.1
棉花	万吨	3.79	1991	94.77	4.0
油料总产量	万吨	631.03	2018	631.03	100.0
油菜籽	万吨	38.97	2008	97.07	40.1
花生	万吨	572.44	2018	572.44	100.0
麻类	万吨	2.12	1985	43.85	4.8
烟叶(未加工烟草)	万吨	25.31	1988	51.98	48.7
茶叶	万吨	6.34	2016	6.86	92.5
水果总产量	万吨	907.39	2017	931.98	97.4
苹果	万吨	402.74	2015	449.65	89.6
梨	万吨	122.86	2018	122.86	100.0
葡萄	万吨	76.96	2018	76.96	100.0
鲜枣	万吨	25.23	2013	41.55	60.7
柿子	万吨	48.39	2013	54.63	88.6
水产品					
水产品总量	万吨	98.38	2015	102.37	96.1

2-12　历年农业生产条件

年　份	乡　村从业人员(万人)	#农、林、牧、渔业	耕地面积(千公顷)	农用机械总动力(万千瓦)	农田有效灌溉面积(千公顷)	化肥施用折纯量(万吨)	农　村用电量(亿千瓦小时)	农药施用实物量(万吨)	农用塑料薄膜使用量(万吨)
1979	2429	2300	7138.70	1079.30	3636.00	60.05	14.59		
1980	2505	2365	7128.10	1178.00	3536.23	72.52	17.23		
1981	2576	2457	7121.30	1262.10	3388.00	81.90	20.85		
1982	2669	2515	7109.30	1356.30	3265.33	105.50	22.76		
1983	2711	2537	7100.70	1405.90	3210.00	130.67	23.50		
1984	2819	2565	7079.30	1507.00	3278.67	140.16	25.83		
1985	2932	2558	7033.20	1590.00	3189.97	143.58	28.33		
1986	2998	2561	6998.90	1737.90	3212.71	148.73	33.30		
1987	3096	2583	6972.60	1865.90	3250.07	135.58	37.29		
1988	3212	2636	6956.40	2004.20	3358.76	150.57	40.81		
1989	3284	2706	6944.40	2153.40	3438.00	184.25	45.20		
1990	3424	2820	6933.20	2264.00	3550.09	213.18	46.93	3.31	2.75
1991	3511	2913	6920.00	2330.40	3676.59	239.74	52.06	3.88	3.15
1992	3601	2947	6887.80	2424.40	3779.72	251.13	59.58	4.76	3.45
1993	3658	2902	6871.00	2624.00	3868.33	288.21	61.10	5.44	3.84
1994	3717	2859	6830.00	2780.50	3931.30	292.47	70.54	6.53	4.87
1995	3773	2808	6805.80	3115.40	4044.19	322.21	85.07	7.56	5.32
1996	3848	2816	6786.30	4256.40	4191.05	345.33	103.66	8.33	6.17
1997	4015	2903	6773.40	4337.90	4333.06	355.31	118.27	8.49	6.95
1998	4067	2940	6834.00	4764.40	4513.86	382.80	121.21	9.10	7.49
1999	4311	3299	6825.90	5342.90	4648.78	399.85	122.54	9.61	7.94
2000	4712	3559	6875.25	5780.60	4725.31	420.71	125.80	9.55	9.19
2001	4688	3472	6907.30	6078.70	4766.00	441.73	134.61	9.85	9.41
2002	4691	3393	7262.80	6548.20	4802.36	468.83	141.36	10.20	9.86
2003	4695	3321	7187.20	6953.20	4792.22	467.89	144.59	9.87	9.88
2004	4718	3235	7177.50	7519.59	4808.31	493.16	157.69	10.12	10.16
2005	4752	3128	7201.18	7934.23	4864.33	518.14	172.15	10.51	10.84
2006	4777	3039	7202.38	8309.31	4918.80	540.43	188.81	11.16	11.84
2007	4815	2910	7201.87	8718.71	4955.84	569.68	223.89	11.80	12.66
2008	4859	2837	7202.20	9429.30	4989.20	601.68	237.36	11.91	13.07
2009	4882	2754	8192.01	9817.90	5033.00	628.67	257.76	12.14	14.14
2010	4915	2698	8177.45	10195.94	5081.00	655.15	269.41	12.49	14.70
2011	4911	2655	8161.90	10515.80	5150.44	673.71	281.82	12.87	15.16
2012	4905	2611	8156.76	10872.73	5205.63	684.43	290.03	12.83	15.52
2013	4851	2541	8140.71	11150.00	4969.11	696.37	305.42	13.01	16.78
2014	4807	2621	8126.06	11476.81	5101.74	705.75	313.23	12.99	16.35
2015	4798	2553	8105.93	11710.08	5333.90	716.09	321.01	12.87	16.20
2016	4803	2545	8111.01	9858.82	5360.30	735.24	317.23	14.37	16.31
2017	4807	2557	8112.28	10038.32	5389.79	706.70	328.82	12.07	15.73
2018			8158.29	10204.46	5408.31	692.79	330.59	11.36	15.28

注：1．耕地面积：2008年及以前年份耕地面积为年底常用耕地面积，2009年数据为第二次全省土地调查数据，2010年以后数据已按2009年数据口径进行了调整。
2．灌溉面积：2013年及以前年份的数据为农田有效灌溉面积。
3．农业机械总动力：2015年及以前数据中包含农用运输车和三轮运输车，从2016年开始，不再包含在内。

2-13 主要农业机械和农产品加工机械年末拥有量

指 标	单位	2000年	2005年	2010年	2014年	2015年	2016年	2017年	2018年
农业机械总动力	**万千瓦**	**5780.60**	**7934.23**	**10195.94**	**11476.81**	**11710.08**	**9858.82**	**10038.32**	**10204.46**
柴油发动机动力	万千瓦	4859.20	6915.04	9029.20	10186.96	10405.41	8547.35	8714.63	8877.21
汽油发动机动力	万千瓦	107.90	66.19	56.29	69.59	71.71	71.54	74.31	86.49
电动发动机动力	万千瓦	812.40	950.50	1110.30	1220.26	1232.96	1239.14	1248.55	1240.28
大中型拖拉机(混合台)	万台	6.62	11.08	27.44	37.81	40.23	43.27	45.85	34.72
	万千瓦	216.80	366.33	969.55	1505.01	1639.38	1816.21	1973.88	2034.81
小型(包括手扶)拖拉机	万台	224.67	298.45	358.61	346.26	339.62	328.95	317.55	319.31
	万千瓦	2317.70	3119.77	3797.50	3756.09	3704.77	3594.92	3495.43	3643.40
大中型拖拉机配套农具	万部	11.87	23.99	64.26	89.61	94.83	100.74	105.20	
小型拖拉机配套农具	万部	357.32	534.67	666.42	670.99	661.37	640.70	628.69	
机引犁	万台	196.23	246.50	318.33	322.07	320.51	316.80	313.96	309.36
机引耙	万台	110.17	165.51	214.60	219.01	214.62	211.09	206.67	203.21
旋耕机	万台	4.08	8.20	18.38	24.07	26.33	27.91	29.63	32.14
节水灌溉机械	万套		16.09	17.37	21.30	21.56	21.83	21.91	22.71
农用水泵	万台	175.89	203.10	216.29	223.44	223.34	219.68	215.30	219.45
联合收割机	台	26900	71750	143760	221261	241473	265476	278379	287671
机动插秧机	部		100	1250	2924	3978	5048	6799	8610
机动割晒机	万台	28.38	23.34	8.28	5.90	5.80	5.34	5.14	
机动脱粒机	万台	79.15	70.39	55.73	54.64	54.59	54.08	52.71	51.75
谷物烘干机	台	100		646	1097	1348	1790	2541	2986
种子加工机械	台	110		643	1270	1322	1335	1351	1585
饲草料加工机械	万台	11.53	16.40	16.92	18.64	18.71	18.74	18.84	18.30
农产品加工动力机械	万台	67.76	73.95	80.24	84.36	85.57	85.45	85.54	85.21
	万千瓦	466.80	533.22	582.70	605.37	611.00	609.41	610.06	608.67
柴油机	万台	11.44	13.86	15.74	16.25	16.28	16.09	16.04	15.91
	万千瓦	118.70	144.71	156.71	154.51	154.84	152.27	151.01	150.66
电动机	万台	53.46	60.06	64.50	67.87	68.98	68.90	69.03	68.98
	万千瓦	348.10	387.96	426.04	447.26	452.71	452.30	454.09	453.53
农产品加工作业机械	万台	43.18	48.79	50.82	56.95	57.59	57.68	57.86	56.97
粮食加工机	万台	32.31	34.70	34.80	35.65	35.83	35.46	35.46	37.20
棉花加工机	万台	3.87	4.55	4.94	4.49	4.48	4.43	4.41	4.24
油料加工机	万台	6.82	8.21	8.88	9.27	9.35	9.32	9.41	9.29

注：2015年及以前“农业机械总动力”数据中包含农用运输车和三轮运输车，从2016年开始，不再包含在内。

2-14　各市农业机械和农产品加工机械年末拥有量(2018年)

地　区	农业机械总动力(万千瓦)	农用大中型拖拉机(台)	大中型拖拉机配套农具(部)	节水灌溉机械(万套)	饲草料加工机械(台)	农产品初加工动力机械(万台)	农产品初加工动力机械(万千瓦)	农产品初加工作业机械(万台)
省辖市								
郑州市	441	8598	23690	1.18	7725	4.52	36.47	2.84
开封市	584	10120	40655	3.21	12437	5.57	37.98	3.08
洛阳市	535	5014	12602	1.51	8866	7.49	54.86	4.52
平顶山市	402	7320	25285	0.63	11181	3.79	24.88	2.68
安阳市	493	8233	24082	0.07	4870	3.48	22.52	2.34
鹤壁市	231	2981	7333	0.14	1376	1.02	6.51	0.60
新乡市	768	12641	45091	0.38	16892	5.68	41.77	2.64
焦作市	251	7867	20158	0.04	5297	1.85	12.42	1.09
濮阳市	368	6356	22767	0.51	4936	2.29	19.73	1.86
许昌市	383	7391	17582	0.02	16110	4.74	29.51	2.15
漯河市	253	5633	19456	0.30	662	1.35	10.23	0.74
三门峡市	119	904	4793	0.46	5052	1.92	12.64	0.95
南阳市	1434	23985	78759	2.16	12821	10.15	72.84	5.69
商丘市	865	19385	69332	2.61	22414	9.05	68.50	4.56
信阳市	664	8863	32622	0.41	5997	8.51	54.73	9.12
周口市	962	23236	43389	1.56	17138	6.68	49.07	7.00
驻马店市	1379	23760	142046	7.52	26652	6.77	51.35	4.80
济源市	74	831	2220	0.00	2584	0.34	2.68	0.32
省直管县								
巩义市	50	680	1785	0.01	1504	1.05	6.07	0.49
兰考县	73	1903	4505	0.28	1213	0.90	5.96	0.33
汝州市	153	1744	8300	.	6340	1.82	13.66	0.62
滑　县	215	3413	9946	.	2373	1.03	6.58	0.54
长垣县	102	1604	9364	0.12	657	0.49	4.05	0.36
邓州市	198	5988	10916	0.29	1658	1.35	13.47	0.54
永城市	134	2693	12305	0.84	5599	1.32	9.31	0.69
固始县	134	1166	6280	0.01	1255	0.72	7.32	0.73
鹿邑县	100	2390	4320	0.22	1250	0.42	3.18	2.67
新蔡县	145	2660	7800	1.28	6052	0.79	6.90	0.51

注：省辖市的数据包含省直管县的数据。

2-15 农业机械化、能源、主要物资消耗及水利建设情况

指　　标	2000年	2005年	2010年	2014年	2015年	2016年	2017年	2018年
农业机械化情况								
当年实际机耕面积(千公顷)	5607	5803.5	8260	9084	9104	9176	9651	
当年机械播种面积(千公顷)	4648	5854.58	9063	10205	10399	10538	11615	
为农作物播种面积%	35.4	42.1	63.6	71.0	72.1	72.8	78.8	
当年机械收获面积(千公顷)	4250	4800.71	7374	9429	9789	10165	11289	
为农作物播种面积(%)	32.4	34.5	51.8	65.6	67.9	70.2	76.6	
农村能源情况								
农村用电量(亿千瓦小时)	125.80	172.15	269.41	313.23	321.01	317.23	328.82	330.59
农业主要物资消耗情况								
农用化肥施用折纯量(万吨)	420.71	518.14	655.15	705.75	716.09	735.24	706.70	692.79
农用塑料薄膜使用量(万吨)	9.19	10.84	14.70	16.35	16.20	16.31	15.73	15.28
农药施用实物量(万吨)	9.55	10.51	12.49	12.99	12.87	14.37	12.07	11.36
农用柴油使用量(万吨)	79.56	89.79	107.92	115.95	114.70	112.44	108.84	103.92
农田水利建设情况								
灌溉面积(千公顷)	4785.59	4864.33	5172.01	5521.62	5333.90	5360.30	5389.79	5408.31
#耕地灌溉面积(千公顷)	4725.31		5080.96	5101.74	5210.64	5244.50	5273.63	5288.69
林地灌溉面积(千公顷)	11.21		33.07	61.23	63.58	65.36	60.90	
园地灌溉面积(千公顷)	46.43		51.4	45.3	46.39	50.15	54.94	
#节水灌溉面积(千公顷)	949.61		1536.64	1476.53	1672.16	1806.60	1893.27	1997.86
节水灌溉面积占灌溉面积比重(%)	19.8		29.7	28.3	31.4	33.7	33.7	36.9
农业灌溉供水量(万立方米)	1355863		1162144	1174899	1106313	1111394	1235781	1182500

2-16 各市气候情况(2018年)

城　市	年平均气温(摄氏度)	年极端最高气温(摄氏度)	年极端最低气温(摄氏度)	年平均相对湿度(%)	全年日照时数(小时)	全年降水量(毫米)
省辖市						
郑　州	16.5	39.4	-9.2	58.0	2014.4	609.4
开　封	16.1	38.1	-8.1	60.0	2043.9	553.7
安　阳	15.1	39.8	-9.3	57.0	1997.4	643.2
新　乡	16.0	38.9	-12.0	59.0	2282.2	427.8
焦　作	17.0	40.2	-8.3	56.0	2410.8	593.7
濮　阳	15.0	38.3	-12.4	65.0	2421.2	703.3
许　昌	15.0	38.7	-13.9	71.0	1980.7	518.2
漯　河	15.7	37.7	-12.0	71.0	2112.5	773.7
三门峡	14.7	38.0	-10.8	59.0	2167.9	525.9
南　阳	15.7	37.0	-13.1	67.0	2022.7	1085.2
商　丘	14.8	38.0	-13.9	74.0	1911.5	911.7
信　阳	16.6	38.2	-9.2	75.0	1637.1	992.0
周　口	16.7	38.5	-6.8	66.0	1954.4	857.5
驻马店	15.4	37.2	-14.5	68.0	1790.2	1157.7
济　源	15.7	38.7	-9.6	65.0	2258.8	686.2

注：因撤站，故无洛阳、平顶山、鹤壁三市资料。

2-17 各月份气候情况(2018年)

单位：气温：摄氏度；降水量：毫米；日照：小时

站名	项目	1月	2月	3月	4月	5月	6月	7月	8月	9月	10月	11月	12月	全年
郑州市	平均气温	0.4	4.7	12.2	18.2	23.1	28.3	29.9	29.1	22.6	17.4	9.8	2.4	16.5
	最高气温	14.9	20.4	32.1	32.4	34.7	37.9	39.4	37.7	36.6	27.8	22.1	18.1	39.4
	最低气温	-9.2	-6.8	-0.3	2.3	12.4	16.7	22.4	21.3	11.4	6.8	-0.5	-8.5	-9.2
	相对湿度	56.0	43.0	60.0	58.0	60.0	54.0	69.0	69.0	63.0	49.0	66.0	51.0	58.0
	降水量	16.7	4.5	22.2	50.3	108.0	50.4	76.5	150.2	99.0		18.5	13.1	609.4
	日照时数	119.0	159.9	197.1	200.3	180.4	232.0	190.5	196.4	154.7	198.8	102.4	82.9	2014.4
开封市	平均气温	0.2	4.6	11.5	17.5	22.7	27.4	29.6	28.3	22.6	17.2	9.9	2.2	16.1
	最高气温	13.9	18.8	28.7	30.4	33.7	36.8	38.1	36.7	35.9	28.1	21.7	17.9	38.1
	最低气温	-7.2	-7.1	0.3	1.8	13.4	16.4	22.5	21.7	13.6	7.1	0.7	-8.1	-8.1
	相对湿度	56.0	42.0	61.0	61.0	62.0	58.0	70.0	72.0	62.0	49.0	69.0	53	60.0
	降水量	13.6	4.4	18.5	40.7	72.6	52.9	89.9	153.6	73.0		18.2	16.3	553.7
	日照时数	102.5	161.1	185.2	196.2	180.8	218.6	194.2	198.5	157.9	224.0	123.3	101.6	2043.9
安阳市	平均气温	-0.8	3.3	11.4	17.3	22.2	27.4	28.1	27.0	21.1	15.4	8.3	0.7	15.1
	最高气温	14.1	19.0	32.2	34.2	36.8	39.8	37.0	35.2	35.0	27.3	20.5	16.1	39.8
	最低气温	-8.2	-8.1	-0.8	0.4	12.5	15.2	20.6	20.9	11.7	6.3	-0.4	-9.3	-9.3
	相对湿度	51.0	31.0	51.0	57.0	55.0	50.0	76.0	77.0	65.0	51.0	69.0	51.0	57.0
	降水量	5.8	2.6	10.9	86.0	51.5	20.6	232.2	170.4	49.8		9.6	3.8	643.2
	日照时数	89.5	164.8	181.4	174.0	186.7	197.1	167.8	226.0	170.3	225.1	108.0	106.7	1997.4
新乡市	平均气温	-0.6	4.1	12.1	17.7	22.9	27.8	29.5	29.0	22.6	16.3	8.9	1.9	16.0
	最高气温	13.9	20.9	31.8	31.5	34.9	37.4	38.9	37.9	37.8	28.0	20.5	17.1	38.9
	最低气温	-12.0	-9.7	-0.5	1.9	13.8	16.0	22.0	20.8	12.6	5.2	-1.0	-10.0	-12.0
	相对湿度	56.0	42.0	57.0	60.0	60.0	56.0	71.0	68.0	62.0	53.0	72.0	52.0	59.0
	降水量	11.8	4.4	13.6	68.2	44.6	78.5	72.7	35.3	75.4	0.2	12.0	11.1	427.8
	日照时数	99.2	180.2	210.5	211.0	199.8	236.0	223.3	257.4	185.4	234.3	124.9	120.2	2282.2
焦作市	平均气温	0.4	5.4	12.8	18.5	23.4	28.6	30.1	30.1	23.4	17.8	10.0	3.0	17.0
	最高气温	13.4	22.0	32.5	32.5	35.1	38.7	40.2	37.9	39.0	28.3	21.5	15.9	40.2
	最低气温	-7.4	-7.3	0.3	3.7	14.8	17.3	22.7	23.5	14.0	7.7	1.1	-8.3	-8.3
	相对湿度	56.0	37.0	55.0	56.0	59.0	52.0	70.0	65.0	58.0	43.0	67.0	49.0	56.0
	降水量	20.7	8.3	18.0	77.8	137.8	104.7	60.5	24.8	112.2		18.8	10.1	593.7
	日照时数	116.0	196.6	215.2	210.4	227.9	261.4	224.2	259.0	179.6	249.4	138.7	132.4	2410.8

注：因撤站，故无洛阳、平顶山、鹤壁三市资料。

2-17 续表 1

单位：气温：摄氏度；降水量：毫米；日照：小时

站名	项目	1月	2月	3月	4月	5月	6月	7月	8月	9月	10月	11月	12月	全年
濮阳市	平均气温	-1.3	2.4	10.7	16.3	21.9	26.8	28.8	28.0	21.6	15.1	8.4	0.7	15.0
	最高气温	12.5	18.7	29.3	30.6	33.9	37.2	38.3	36.6	35.8	28.2	23.0	13.3	38.3
	最低气温	-11.6	-12.2	-1.0	-1.1	10.8	14.8	21.1	19.8	11.5	2.0	-1.3	-12.4	-12.4
	相对湿度	58.0	44.0	62.0	66	67.0	62.0	80.0	82.0	70.0	59.0	78.0	57.0	65.0
	降水量	1.8	3.2	25.7	70.8	111.8	132.1	106.6	170.0	60.3		13.7	7.3	703.3
	日照时数	103.4	180.6	219.5	222.0	224.7	280.1	226.7	235.7	207.7	240.5	128.8	151.5	2421.2
许昌市	平均气温	-0.8	3.3	10.5	16.0	21.4	26.8	28.5	27.1	21.2	15.6	8.7	1.4	15.0
	最高气温	13.0	18.6	27.5	30.5	33.8	37.6	38.7	35.9	35.5	28.3	22.6	16.9	38.7
	最低气温	-13.9	-10.0	-2.3	1.0	8.5	14.3	21.0	19.6	9.9	3.1	-3.1	-10.4	-13.9
	相对湿度	69.0	56.0	73.0	73.0	73.0	63.0	80.0	86.0	75.0	60.0	78.0	68.0	71.0
	降水量	23.7	7.5	20.9	47.7	58.8	39.8	65.8	173.6	35.1	4.0	22.3	19.0	518.2
	日照时数	104.5	150.3	173.5	204.8	160.8	195.4	206.1	218.3	162.9	205.9	117.2	81.0	1980.7
漯河市	平均气温	-0.2	4.3	11.3	17.1	22.1	27.5	28.8	27.2	22.0	16.6	9.5	2.3	15.7
	最高气温	13.2	18.9	29.0	31.3	33.6	37.2	37.7	36.0	35.2	28.8	22.8	16.6	37.7
	最低气温	-12.0	-8.5	-1.4	1.1	11.5	15.7	21.6	20.0	12.4	5.6	-1.0	-8.5	-12.0
	相对湿度	72.0	59.0	73.0	69.0	72.0	62.0	80.0	86.0	75.0	58.0	78.0	72.0	71.0
	降水量	42.8	6.3	59.7	94.9	81.2	91.2	91.9	192.5	37.0	3.7	40.1	32.4	773.7
	日照时数	114.9	151.1	186.8	215.4	184.9	225.1	223.1	223.9	158.5	213.2	126.7	88.9	2112.5
三门峡市	平均气温	-1.2	3.2	11.9	16.7	20.9	26.0	27.2	28.6	20.0	14.4	8.1	1.1	14.7
	最高气温	11.2	20.6	31.7	31.3	35.6	37.8	37.1	38.0	34.3	26.7	21.6	12.5	38.0
	最低气温	-8.1	-10.8	-0.4	1.1	9.8	14.0	19.9	20.1	10.1	2.2	-2.5	-10.1	-10.8
	相对湿度	59.0	43.0	57.0	58.0	61.0	55.0	76.0	65.0	69.0	54.0	66.0	42.0	59.0
	降水量	12.1	12.7	15.3	52.6	39.0	89.9	131.4	8.8	116.6	0.2	44.0	3.3	525.9
	日照时数	132.0	189.3	189.1	206.0	186.7	227.9	234.6	249.7	116.4	215.3	120.9	100.0	2167.9
南阳市	平均气温		4.6	11.5	17.2	21.4	26.4	28.0	28.4	21.5	16.2	9.8	3.3	15.7
	最高气温	13.8	16.1	26.5	30.9	33.2	36.1	37.0	35.7	35.8	27.7	22.0	15.6	37.0
	最低气温	-13.1	-7.4	0.1	2.6	10.8	14.8	22.1	20.3	11.4	5.8	-0.5	-6.5	-13.1
	相对湿度	73.0	59.0	71.0	67.0	74.0	66.0	80.0	69.0	70.0	48.0	69.0	62.0	67.0
	降水量	40.8	20.5	31.1	64.4	287.9	166.6	326.8	36.7	51.9	2.9	39.4	16.2	1085.2
	日照时数	110.2	148.2	165.1	214.2	165.3	217.3	190.1	255.9	146.7	213.7	119.9	76.1	2022.7

2-17　续表 2

单位：气温：摄氏度；降水量：毫米；　日照：小时

站名	项　目	1月	2月	3月	4月	5月	6月	7月	8月	9月	10月	11月	12月	全年
商丘市	平均气温	-0.9	2.6	10.4	15.9	21.0	26.4	28.6	27.5	21.2	14.7	8.7	1.1	14.8
	最高气温	11.4	18.0	27.3	30.2	34.2	38.0	37.1	37.5	33.6	28.2	21.3	15.0	38.0
	最低气温	-13.9	-11.8	-3.5	-1.5	8.7	15.0	20.2	18.9	10.4	0.7	-2.3	-12.2	-13.9
	相对湿度	72.0	59.0	74.0	75	82.0	66.0	83.0	82.0	76.0	66.0	80.0	71.0	74.0
	降水量	12.0	7.4	42.8	99.6	67.8	34.3	67.2	471.6	45.2		35.1	28.7	911.7
	日照时数	90.8	125.2	173.1	209.7	159.8	217.8	228.8	169.2	160.5	194.3	96.3	86.0	1911.5
信阳市	平均气温	0.5	5.6	12.9	18.4	22.4	26.7	28.6	28.1	23.0	17.7	11.2	4.0	16.6
	最高气温	13.1	20.3	28.7	31.2	33.7	36.3	38.2	36.7	34.2	28.4	23.2	18.0	38.2
	最低气温	-9.2	-7.0	0.1	4.0	13.6	18.0	22.6	21.3	14.8	8.5	3.0	-6.0	-9.2
	相对湿度	78.0	64.0	73.0	68.0	78.0	73.0	84.0	86.0	79.0	61.0	78.0	77.0	75.0
	降水量	99.2	25.9	91.1	63.2	202.0	65.4	176.8	106.7	31.3	5.1	79.5	45.8	992.0
	日照时数	79.9	110.4	144.0	180.7	133.4	185.8	167.8	208.4	112.5	158.6	99.3	56.3	1637.1
周口市	平均气温	0.7	5.2	12.1	17.8	22.8	28.3	29.5	28.6	23.1	18.2	10.8	3.6	16.7
	最高气温	13.1	17.7	28.6	31.6	34.5	38.0	38.5	37.2	34.8	29.0	22.9	16.4	38.5
	最低气温	-6.8	-6.2	1.2	3.4	14.4	17.6	22.8	22.5	14.9	9.8	2.4	-6.5	-6.8
	相对湿度	70.0	55.0	70.0	64.0	69.0	58.0	74.0	78.0	68.0	48.0	74.0	66.0	66.0
	降水量	35.4	13.4	53.1	58.3	68.5	58.2	179.1	272.5	27.0	0.3	55.9	35.8	857.5
	日照时数	110.3	148.0	173.0	218.3	175.0	214.1	177.9	202.0	148.8	189.4	111.9	85.7	1954.4
驻马店市	平均气温	-0.8	4.0	11.4	16.9	21.6	26.4	27.6	26.8	21.5	16.6	9.7	2.8	15.4
	最高气温	14.1	20.2	30.2	30.6	32.6	36.5	37.2	36.0	34.0	28.2	22.0	16.7	37.2
	最低气温	-14.5	-7.6	-1.2	0.1	10.3	14.4	21.5	19.1	12.9	5.5	-0.6	-8.2	-14.5
	相对湿度	59.0	52.0	67.0	63.0	69.0	62.0	79.0	80.0	77.0	57.0	77.0	72.0	68.0
	降水量	80.5	4.2	59.6	51.3	202.1	145.4	338.3	98.2	44.9	16.3	74.0	42.9	1157.7
	日照时数	104.6	125.6	156.1	197.7	165.7	215.9	141.4	157.3	130.0	201.3	112.1	82.5	1790.2
济源市	平均气温	-0.3	4.1	11.2	17.4	22.2	27.3	28.6	28.5	21.9	15.9	9.1	1.9	15.7
	最高气温	14.3	22.7	33.1	32.3	33.5	38.7	37.6	36.0	37.6	27.9	21.5	16.8	38.7
	最低气温	-9.6	-8.1	-1.2	0.6	10.2	15.1	21.4	20.4	10.2	3.4	-1.7	-9.2	-9.6
	相对湿度	64.0	47.0	67.0	64.0	66.0	58.0	79.0	76.0	69.0	59.0	74.0	54.0	65.0
	降水量	21.1	7.0	18.9	78.8	47.9	144.0	122.0	76.9	137.8		26.0	5.8	686.2
	日照时数	122.9	192.3	196.7	210.6	209.5	241.2	203.3	243.1	159.1	236.5	129.8	113.8	2258.8

2-18 104个粮食大县

地 区	全年粮食		夏收粮食		秋收粮食	
	播种面积(千公顷)	总产量(吨)	播种面积(千公顷)	总产量(吨)	播种面积(千公顷)	总产量(吨)
中牟县	30.03	179759	12.51	72673	17.52	107086
荥阳市	56.31	310422	30.54	166959	25.77	143463
新密市	55.69	216967	28.16	116737	27.53	100230
新郑市	49.32	262427	25.99	139696	23.32	122731
杞 县	122.29	701612	65.29	396717	57.00	304895
通许县	67.25	398400	39.66	244500	27.59	153900
尉氏县	110.57	627100	65.71	390500	44.86	236600
祥符区	108.14	603800	64.13	383500	44.01	220300
兰考县	102.11	569001	59.80	341000	42.31	228001
孟津县	52.77	262504	27.58	138531	25.18	123973
新安县	48.84	230602	22.94	106067	25.90	124535
嵩 县	52.20	213656	23.47	97292	28.72	116364
宜阳县	89.83	417295	43.01	193323	46.82	223972
洛宁县	62.92	292951	30.98	140295	31.94	152656
伊川县	80.22	422856	39.46	197816	40.76	225040
偃师市	42.92	259081	22.69	128805	20.23	130276
宝丰县	54.34	285158	26.49	145083	27.85	140075
叶 县	124.83	700400	58.95	331031	65.88	369369
鲁山县	63.54	236735	30.76	113972	32.78	122763
郏 县	60.45	335546	30.82	172422	29.63	163124
汝州市	96.17	470935	48.17	249679	48.00	221256
安阳县	64.64	410256	31.95	200692	32.69	209564
汤阴县	72.88	451156	37.86	231714	35.02	219442
内黄县	92.12	556540	62.93	369848	29.19	186692
林州市	78.08	330488	35.21	140625	42.87	189863
滑 县	208.40	1585000	120.67	883000	87.73	702000
浚 县	101.19	734451	55.64	387914	45.55	346537
淇 县	42.53	291595	20.83	139803	21.69	151792
新乡县	38.32	270959	19.59	142762	18.74	128197
获嘉县	54.71	370952	26.17	178462	28.54	192490
原阳县	141.90	877128	70.58	439643	71.33	437485
延津县	82.00	503972	55.67	355570	26.33	148402
封丘县	114.43	738968	66.29	465406	48.14	273562
卫辉市	67.18	417822	32.73	215245	34.45	202577
辉县市	97.78	614729	49.59	315069	48.19	299660
长垣县	106.25	732018	55.00	403000	51.25	329018
修武县	30.51	217704	15.25	108304	15.26	109400

粮食生产情况(2018年)

主要粮食品种播种面积(千公顷)				主要粮食品种总产量(吨)			
稻谷	小麦	玉米	大豆	稻谷	小麦	玉米	大豆
	12.51	16.04	0.93		72673	100141	2300
	30.54	24.32	0.32		166959	137600	406
	28.16	24.75	1.45		116737	92018	2097
	25.99	21.85	0.73		139696	117322	2036
	65.29	51.60	3.95		396717	284837	10306
	39.66	25.66	1.54		244500	149469	1638
	65.71	40.70	3.00		390500	222826	5748
4.60	64.13	36.59	1.77	40058	383500	172644	2580
0.15	59.80	39.73	1.47	1362	341000	215518	4744
2.54	27.75	19.28	0.44	11836	137516	96286	942
	22.94	21.40	1.71		106067	107589	3982
0.02	23.47	22.37	3.10	63	97292	99167	4515
	43.01	31.80	3.25		193323	183282	9572
0.03	30.98	18.96	7.74	204	140295	110889	18787
0.50	39.46	28.00	1.82	3245	197816	167802	3168
	22.69	19.19	0.36		128805	127069	949
	26.49	27.56	0.13		145083	138962	264
	58.25	61.21	3.88		323415	344828	17624
0.55	30.67	30.68	0.47	3509	113773	113688	1144
	30.82	22.41	4.23		172422	136059	11411
	48.17	45.60	0.65		249679	212587	2103
	31.95	32.54			200692	208737	
	37.86	33.77	0.73		231714	214080	2578
	62.93	28.47	0.18		369848	181873	544
0.06	35.21	32.88	3.14	210	140625	159223	6182
0.10	120.67	86.82	0.34	998	883000	695736	1113
	55.64	45.27	0.11		387914	344337	757
	20.83	21.45	0.02		139803	149655	22
0.05	19.59	13.60	5.05	459	142762	118996	8538
5.70	26.17	15.98	6.72	46621	178462	117511	27247
15.50	70.58	53.80	1.59	93754	439643	335527	5002
	55.67	25.47	0.15		355570	143432	636
0.05	66.29	45.82	1.27	266	465406	256172	3251
	32.57	33.86	0.15		214653	198558	489
0.02	49.59	47.00	0.32	198	315067	296289	903
2.00	55.00	46.21	2.60	17430	402982	301078	8090
	15.25	14.84	0.36		108304	108130	840

2-18 续表 1

地区	全年粮食		夏收粮食		秋收粮食	
	播种面积(千公顷)	总产量(吨)	播种面积(千公顷)	总产量(吨)	播种面积(千公顷)	总产量(吨)
博爱县	27.76	204072	13.50	102146	14.26	101926
武陟县	71.10	531844	38.23	290183	32.87	241661
温　县	40.07	312528	22.16	172848	17.91	139680
沁阳市	46.26	341942	23.16	174877	23.09	167065
孟州市	38.10	281164	22.33	166600	15.77	114564
濮阳县	154.37	1000017	84.03	553800	70.34	446217
清丰县	84.49	598200	51.29	366600	33.20	231600
南乐县	68.56	494522	36.27	266727	32.29	227795
范　县	62.79	395323	29.51	185323	33.28	210000
建安区	99.15	657432	52.28	385613	46.87	271819
鄢陵县	79.51	564553	44.24	329641	35.27	234912
襄城县	91.30	589879	44.97	330213	46.33	259666
禹州市	98.67	565203	47.85	289595	50.81	275608
长葛市	81.67	570913	40.69	300671	40.99	270242
郾城区	43.92	286300	23.99	173100	19.93	113200
召陵区	43.81	298700	24.68	174200	19.13	124500
舞阳县	83.89	556500	41.87	293200	42.02	263300
临颍县	74.84	509400	41.57	308000	33.27	201400
灵宝市	55.33	244694	25.70	119004	29.63	125690
宛城区	86.33	526672	52.85	340893	33.47	185779
卧龙区	66.71	353426	36.52	202354	30.19	151072
方城县	161.86	718810	81.38	377784	80.47	341026
镇平县	67.02	346412	52.58	281762	14.44	64650
内乡县	79.49	429527	33.78	185982	45.71	243545
淅川县	80.77	384693	34.78	153912		230781
社旗县	94.48	408529	63.13	291002	31.35	117527
唐河县	209.38	1306703	140.64	916421	68.74	390282
新野县	136.79	744145	57.74	382270	79.05	361875
桐柏县	60.70	341555	16.64	68086	44.07	273469
邓州市	170.78	936375	138.73	802000	32.04	134375
梁园区	91.25	535991	30.37	211429	60.87	324562
睢阳区	80.21	517123	50.91	354353	29.30	162770
民权县	111.44	749887	68.20	474693	43.24	275194
睢　县	98.66	650689	57.51	401644	41.15	249045
宁陵县	92.70	611562	48.26	338428	44.44	273134
柘城县	94.32	648227	65.99	475076	28.33	173151
虞城县	128.83	869845	77.31	548934	51.52	320911
夏邑县	154.47	1035485	82.11	588202	72.36	447283

主要粮食品种播种面积(千公顷)				主要粮食品种总产量(吨)			
稻谷	小麦	玉米	大豆	稻谷	小麦	玉米	大豆
	13.50	13.40	0.67		102146	98934	1428
4.67	38.23	26.58	1.37	37401	290183	198984	3758
	22.16	17.56	0.12		172848	137765	239
	23.16	21.12	1.77		174877	159634	5461
	22.32	15.51	0.11		166598	113612	302
9.59	83.97	49.61	10.45	89000	553800	322153	31000
	51.29	31.70	0.35		366600	220815	1300
	36.27	31.64	0.39		266727	224052	1177
14.17	29.51	11.66	7.20	110562	185323	80624	17289
	52.28	29.22	16.45		385613	219062	43729
	44.24	32.57	2.48		329641	223099	10313
	44.97	26.48	12.47		330213	180403	37170
	47.86	46.03	1.77		289595	258088	3241
	40.69	38.45	2.38		300671	260778	8287
	23.99	11.99	7.85		173100	90778	21800
	24.68	14.58	4.35		174200	113068	10100
	41.87	36.64	4.71		293200	247937	11100
	41.57	23.41	7.86		308000	170366	19000
	25.70	22.65	4.55		119004	107840	9513
0.24	52.70	28.32	3.35	2432	340460	174573	5116
1.04	36.36	25.92	1.75	8175	201879	132907	2617
0.06	81.18	68.23	9.13	400	377584	321398	9280
0.39	52.32	11.73	0.84	2243	280978	55578	1335
0.67	33.78	44.11	0.15	7127	185982	232452	149
4.15	33.42	37.12	0.05	28324	152257	187233	106
	63.13	22.32	8.07		291002	99911	12035
5.21	140.32	53.21	7.10	36764	914846	331177	4751
	57.74	74.03	2.23		382270	332142	4734
16.98	16.55	25.06	1.18	129173	67871	139989	732
3.36	137.75	11.60	8.56	20903	798520	47481	21190
	30.37	59.74	0.16		211429	317662	441
	50.89	25.18	3.94		354353	152758	9140
0.39	68.20	40.23	1.58	3600	474693	261914	4337
	57.51	38.03	2.49		401644	237055	8238
	48.26	41.87	1.51		338428	263924	4831
	65.99	26.07	1.31		475076	164153	5119
	77.31	50.54	0.73		548934	317604	1600
	82.11	69.91	2.18		588202	440033	4246

2-18 续表 2

地 区	全年粮食		夏收粮食		秋收粮食	
	播种面积(千公顷)	总产量(吨)	播种面积(千公顷)	总产量(吨)	播种面积(千公顷)	总产量(吨)
永城市	225.92	1369575	111.73	802000	114.18	567575
平桥区	131.93	909389	32.81	140300	99.12	769089
罗山县	100.23	734796	28.93	116600	71.29	618196
光山县	71.69	561145	15.67	63100	56.03	498045
商城县	43.28	300057	9.07	36000	34.22	264057
潢川县	100.56	697124	37.79	156500	62.78	540624
淮滨县	97.13	544544	55.60	273400	41.53	271144
息 县	155.03	901998	93.27	480600	61.76	421398
固始县	164.84	1205304	37.33	166000	127.51	1039304
扶沟县	82.10	534389	64.93	471627	17.18	62762
西华县	112.58	727656	73.77	536765	38.81	190891
商水县	145.30	918641	80.15	578469	65.15	340172
沈丘县	146.30	1015205	73.42	530900	72.88	484305
郸城县	159.80	1052457	89.07	643571	70.73	408886
淮阳县	166.50	1045567	79.51	574532	86.98	471035
太康县	187.14	1257641	109.37	790428	77.77	467213
项城市	174.93	1057175	75.68	547016	99.26	510159
鹿邑县	133.44	887808	72.53	520000	60.90	367808
驿城区	105.16	632383	46.20	232146	58.96	400237
西平县	112.40	730141	71.87	528997	40.53	201144
上蔡县	175.53	1151460	97.80	695878	77.73	455582
平舆县	150.93	950330	80.27	566866	70.67	383464
正阳县	195.60	1135973	129.93	732413	65.67	403560
确山县	69.00	421267	56.00	338777	13.00	82490
泌阳县	115.95	634618	74.47	422624	41.48	211994
汝南县	138.19	863645	86.53	600025	51.65	263620
遂平县	93.60	590671	53.73	375274	39.87	215397
新蔡县	137.08	825432	85.20	547600	51.88	277832
济源市	85.06	476382	21.47	117610	63.59	358772

主要粮食品种播种面积(千公顷)				主要粮食品种总产量(吨)			
稻谷	小麦	玉米	大豆	稻谷	小麦	玉米	大豆
	111.73	75.14	38.46		802000	469669	95700
37.50	32.81	60.07	1.11	338940	140300	424737	1101
66.62	28.93	2.98	0.90	595500	116600	17861	885
53.76	15.67	0.68	0.98	490240	63100	3949	913
32.72	9.07	0.33	0.70	259700	36000	1974	635
62.15	37.79	0.28	0.11	537780	156500	1588	116
40.02	55.60	0.17	0.64	268400	273400	1019	686
55.18	93.27	4.28	1.26	388500	480600	26153	1194
112.47	37.33	14.32	0.14	941800	166000	93827	300
0.15	64.93	3.41	13.49	1389	471627	22145	38459
	73.77	27.00	11.62		536765	167274	22586
	80.15	47.10	15.82		578469	280851	51581
	73.42	64.06	7.34		530900	450755	23262
	89.07	56.32	8.85		643571	373471	19731
	79.51	72.63	8.97		574532	422903	20451
	109.37	66.83	8.87		790428	429228	25193
	75.68	80.60	16.62		547016	470022	32605
	72.53	45.98	13.71		520000	323142	36900
	46.20	57.38	1.07		232146	393771	1095
	71.87	39.53	0.27		528997	196328	425
	97.80	69.74	7.93		695878	436631	18509
	80.27	63.13	6.80		566866	370645	9676
18.13	129.93	44.35	2.00	120545	732413	274526	2572
4.13	56.00	7.86	0.13	28310	338777	48853	146
3.07	74.47	35.93	0.73	16582	422624	182982	937
1.13	86.20	44.54	2.73	7824	597805	234856	5657
	53.73	37.63	1.60		375274	209374	2552
2.55	85.20	46.26	1.34	14400	547600	256324	1500
0.12	21.47	61.53	1.32	880	117610	351413	3845

主要统计指标解释

乡（镇）政府 是指我国农村体制改革后设立的基层政府组织。根据宪法规定,它除执行本级人民代表大会的决议和上级国家行政机关的决定和命令外,还负责管理本行政区域内的行政工作。

村民委员会 根据宪法规定农村按居住地区设立的基层群众性的自治组织叫村民委员会。它主要负责办理本居住地区的公共事务和公益事业,调解民间纠纷,协助维护社会治安,并向人民政府反映群众的意见、要求和建议。村民委员会的下设组织叫村民小组。

乡村户数 是指户口在农村的常住户数,包括全部从事农林牧渔业生产并从中直接获取实物、现金收入和从承包的生产任务中获取实物、现金收入的农业家庭户数。还包括从事乡村工业、建筑、交通运输、贸易业、饮食、服务业生产和从事乡村文教卫生事业等非农产业的农业户。

乡村人口 是指乡村户数中的常住人口。包括常住人口中外出的民工、工厂的合同工及户口在家的在外学生。但不包括户口在家领取工资的国家职工。

乡村从业人员 指乡村人口中16岁以上实际参加生产经营活动并取得实物或货币收入的人员，既包括劳动年龄内经常参加劳动的人员，也包括超过劳动年龄但经常参加劳动的人员。但不包括户口在家的在外学生、现役军人和丧生劳动能力的人，也不包括待业人员和家务劳动者。从业人员年龄为16岁以上。从业人员按从事主业的时间最长（时间相同按收入）分为农业从业人员、工业从业人员、建筑业从业人员、交通仓储及邮电通讯业从业人员、批零贸易及餐饮业从业人员、其它从业人员。

农林牧渔业劳动力 指直接参加农林牧渔生产劳动的劳动力和直接从事采集、捕猎、农户家庭兼营（即以农业为主，利用农闲时间进行的）工业生产劳动的劳动力。

农作物总播种面积 是指全年各季各种农作物播种面积的总和。现行农业统计报表制度规定全年农作物总播种面积是指应该在本日历年度内收获农产品的作物的播种面积之和。其计算公式为：

本年农作物总播种面积＝上年秋冬播种作物面积＋本年春播作物面积＋本年夏播作物面积

或：本年农作物总播种面积＝本年夏收作物播种面积＋本年秋收作物播种面积

复种指数 指年内耕地上农作物总播种面积与耕地面积之比。它说明耕地在一年内平均种植的次数反映复种程度的高低。计算公式为：

复种指数=农作物总播种面积/耕地面积×100%

粮食产量 指全社会的产量。包括全民所有制经营的、集体统一经营的和农民家庭经营的粮食产量。粮食除包括稻谷、小麦、玉米、高粱、谷子及其它杂粮外还包括薯类和大豆。其产量的计算方法：豆类按去豆荚后的干豆计算;薯类按五公斤鲜薯折粮一公斤计算。其他粮食一律按脱粒后的原粮计算。

油料产量 指全部油料作物的生产量。包括花生、油菜籽、芝麻、向日葵籽、胡麻籽（亚麻籽）和其它油料。不包括大豆也不包括木本油料和野生油料。花生以带壳干花生计算。

有林地面积 指生长着乔木和竹林，郁闭度在0.3以上（不含0.3）的林地面积，即有林地面积。它是反映森林资源总面积的重要指标。有林地面积包括天然林面积和人工林面积。但不包括灌木林面积和疏林面积。

造林面积 是指报告期内在荒山、荒地、沙丘等一切可以造林的土地上采用人工播种、植苗、飞机播种等方法新植的成片乔木林和灌木林经过检查验收符合《森林法实施细则》第十五条规定成活率达85%（含85%）以上的面积。四旁植树如一侧在四行以上连续面积一亩以上应统计在造林面积内。

在造林面积中不包括补植面积、治沙种草面积、经济林垦复面积、迹地更新面积和低产林改造面积。

造林成活率 指同一片造林面积上已成活的树木株数与种植的树木株数之比。其计算公式如下：

造林成活率(%)=成活的树木株数/种植的树木株数×100%

育苗面积 指培育苗木所实际占用的苗圃面积。包括临时性的灌溉排水设施和苗床间步道等。不包括苗圃休闲地固定性或永久性的灌溉排水设施和道路、建筑物等面积。育苗面积包括本年新育面积、留床面积和移植面积三部分。育苗面积按实际占用的土地面积计算。

封山育林面积 是指对水土流失严重的荒山秃岭、河流两岸和近年内不准备进行人工造林的荒山荒地封禁以免人畜破坏使杂草、幼树得以繁殖兹长改善地面复被状况以减免水土的流失和为造林创造条件以及将采伐迹地、火烧迹地加以封禁使其残留的母树林能天然下种繁殖幼树残留的竹木根株能自然发芽蔓延生长的面积。包括当年新封及历年封禁至本年末尚未开放的面积不包括为保护新造幼林的生长而临时封禁的面积。

四旁（零星）植树 是指在村旁、路旁、宅旁、水旁等地零星栽植的林木和竹木株数。同时包括农田林网、农桐间作、农枣间作栽植的林木株数。不包括农田零星栽植的水果树、茶树、桑树和灌木丛。

林产品产量 指从人工栽培的竹木林上不经砍伐竹、木的根本而取得的各种林产品数量。包括生漆、棕片、五倍子、松脂、笋干、油桐籽、乌桕子、核桃、板栗等各种林木籽实以及修剪竹木所得的枝叶（荆条、柳条、蒲葵叶）等等林产品产量中包括林木种子采集量。但不包括竹木采伐量。

水产品产量 指本年度内捕捞的水产品产量。包括人工养殖并捕捞的水产品产量和捕捞天然生长的水产品产量。包括海水鱼类、虾蟹类、贝类、藻类以及淡水鱼类、虾蟹类和贝类不包括淡水水生植物。

年末耕地总资源 指能够种植农作物的田地。包括当年实际耕种的熟地；新开荒且已种植的地；“沿海”、“沿湖”地区已围垦利用三年以上的“海涂”、“、湖田”；弃耕、休闲不满三年，随时可以复耕的地；因灾害或其他因素，虽然当年内未种植农作物但仍可复耕的地；以种植农作物为主，附带种植桑树、果树和其它林的地；年年进行耕耘种草的地；南方小于 1 米、北方小于 2 米宽的沟、渠、路、田埂。不包括：因灾害或其他因素，已不能复耕的地；弃耕、休闲满三年的地，或虽不满三年但已成为荒地的土地；不进行耕耘，种植牧草已成为永久性草地的土地；专业性的桑园、茶园、果园、果木苗圃地、芦苇地、天然草场等；以混凝土等铺设的温室、坡璃室，导致栽培的植物体与地面隔绝的基地。

有效灌溉面积 指灌溉工程或设备已基本配套，有一定水源，土地比较平整，在一般年景可以进行正常灌溉的耕地面积。一般为水田与水浇地之和。

当年实际机耕地面积 指本年度内利用拖拉机或其他动力机械耕过的耕地面积。机耕面积应该按实际翻耕过的耕地面积计算，即同一公顷耕地上一年内不论翻几次，仍按一公顷计算。

农业机械总动力 指主要用于农林牧渔业的各种动力机械的动力总和。包括耕作机械、排灌机械、收获机械、农产品加工机械、运输机械、植物保护机械、牧业机械、林业机械、渔业机械和其他农业机械（内燃机按引擎马力折成瓦数计算）。不包括专门用于乡办工业、基本建设、非农业运输、科学试验和教学等非农业生产方面的动力机械与作业机械。

农村用电量 指本年度内，扣除在农村的全民所有制工业、交通、基建单位的用电量以外的农村生产上和生活上的全年用电总量（按全年累计数统计）。

农用化肥施用量 指本年度实际用于农业生产的化肥数量，包括氮肥、磷肥、钾肥和复合肥。

主要化肥折纯量 指在化肥原施用实物量的基础上进行按含量多少折纯。就是氮肥含氮量、磷肥含磷量、钾肥含氧化钾量等。

畜牧业

资料整理：金民伟

3-1 主要畜产品产量

指　　标	单位	2000年	2005年	2010年	2014年	2015年	2016年	2017年	2018年
猪牛羊出栏头数									
肉猪出栏头数	万头	4180.00	5568.00	5382.8	6292.0	6151.4	5983.1	6220.0	6402.4
占年初存栏头数比重	%	117.5	142.1	119.0	142.5	139.6	137.20	145.70	145.80
肉用牛出栏头数	万头	578.00	702.64	390.1	272.8	251.3	231.1	233.0	231.2
占年初存栏头数比重	%	43.1	50.3	49.4	58.0	57.8	57.4	66.9	100.3
肉用羊出栏只数	万只	2903.80	4225.00	1959.2	1792.1	1790.2	1791.5	2145.0	2208.2
占年初存栏头数比重	%	104.2	114.5	98.1	97.9	94.9	93.0	139.7	131.3
肉用禽出栏只数	万只			81530.7	82685.4	83132.4	83926.2	90681.6	92767.3
占年初存栏只数比重	%			142.4	142.3	145.6	147.1	159.3	142.7
肉类总产量	万吨	517.00	689.00	608.96	662.02	647.22	625.94	655.84	669.4
#猪肉产量	万吨	337.90	441.20	407.7	476.6	466.5	449.0	466.9	479.0
牛肉产量	万吨	83.00	102.75	58.7	41.0	37.8	34.9	35.0	34.8
羊肉产量	万吨	32.00	47.38	23.3	21.8	21.8	21.8	26.1	26.9
驴肉产量	万吨	2.30	1.96	3.40	1.85	1.52	0.47	0.29	0.30
骡肉产量	万吨	1.10	0.80	0.43	0.15	0.10	0.05	0.03	0.02
马肉产量	万吨	1.50	1.13	1.05	0.60	0.39	0.18	0.15	0.14
禽肉产量	万吨	55.00	87.51	101.3	108.3	109.0	110.1	119.0	121.9
兔肉产量	万吨	4.20	5.66	9.46	7.55	6.23	5.32	4.85	4.41
平均每头肉猪产肉量	公斤/头	80.80	79.20	75.74	75.75	75.83	75.05	75.10	74.82
平均每头肉牛产肉量	公斤/头	144.70	146.20	150.47	150.29	150.42	151.02	150.21	150.52
平均每只肉羊产肉量	公斤/只	11.00	11.20	11.89	12.18	12.18	12.17	12.17	12.18
其他畜产品产量									
奶类总产量	万吨	20.20	108.50	207.04	227.28	233.66	223.30	212.87	208.90
牛奶产量	万吨	16.10	104.00	190.1	216.9	223.6	213.5	202.9	202.7
羊奶产量	万吨	4.10	4.50	16.98	10.37	10.10	9.79	10.01	6.24
羊毛总产量	吨	10844	14335	11984	9569	7246	9370	9214	6849
山羊毛产量	吨	2858	2873	4297	3671	2245	3657	3450	2406
绵羊毛产量	吨	7986	11462	7687	5898	5000	5713	5765	4130
羊绒产量	吨	277	433	181	146	311	706	581	312.54
蜂蜜产量	吨	23105	27441	61820	36645	27907	87823	71487	61393
禽蛋产量	万吨	270.00	375.30	372.3	370.8	372.3	379.6	401.2	413.6

3-2 主要畜禽年末存栏数量

指标	单位	2000年	2005年	2010年	2014年	2015年	2016年	2017年	2018年
大牲畜总头数	**万头**	**1445.70**	**1508.80**	**719.19**	**447.59**	**411.70**	**353.67**	**376.09**	**377.01**
#从事农事劳役的头数	万头	482.80	412.90	296.16	192.82	183.71	167.47	108.50	108.0
牛	万头	1340.20	1447.00	695.05	434.66	402.68	348.41	372.67	373.4
肉牛	万头	282.80	514.06	346.53	201.75	181.76	150.58	230.51	231.1
乳牛	万头	6.70	31.22	52.35	40.09	37.22	30.36	33.66	34.3
马	万头	29.30	17.29	8.05	4.18	2.80	1.38	0.97	0.91
驴	万头	49.50	29.60	12.34	7.24	5.13	3.47	2.18	2.33
骡	万头	26.80	14.91	3.76	1.51	1.09	0.41	0.28	0.35
猪	万头	3787.70	4439.00	4540.55	4407.38	4361.95	4268.82	4390.00	4337.2
#能繁殖的母猪	万头	365.00	517.00	473.59	480.62	459.31	432.06	440.54	417.2
羊	万只	2961.40	3988.00	1895.40	1886.00	1926.00	1535.45	1682.02	1734.1
山羊	万只	2730.10	3509.00	1662.88	1551.82	1552.77	1438.55	1412.88	1474.0
绵羊	万只	231.30	479.00	232.52	334.18	373.23	96.89	269.14	260.1
家禽	万只	42529.00	61958.00	56708.51	57081.34	57070.49	56927.73	65019.50	65799.7

3-3 各市主要畜禽出栏数量和畜产品产量(2018年)

地区	猪出栏头数(万头)	牛出栏头数(万头)	羊出栏只数(万只)	家禽出栏只数(万只)
郑州市	140.51	4.70	31.27	2062.08
开封市	385.06	13.72	150.05	2077.39
洛阳市	192.59	16.31	64.72	1989.99
平顶山市	249.34	8.27	97.56	1904.55
安阳市	202.19	1.77	54.72	5191.90
鹤壁市	156.13	1.19	30.08	8403.10
新乡市	394.57	6.82	69.54	4228.60
焦作市	150.39	6.02	28.09	2408.53
濮阳市	142.03	6.32	102.65	8497.32
许昌市	376.63	7.64	77.06	2212.75
漯河市	357.03	1.79	25.06	3462.48
三门峡市	106.91	6.76	37.37	644.31
南阳市	580.68	39.50	260.25	3090.12
商丘市	401.59	20.02	254.10	5916.22
信阳市	303.74	7.05	44.01	6829.33
周口市	634.54	16.30	327.50	13096.49
驻马店市	865.15	40.68	173.96	3699.52
济源市	56.39	1.40	6.42	211.33

3-3 续表

地　区	肉类总产量(吨)		禽蛋产量(吨)	奶类总产量(吨)
		猪肉(吨)		
郑州市	150122	106832	109851	100774
开封市	361858	287903	192578	262138
洛阳市	206884	143011	116289	159844
平顶山市	247067	185867	92956	78895
安阳市	232189	153012	120956	27832
鹤壁市	218897	118618	122088	55184
新乡市	370378	296684	242147	112161
焦作市	157524	111046	109047	177883
濮阳市	234962	105111	269255	19793
许昌市	331423	281955	145004	32460
漯河市	309457	260653	149800	11364
三门峡市	104170	80316	42733	31699
南阳市	561699	429498	257057	199913
商丘市	431954	294230	339587	246203
信阳市	403142	227711	245444	3894
周口市	691068	471989	416834	23857
驻马店市	814688	655881	249712	49885
济源市	48501	42300	24392	43254

3-4 各市主要畜禽存栏数量(2018年)

地　区	猪年末头数(万头)	牛年末头数(万头)	羊年末只数(万只)	家禽年末只数(万只)
郑州市	61.26	4.84	24.96	1209.44
开封市	272.95	24.95	114.19	2099.90
洛阳市	134.03	26.61	71.44	1891.88
平顶山市	147.12	12.49	78.60	1377.27
安阳市	140.30	3.05	41.06	1835.99
鹤壁市	91.20	2.06	29.16	1955.37
新乡市	257.66	13.34	49.31	2761.85
焦作市	113.24	6.73	24.50	1034.59
濮阳市	106.26	5.67	58.33	4830.99
许昌市	254.78	9.41	53.11	1615.18
漯河市	203.46	3.06	17.77	2797.70
三门峡市	81.88	14.64	38.47	623.75
南阳市	403.56	59.87	208.16	3993.40
商丘市	249.27	35.05	208.91	5567.13
信阳市	228.95	11.66	42.79	3649.15
周口市	472.81	25.25	251.92	7045.29
驻马店市	585.20	63.37	134.60	3847.37
济源市	36.38	2.54	10.20	193.35

3-5 生猪大县生产情况

地区	年末生猪存栏(万头)												
	2006年	2007年	2008年	2009年	2010年	2011年	2012年	2013年	2014年	2015年	2016年	2017年	2018年
杞　县	66.35	73.78	80.00	81.00	78.12	79.00	72.68	73.50	76.55	78.34	77.12	79.83	79.99
通许县					44.36	45.69	45.74	46.11	46.02	46.94	46.25	50.19	53.01
尉氏县	62.24	69.21	75.00	75.80	74.20	74.50	75.50	69.99	70.13	69.63	69.84	71.98	69.90
祥符区					50.88	52.41	52.46	53.68	54.62	54.44	54.18	54.83	57.02
叶　县	58.41	72.12	77.50	79.50	81.62	82.40	81.41	86.00	85.02	84.31	83.60	85.04	81.58
汝州市	52.51	60.31	66.77	68.50	70.21	70.46	71.60	72.82	71.73	71.33	70.45	73.55	70.87
林州市					63.24	65.14	65.14	64.36	61.71	60.63	60.28	61.03	55.00
浚　县					38.55	39.71	39.83	40.10	38.35	38.52	38.04	40.66	39.72
封丘县					44.22	45.55	45.64	47.28	47.83	48.64	48.27	49.09	50.28
卫辉市	49.13	41.95	44.05	44.80	45.40	46.00	46.40	45.24	46.58	46.51	46.84	46.87	47.51
辉县市	58.57	62.72	72.00	73.80	71.10	72.50	71.78	72.60	71.14	69.91	69.10	70.79	69.80
许昌县	49.65	53.46	62.00	62.30	64.55	64.20	60.41	61.10	56.23	55.00	54.62	56.28	52.28
鄢陵县	47.85	51.51	60.00	60.50	56.80	56.90	56.60	56.00	56.35	55.69	55.27	56.17	54.17
襄城县	57.56	49.54	50.70	52.00	51.40	51.60	51.70	49.99	51.28	50.76	50.19	51.01	52.36
禹州市	38.06	40.97	50.74	51.50	52.10	52.50	51.61	52.20	52.43	52.07	51.44	52.74	52.08
长葛市	34.93	37.60	44.44	45.60	44.50	44.80	43.59	44.00	43.42	43.07	42.37	43.38	43.86
郾城区	38.19	33.78	41.38	42.00	42.66	42.60	43.00	43.60	43.25	43.10	42.51	43.40	44.28
召陵区	50.27	40.07	41.11	41.80	41.00	41.50	41.40	42.00	41.14	40.23	39.60	40.77	40.32
舞阳县					44.72	46.06	46.11	45.60	45.80	45.61	45.14	46.55	47.01
临颍县	44.41	46.89	56.00	56.50	56.20	56.20	55.80	56.20	54.28	53.22	52.62	53.05	53.97
内乡县	46.79	42.48	46.92	48.50	49.20	51.20	51.97	58.46	55.31	55.71	65.89	67.43	71.67
社旗县					50.53	52.05	52.10	52.80	53.00	53.15	52.16	55.75	54.78
唐河县	71.28	75.39	81.00	82.10	82.20	82.50	82.60	83.01	82.80	82.20	80.80	82.15	80.38
邓州市	93.54	101.47	103.00	104.26	108.80	106.80	106.98	107.62	105.12	104.70	104.20	105.98	102.59
睢阳区					43.74	45.05	45.10	46.00	46.10	46.05	45.30	45.71	46.13
睢　县					29.82	30.72	30.81	30.04	30.34	30.35	29.87	32.81	32.80
柘城县					28.49	29.34	29.40	30.66	30.01	30.92	30.41	33.40	34.06
夏邑县					49.27	50.75	50.80	51.20	52.85	53.96	53.93	55.21	55.28
固始县	57.93	61.63	71.00	72.00	72.10	72.20	70.54	72.00	72.53	72.42	71.49	71.99	68.91
潢川县		30.40	37.41	48.15	48.63	49.12	51.00	50.34	49.19	49.51	49.00	50.18	49.59
西华县	49.71	56.16	64.00	65.80	64.40	64.35	64.60	64.80	66.22	66.32	65.69	66.86	69.14
商水县	52.15	57.86	65.50	65.80	68.80	68.90	67.38	64.35	65.20	64.83	65.97	67.98	69.18
沈丘县	49.18	45.08	48.61	50.00	50.60	51.30	52.00	53.35	54.19	54.62	54.06	55.01	55.10
淮阳县	62.88	51.35	54.54	55.80	55.98	56.80	57.10	56.36	57.02	56.80	56.64	58.20	58.07
太康县	59.00	62.52	69.00	70.10	72.20	72.25	73.20	68.44	68.63	68.48	67.28	69.45	73.55
鹿邑县		47.8	53.55	58.15	58.73	59.08	59.40	57.97	57.86	57.56	56.36	57.05	55.99
西平县	86.12	88.55	90.55	92.20	95.85	96.90	97.60	93.50	92.74	91.90	90.32	92.92	90.42
上蔡县	61.34	61.73	66.37	68.00	68.50	68.90	64.08	64.14	66.23	67.16	66.49	67.04	66.31
平舆县					49.29	50.77	50.82	49.04	46.54	46.59	46.92	47.21	47.83
正阳县	90.29	93.92	108.00	111.00	114.65	114.80	107.91	103.38	104.74	105.44	106.90	110.00	107.34
确山县	47.72	53.05	57.79	58.00	58.68	58.58	53.89	53.95	54.26	54.41	54.36	55.97	55.99
汝南县	58.66	62.29	67.55	68.50	66.65	67.00	68.00	65.82	66.16	65.74	65.14	66.44	65.75
遂平县	55.10	59.73	67.00	68.10	70.25	70.50	70.48	70.62	70.22	69.60	69.31	70.94	71.94
新蔡县	58.83	62.46	69.00	71.50	70.80	72.00	68.40	65.53	65.78	65.90	65.29	66.55	65.85
济源市					36.02	37.10	37.17	35.05	33.89	33.63	32.99	36.00	36.38

3-5 续表 1

地 区	#能繁殖母猪(万头)												
	2006年	2007年	2008年	2009年	2010年	2011年	2012年	2013年	2014年	2015年	2016年	2017年	2018年
杞 县	5.04	6.87	8.10	8.16	7.99	8.30	8.31	8.36	8.63	8.43	8.07	8.33	7.87
通许县					4.91	5.00	5.01	5.40	5.41	5.28	5.12	5.52	5.32
尉氏县	4.72	6.44	7.50	7.51	7.48	7.70	8.00	8.60	8.51	8.20	7.86	8.00	7.61
开封县					5.45	5.55	5.56	5.66	5.69	5.53	5.34	5.35	5.40
叶 县	4.78	7.72	8.80	8.88	9.18	9.25	8.98	9.22	9.20	8.83	8.43	8.55	8.01
汝州市	2.95	5.95	7.10	7.18	7.06	7.10	7.20	7.28	7.08	6.87	6.66	6.85	6.70
林州市					8.04	8.20	8.20	7.80	7.46	7.02	6.80	6.74	6.01
浚 县					4.69	4.79	4.80	4.60	4.48	4.31	4.24	4.53	4.29
封丘县					4.40	4.49	4.50	5.40	5.35	5.27	5.11	5.18	4.96
卫辉市	2.56	3.22	4.50	4.70	4.80	4.80	4.94	5.01	5.11	4.94	4.83	4.90	4.62
辉县市	4.62	6.93	8.30	8.31	8.11	8.10	8.10	8.00	7.89	7.51	7.23	7.32	6.93
许昌县	3.94	5.75	5.86	5.91	6.12	6.60	6.43	6.41	5.99	5.68	5.52	5.63	5.22
鄢陵县	4.01	5.85	6.61	6.67	6.55	6.68	6.64	6.10	6.05	5.81	5.66	5.71	5.39
襄城县	4.32	4.74	5.20	5.40	5.45	5.46	5.50	5.51	5.64	5.43	5.35	5.42	5.16
禹州市	2.57	3.73	4.50	6.00	5.96	6.00	5.83	5.76	5.85	5.68	5.52	5.58	5.30
长葛市	2.69	3.92	4.70	4.75	4.72	4.80	4.71	4.70	4.52	4.36	4.29	4.34	4.10
郾城区	6.90	3.81	4.23	4.40	4.50	4.50	4.54	4.50	4.40	4.25	4.09	4.14	4.14
召陵区	4.71	4.86	4.98	5.10	4.80	4.95	4.90	4.68	4.69	4.59	4.39	4.40	4.20
舞阳县					4.70	4.80	4.80	4.82	4.73	4.61	4.51	4.58	4.37
临颍县	3.96	5.77	6.72	6.73	6.89	6.85	6.40	6.20	6.24	6.02	5.79	5.82	5.55
内乡县	2.85	7.10	8.50	6.58	6.25	6.34	6.41	7.20	7.01	6.94	8.08	8.00	7.64
社旗县					5.48	5.59	5.60	5.60	5.63	5.53	5.41	5.64	5.38
唐河县	7.69	6.68	7.03	7.73	7.84	8.2	8.34	8.40	8.48	8.21	7.87	7.96	7.50
邓州市	5.25	7.81	9.20	9.28	9.62	10.2	10.39	12.80	12.42	12.11	11.66	11.72	10.86
睢阳区					4.91	5.00	5.01	5.00	4.98	4.80	4.67	4.74	4.53
睢 县					3.52	3.59	3.60	3.60	3.53	3.43	3.33	3.62	3.41
柘城县					3.52	3.59	3.60	3.55	3.36	3.33	3.26	3.56	3.41
夏邑县					5.97	6.09	6.10	6.02	6.15	6.00	5.87	5.95	5.65
固始县	4.02	4.68	6.00	6.05	6.26	6.90	6.76	7.10	7.22	7.01	6.79	6.82	6.48
潢川县		2.90	3.92	4.90	4.95	5.09	5.18	5.20	5.00	4.95	4.78	4.85	4.61
西华县	3.61	5.50	6.50	6.55	6.33	6.60	6.50	6.52	6.69	6.57	6.38	6.53	6.39
商水县	5.32	6.87	7.89	7.95	7.85	8.00	7.90	7.20	7.14	6.88	6.67	7.01	6.66
沈丘县	5.23	3.66	5.18	5.56	5.80	6.00	6.20	6.10	6.21	6.07	5.93	6.01	5.75
淮阳县	8.20	5.77	6.30	6.45	6.46	6.50	6.70	6.40	6.50	6.30	6.14	6.23	5.95
太康县	4.12	6.01	7.20	7.21	7.11	7.30	7.50	7.50	7.52	7.36	7.10	7.21	6.83
鹿邑县		4.43	5.28	5.62	5.68	5.83	5.94	6.10	6.14	5.92	5.80	5.83	5.60
西平县	7.62	9.41	9.76	9.88	9.76	10.02	9.91	9.90	9.72	9.38	8.93	9.17	8.58
上蔡县	4.60	5.22	6.29	6.87	7.40	7.42	7.50	7.40	7.62	7.47	7.20	7.31	6.92
平舆县					5.09	5.19	5.20	5.26	5.01	4.85	4.73	4.75	4.55
正阳县	7.91	11.70	13.50	13.51	13.66	14.00	14.00	12.00	11.99	11.76	11.27	11.54	10.70
确山县	5.37	6.06	6.29	6.42	6.12	6.26	6.26	6.10	6.08	5.85	5.73	5.85	5.60
汝南县	4.54	6.33	6.63	7.00	6.88	7.10	7.30	7.30	7.14	6.86	6.65	6.73	6.40
遂平县	4.80	6.59	7.80	7.85	8.02	8.12	8.00	7.88	7.62	7.33	7.07	7.18	6.80
新蔡县	4.11	5.90	7.00	7.08	7.06	7.22	7.38	7.30	7.22	7.00	6.77	6.86	6.51
济源市					4.36	4.45	4.46	4.40	4.11	3.95	3.83	4.09	3.90

3-5 续表 2

地 区	生猪出栏(万头)												
	2006年	2007年	2008年	2009年	2010年	2011年	2012年	2013年	2014年	2015年	2016年	2017年	2018年
杞 县	71.53	67.61	79.90	84.00	85.10	86.00	87.12	95.66	102.04	100.82	99.26	103.64	107.39
通许县					61.56	62.79	62.85	65.60	63.78	63.60	62.98	70.45	72.90
尉氏县	68.94	65.17	76.90	80.00	84.50	85.00	87.38	96.55	105.33	103.41	103.98	108.12	111.44
开封县					65.13	66.43	66.50	70.20	68.80	67.81	68.21	70.51	72.26
叶 县	81.91	78.62	91.35	97.70	106.32	106.80	108.72	116.80	122.82	120.28	119.35	123.13	127.06
汝州市	62.18	65.55	76.10	81.50	86.12	87.00	88.31	90.00	91.08	89.94	89.80	92.24	94.31
林州市					83.35	85.01	85.10	86.20	84.29	82.02	81.47	84.65	77.26
浚 县					70.57	71.99	72.13	75.20	70.00	68.53	67.37	70.98	73.04
封丘县					72.74	74.20	74.27	82.20	83.00	81.50	80.92	84.82	86.54
卫辉市	62.25	50.10	50.11	53.00	56.80	57.00	57.80	61.60	60.13	59.51	59.97	61.73	63.95
辉县市	87.16	84.10	97.50	104.20	108.00	107.80	107.80	113.20	120.22	116.81	115.06	117.20	119.57
许昌县	78.20	68.78	77.80	81.50	88.89	89.20	87.24	90.60	95.94	92.34	90.63	93.24	79.22
鄢陵县	72.95	66.53	76.95	81.65	81.52	82.00	82.98	82.40	87.90	85.85	85.50	87.97	81.14
襄城县	61.47	60.33	63.09	67.30	69.50	69.60	70.23	70.00	69.57	68.25	67.68	68.47	63.89
禹州市	72.35	60.20	66.80	71.20	74.00	74.60	74.50	78.40	82.94	81.16	80.57	83.05	79.32
长葛市	60.30	60.01	68.20	72.80	77.56	77.80	74.30	76.60	79.00	77.32	76.72	79.68	73.02
郾城区	74.63	60.43	64.32	67.00	72.26	72.40	72.40	75.60	78.74	77.03	76.22	78.66	79.21
召陵区	79.77	61.06	63.44	67.80	69.00	69.40	67.25	68.80	72.16	70.18	69.40	72.11	72.96
舞阳县					67.83	69.18	69.32	72.20	72.34	72.07	71.39	74.52	77.52
临颍县	80.69	75.13	82.70	86.80	91.10	92.00	89.79	94.10	94.85	92.21	91.01	94.44	99.04
内乡县	64.90	64.79	70.94	76.00	80.50	81.20	81.77	92.23	92.87	91.79	105.25	112.87	119.17
社旗县					66.34	67.66	67.73	71.20	74.19	74.10	73.63	76.77	78.90
唐河县	91.35	75.59	88.00	94.00	99.50	99.80	100.20	105.30	110.94	108.03	106.55	109.43	113.53
邓州市	106.39	87.66	106.00	113.00	118.66	118.78	119.37	132.00	136.78	133.65	133.02	136.87	142.62
睢阳区					67.53	68.88	69.02	73.00	74.93	75.22	73.79	75.01	78.04
睢 县					43.29	44.16	44.20	48.00	50.51	49.82	49.07	53.59	54.82
柘城县					39.33	40.12	40.24	43.38	45.93	46.72	46.31	50.62	53.17
夏邑县					78.05	79.61	79.61	82.00	84.85	83.80	83.34	86.06	88.75
固始县	93.18	79.92	91.00	95.80	102.66	101.60	99.57	104.80	109.35	107.05	105.81	107.54	109.52
潢川县		34.30	50.50	65.00	67.02	67.82	68.50	72.00	76.53	76.77	76.34	78.76	81.01
西华县	75.72	65.11	74.70	78.30	81.11	81.15	81.56	84.00	87.78	86.34	85.71	89.77	94.68
商水县	69.47	65.10	75.00	79.50	79.33	79.50	78.23	84.10	89.27	88.24	89.02	92.17	95.23
沈丘县	72.46	55.20	60.00	64.50	67.80	67.90	68.44	72.60	83.00	82.78	82.27	85.01	87.64
淮阳县	85.76	65.11	69.37	74.10	76.98	77.50	78.04	82.20	87.42	86.26	85.93	89.35	92.23
太康县	88.58	65.20	76.00	81.00	84.45	85.00	85.51	89.20	90.58	89.33	89.16	92.51	98.59
鹿邑县		59.28	66.40	72.10	74.41	75.00	75.53	78.60	78.71	77.43	76.94	79.67	82.37
西平县	104.83	93.00	108.00	114.80	121.21	122.00	120.17	126.00	132.46	129.93	127.80	132.16	136.82
上蔡县	60.25	62.08	68.44	73.00	76.65	77.00	77.85	81.60	86.21	87.14	86.86	89.23	92.66
平舆县					70.62	72.03	72.10	76.20	72.00	70.76	70.02	72.17	74.93
正阳县	107.26	98.03	114.20	122.00	129.89	130.00	130.78	138.00	145.25	144.71	146.75	150.00	156.42
确山县	63.50	51.01	55.16	59.50	63.60	63.50	64.71	68.39	71.86	70.73	70.18	72.40	75.27
汝南县	72.24	65.41	75.90	80.80	86.68	86.60	87.38	91.40	91.84	90.36	89.05	91.00	92.16
遂平县	70.60	63.77	74.10	79.20	85.69	85.74	86.43	93.25	97.58	95.47	95.02	98.56	100.58
新蔡县	68.79	61.96	72.50	77.62	80.26	82.00	82.49	86.80	86.90	86.09	85.75	88.72	91.57
济源市					51.68	52.72	52.77	55.20	52.56	51.61	50.95	55.54	56.39

3-5 续表 3

地 区	猪肉产量(万吨)												
	2006年	2007年	2008年	2009年	2010年	2011年	2012年	2013年	2014年	2015年	2016年	2017年	2018年
杞 县	5.71	5.20	5.99	6.30	6.30	6.38	6.49	7.20	7.68	7.54	7.41	7.72	8.00
通许县					4.43	4.57	4.57	4.80	4.77	4.74	4.67	5.19	5.37
尉氏县	5.36	4.88	5.76	5.99	6.50	6.54	6.72	7.43	7.97	7.84	7.88	8.18	8.43
开封县					4.84	4.99	4.99	5.29	5.18	5.11	5.15	5.34	5.46
叶 县	5.96	5.71	6.63	7.10	7.72	7.80	7.98	8.61	9.23	9.05	8.97	9.28	9.57
汝州市	4.53	4.77	5.54	5.93	6.27	6.35	6.48	6.63	6.85	6.75	6.75	6.94	7.10
林州市					6.20	6.38	6.39	6.60	6.45	6.26	6.23	6.46	5.91
浚 县					5.09	5.24	5.25	5.56	5.31	5.22	5.14	5.44	5.58
封丘县					5.25	5.40	5.41	6.05	6.18	6.08	6.04	6.30	6.43
卫辉市	4.36	3.52	3.71	3.92	4.20	4.23	4.29	4.58	4.52	4.48	4.50	4.63	4.78
辉县市	6.50	6.00	6.96	7.43	7.71	7.70	7.91	8.40	9.01	8.73	8.59	8.76	8.93
许昌县	5.76	5.06	5.72	6.00	6.54	6.56	6.44	6.76	7.17	6.90	6.75	6.95	5.94
鄢陵县	5.37	4.91	5.68	6.03	6.02	6.06	6.13	6.12	6.60	6.45	6.43	6.59	6.07
襄城县	4.49	4.41	4.67	5.05	5.21	5.22	5.27	5.28	5.25	5.13	5.09	5.14	4.79
禹州市	5.32	4.43	4.92	5.24	5.45	5.50	5.49	5.78	6.18	6.04	6.00	6.18	5.90
长葛市	4.44	4.20	4.76	5.08	5.42	5.46	5.45	5.64	5.94	5.81	5.78	5.99	5.48
郾城区	4.58	3.58	4.02	4.31	4.65	4.66	4.73	5.06	5.37	5.37	5.32	5.50	5.54
召陵区	6.25	4.20	4.35	4.62	4.70	4.75	4.74	5.01	5.36	5.21	5.14	5.33	5.38
舞阳县					4.89	5.04	5.05	5.28	5.42	5.41	5.34	5.57	5.78
临颍县	5.68	5.17	5.69	5.97	6.27	6.50	6.45	6.86	7.06	6.84	6.74	6.98	7.32
内乡县	4.70	5.01	5.51	5.77	6.11	6.18	6.22	7.02	7.22	6.93	7.97	8.58	9.01
社旗县					4.90	5.04	5.05	5.40	5.63	5.63	5.57	5.79	5.95
唐河县	6.73	5.68	6.61	7.06	7.48	7.50	7.53	7.92	8.35	8.13	8.01	8.23	8.52
邓州市	7.84	6.61	7.99	8.52	8.95	8.96	9.00	9.94	10.33	10.08	10.02	10.29	10.70
睢阳区					5.07	5.22	5.23	5.54	5.68	5.68	5.57	5.67	5.89
睢 县					3.20	3.30	3.30	3.56	3.81	3.77	3.69	4.03	4.12
柘城县					2.95	3.04	3.05	3.30	3.48	3.55	3.49	3.83	4.02
夏邑县					5.85	6.03	6.03	6.24	6.43	6.35	6.32	6.54	6.75
固始县	7.71	6.65	7.28	7.66	8.21	8.21	7.93	8.32	8.54	8.18	8.09	8.21	8.36
潢川县		2.59	3.82	4.92	5.08	5.14	5.19	5.46	5.81	5.82	5.78	5.98	6.15
西华县	5.71	5.14	5.68	5.95	6.16	6.18	6.21	6.40	6.69	6.58	6.53	6.80	7.16
商水县	5.24	5.14	5.70	6.04	6.03	6.06	6.02	6.34	6.74	6.67	6.74	6.98	7.21
沈丘县	5.20	4.36	4.83	5.25	5.52	5.53	5.57	5.85	6.55	6.31	6.29	6.51	6.71
淮阳县	6.32	5.14	5.54	5.95	6.18	6.25	6.29	6.50	6.81	6.57	6.55	6.80	7.02
太康县	6.68	5.15	5.78	6.16	6.42	6.46	6.50	6.72	6.84	6.77	6.76	7.01	7.44
鹿邑县		4.48	5.03	5.46	5.64	5.69	5.72	5.96	5.97	5.88	5.83	6.05	6.22
西平县	7.98	6.99	8.12	8.63	9.11	9.18	9.13	9.54	10.04	9.87	9.74	10.08	10.42
上蔡县	4.58	4.67	5.17	5.48	5.75	5.78	5.84	6.10	6.50	6.56	6.54	6.72	6.95
平舆县					5.31	5.46	5.47	5.78	5.44	5.35	5.27	5.45	5.62
正阳县	8.17	7.37	8.59	9.17	9.77	9.80	9.86	10.40	10.96	10.88	11.06	11.60	12.06
确山县	4.83	3.84	4.17	4.50	4.81	4.80	4.89	5.10	5.45	5.38	5.33	5.52	5.67
汝南县	5.50	4.92	5.71	6.08	6.52	6.52	6.58	6.88	6.91	6.84	6.72	6.85	6.93
遂平县	5.38	4.80	5.58	5.97	6.46	6.68	6.73	7.09	7.38	7.24	7.19	7.44	7.59
新蔡县	5.24	4.66	5.45	5.83	6.03	6.20	6.24	6.56	6.57	6.52	6.50	6.73	6.95
济源市					3.79	3.91	3.91	4.10	3.95	3.89	3.82	4.17	4.23

3-6 历年牧渔业产量

年 份	肉类产量（万吨）	#猪肉	#牛肉	#羊肉	大牲畜年末存栏头数（万头）	#役畜	猪年末存栏头数（万头）	禽蛋产量（万吨）	水产品产量（万吨）
1978	45.64	42.20			515.03	401.70	1724.90		2.47
1979	55.14	50.00			521.50	400.40	1592.30		2.30
1980	55.03	49.45	0.69	2.88	541.99	423.75	1474.24	15.86	2.91
1981	51.58	44.30	0.60	3.36	607.00	498.90	1386.50	16.31	3.00
1982	54.26	47.60	0.52	3.46	671.50	542.10	1310.70	16.75	3.25
1983	51.33	43.70	0.88	3.41	704.70	562.20	1195.70	21.41	3.78
1984	58.59	49.60	1.83	3.31	794.70	615.70	1327.00	31.38	4.89
1985	71.83	61.08	3.01	3.38	886.35	664.55	1621.74	37.15	6.37
1986	79.42	65.00	5.50	3.70	957.44	708.10	1539.41	37.32	6.61
1987	86.63	66.10	8.90	5.00	1000.82	738.44	1404.72	43.55	7.62
1988	103.75	76.87	12.24	6.48	1069.20	779.57	1586.18	50.43	9.39
1989	121.53	88.11	15.26	7.89	1111.56	794.04	1680.22	53.62	9.83
1990	134.86	97.45	18.16	8.05	1116.33	798.30	1750.32	59.58	10.48
1991	157.95	108.73	24.82	7.76	1102.10	782.25	1820.80	73.81	10.77
1992	171.66	119.23	25.67	7.96	1135.50	794.90	1959.70	79.29	11.55
1993	203.51	137.60	32.64	9.90	1211.00	843.00	2085.00	95.58	13.83
1994	253.31	165.81	44.00	12.57	1329.18	919.79	2325.17	125.28	15.84
1995	333.00	210.37	64.39	21.10	1420.45	985.76	2667.72	140.01	18.09
1996	347.72	225.63	59.45	21.72	1089.14	783.00	2229.67	154.54	20.51
1997	403.00	256.12	64.88	25.23	1420.87	857.03	2931.91	201.40	23.88
1998	461.63	297.86	76.71	28.00	1416.84	803.70	3439.66	229.34	27.02
1999	485.11	313.95	82.21	29.96	1448.42	530.60	3556.43	251.82	28.83
2000	517.00	337.88	83.00	32.00	1445.73	482.84	3787.69	270.00	32.17
2001	540.65	343.77	89.23	34.51	1435.93	479.53	3672.07	286.00	31.46
2002	570.01	366.49	89.20	37.85	1409.78	437.03	3800.00	302.00	36.22
2003	603.55	386.00	93.00	42.00	1469.45	430.00	3917.80	326.20	38.95
2004	643.00	412.37	98.33	44.06	1491.19	427.00	4152.87	347.40	42.70
2005	689.00	441.20	102.75	47.38	1508.80	412.90	4439.00	375.30	51.68
2006	584.60	391.30	82.00	23.80	1114.24	535.14	3953.30	329.50	61.43
2007	545.87	338.88	75.28	24.82	985.75	387.21	4184.00	333.14	74.74
2008	573.35	366.84	70.70	25.51	910.09	337.42	4458.81	363.82	85.68
2009	591.61	389.18	64.75	24.46	814.97	369.30	4524.05	370.74	92.94
2010	608.96	407.72	58.67	23.35	719.19	296.16	4540.55	372.29	99.41
2011	604.28	405.67	53.14	22.54	619.07	243.38	4560.84	370.13	102.90
2012	632.84	431.57	47.80	22.07	537.56	211.21	4577.45	379.00	109.75
2013	648.97	452.99	43.89	21.66	487.16	200.09	4415.68	380.58	116.65
2014	622.02	476.63	41.02	21.80	447.59	192.82	4407.38	370.81	120.39
2015	647.22	466.45	37.84	21.81	411.70	183.71	4361.95	372.30	125.36
2016	625.94	449.04	34.87	21.85	353.67	167.47	4268.82	379.56	128.35
2017	655.84	466.90	35.04	26.10	376.09	108.50	4390.00	401.18	128.23
2018	669.41	479.04	34.80	26.90	377.01	107.96	4337.15	413.61	98.38

注：本表及表3-1、表3-2，2006年及以后的数据已与农普数据衔接。

主要统计指标解释

全国主要畜禽养殖场户分类标准

品　种	大型养殖场（户）（年饲养量）	中型养殖场（户）（年饲养量）	小型养殖场（户）（年饲养量）
生猪	5000 头以上	100-5000 头	100 头以下
牛	1000 头以上	10-1000 头	10 头以下
羊	1000 只以上	50-1000 只	50 只以下
禽	100000 只以上	200-100000 只	200 只以下

生猪期末存栏　指本调查期末饲养生猪的总量，包括 15 公斤以下仔猪、待育肥猪（架子猪）和种猪等数量之和。

能繁殖母猪　是指猪龄约在 9 个月（包括 9 个月）以上的、具备繁殖能力的母猪。

猪肉产量　指本调查期内出栏肥猪头数折算出的鲜、冷鲜、冷冻猪肉总量，按胴体重计算。

牛期末存栏　指本调查期末饲养各类型的牛总量，包括牛犊、待育肥牛（架子牛）、奶牛和种牛等数量之和。

能繁殖母牛　指牛龄在 16 个月左右，具备繁殖能力的母牛。

牛肉产量　指本调查期内出栏肉牛头数折算出的鲜、冷鲜、冷冻牛肉产量，按胴体重计算。

牛肉产量＝出栏肉牛头数×平均每头肉牛出售重量×肉牛产肉率（%）

羊期末存栏　指本调查期末饲养各种羊只总量。包括羊羔、待育肥羊（架子羊）、奶羊和种羊等数量之和。

能繁殖母羊（山羊或绵羊）　指羊龄在 6 个月左右，具备繁殖能力的母羊。

羊肉产量　指本调查期内出栏肥羊头数折算出的鲜、冷鲜、冷冻羊肉产量，按胴体重计算。

家禽期末存栏　指本调查期末饲养家禽的总量，包括幼禽、肉用家禽、蛋用家禽和种家禽等。

禽肉产量　指本调查期内出栏肉用家禽产出的禽肉总量。

禽蛋产量　指本调查期内饲养的蛋用家禽生产的禽蛋总重量。包括出售的和农民自产自用的部分。品种主要为鸡鸭鹅。

肉类总产量　指调查期内各种牲畜及家禽、兔等动物肉产量总计。猪、牛、羊、马、驴、骡、骆驼肉产量按去掉头蹄下水后带骨肉的胴体重量计算，兔禽肉产量按屠宰后去毛和内脏后的重量计算。猪牛羊禽四个品种肉产量由主要畜禽监测抽样调查获得，马、驴、骡、骆驼、兔肉产量由全面统计获得，其它特种养殖肉产量可用住户调查资料推算获得。

主要统计指标解释

消费价格

资料整理：袁　勇　杨　青

4-1 历年居民消费、商品零售及农业生产资料价格总指数

(上年＝100)

年 份	居民消费价格总指数			商品零售价格总指数			农业生产资料价格总指数
	全 省	城 市	农 村	全 省	城 市	农 村	
1965	97.0	96.3	97.3	96.8	96.0	97.3	95.7
1970	99.0	99.8	98.5	98.8	99.8	98.5	99.9
1975	100.1	100.2	100.1	100.2	100.2	100.1	100.0
1978	100.1	100.0	100.1	100.1	100.0	100.1	97.9
1980	104.6	106.0	103.8	104.9	106.4	103.8	100.1
1985	104.6	106.5	103.6	105.4	106.4	103.5	103.0
1990	100.7	100.5	100.9	100.1	99.8	100.4	98.3
1991	102.3	105.1	100.0	102.0	105.0	99.6	100.1
1992	105.4	107.7	102.9	105.0	107.5	102.2	101.2
1993	110.4	110.6	110.3	108.3	108.5	108.1	109.2
1994	125.2	127.4	123.5	120.6	118.2	122.3	124.4
1995	116.5	116.9	116.3	114.9	113.3	116.5	125.8
1996	110.5	109.5	110.9	107.9	106.2	109.4	107.9
1997	103.5	102.4	103.9	100.5	99.8	101.2	99.3
1998	97.5	97.9	97.1	96.6	96.6	96.5	94.2
1999	96.9	96.6	97.1	96.2	95.7	96.6	95.7
2000	99.2	99.1	99.2	98.5	98.8	98.3	99.6
2001	100.7	100.7	100.7	99.8	99.5	100.1	99.1
2002	100.1	99.8	100.6	99.2	99.0	99.3	100.8
2003	101.6	101.7	101.4	101.3	101.2	101.4	101.9
2004	105.4	105.4	105.4	105.7	105.3	106.0	111.4
2005	102.1	102.1	102.1	101.7	101.8	101.6	107.9
2006	101.3	101.2	101.5	100.9	100.7	101.1	101.2
2007	105.4	105.4	105.4	104.4	103.8	105.1	106.1
2008	107.0	106.5	107.9	107.5	107.4	107.5	120.9
2009	99.4	98.8	100.4	99.4	99.6	99.2	98.1
2010	103.5	103.4	103.8	103.7	103.5	104.0	103.1
2011	105.6	105.4	106.1	105.7	105.4	106.1	111.1
2012	102.5	102.6	102.4	102.3	102.4	102.1	105.4
2013	102.9	102.9	102.9	101.9	101.6	102.3	101.3
2014	101.9	102.0	101.6	101.0	101.0	101.0	97.9
2015	101.3	101.3	101.2	99.8	99.6	100.0	100.3
2016	101.9	101.9	102.0	100.3	100.3	100.3	100.8
2017	101.4	101.5	101.2	101.3	101.3	101.6	99.7
2018	102.3	102.4	102.0	102.9	103.0	102.9	104.3

4-2 居民消费、商品零售及农业生产资料价格总指数(2018年)

以下列年份为100	居民消费价格总指数			商品零售价格总指数			农业生产资料价格总指数
	全　省	城　市	农　村	全　省	城　市	农　村	
1952	663.5	796.5	593.8	514.3	598.1	492.7	604.2
1957	581.3	693.2	522.2	478.5	524.2	436.2	594.6
1965	535.2	627.5	487.0	422.7	465.9	405.7	574.1
1970	545.7	628.9	501.3	441.0	465.7	418.2	632.8
1975	546.8	628.5	504.5	442.0	465.6	420.8	661.7
1978	542.5	610.3	504.9	430.7	452.0	420.9	648.3
1980	515.2	573.3	482.3	408.8	422.7	403.7	647.5
1985	468.4	491.5	453.5	365.5	363.2	379.1	542.1
1990	292.8	304.3	284.2	230.2	226.7	238.8	322.2
1995	168.7	163.2	174.4	143.8	138.0	152.4	186.2
2000	157.4	155.3	161.6	144.8	142.6	150.2	193.6
2005	142.8	141.2	146.2	134.3	133.5	138.4	158.2
2006	141.0	139.6	144.1	133.1	132.5	136.9	156.3
2007	133.8	132.4	136.7	127.5	127.7	130.3	147.3
2008	125.0	124.3	126.7	118.6	118.9	121.2	121.9
2009	125.8	125.8	126.2	119.4	119.3	122.2	124.2
2010	121.6	121.7	121.5	115.1	115.3	117.5	120.4
2011	115.1	115.5	114.6	108.9	109.4	110.7	108.4
2012	112.3	112.5	111.9	106.4	106.8	108.4	102.9
2013	109.1	109.4	108.7	104.4	105.2	106.0	101.6
2014	107.1	107.2	107.0	103.4	104.1	104.9	103.7
2015	105.7	105.8	105.7	103.6	104.6	105.0	103.4
2016	103.7	103.8	103.6	103.3	104.2	104.6	102.6
2017	102.3	102.4	102.0	102.9	103.0	102.9	104.3

4-3 居民消费价格分类指数(2018年)

(上年=100)

类　　别	全　省	城　市	农　村
总指数	**102.3**	**102.4**	**102.0**
食品烟酒	**101.5**	**101.9**	**100.8**
食品	101.2	101.6	100.5
粮食	100.4	100.3	100.6
薯类	112.5	115.3	107.9
豆类	100.7	100.5	101.0
食用油	98.8	99.1	98.4
菜	104.6	105.2	103.6
畜肉类	93.4	94.5	91.9
禽肉类	105.6	105.2	106.4
水产品	101.9	101.4	103.1
蛋类	116.6	114.4	119.9
奶类	100.1	100.6	99.5
干鲜瓜果类	104.4	104.4	104.3
糖果糕点类	101.4	101.9	100.8
调味品	103.0	103.6	102.0
其他食品类	101.1	100.7	101.6
茶及饮料	101.9	101.9	101.9
烟酒	102.4	103.1	101.3
在外餐饮	101.9	102.2	101.1
衣着	**101.1**	**101.0**	**101.3**
服装	101.1	101.1	101.2
服装材料	101.2	101.2	101.1
其他衣着及配件	100.2	100.1	100.4
衣着加工服务费	103.3	102.9	104.6
鞋类	100.8	100.4	101.5
居住	**102.2**	**102.3**	**102.1**
租赁房房租	101.8	101.8	101.9
住房保养维修及管理	102.8	103.2	102.3
水电燃料	102.4	102.6	102.1
自有住房	101.9	101.9	101.9
生活用品及服务	**101.6**	**101.6**	**101.7**
家具及室内装饰品	102.6	102.1	103.4
家用器具	101.8	102.0	101.6
家用纺织品	100.8	100.6	101.1
家庭日用杂品	100.6	100.5	100.9
个人护理用品	101.7	101.7	101.4
家庭服务	104.2	104.4	103.1
交通和通信	**102.2**	**101.8**	**102.9**
交通	103.6	103.8	103.2
通信	99.6	98.2	102.2
教育文化和娱乐	**103.0**	**102.3**	**104.1**
教育	104.5	103.7	105.6
文化娱乐	100.6	100.5	100.7
医疗保健	**106.1**	**108.1**	**103.2**
药品及医疗器具	105.6	105.8	105.4
医疗服务	106.3	109.8	101.9
其他用品和服务	**101.4**	**101.5**	**101.1**
其他用品类	99.3	98.9	99.9
其他服务类	103.2	103.3	102.8

4-4 居民消费价格

（上年同月＝100）

类　　别	年平均	1月	2月	3月	4月	5月
总 指 数	**102.3**	**102.0**	**103.1**	**102.5**	**102.2**	**102.4**
食品烟酒	101.5	99.3	102.5	101.1	100.5	100.7
食品	101.2	98.0	102.8	100.6	99.6	100.1
粮食	100.4	101.7	101.8	101.0	100.6	100.2
大　　米	101.5	101.4	102.0	101.9	101.8	101.8
面　　粉	100.7	101.5	101.3	101.1	101.0	100.8
其他粮食	98.2	98.0	97.4	97.7	97.4	97.4
粮食制品	99.8	102.5	102.5	100.8	100.2	99.5
薯类	112.5	104.4	110.7	108.1	105.2	116.4
薯　　类	112.5	104.4	110.7	108.1	105.2	116.4
豆类	100.7	100.1	100.5	100.4	100.7	100.7
干　　豆	99.3	100.4	100.4	99.9	99.8	99.6
豆 制 品	100.8	100.1	100.5	100.5	100.8	100.8
食用油	98.8	99.7	99.8	99.8	99.5	98.5
食用植物油	99.0	100.0	100.1	100.1	99.9	98.8
食用动物油	90.4	88.3	90.5	89.7	87.5	87.3
菜	104.6	83.5	103.9	99.7	103.8	111.8
鲜　　菜	104.9	82.0	104.0	99.5	104.0	113.1
干菜及菜制品	102.0	102.0	102.3	102.3	102.0	101.8
畜肉类	93.4	93.3	95.2	91.7	87.9	87.1
猪　　肉	88.9	89.7	91.5	86.6	81.0	79.9
牛　　肉	103.9	100.8	103.3	103.0	103.2	102.8
羊　　肉	113.4	112.2	115.2	114.9	114.9	114.5
畜肉副产品	94.6	94.8	96.2	94.9	93.3	92.1
其他畜肉及制品	100.5	100.1	100.0	100.4	100.3	100.2
禽肉类	105.6	102.4	106.8	108.7	106.4	107.0
鸡	107.4	103.1	109.5	112.4	108.6	109.5
鸭	105.4	102.1	104.1	105.8	107.1	108.2
其他禽肉及制品	101.4	100.8	101.1	101.2	101.1	100.9
水产品	101.9	103.6	106.6	105.4	102.9	101.6
淡 水 鱼	99.0	103.6	108.2	105.5	100.3	96.6
海 水 鱼	103.2	103.6	104.1	102.8	102.5	103.8
虾 蟹 类	104.1	102.0	106.5	106.1	104.5	104.7
其他水产品及制品	103.4	105.4	105.4	105.5	105.3	105.3
蛋类	116.6	121.4	138.4	124.2	125.0	137.2
鸡　　蛋	117.0	122.6	140.8	125.7	126.5	139.5
其他蛋及制品	108.0	99.5	100.5	101.6	102.5	104.8
奶类	100.1	100.1	99.5	99.8	99.9	99.9
鲜　　奶	99.7	99.7	99.1	99.3	99.6	99.2
酸　　奶	99.3	99.6	98.9	99.2	98.5	98.2
奶　　粉	100.1	100.3	99.2	99.8	100.1	100.1
其他奶制品	101.4	100.5	100.6	100.7	100.9	101.4
干鲜瓜果类	104.4	102.1	103.1	103.5	101.4	94.3
鲜 瓜 果	106.7	103.8	105.0	105.6	102.9	93.3

分月指数(2018年)

6月	7月	8月	9月	10月	11月	12月
102.5	**102.4**	**102.3**	**102.2**	**102.2**	**101.9**	**101.5**
101.0	101.6	102.2	102.9	102.7	102.0	101.4
100.4	101.3	102.3	103.5	103.2	102.1	101.1
100.2	100.1	99.8	99.7	99.7	99.7	99.9
101.6	101.2	101.3	101.2	101.1	101.1	101.6
100.9	100.9	100.6	100.5	100.1	99.9	100.2
97.8	97.7	98.0	98.0	98.7	99.4	100.5
99.4	99.4	98.9	98.7	98.9	98.8	98.6
129.6	126.0	119.7	109.0	105.0	106.7	109.9
129.6	126.0	119.7	109.0	105.0	106.7	109.9
100.6	100.4	100.7	101.1	100.8	101.0	100.9
99.5	99.2	98.4	98.4	98.6	99.1	98.9
100.7	100.5	100.9	101.2	100.9	101.1	101.0
98.4	98.1	97.9	98.1	98.6	98.7	98.6
98.7	98.3	98.0	98.3	98.8	98.9	98.7
88.9	90.4	92.2	92.1	92.6	92.8	93.4
111.4	108.7	105.9	116.0	112.2	103.1	105.2
112.6	109.6	106.4	117.5	113.2	103.1	105.4
101.6	101.3	100.8	101.0	102.3	103.1	103.4
90.9	93.3	97.3	96.9	96.6	96.1	95.3
85.2	88.6	94.4	93.8	93.4	92.3	90.5
103.2	103.4	103.4	104.3	105.2	106.5	107.6
114.0	114.2	114.4	112.9	110.2	110.8	113.1
91.8	93.5	95.3	96.2	96.0	95.4	95.4
100.5	100.2	100.3	100.5	100.3	101.0	102.2
107.1	105.8	103.9	104.1	104.1	105.3	106.1
109.6	107.6	104.4	104.8	105.3	107.1	107.8
108.0	107.3	107.0	105.9	103.6	103.0	103.5
101.3	101.4	101.6	101.7	101.4	101.7	102.8
100.0	98.7	99.0	99.7	100.5	101.9	103.0
94.6	93.8	94.5	95.6	97.9	98.9	100.7
103.0	102.4	102.2	103.4	103.7	103.5	103.2
104.2	101.3	101.6	103.0	102.1	105.8	107.1
103.0	102.3	102.2	101.2	101.4	101.7	102.2
118.1	117.7	111.6	108.7	111.2	106.3	97.6
118.7	118.3	111.7	108.5	110.9	105.8	96.7
106.9	107.1	108.6	113.9	117.7	117.3	116.7
100.1	100.3	100.2	100.1	100.4	100.5	100.7
99.4	99.7	99.7	99.8	100.0	100.1	100.1
98.9	98.4	98.7	100.7	100.6	99.6	99.9
100.1	100.5	100.3	99.6	99.9	100.3	100.7
101.7	101.9	101.6	101.2	101.8	101.8	102.0
94.0	100.8	107.6	111.6	112.6	115.8	110.0
92.5	101.9	111.4	117.1	118.0	122.4	113.8

4-4 续表 1

(上年同月=100)

类　　别	年平均	1月	2月	3月	4月	5月
坚　　果	96.6	95.9	96.1	96.0	95.5	95.3
瓜果制品	102.4	101.4	102.6	102.5	101.8	104.9
糖果糕点类	101.4	102.5	102.4	102.0	101.9	101.6
食　　糖	100.5	103.3	103.0	102.0	102.0	100.7
糖　　果	101.3	102.2	101.9	101.7	101.6	101.2
糕　　点	102.0	102.2	102.2	102.1	102.1	102.5
其他糖果糕点	101.7	101.7	102.7	102.1	102.2	103.0
调味品	103.0	102.7	102.5	102.4	102.5	102.6
食 用 盐	95.8	95.8	95.3	94.1	96.3	96.8
酱　　油	105.6	108.4	107.7	107.3	106.9	106.8
食　　醋	106.0	103.9	104.7	106.1	105.0	105.0
调 味 酱	102.4	101.3	101.0	100.9	101.6	101.3
味　　精	100.5	100.9	100.8	101.0	100.8	100.7
其他调味品	103.0	101.9	101.6	101.3	101.1	101.4
其他食品类	101.1	100.4	100.6	101.0	100.6	100.9
方便食品	99.5	98.7	98.9	99.0	98.7	99.0
淀粉及制品	102.1	101.7	102.1	103.0	102.5	102.5
膨化食品	103.7	102.8	103.0	102.9	102.9	103.4
茶及饮料	101.9	102.5	102.1	102.2	102.1	101.9
茶　　叶	100.6	100.9	101.6	101.0	100.6	99.4
固体咖啡	99.6	100.5	100.6	101.2	101.3	100.9
其他固体饮料	100.8	101.8	101.7	101.2	101.5	101.1
饮 用 水	100.1	101.1	101.1	100.8	100.9	99.2
果汁饮料	102.3	104.6	103.6	102.7	102.3	103.3
其他液体饮料	103.0	103.4	102.2	103.1	103.3	103.6
烟酒	102.4	102.2	102.1	102.4	102.4	102.4
烟草	100.2	99.7	99.7	99.7	99.7	100.1
烟　　草	100.2	99.7	99.7	99.7	99.7	100.1
酒类	104.5	104.8	104.7	105.2	105.1	104.8
白　　酒	105.3	105.8	105.8	106.3	106.1	105.7
葡 萄 酒	103.0	101.5	102.7	102.8	102.8	102.9
啤　　酒	101.8	100.7	100.2	100.7	101.4	101.9
其他酒类	100.0	100.9	99.9	99.4	99.2	99.1
在外餐饮	101.9	102.0	102.0	102.1	101.8	101.8
正　　餐	101.4	101.3	101.4	101.2	101.1	100.9
快　　餐	101.4	101.0	101.2	101.5	101.5	101.6
地方小吃	104.5	105.8	105.3	105.8	104.9	104.9
其他在外餐饮	101.4	101.7	101.1	101.0	100.7	100.7
衣着	101.1	101.3	101.3	100.9	100.9	101.0
服装	101.1	101.3	101.3	100.9	100.9	101.1
男式服装	101.4	101.5	101.4	101.2	101.2	101.4
男式西服	100.1	100.7	100.3	100.7	99.9	99.8
男式冬衣	100.9	101.3	101.1	99.9	100.0	100.7
男式夹克衫	100.4	99.9	100.5	100.4	100.4	99.8

6月	7月	8月	9月	10月	11月	12月
96.5	96.8	97.5	97.1	97.3	97.3	98.0
106.5	101.9	100.9	100.6	101.9	102.2	101.6
101.2	101.2	101.3	100.9	100.7	100.5	100.1
99.4	99.2	99.4	99.7	99.3	98.9	98.7
101.5	101.6	101.6	101.0	100.9	100.4	99.7
102.1	102.2	102.4	101.9	101.6	101.8	101.4
102.8	102.3	101.8	100.1	101.2	100.3	100.8
102.5	102.8	102.9	103.2	104.0	103.9	103.4
97.4	97.6	98.0	95.3	94.9	93.8	94.1
106.0	105.4	105.2	105.0	103.4	103.0	102.4
105.1	108.3	108.4	108.1	107.4	106.1	103.9
101.3	101.0	101.8	102.8	105.0	105.1	105.2
100.6	100.2	99.8	100.3	100.6	100.7	100.1
101.7	101.9	101.4	103.0	106.0	107.4	106.9
101.4	101.5	101.3	101.5	101.4	101.3	101.6
99.4	99.6	99.6	100.5	100.3	100.1	100.0
102.7	102.6	102.1	101.2	101.3	101.2	102.5
104.4	104.5	104.2	104.4	104.2	104.2	104.0
102.1	102.1	102.1	101.3	101.1	101.1	101.6
100.1	100.2	100.4	100.4	100.4	100.6	101.2
100.0	98.5	98.5	98.5	97.9	98.6	98.4
100.7	100.6	99.9	100.0	99.6	100.5	100.7
99.8	100.4	100.1	99.9	100.2	98.7	98.6
101.4	101.4	101.5	101.6	101.6	101.7	101.9
104.2	104.1	104.0	102.2	101.8	101.6	102.2
102.4	102.7	102.5	102.4	102.3	102.2	102.4
100.2	100.4	100.4	100.4	100.5	100.8	101.0
100.2	100.4	100.4	100.4	100.5	100.8	101.0
104.7	104.9	104.6	104.3	104.2	103.6	103.7
105.5	105.6	105.2	104.8	104.7	103.9	104.1
103.3	103.8	102.9	102.6	103.0	104.1	104.0
102.0	102.9	102.8	102.6	102.4	102.3	102.4
99.2	99.6	100.5	100.8	100.7	100.6	100.5
102.2	102.0	101.8	101.7	101.9	101.9	101.9
101.5	101.5	101.4	101.5	101.6	101.6	101.4
101.6	101.4	101.0	101.2	101.5	101.7	101.7
105.3	104.7	104.1	103.3	103.1	103.3	103.5
101.6	101.6	101.7	101.7	101.7	101.9	101.8
101.1	101.2	101.1	101.0	100.9	101.1	101.2
101.1	101.2	101.1	101.1	101.0	101.1	101.4
101.5	101.5	101.6	101.5	101.4	101.3	101.4
99.8	99.8	99.9	99.8	100.4	100.4	100.3
100.8	101.0	101.1	101.1	101.2	100.8	101.8
100.0	100.2	100.4	100.4	100.7	101.1	100.7

4-4 续表 2

(上年同月=100)

类　　别	年平均	1月	2月	3月	4月	5月
男式毛线衣	101.1	100.0	100.4	100.6	100.9	101.2
男式运动装	102.9	104.2	104.3	104.2	103.5	103.1
男式衬衫T恤	102.3	102.7	102.5	102.0	102.2	102.5
男式裤子	102.1	101.7	101.3	101.4	101.7	102.3
男式内衣	100.8	100.8	100.9	100.9	100.9	100.9
女式服装	100.8	100.8	100.7	100.5	100.5	100.6
女式外套	100.5	100.2	99.8	100.1	100.3	100.2
女式冬衣	101.2	101.9	101.8	100.5	100.6	101.1
女式毛线衣	100.6	99.7	100.2	100.3	100.4	100.4
女式运动装	101.4	102.5	102.4	102.2	102.3	102.0
女式衬衫T恤	100.3	100.7	100.7	100.0	99.9	100.0
女式裤子	101.0	101.8	101.6	101.5	102.0	101.7
女式裙子	100.5	99.4	99.4	99.3	99.2	99.9
女式内衣	100.7	100.7	100.7	100.7	100.3	100.0
儿童服装	101.6	102.5	102.7	101.6	101.5	101.6
婴幼服装	101.6	102.5	102.9	101.4	101.2	101.4
儿童上衣	102.4	102.8	103.3	102.0	102.1	102.3
儿童裤子	101.1	102.0	102.1	101.5	101.5	101.6
儿童裙子	101.1	102.8	102.3	101.3	100.9	100.6
服装材料	101.2	101.4	101.4	101.5	101.4	101.2
服装材料	101.2	101.4	101.4	101.5	101.4	101.2
其他衣着及配件	100.2	101.5	100.8	100.2	100.2	99.8
袜　　子	99.6	100.6	100.8	100.1	99.8	99.1
帽　　子	101.0	103.8	101.2	100.4	100.8	100.6
其他衣着配件	100.4	100.1	100.2	100.2	100.2	100.3
衣着加工服务费	103.3	104.1	104.4	104.1	104.0	103.8
衣着洗涤保养	102.0	102.4	102.4	101.6	101.5	101.5
衣着加工	104.8	105.9	106.6	107.0	106.9	106.4
鞋类	100.8	101.0	100.9	100.6	100.7	100.5
鞋	100.8	101.0	100.8	100.6	100.6	100.5
男　　鞋	101.3	101.3	101.1	101.0	101.0	100.8
女　　鞋	100.4	100.7	100.6	100.3	100.5	100.4
童　　鞋	100.7	101.1	101.0	100.3	100.2	100.0
鞋类加工服务	102.1	102.3	102.2	102.3	102.1	101.7
鞋类加工服务	102.1	102.3	102.2	102.3	102.1	101.7
居住	102.2	103.4	103.2	103.0	102.9	102.8
租赁房房租	101.8	102.5	102.4	102.5	102.5	102.5
公房房租	101.0	100.3	100.3	100.3	100.3	100.2
私房房租	101.9	102.6	102.5	102.6	102.6	102.6
住房保养维修及管理	102.8	104.2	103.8	103.4	103.3	103.2
住房装潢材料	103.4	105.3	105.2	104.4	104.2	104.1
木 地 板	101.5	103.0	102.9	102.4	102.1	101.7
瓷　　砖	103.1	106.2	106.1	104.5	104.7	104.4
水　　泥	106.7	112.0	111.3	109.2	107.7	107.9

6月	7月	8月	9月	10月	11月	12月
101.1	101.3	101.5	101.8	101.7	101.2	101.2
103.2	102.3	102.6	101.9	101.7	102.1	101.6
102.6	102.7	102.3	102.4	102.1	102.0	102.0
102.7	102.7	102.9	102.8	102.2	101.8	101.8
100.8	101.0	100.9	100.6	100.8	100.6	100.5
100.8	100.9	100.8	100.8	100.6	100.9	101.2
100.3	100.3	100.5	100.6	100.8	101.4	101.9
101.1	101.3	101.4	101.4	100.9	100.6	101.5
100.3	100.5	100.8	101.2	100.6	100.7	101.4
101.7	100.8	100.8	100.1	100.1	100.9	100.6
100.4	100.5	99.9	99.8	100.2	100.8	100.8
101.5	101.4	101.3	100.7	99.6	99.6	99.6
100.7	101.4	101.1	101.4	101.2	101.5	101.6
100.5	100.9	100.9	101.0	101.1	101.1	101.2
101.4	101.5	101.0	101.2	101.0	101.6	101.9
100.9	101.3	101.3	101.3	101.6	101.3	101.7
102.3	102.5	101.8	102.0	101.5	103.0	103.4
101.0	100.9	100.4	100.5	100.4	100.6	100.8
100.9	100.9	100.1	100.7	100.7	101.1	101.2
101.1	101.1	101.0	100.9	100.9	101.2	101.3
101.1	101.1	101.0	100.9	100.9	101.2	101.3
99.7	99.8	100.1	99.8	99.9	100.4	100.2
99.0	99.1	99.7	99.1	99.2	99.7	99.6
100.6	100.5	100.5	100.5	100.7	101.3	101.1
100.3	100.4	100.6	100.6	100.6	100.4	100.3
103.9	103.4	103.2	102.1	102.2	102.6	102.2
102.0	102.1	101.8	101.5	102.2	102.4	102.1
105.9	104.9	104.6	102.7	102.3	102.9	102.3
100.8	101.0	101.0	100.7	100.8	100.8	100.7
100.8	101.0	101.0	100.6	100.8	100.8	100.7
101.3	101.7	102.0	101.4	101.5	101.4	101.3
100.6	100.5	100.2	100.0	100.3	100.2	100.1
100.4	100.7	100.9	100.6	100.6	101.0	101.2
101.5	101.2	101.1	101.6	101.8	103.2	103.7
101.5	101.2	101.1	101.6	101.8	103.2	103.7
102.9	102.3	101.4	101.2	101.3	101.2	100.8
102.7	102.1	101.5	101.0	101.1	100.8	100.4
100.2	100.2	102.1	102.1	102.1	102.1	102.1
102.8	102.2	101.5	100.9	101.0	100.8	100.3
103.1	102.9	102.6	102.2	102.2	101.8	100.8
104.1	103.8	103.4	102.5	102.3	101.5	100.1
101.8	101.2	101.1	100.7	100.8	100.7	100.1
104.3	104.4	102.7	101.6	100.7	100.1	97.9
108.6	106.7	106.2	104.0	106.0	103.2	98.8

4-4 续表 3

(上年同月=100)

类　别	年平均	1月	2月	3月	4月	5月
涂　料	102.2	102.8	102.6	102.8	102.6	102.8
板　材	102.8	103.3	103.4	103.3	103.2	102.9
管　材	104.5	104.9	104.8	104.7	104.8	104.7
厨卫设备	103.2	104.1	104.1	104.0	103.7	103.3
门　窗	102.6	102.9	102.7	102.8	102.7	103.0
其他住房装潢材料	104.1	105.6	105.5	105.2	105.0	104.9
物业管理费	101.8	101.8	101.8	101.8	101.8	101.8
物业管理费	101.8	101.8	101.8	101.8	101.8	101.8
住房装潢维修	102.4	103.6	102.9	102.8	102.7	102.7
装潢维修费	104.5	104.8	105.6	105.4	105.3	105.2
其他住房费用	100.5	102.6	100.4	100.4	100.4	100.4
水电燃料	102.4	104.3	104.1	103.1	102.8	102.8
水	102.9	103.9	104.1	103.2	102.2	102.8
水	102.9	103.9	104.1	103.2	102.2	102.8
电	100.0	100.0	100.0	100.0	100.0	100.0
电	100.0	100.0	100.0	100.0	100.0	100.0
燃气	103.8	102.9	102.4	100.3	99.9	99.6
管道燃气	105.0	100.0	100.0	100.0	100.0	100.0
液化石油气	103.2	104.1	103.4	100.4	99.9	99.5
取暖费	100.0	100.0	100.0	100.0	100.0	100.0
取 暖 费	100.0	100.0	100.0	100.0	100.0	100.0
其他燃料	110.0	126.1	125.5	122.2	120.7	121.0
其他燃料	110.0	126.1	125.5	122.2	120.7	121.0
自有住房	101.9	102.9	102.8	102.9	102.8	102.7
自有住房	101.9	102.9	102.8	102.9	102.8	102.7
生活用品及服务	101.6	102.3	101.8	101.9	102.0	102.3
家具及室内装饰品	102.6	101.1	102.0	101.9	102.2	103.0
家具	102.6	101.0	101.9	101.8	102.2	103.0
柜	103.0	100.7	102.4	102.4	103.1	103.8
床	102.3	101.7	101.6	101.6	102.1	102.1
桌	101.7	100.6	100.9	100.6	100.8	101.9
椅	106.6	103.4	107.3	106.5	106.5	107.2
沙　发	101.7	100.1	100.6	100.5	100.7	102.0
其他家具	102.3	100.8	100.8	101.4	101.5	102.7
室内装饰品	101.8	102.9	102.8	102.3	102.2	102.4
灯　具	101.0	102.8	102.4	101.4	101.5	101.5
其他室内装饰品	102.3	103.0	103.1	103.1	102.8	103.0
家用器具	101.8	105.5	103.2	103.7	103.7	103.9
大型家用器具	102.1	106.1	103.6	104.2	104.1	104.4
洗 衣 机	98.1	103.5	100.6	101.6	107.4	105.9
电冰箱(柜)	100.6	105.9	104.6	104.6	100.1	101.8
抽油烟机	107.4	106.4	106.7	108.8	118.2	116.6
空 调 器	102.7	107.3	106.5	107.8	104.2	103.9
热 水 器	102.2	107.7	100.1	101.5	103.2	103.7

6月	7月	8月	9月	10月	11月	12月
102.5	102.3	102.3	101.9	101.9	101.0	100.8
103.0	103.1	103.2	102.4	102.3	101.9	101.8
104.6	104.4	104.6	104.4	104.4	104.3	103.4
103.3	103.2	103.4	103.0	102.5	102.2	101.5
102.9	102.8	102.8	102.3	102.5	102.0	101.8
105.1	104.9	105.3	103.9	102.7	101.1	100.5
101.8	101.8	102.2	101.9	101.9	101.7	101.4
101.8	101.8	102.2	101.9	101.9	101.7	101.4
102.5	102.2	102.0	101.9	102.1	102.0	101.2
104.8	104.5	103.9	103.7	104.2	104.1	102.5
100.3	100.2	100.2	100.2	100.2	100.2	100.1
102.9	102.7	100.7	101.3	101.6	101.5	101.3
102.6	102.5	102.0	102.1	102.8	103.0	103.4
102.6	102.5	102.0	102.1	102.8	103.0	103.4
100.0	100.0	100.0	100.0	100.0	100.0	100.0
100.0	100.0	100.0	100.0	100.0	100.0	100.0
100.3	101.7	105.5	108.7	109.7	108.1	106.1
100.0	101.0	109.6	111.6	112.4	112.5	112.4
100.5	102.0	103.8	107.4	108.5	106.2	103.4
100.0	100.0	100.0	100.0	100.0	100.0	100.0
100.0	100.0	100.0	100.0	100.0	100.0	100.0
120.8	116.1	96.4	96.2	96.5	97.2	98.3
120.8	116.1	96.4	96.2	96.5	97.2	98.3
102.8	102.0	101.3	100.8	100.9	100.9	100.6
102.8	102.0	101.3	100.8	100.9	100.9	100.6
102.2	101.6	101.0	100.9	101.2	101.4	100.8
103.0	103.1	102.8	102.5	102.3	103.3	103.4
103.1	103.2	102.9	102.6	102.5	103.6	103.7
103.8	103.7	103.0	102.8	102.7	103.5	103.5
102.1	102.4	102.0	102.0	101.6	104.2	104.5
102.1	102.3	102.1	101.9	101.9	102.7	102.9
107.0	106.9	107.0	107.1	106.3	107.5	107.0
102.1	102.5	102.5	101.9	102.0	102.5	102.7
102.7	102.9	102.6	102.6	102.7	103.0	103.3
102.1	102.1	102.1	101.2	100.4	100.5	100.1
101.0	101.1	101.0	100.3	100.0	99.9	99.7
102.9	103.0	102.9	101.9	100.7	101.0	100.5
103.5	101.2	99.4	99.4	100.2	100.0	98.6
104.0	101.4	99.4	99.4	100.3	100.1	98.5
95.0	95.0	96.7	97.5	96.7	90.5	88.2
101.8	99.0	100.9	100.4	101.3	94.9	92.2
110.5	101.8	100.8	102.8	105.8	105.2	106.9
106.4	103.4	96.7	96.6	99.7	101.3	99.8
101.6	99.3	100.3	102.3	101.3	102.3	103.4

4-4 续表 4

(上年同月=100)

类　　别	年平均	1月	2月	3月	4月	5月
炉具灶具	100.3	104.4	100.2	97.9	98.9	100.6
微 波 炉	102.8	103.3	101.5	101.5	102.5	103.5
其他大型家用器具	105.3	105.7	102.7	102.3	107.0	107.0
小家电	99.9	100.5	100.5	100.2	100.2	100.2
厨房小家电	99.9	100.7	100.7	100.4	100.5	100.4
生活小家电	100.0	100.2	100.1	100.0	99.8	99.9
家用纺织品	100.8	100.6	100.5	100.5	100.6	100.9
床上用品	100.7	100.5	100.3	100.4	100.4	100.8
被　　子	100.3	99.7	100.0	100.2	99.8	100.2
床单被套	100.4	100.7	100.1	100.0	100.1	100.3
其他床上用品	102.4	101.5	101.3	101.6	102.4	103.2
窗帘门帘	101.7	102.1	102.3	102.1	102.4	102.1
窗帘门帘	101.7	102.1	102.3	102.1	102.4	102.1
其他家用纺织品	99.8	99.9	99.7	99.7	99.9	99.7
其他家用纺织品	99.8	99.9	99.7	99.7	99.9	99.7
家庭日用杂品	100.6	100.5	100.2	100.1	100.5	100.6
洗涤卫生用品	101.1	100.5	100.2	100.3	101.0	101.0
清洗用品	101.5	100.0	99.6	100.0	101.4	101.4
清洁用具	98.5	99.2	99.1	99.0	99.0	99.0
清洁用纸	101.5	101.9	101.4	101.4	101.2	101.1
厨具餐具茶具	99.8	100.2	99.9	99.6	99.8	99.9
厨　　具	99.6	100.0	99.6	99.4	99.6	99.7
餐　　具	100.0	100.2	100.1	99.6	99.7	100.0
茶　　具	100.4	101.0	100.9	100.5	100.4	100.3
家用手工工具	102.9	102.7	102.6	103.1	103.0	102.9
家用手工工具	102.9	102.7	102.6	103.1	103.0	102.9
其他家庭日用杂品	100.4	100.8	100.7	100.6	100.4	100.4
配电附件	100.8	101.2	101.2	101.2	100.9	101.0
雨　　具	99.9	100.5	100.3	100.1	99.8	99.9
其他日用杂品	100.3	100.4	100.0	99.8	99.8	99.7
个人护理用品	101.7	102.0	101.9	102.0	101.6	101.8
化妆品	101.9	102.0	101.8	102.1	101.5	101.9
清洁化妆品	101.6	102.0	101.9	102.0	100.5	101.6
护肤化妆品	101.9	102.0	101.8	102.2	101.8	102.0
彩妆化妆品	102.9	102.5	102.6	102.5	102.4	102.4
化妆器具	100.1	100.9	100.2	100.1	100.0	100.5
其他护理用品类	101.4	102.0	101.9	102.0	101.8	101.7
清洁类护理用品	101.4	102.3	101.9	101.9	102.1	101.7
护发美发用品	100.1	100.4	100.3	100.4	99.0	100.4
护理器具	102.1	102.5	103.6	103.3	103.5	102.4
其他护理用品	105.4	105.4	104.8	107.4	107.5	107.5
家庭服务	104.2	104.0	105.0	104.9	105.0	104.9
家政服务	104.6	103.5	105.0	104.9	105.1	105.1
家庭维修服务	103.6	104.7	104.9	105.0	104.9	104.7

6月	7月	8月	9月	10月	11月	12月
101.2	101.7	101.7	100.9	97.8	98.9	99.9
103.5	103.5	102.8	102.1	102.1	106.0	102.1
111.3	107.1	104.2	102.3	102.3	108.4	104.6
100.0	99.7	99.7	99.6	99.5	99.5	99.6
100.1	99.4	99.5	99.4	99.2	99.4	99.4
99.9	100.1	100.1	100.1	100.0	99.7	99.9
100.8	101.1	101.2	100.9	101.1	100.8	100.3
100.7	101.1	101.2	101.0	101.1	100.9	100.3
100.3	100.6	100.8	100.6	100.7	100.4	100.0
100.0	100.5	100.5	100.6	100.8	100.6	100.2
103.0	103.3	103.7	102.7	102.8	102.4	101.3
102.1	102.0	101.4	101.1	101.0	100.9	100.5
102.1	102.0	101.4	101.1	101.0	100.9	100.5
99.5	100.0	100.0	99.8	100.0	100.0	99.9
99.5	100.0	100.0	99.8	100.0	100.0	99.9
100.7	100.7	100.5	100.5	101.1	101.1	101.0
101.3	101.2	100.9	101.1	102.1	102.1	101.7
102.1	102.1	102.0	101.3	103.4	102.7	102.5
98.9	98.7	97.9	98.1	98.3	97.6	97.9
101.0	100.8	100.7	101.9	101.7	103.0	102.1
99.9	99.9	99.6	99.6	99.6	99.8	99.9
99.8	99.7	99.3	99.2	99.3	99.6	99.5
100.0	99.9	99.7	100.0	99.9	99.9	100.4
100.0	100.2	100.4	100.3	100.2	100.1	100.2
103.1	103.1	102.7	102.9	103.1	103.1	102.6
103.1	103.1	102.7	102.9	103.1	103.1	102.6
100.1	100.2	100.5	100.4	100.2	100.2	100.4
100.6	100.7	100.8	100.7	100.3	100.2	100.6
99.5	99.4	99.8	99.8	99.9	99.9	99.9
99.8	100.4	100.7	100.9	100.8	100.7	101.0
102.0	101.7	101.8	101.7	101.5	101.5	100.7
102.1	101.9	101.9	102.1	101.9	102.0	101.3
101.4	101.0	101.0	101.7	102.0	101.8	102.0
102.2	102.0	102.1	102.1	101.7	102.0	100.9
103.6	103.6	103.7	103.7	103.2	102.6	102.7
100.3	99.9	99.4	99.7	99.8	100.2	99.5
101.7	101.4	101.7	101.1	100.8	100.9	99.7
101.7	101.4	101.6	101.1	100.9	101.2	99.4
100.4	100.3	100.6	100.5	100.1	100.0	99.4
102.2	101.7	102.5	101.2	101.0	100.7	100.6
107.5	107.1	105.4	104.3	103.6	101.8	102.8
104.4	104.0	103.9	103.0	103.2	103.9	103.9
104.4	104.4	104.6	104.3	104.3	105.1	105.1
104.5	103.6	103.0	101.6	102.0	102.5	102.5

4-4 续表 5

(上年同月=100)

类　别	年平均	1月	2月	3月	4月	5月
交通和通信	102.2	101.5	102.3	101.8	102.5	103.2
交通	103.6	101.9	103.2	102.5	102.9	104.1
交通工具	100.1	100.3	100.3	100.4	100.1	100.6
小型汽车	99.1	99.6	99.7	99.8	99.0	99.3
电动自行车	102.1	101.7	101.7	101.7	102.0	103.5
自 行 车	101.1	100.8	101.0	100.8	101.3	101.5
其他交通工具	100.8	100.5	100.5	100.6	101.1	101.1
交通工具用燃料	113.0	106.5	106.8	104.7	108.7	113.7
汽　　油	113.1	106.4	106.8	104.7	108.8	113.9
柴　　油	115.0	108.0	108.0	105.4	109.9	115.5
其他车用能源	100.1	101.3	100.8	100.1	100.0	100.0
交通工具使用和维修	104.5	103.8	105.1	104.8	104.6	104.8
停 车 费	101.1	101.2	101.0	100.2	100.2	100.3
车辆使用费	103.0	102.3	103.7	103.5	103.4	102.9
交通工具零配件	103.8	99.8	99.7	100.1	100.3	103.7
车辆修理与保养	104.6	103.9	105.2	104.9	104.7	104.9
交通费	101.2	99.6	104.6	103.5	102.2	101.8
市内公共交通	100.4	100.0	101.3	100.8	100.5	100.5
出租汽车	102.3	100.0	104.0	103.0	102.4	102.2
飞 机 票	103.1	93.8	138.2	124.0	107.5	106.4
火 车 票	100.0	100.0	100.0	100.0	100.0	100.0
长途汽车	100.9	98.5	100.1	101.1	101.6	101.2
其他交通费	102.8	104.2	105.6	104.1	104.1	103.6
通信	99.6	100.8	100.5	100.3	101.8	101.6
通信工具	108.3	109.0	108.2	106.6	111.9	110.4
固定电话机	103.3	104.7	104.7	104.7	104.7	104.7
移动电话机	108.7	109.5	108.6	107.0	112.7	111.1
通信工具零配件	100.6	100.2	100.2	100.1	100.2	100.3
通信服务	95.9	97.4	97.4	97.7	97.7	98.1
固定电话费	99.6	99.7	99.7	99.7	99.7	99.7
移动通信费	94.8	96.6	96.6	97.1	97.1	97.1
上 网 费	99.1	99.8	99.5	99.3	99.3	101.0
其他通信服务	99.7	99.7	99.7	99.7	100.0	100.0
邮递服务	101.1	101.0	101.0	101.1	101.1	101.5
邮政邮寄	100.6	101.2	101.2	101.2	101.2	100.8
快递服务	101.3	100.9	100.9	101.0	101.0	101.7
教育文化和娱乐	103.0	102.6	103.7	102.9	102.8	102.5
教育	104.5	104.8	104.7	104.7	104.5	104.4
教育用品	102.4	102.2	102.2	102.7	102.7	102.7
工 具 书	101.3	101.0	101.2	101.2	101.2	101.1
教　　材	101.2	101.4	101.5	102.2	102.2	102.2
参考资料	103.9	103.5	103.5	103.9	103.9	103.9
其他教育用品	99.1	99.0	98.9	99.0	99.1	99.0
教育服务	104.6	105.0	104.9	104.8	104.6	104.5

6月	7月	8月	9月	10月	11月	12月
103.1	101.8	101.3	102.7	103.2	101.9	101.2
104.9	104.8	104.5	104.7	105.9	103.2	100.5
100.6	99.1	99.0	100.5	100.5	99.8	99.9
99.4	97.2	97.2	99.9	99.9	99.0	99.0
103.2	102.3	102.2	101.8	101.8	101.7	101.9
101.4	101.1	101.1	101.1	101.2	101.0	101.0
101.1	101.3	101.2	100.9	100.8	100.0	100.5
118.1	122.7	119.8	121.4	122.9	113.1	100.1
118.3	123.1	120.1	121.7	123.0	113.2	100.0
120.9	125.6	122.6	124.5	126.5	115.1	100.6
100.1	100.1	99.7	99.9	99.9	99.6	99.2
105.1	105.0	104.7	103.5	103.9	104.1	104.3
100.3	100.3	100.3	100.3	103.1	103.1	102.6
102.8	102.9	102.7	102.2	101.9	103.6	103.6
103.6	104.1	105.4	107.1	106.8	106.9	107.5
105.2	105.1	104.8	103.6	103.9	104.1	104.3
101.4	100.1	101.5	98.4	101.7	99.9	100.0
100.2	100.2	100.2	100.2	100.2	100.0	100.0
102.2	102.2	102.2	102.2	102.2	102.2	102.6
102.7	94.5	107.2	80.5	108.9	91.0	93.7
100.0	100.0	100.0	100.0	100.0	100.0	100.0
101.2	101.1	101.0	101.3	101.4	101.4	101.5
103.7	101.7	101.7	101.2	101.6	101.7	100.5
99.9	96.5	95.4	99.0	98.2	99.5	102.3
104.6	101.4	97.5	109.6	106.5	110.9	122.0
102.2	102.2	102.2	102.2	102.2	102.2	102.2
104.8	101.4	97.3	110.1	106.8	111.5	123.4
100.7	100.8	101.0	101.0	101.1	100.8	100.8
97.9	94.2	94.2	94.3	94.4	94.3	93.7
99.7	99.5	99.7	99.7	99.7	99.5	99.3
97.1	92.7	92.7	92.7	92.7	92.6	91.9
100.0	98.1	97.8	98.1	99.0	98.8	98.4
100.0	100.0	100.0	100.0	99.4	98.8	98.8
101.6	101.6	101.2	101.1	100.9	100.9	100.2
100.8	100.8	100.0	100.0	100.0	100.0	100.0
101.9	101.9	101.6	101.6	101.3	101.3	100.2
102.6	102.9	103.1	102.9	103.1	103.5	103.1
104.4	104.3	104.3	103.8	104.2	104.9	105.0
102.4	102.6	102.6	101.3	101.3	101.3	104.4
100.8	100.8	100.8	101.4	101.4	101.4	102.7
102.2	102.2	102.2	99.3	99.3	99.3	100.9
103.4	103.6	103.7	103.1	103.1	103.3	108.3
98.4	99.4	99.1	99.6	99.5	99.0	99.1
104.6	104.4	104.4	104.0	104.4	105.2	105.0

4-4 续表 6

(上年同月=100)

类　别	年平均	1月	2月	3月	4月	5月
学前教育	104.0	105.1	104.5	104.5	104.4	104.3
小学初中教育	105.1	102.5	103.2	103.4	103.4	103.3
高中中职教育	113.8	120.4	119.6	119.0	118.3	117.6
高等教育	100.2	99.9	99.9	99.9	99.9	99.9
课外教育	104.8	104.9	104.9	105.8	105.5	105.5
专业技能培训	104.0	101.3	101.4	100.5	100.6	100.4
文化娱乐	100.6	99.3	102.1	100.2	100.1	99.5
文娱耐用消费品	99.4	101.8	98.9	98.3	99.0	97.4
电 视 机	98.0	97.5	92.2	95.3	95.4	94.7
照 相 机	100.2	99.6	99.8	100.0	100.0	100.0
台式计算机	95.3	100.0	98.4	96.6	96.2	92.7
笔记本平板	105.3	113.2	110.1	102.8	106.7	103.9
乐　　器	106.6	102.9	102.5	104.9	104.8	107.7
音　　响	100.5	100.9	100.7	100.4	100.7	101.2
其他文娱耐用消费品	100.3	100.8	100.8	100.8	100.8	100.1
其他文娱用品	102.3	101.2	101.1	101.0	101.1	101.1
书报杂志	105.8	101.9	101.5	101.4	101.5	101.2
纸张文具	101.6	101.3	101.8	101.8	101.7	101.5
体育户外用品	100.4	100.4	100.3	100.4	100.6	100.6
游戏用品和玩具	101.3	101.6	101.2	101.3	100.7	101.9
园艺花卉及用品	99.6	100.5	100.0	100.0	99.6	99.6
宠物及用品	101.7	100.5	100.7	100.5	102.6	102.4
其他文化娱乐用品	101.0	101.5	101.7	101.0	101.0	100.7
文化娱乐服务	100.0	99.7	98.9	99.7	99.4	99.5
电 影 票	100.9	101.7	101.7	102.0	102.0	100.3
景点门票	99.2	98.3	97.1	99.1	98.4	98.7
有线电视	100.0	100.0	100.0	100.0	100.0	100.0
健身活动	104.0	99.7	99.5	100.4	99.9	101.1
其他文娱服务	100.3	101.3	99.3	99.4	99.2	99.2
旅游	101.5	93.9	111.5	103.2	101.9	101.6
旅行社收费	101.5	93.7	111.6	103.1	101.8	101.5
其他旅游	104.8	103.1	104.1	104.8	107.1	107.2
医疗保健	106.1	108.8	108.6	108.7	107.9	107.8
药品及医疗器具	105.6	108.0	107.5	107.7	106.0	105.7
中药	106.8	109.4	108.3	108.8	106.3	106.5
中 药 材	107.0	108.9	108.7	108.0	107.1	107.1
中 成 药	106.8	109.6	108.2	109.1	106.0	106.3
西药	105.6	108.7	108.2	108.4	106.0	105.6
抗微生物药	102.9	104.8	104.7	105.2	103.1	102.7
消化系统用药	106.8	108.3	107.8	110.3	107.6	107.3
呼吸系统用药	103.0	105.3	104.4	103.8	102.4	102.2
解热镇痛药	106.8	109.0	109.3	109.0	108.6	108.7
抗肿瘤药	106.9	107.3	107.4	107.2	107.4	108.4
激素及影响内分泌药	104.6	105.9	105.4	105.4	104.7	104.9

6月	7月	8月	9月	10月	11月	12月
104.0	104.3	104.3	103.3	103.2	103.2	103.2
103.2	103.2	103.7	108.5	108.5	108.7	109.0
117.0	116.5	116.2	110.9	107.2	104.4	102.4
99.9	99.9	99.9	100.8	100.8	100.8	100.8
105.3	105.4	105.4	103.3	103.8	103.7	103.7
101.9	101.3	101.0	100.9	106.9	115.4	116.7
99.8	100.6	101.3	101.4	101.4	101.2	100.1
97.9	98.5	99.4	100.5	101.9	101.7	98.0
96.2	99.3	103.4	102.2	103.3	100.3	97.1
100.0	100.0	100.0	100.0	100.0	101.1	102.1
92.1	91.8	91.1	92.7	95.7	99.0	97.0
105.0	102.6	101.2	107.3	108.3	107.8	96.3
107.8	108.1	108.1	108.1	107.9	107.9	108.2
100.7	100.2	100.1	100.1	100.2	100.3	99.9
100.1	100.1	100.0	100.0	100.0	100.0	100.0
101.1	101.4	103.4	104.1	104.2	103.9	104.0
101.4	102.9	109.9	111.9	112.1	111.7	111.7
101.6	101.3	101.3	101.9	101.6	101.3	101.7
100.4	100.3	100.3	100.2	100.5	100.4	100.4
101.7	101.8	101.1	101.2	101.1	100.9	100.9
99.2	99.2	99.8	99.6	99.0	98.9	99.2
102.2	102.3	102.0	101.3	102.1	102.2	102.0
100.5	100.3	100.3	101.1	100.9	101.2	101.6
100.3	100.9	101.0	100.9	100.0	99.8	100.1
100.3	100.5	100.9	99.7	100.6	100.6	100.5
100.5	102.0	102.0	101.6	97.8	97.3	98.0
100.0	100.0	100.0	100.0	100.0	100.0	100.0
101.5	104.2	104.4	105.2	111.3	110.7	110.6
100.5	99.8	100.3	101.0	101.3	101.3	101.6
101.0	102.9	102.7	101.1	99.8	99.5	100.2
100.9	102.8	102.6	101.0	99.7	99.4	100.1
106.6	104.1	103.9	103.6	103.4	104.5	104.7
107.7	107.5	107.3	103.0	102.1	102.1	102.2
105.4	104.9	104.4	104.9	104.6	104.6	104.2
106.4	106.0	105.9	106.5	106.2	106.0	106.2
106.3	105.9	106.0	107.1	106.4	106.0	106.3
106.4	106.0	105.8	106.2	106.1	106.0	106.2
105.2	104.5	104.0	104.6	104.3	104.3	104.5
102.5	101.3	101.4	102.2	102.7	102.6	102.2
106.9	106.4	104.6	105.7	105.8	105.7	105.7
102.2	101.4	102.3	102.8	103.2	103.0	103.4
109.3	108.4	104.5	105.0	103.3	103.7	103.3
106.5	105.6	108.8	106.2	106.0	105.3	106.6
104.7	103.8	104.5	105.0	104.1	103.7	103.7

4-4 续表 7

(上年同月=100)

类　　别	年平均	1月	2月	3月	4月	5月
心血管系统用药	108.3	116.1	114.7	114.8	107.8	107.5
血液系统用药	102.6	107.4	107.8	107.2	106.4	104.7
治疗精神障碍药	106.2	107.4	108.6	108.5	106.4	106.3
神经系统用药	103.2	106.1	105.0	104.0	103.2	102.4
消毒防腐及创伤外科用药	104.9	108.1	107.9	109.5	105.2	104.4
泌尿系统用药	102.4	104.0	103.4	102.5	102.1	102.0
维生素、矿物质类药	114.3	115.6	114.8	116.5	115.4	114.4
调节水、电解质及酸碱平衡药	102.1	100.3	99.5	100.3	100.3	101.2
滋补保健品	106.8	108.1	108.1	107.4	107.8	107.1
滋补保健品	106.8	108.1	108.1	107.4	107.8	107.1
医疗卫生器具	101.9	102.8	102.6	103.6	102.0	102.0
医疗卫生器具	101.9	102.8	102.6	103.6	102.0	102.0
保健器具	100.9	101.4	101.3	101.4	101.2	101.2
保健器具	100.9	101.4	101.3	101.4	101.2	101.2
医疗服务	106.3	109.4	109.4	109.3	109.2	109.2
综合医疗类	110.6	115.9	115.9	115.6	115.6	115.7
一般医疗服务	106.1	108.8	108.8	108.5	108.5	108.7
一般治疗操作	108.8	113.3	113.3	113.0	112.7	112.9
护　　理	138.8	167.2	167.2	166.5	167.2	166.6
其他综合医疗服务	101.2	101.9	101.9	101.9	101.9	101.9
诊断类	101.0	101.7	101.7	101.7	101.6	101.6
病理学诊断	106.6	110.4	110.4	110.4	110.4	110.4
实验室诊断	101.8	102.7	102.7	102.7	102.7	102.7
影像学诊断	98.7	98.4	98.4	98.3	98.2	98.2
临床诊断	104.9	107.2	107.2	107.2	107.2	107.3
治疗类	108.0	111.8	111.8	111.8	111.7	111.8
临床手术治疗	108.8	112.9	112.9	112.9	113.0	113.0
临床非手术治疗	105.6	108.7	108.7	108.8	108.3	108.2
康复类	110.5	115.8	115.5	115.5	115.3	115.3
康复医疗	110.5	115.8	115.5	115.5	115.3	115.3
中医医疗服务类	105.9	109.1	109.1	109.6	107.7	107.8
中医治疗	105.9	109.1	109.1	109.6	107.7	107.8
其他医疗服务	106.6	110.2	110.2	110.2	110.2	110.2
其他医疗服务	106.6	110.2	110.2	110.2	110.2	110.2
其他用品和服务	101.4	102.1	101.5	101.3	100.7	101.1
其他用品类	99.3	102.2	100.1	100.1	98.9	99.0
首饰手表	98.9	102.7	99.8	99.9	98.4	98.5
金 饰 品	98.5	103.2	99.7	99.7	97.9	98.0
银 饰 品	101.6	100.6	100.4	100.7	100.5	100.3
铂金饰品	98.2	97.9	97.5	98.1	98.5	98.4
手　　表	101.7	102.0	101.9	101.9	102.2	101.9
其他杂项用品	100.5	100.8	100.8	100.6	100.5	100.6
箱　　包	99.9	100.4	100.3	100.0	100.0	100.0
母婴用品	100.7	101.1	101.2	100.7	100.7	100.7

6月	7月	8月	9月	10月	11月	12月
106.8	106.3	105.4	105.8	105.2	105.6	105.8
102.9	101.4	97.4	98.9	98.9	99.0	100.2
106.5	106.2	105.8	105.2	105.0	104.8	104.5
102.5	102.4	102.4	102.5	102.0	103.0	103.1
104.2	102.1	103.5	104.0	104.0	102.7	103.4
101.2	101.6	101.4	102.5	102.4	102.7	102.5
112.3	111.9	114.4	116.2	114.4	112.7	113.6
102.8	102.8	102.7	103.1	104.0	104.3	104.3
107.1	106.7	106.3	106.9	106.1	106.2	104.3
107.1	106.7	106.3	106.9	106.1	106.2	104.3
102.0	102.1	101.0	101.2	101.2	101.1	100.5
102.0	102.1	101.0	101.2	101.2	101.1	100.5
101.1	101.2	100.5	100.5	100.5	100.6	100.5
101.1	101.2	100.5	100.5	100.5	100.6	100.5
109.2	109.2	109.2	101.8	100.6	100.5	100.9
115.5	115.5	115.7	102.5	101.1	101.1	102.2
108.4	108.5	108.6	101.6	100.8	100.8	102.4
112.8	112.8	112.9	101.9	101.1	101.1	101.8
166.6	166.8	167.2	108.5	102.5	102.4	104.0
101.9	101.9	101.9	100.0	100.0	100.0	100.0
101.6	101.6	101.6	100.0	100.0	99.9	99.8
110.4	110.3	110.2	100.0	99.7	99.7	100.2
102.7	102.7	102.9	99.9	100.2	100.2	100.2
98.2	98.2	98.1	100.0	99.9	99.8	99.4
107.3	107.3	107.3	100.4	100.3	100.3	100.5
111.8	111.7	111.7	102.5	100.8	100.6	100.7
113.1	113.0	113.0	102.9	101.0	100.7	100.8
108.2	108.1	108.0	101.3	100.0	100.2	100.4
115.3	115.3	115.0	106.6	100.3	100.3	101.0
115.3	115.3	115.0	106.6	100.3	100.3	101.0
107.7	107.7	107.7	102.0	101.1	100.9	101.9
107.7	107.7	107.7	102.0	101.1	100.9	101.9
110.2	110.2	110.2	100.5	100.0	100.0	100.0
110.2	110.2	110.2	100.5	100.0	100.0	100.0
101.0	101.5	101.5	101.1	101.3	101.5	102.2
98.5	99.3	99.3	98.3	98.2	98.3	99.3
97.8	99.0	99.0	97.6	97.4	97.6	99.1
97.1	98.6	98.6	97.0	96.6	96.9	98.8
101.0	103.1	103.2	102.7	102.5	102.2	102.0
98.8	98.3	98.7	97.3	98.5	98.5	98.2
101.6	101.4	101.4	101.5	101.5	101.8	101.2
100.5	100.3	100.3	100.3	100.7	100.4	100.1
99.8	100.0	99.9	99.9	99.9	99.3	99.0
100.6	100.2	100.3	100.3	100.9	100.8	100.4

4-4 续表 8

(上年同月=100)

类 别	年平均	1月	2月	3月	4月	5月
眼 镜	101.1	100.5	100.5	101.1	100.9	101.0
其他服务类	103.2	101.9	102.7	102.4	102.3	102.9
旅馆住宿	101.9	102.1	101.6	100.5	100.3	101.1
宾馆住宿	99.4	98.8	99.4	98.1	100.6	99.5
其他住宿	103.3	104.0	102.9	101.8	100.1	101.9
美容美发洗浴	103.8	101.1	102.7	102.1	102.5	102.7
美 容	100.8	100.5	99.9	100.2	100.2	100.5
美 发	105.0	101.0	102.9	102.1	103.0	103.0
洗 浴	105.0	101.8	104.6	103.8	103.8	104.2
养老服务	106.7	104.3	105.4	105.3	104.9	107.8
养老服务	106.7	104.3	105.4	105.3	104.9	107.8
金融保险	101.9	102.4	102.5	102.5	102.0	102.2
金融服务	106.5	111.3	111.3	111.3	109.3	109.3
车辆保险	100.0	99.7	99.9	99.9	99.7	100.0
旅行保险	100.0	100.3	100.0	100.0	100.0	100.0
其他保险	104.9	102.5	102.5	102.5	102.5	102.5
其他服务类	101.1	100.8	101.0	101.3	101.3	101.3
中介服务	102.2	101.5	101.9	102.5	102.5	102.7
其他服务	100.0	100.0	100.0	100.0	100.0	100.0

6月	7月	8月	9月	10月	11月	12月
101.5	101.3	101.2	101.3	101.6	101.3	101.3
103.3	103.3	103.3	103.6	103.9	104.2	104.5
102.0	102.9	102.0	102.0	102.3	103.1	102.8
99.4	98.9	98.8	98.7	99.3	100.5	100.1
103.6	105.1	103.7	103.8	103.9	104.5	104.2
103.5	103.5	103.7	105.7	106.2	106.0	106.5
100.7	100.6	100.6	100.9	101.7	102.0	102.1
103.8	103.8	104.2	109.1	109.0	108.5	109.4
105.5	105.5	105.7	105.9	106.6	106.4	106.6
107.5	107.2	107.2	106.2	106.4	108.5	109.6
107.5	107.2	107.2	106.2	106.4	108.5	109.6
102.2	102.3	102.3	100.8	101.0	101.3	101.5
109.3	109.3	109.3	100.1	99.9	99.9	100.4
100.0	100.0	100.0	100.0	100.0	100.4	100.4
100.0	100.0	100.0	100.0	100.0	100.0	100.0
102.5	103.3	103.3	107.0	109.5	109.9	110.2
101.3	101.0	101.0	101.1	101.1	100.9	101.3
102.7	102.0	102.0	102.3	102.3	101.9	102.6
100.0	100.0	100.0	100.0	100.0	99.9	99.9

4-5 居民消费价格

(上月=100)

类　　别	1月	2月	3月	4月	5月
总 指 数	**100.8**	**100.7**	**98.9**	**99.7**	**99.7**
食品烟酒	102.1	102.0	97.0	98.5	98.8
食品	103.0	102.9	95.4	97.7	98.2
粮食	100.0	100.3	99.6	100.0	99.9
大　　米	100.1	100.7	100.1	100.0	99.9
面　　粉	100.1	100.1	100.0	99.9	99.8
其他粮食	99.7	99.6	100.0	99.3	98.8
粮食制品	100.0	100.2	99.0	100.0	100.0
薯类	115.9	111.7	99.2	101.6	109.7
薯　　类	115.9	111.7	99.2	101.6	109.7
豆类	100.4	100.1	100.0	100.0	100.0
干　　豆	99.8	100.1	99.7	100.0	99.4
豆 制 品	100.5	100.1	100.0	99.9	100.1
食用油	100.0	99.9	100.0	99.8	98.9
食用植物油	100.0	99.9	100.1	99.9	98.9
食用动物油	99.7	99.2	97.4	96.1	97.9
菜	113.6	113.4	87.2	94.7	93.2
鲜　　菜	115.1	114.7	86.1	94.2	92.5
干菜及菜制品	100.0	100.5	100.1	100.0	100.2
畜肉类	101.9	100.3	93.6	93.9	97.0
猪　　肉	102.4	99.7	91.0	91.1	95.6
牛　　肉	100.7	102.4	99.4	100.0	99.8
羊　　肉	102.5	102.2	98.4	99.3	99.9
畜肉副产品	100.0	100.7	97.8	97.4	97.7
其他畜肉及制品	100.4	100.1	99.8	99.7	99.8
禽肉类	100.7	102.1	98.1	98.9	99.7
鸡	100.8	102.9	97.4	98.3	99.4
鸭	101.2	101.6	99.2	100.6	100.7
其他禽肉及制品	100.2	100.4	99.7	99.8	100.0
水产品	102.7	104.5	99.0	99.4	99.1
淡 水 鱼	103.1	106.7	98.2	99.3	99.0
海 水 鱼	100.8	101.4	98.5	99.6	100.7
虾 蟹 类	104.9	106.8	99.3	98.9	97.6
其他水产品及制品	100.9	100.5	100.1	100.0	100.0
蛋类	100.0	100.3	86.6	97.3	102.4
鸡　　蛋	99.9	100.3	86.0	97.2	102.5
其他蛋及制品	101.3	100.8	99.9	99.7	100.4
奶类	99.8	99.4	100.1	100.1	100.1
鲜　　奶	100.1	99.6	99.6	100.0	100.0
酸　　奶	99.9	99.3	100.2	99.5	99.9
奶　　粉	99.3	99.0	100.4	100.3	100.0
其他奶制品	100.4	100.1	100.0	100.2	100.6
干鲜瓜果类	105.0	105.5	98.8	99.7	95.5
鲜 瓜 果	106.9	107.1	98.5	99.7	94.2

分月指数(2018年)

6月	7月	8月	9月	10月	11月	12月
99.9	**99.9**	**100.8**	**101.0**	**100.1**	**99.8**	**100.2**
99.4	100.2	102.7	101.6	99.4	99.0	100.7
99.0	100.3	104.0	102.4	99.1	98.4	100.9
99.9	100.0	100.0	100.0	100.0	100.0	100.2
99.8	100.0	100.5	100.2	99.9	100.0	100.5
100.0	99.9	100.1	100.2	99.9	99.9	100.2
100.0	99.7	100.1	100.8	100.5	101.1	100.9
99.9	100.1	99.7	99.8	100.1	99.9	99.9
96.5	96.8	95.9	90.9	92.2	96.0	106.4
96.5	96.8	95.9	90.9	92.2	96.0	106.4
99.8	99.9	100.3	100.2	100.0	100.2	100.0
100.0	100.0	99.6	100.2	100.2	100.2	99.8
99.8	99.9	100.3	100.2	100.0	100.2	100.0
99.9	99.5	99.8	100.3	100.5	100.1	99.8
99.9	99.5	99.7	100.3	100.5	100.1	99.8
99.3	100.0	102.1	101.0	100.4	99.8	100.3
97.5	101.8	110.8	112.8	95.7	85.9	103.9
97.2	102.0	112.1	114.1	95.3	84.5	104.3
100.0	99.9	99.9	100.2	101.1	101.0	100.4
101.3	102.7	105.1	100.6	99.9	99.4	100.2
102.4	104.2	107.7	100.5	99.4	98.3	99.3
100.0	99.9	100.1	100.9	101.2	101.6	101.5
99.5	100.0	100.2	100.7	101.6	104.5	103.7
98.5	101.2	101.8	100.8	99.7	99.6	100.2
100.0	100.2	100.0	100.3	100.1	100.5	101.4
99.4	100.6	101.7	101.6	100.1	101.1	102.0
99.0	101.0	102.4	102.3	100.1	101.6	102.5
100.1	99.8	100.4	100.2	99.3	99.7	100.8
100.1	100.0	100.4	100.3	100.2	100.5	101.2
98.5	98.4	100.2	100.0	99.8	100.6	100.9
99.2	99.2	100.0	98.5	98.6	99.0	100.2
99.9	99.9	100.4	101.1	100.4	100.0	100.4
96.2	95.2	100.2	101.8	100.8	103.4	102.4
99.3	99.8	100.4	99.9	100.3	100.5	100.5
99.7	99.9	120.2	102.0	93.8	100.1	98.3
99.6	99.9	121.2	101.8	93.3	100.1	98.2
100.0	100.1	102.3	106.5	103.9	100.5	100.4
100.2	100.0	100.0	100.2	100.3	100.2	100.3
100.0	100.0	100.1	100.3	100.1	100.1	100.2
100.3	99.6	99.5	102.2	99.7	99.3	100.7
100.2	100.1	100.1	99.9	100.5	100.6	100.3
100.3	100.2	99.9	99.6	100.5	100.0	100.2
93.2	96.0	102.7	105.7	102.3	103.8	102.2
91.0	94.7	103.8	107.9	103.0	105.2	102.8

4-5 续表 1

(上月=100)

类　　别	1月	2月	3月	4月	5月
坚　　果	99.7	100.3	99.8	99.5	99.8
瓜果制品	99.5	101.4	100.1	100.0	100.0
糖果糕点类	100.1	100.2	99.8	100.1	99.7
食　　糖	100.4	100.1	99.8	100.4	99.2
糖　　果	99.9	99.9	99.9	100.0	99.7
糕　　点	100.1	100.3	99.9	99.9	100.1
其他糖果糕点	99.6	100.8	99.5	100.0	100.5
调味品	100.3	100.1	99.9	100.0	100.2
食 用 盐	100.2	99.3	97.6	100.0	100.0
酱　　油	100.7	100.1	100.1	99.5	100.5
食　　醋	100.3	101.0	101.2	99.7	100.2
调 味 酱	100.2	99.9	99.6	100.5	100.0
味　　精	100.5	100.0	100.0	99.7	100.0
其他调味品	100.0	100.2	100.0	100.0	100.2
其他食品类	100.2	100.1	100.0	100.0	100.4
方便食品	99.9	99.9	99.9	100.0	100.2
淀粉及制品	100.3	100.5	100.3	99.8	100.2
膨化食品	100.5	100.1	100.0	100.2	101.0
茶及饮料	100.3	99.8	100.3	100.2	99.7
茶　　叶	100.0	100.7	99.4	100.3	99.1
固体咖啡	100.0	100.3	100.4	99.8	99.4
其他固体饮料	99.9	100.1	99.8	100.2	99.6
饮 用 水	100.2	100.0	99.7	99.7	99.0
果汁饮料	99.8	99.8	100.4	100.3	100.1
其他液体饮料	100.7	99.1	100.9	100.2	100.1
烟酒	100.2	100.2	100.3	100.1	100.1
烟草	100.0	100.0	100.0	100.0	100.4
烟　　草	100.0	100.0	100.0	100.0	100.4
酒类	100.4	100.4	100.7	100.2	99.9
白　　酒	100.4	100.5	100.7	100.2	99.7
葡 萄 酒	100.9	101.3	100.1	100.1	100.1
啤　　酒	100.1	99.7	100.5	100.7	100.4
其他酒类	100.1	99.9	100.1	99.9	100.2
在外餐饮	100.2	100.2	100.2	100.1	100.0
正　　餐	100.2	100.2	99.9	100.0	100.0
快　　餐	100.2	100.3	100.3	100.3	100.1
地方小吃	100.4	100.2	101.0	100.4	100.0
其他在外餐饮	100.3	100.0	99.9	99.9	100.0
衣着	99.9	99.8	100.1	100.2	100.2
服装	100.0	99.7	100.1	100.2	100.3
男式服装	99.9	99.7	100.4	100.2	100.4
男式西服	100.0	99.8	101.1	99.4	100.0
男式冬衣	99.7	98.7	99.2	100.5	100.7
男式夹克衫	99.9	99.7	101.0	100.3	99.6

6月	7月	8月	9月	10月	11月	12月
100.0	100.0	99.7	99.5	100.0	99.6	100.2
100.4	98.5	99.9	100.2	101.1	100.3	100.3
99.9	100.0	100.1	100.1	100.0	100.1	99.9
99.1	99.8	100.2	100.5	99.7	99.6	99.9
100.5	100.1	100.1	99.8	100.1	100.0	99.7
100.0	100.2	100.1	100.1	100.1	100.6	100.0
99.6	99.7	100.3	99.4	101.3	99.6	100.5
100.0	100.6	100.4	100.5	101.1	100.5	99.9
100.0	100.1	100.0	97.5	99.7	99.7	100.0
100.1	100.1	100.3	100.2	100.0	100.4	100.5
100.2	103.2	100.4	100.0	99.4	100.1	98.3
99.9	100.0	101.1	100.9	101.8	100.8	100.6
100.0	99.6	99.7	100.5	100.3	100.3	99.5
100.2	100.6	100.0	101.8	103.3	100.9	99.8
100.2	100.2	99.7	100.5	99.9	100.0	100.4
99.9	100.3	99.6	100.6	99.9	99.9	99.9
100.2	100.0	99.7	100.3	99.9	100.1	101.2
100.9	100.4	100.1	100.4	99.9	100.1	100.2
100.6	100.1	100.0	99.6	100.2	100.2	100.6
100.8	100.2	100.0	100.0	99.9	100.2	100.6
99.2	98.5	100.4	100.2	99.5	100.4	100.2
99.9	100.2	100.0	100.2	99.9	100.7	100.2
100.7	100.4	100.0	99.8	100.3	99.2	99.6
99.7	100.1	100.4	100.2	100.3	100.2	100.6
100.8	100.0	99.9	99.0	100.4	100.2	100.7
100.0	100.5	100.2	100.2	100.2	100.1	100.2
100.0	100.2	100.0	100.0	100.1	100.3	100.2
100.0	100.2	100.0	100.0	100.1	100.3	100.2
100.0	100.8	100.4	100.3	100.4	100.0	100.2
99.9	100.9	100.4	100.4	100.5	100.0	100.3
100.1	100.0	100.0	100.0	100.3	101.0	99.9
100.5	100.4	100.1	100.1	99.9	99.9	100.1
100.0	100.4	100.3	99.9	100.1	99.9	99.9
100.4	100.0	100.0	100.1	100.2	100.1	100.2
100.6	100.0	100.0	100.1	100.1	100.1	100.3
100.0	99.8	99.8	100.2	100.4	100.2	100.2
100.5	100.2	100.2	100.1	100.0	100.2	100.3
100.8	100.2	100.2	100.0	100.1	100.2	100.2
100.1	99.9	99.9	100.4	100.2	100.4	100.1
100.1	99.9	99.9	100.4	100.2	100.5	100.1
100.1	100.0	100.0	100.3	100.2	100.3	100.0
99.8	100.1	100.0	100.1	100.6	100.2	99.2
100.1	100.2	100.1	100.0	100.1	101.4	101.1
100.0	100.2	100.1	100.6	100.2	99.7	99.4

4-5 续表 2

(上月=100)

类　　别	1月	2月	3月	4月	5月
男式毛线衣	99.9	99.5	99.8	100.3	100.2
男式运动装	99.9	99.9	100.6	100.1	100.7
男式衬衫T恤	100.0	100.0	100.5	100.6	100.7
男式裤子	99.9	99.9	100.8	100.2	100.5
男式内衣	100.3	99.9	100.1	100.1	100.0
女式服装	100.0	99.7	99.9	100.2	100.3
女式外套	99.8	99.9	100.7	99.9	100.0
女式冬衣	99.7	98.6	98.3	100.7	100.5
女式毛线衣	99.9	99.7	99.4	100.2	100.1
女式运动装	100.0	100.0	100.7	99.8	99.9
女式衬衫T恤	100.0	100.0	100.2	100.1	100.6
女式裤子	100.0	99.9	100.4	100.0	99.8
女式裙子	100.1	99.9	100.2	100.4	101.4
女式内衣	100.4	99.9	99.9	100.0	99.8
儿童服装	100.1	99.8	100.2	100.0	100.2
婴幼服装	100.3	99.5	100.0	99.8	100.2
儿童上衣	99.9	99.7	100.5	99.9	100.1
儿童裤子	100.1	100.2	100.4	100.0	100.0
儿童裙子	100.1	99.5	99.7	100.3	100.8
服装材料	100.3	100.0	100.1	100.0	100.1
服装材料	100.3	100.0	100.1	100.0	100.1
其他衣着及配件	100.0	99.9	99.7	100.2	99.6
袜　　子	100.0	100.0	99.9	100.1	99.1
帽　　子	100.0	99.6	99.3	100.5	99.9
其他衣着配件	99.8	100.1	99.9	100.0	100.2
衣着加工服务费	100.3	100.4	100.0	100.1	100.1
衣着洗涤保养	100.1	100.5	99.7	100.1	100.0
衣着加工	100.4	100.4	100.3	100.0	100.2
鞋类	99.8	99.9	100.2	100.1	100.1
鞋	99.8	99.9	100.2	100.1	100.1
男　　鞋	100.1	99.9	100.4	100.1	100.1
女　　鞋	99.5	100.0	100.2	100.2	100.1
童　　鞋	100.0	99.8	99.9	100.2	100.0
鞋类加工服务	100.1	100.0	100.1	100.0	100.2
鞋类加工服务	100.1	100.0	100.1	100.0	100.2
居住	100.3	100.0	99.9	100.0	100.0
租赁房房租	100.2	100.0	100.3	100.1	100.0
公房房租	100.2	100.0	100.0	100.0	100.0
私房房租	100.2	100.0	100.3	100.1	100.0
住房保养维修及管理	100.4	100.1	99.9	100.0	100.0
住房装潢材料	100.4	99.8	99.8	100.0	99.9
木 地 板	100.0	99.9	99.9	100.1	100.0
瓷　　砖	100.2	99.9	99.7	100.1	99.5
水　　泥	99.8	98.7	98.5	99.0	99.1

6月	7月	8月	9月	10月	11月	12月
100.0	100.1	100.1	100.5	100.2	100.5	99.9
100.1	100.2	100.1	100.1	100.1	100.2	99.6
100.2	99.8	99.5	100.7	100.3	99.9	99.9
100.3	99.8	100.2	100.4	99.9	100.2	99.7
99.8	100.0	100.0	99.9	100.4	100.1	100.0
100.1	99.9	99.8	100.4	100.2	100.5	100.3
100.1	100.0	100.2	100.7	100.5	100.3	99.8
100.0	100.2	100.2	100.1	100.2	101.9	101.2
99.9	100.2	100.2	100.6	100.1	100.9	100.3
99.7	99.5	100.3	100.1	100.3	100.3	99.9
100.4	99.6	99.1	100.5	100.4	99.9	100.0
99.7	99.7	100.0	100.4	99.5	100.3	100.0
100.8	99.5	98.6	100.6	100.0	99.9	100.2
100.3	100.2	100.0	100.1	100.1	100.2	100.3
99.9	100.0	99.8	100.8	100.1	100.8	100.2
99.8	100.3	100.1	100.5	100.3	100.6	100.3
99.9	100.2	100.0	100.7	100.0	102.0	100.5
99.4	99.9	100.0	101.1	100.0	99.9	99.9
100.8	99.6	98.9	100.7	100.3	100.3	100.2
99.9	100.0	100.2	100.1	100.1	100.4	100.2
99.9	100.0	100.2	100.1	100.1	100.4	100.2
100.0	100.0	100.1	100.1	100.1	100.5	100.0
99.9	100.1	100.1	99.9	100.2	100.4	99.9
100.2	100.0	100.2	100.4	100.1	100.9	100.0
100.0	100.0	100.0	100.0	100.1	100.1	100.1
100.1	100.0	100.1	100.0	100.4	100.6	100.1
100.3	100.0	100.2	100.0	100.8	100.2	100.3
99.8	100.0	100.1	100.1	100.0	101.1	100.0
100.0	99.9	99.9	100.2	100.3	100.1	100.0
100.0	99.9	99.9	100.2	100.3	100.1	100.0
100.1	100.0	100.1	100.1	100.3	100.0	100.1
99.9	99.9	99.7	100.2	100.4	100.0	99.9
100.1	100.1	100.4	100.3	100.0	100.4	100.2
100.3	100.0	100.0	100.5	100.2	101.3	100.9
100.3	100.0	100.0	100.5	100.2	101.3	100.9
100.0	99.8	100.0	100.4	100.3	100.1	100.1
100.0	99.6	99.7	100.4	100.3	99.9	99.9
100.0	100.0	102.0	100.0	100.0	100.0	100.0
100.0	99.6	99.6	100.4	100.3	99.9	99.9
100.0	99.9	99.9	100.0	100.3	100.2	100.1
100.0	99.8	99.5	100.0	100.4	100.3	100.2
100.0	99.6	100.1	100.0	100.3	100.0	100.1
100.0	100.2	98.3	99.9	99.8	100.3	100.0
100.6	97.6	99.6	100.6	102.4	101.6	101.4

4-5 续表 3

(上月=100)

类　　别	1月	2月	3月	4月	5月
涂　　料	100.0	100.0	100.4	100.0	100.3
板　　材	100.4	100.2	100.1	100.0	100.0
管　　材	102.3	100.0	100.0	100.0	100.0
厨卫设备	101.0	100.0	100.0	100.1	100.1
门　　窗	100.3	99.9	100.1	100.0	100.4
其他住房装潢材料	100.1	100.0	100.2	100.0	100.0
物业管理费	100.0	100.0	100.0	100.0	100.0
物业管理费	100.0	100.0	100.0	100.0	100.0
住房装潢维修	100.5	100.4	100.0	100.0	100.1
装潢维修费	100.8	100.8	99.9	100.0	100.1
其他住房费用	100.1	100.0	100.0	100.0	100.0
水电燃料	100.3	99.9	99.2	99.8	100.0
水	100.5	100.1	100.1	100.2	100.0
水	100.5	100.1	100.1	100.2	100.0
电	100.0	100.0	100.0	100.0	100.0
电	100.0	100.0	100.0	100.0	100.0
燃气	101.0	99.6	98.2	99.7	99.9
管道燃气	100.0	100.0	100.0	100.0	100.0
液化石油气	101.4	99.5	97.5	99.5	99.8
取暖费	100.0	100.0	100.0	100.0	100.0
取 暖 费	100.0	100.0	100.0	100.0	100.0
其他燃料	100.7	99.5	96.9	99.1	100.2
其他燃料	100.7	99.5	96.9	99.1	100.2
自有住房	100.2	100.0	100.2	100.1	100.0
自有住房	100.2	100.0	100.2	100.1	100.0
生活用品及服务	100.0	100.0	100.0	100.4	100.4
家具及室内装饰品	99.7	100.9	100.1	100.4	100.6
家具	99.7	101.0	100.1	100.4	100.7
柜	99.4	101.5	100.0	100.7	100.6
床	100.0	100.0	100.1	100.7	100.0
桌	99.3	100.4	100.1	100.1	101.0
椅	100.2	104.0	100.1	100.0	100.7
沙　　发	99.7	100.4	100.0	100.1	100.9
其他家具	99.9	100.0	100.8	100.2	101.2
室内装饰品	100.4	100.0	99.8	100.0	100.1
灯　　具	100.2	100.0	99.8	100.1	100.0
其他室内装饰品	100.6	100.0	99.8	99.8	100.2
家用器具	100.4	99.6	99.9	100.6	100.6
大型家用器具	100.5	99.5	99.9	100.7	100.6
洗 衣 机	100.4	98.6	99.8	101.0	100.5
电冰箱(柜)	100.8	99.3	100.1	99.8	99.6
抽油烟机	101.5	99.9	101.8	108.0	99.6
空 调 器	100.1	99.7	100.0	100.2	101.2
热 水 器	101.0	99.9	100.2	101.2	101.1

6月	7月	8月	9月	10月	11月	12月
99.8	100.0	100.1	99.8	100.3	99.9	100.2
100.1	100.2	100.3	100.0	100.2	100.0	100.2
100.0	100.1	100.1	100.0	100.4	100.2	100.1
100.0	100.0	99.8	100.0	100.2	100.2	100.1
100.1	100.0	100.0	100.1	100.4	100.4	100.1
100.0	100.2	100.1	99.9	100.0	100.1	99.8
100.0	100.0	101.4	100.0	100.0	100.0	100.0
100.0	100.0	101.4	100.0	100.0	100.0	100.0
100.0	100.0	100.0	100.0	100.3	100.1	100.0
100.1	100.0	99.9	100.0	100.6	100.2	100.0
100.0	100.0	100.0	100.0	100.0	100.0	100.0
100.0	100.0	100.8	100.8	100.3	100.0	100.1
100.1	100.0	100.4	100.0	100.7	100.2	101.1
100.1	100.0	100.4	100.0	100.7	100.2	101.1
100.0	100.0	100.0	100.0	100.0	100.0	100.0
100.0	100.0	100.0	100.0	100.0	100.0	100.0
100.2	100.7	103.5	103.6	101.0	99.3	99.3
100.0	101.0	108.4	101.9	100.7	100.1	100.0
100.3	100.6	101.3	104.4	101.2	99.0	99.0
100.0	100.0	100.0	100.0	100.0	100.0	100.0
100.0	100.0	100.0	100.0	100.0	100.0	100.0
100.0	98.9	100.8	100.2	100.3	100.7	101.2
100.0	98.9	100.8	100.2	100.3	100.7	101.2
100.0	99.6	99.7	100.3	100.3	100.2	100.1
100.0	99.6	99.7	100.3	100.3	100.2	100.1
100.1	100.0	99.8	99.8	100.3	99.9	100.2
100.1	100.2	99.9	100.1	100.2	101.0	100.2
100.2	100.2	99.9	100.1	100.2	101.1	100.2
100.1	100.0	99.8	100.2	100.4	100.6	100.2
100.1	100.3	99.8	100.3	99.9	102.8	100.2
100.3	100.1	99.9	100.0	100.3	100.9	100.3
100.1	100.0	100.1	100.6	100.0	101.2	99.7
100.1	100.4	100.1	99.7	100.3	100.6	100.2
100.2	99.9	99.9	100.3	100.3	100.2	100.3
99.8	100.1	100.0	99.9	100.1	100.1	99.9
99.6	100.0	100.1	99.8	100.2	100.0	100.0
99.9	100.2	99.9	100.0	100.0	100.2	99.8
100.0	100.0	99.1	99.2	100.2	98.3	100.7
100.0	100.0	99.0	99.1	100.2	98.1	100.8
92.7	103.8	100.5	99.6	99.0	92.6	99.7
99.2	98.6	100.4	97.2	101.6	95.1	100.5
100.5	99.0	97.9	99.5	101.7	97.8	100.0
102.0	99.4	96.6	98.7	101.1	99.4	101.6
100.0	100.0	100.9	100.9	98.9	98.6	100.7

4-5 续表 4

(上月=100)

类　　别	1月	2月	3月	4月	5月
炉具灶具	101.2	99.5	97.7	102.3	101.7
微 波 炉	100.0	100.0	100.0	101.0	101.0
其他大型家用器具	100.0	100.0	100.0	100.0	100.0
小家电	100.0	99.9	99.7	100.1	100.1
厨房小家电	100.0	99.9	99.7	100.1	100.0
生活小家电	100.1	99.9	99.9	100.0	100.2
家用纺织品	99.7	99.9	100.0	99.9	100.2
床上用品	99.6	99.8	100.0	99.9	100.3
被　　子	99.3	100.1	100.3	99.5	100.1
床单被套	100.0	99.6	99.8	99.8	100.3
其他床上用品	99.7	99.7	100.1	100.8	100.7
窗帘门帘	100.0	100.4	99.9	100.2	100.0
窗帘门帘	100.0	100.4	99.9	100.2	100.0
其他家用纺织品	100.0	99.7	100.1	100.0	99.8
其他家用纺织品	100.0	99.7	100.1	100.0	99.8
家庭日用杂品	99.8	99.8	100.0	100.5	100.2
洗涤卫生用品	99.9	99.6	100.1	100.7	100.4
清洗用品	100.1	99.5	100.2	101.2	100.3
清洁用具	98.2	99.9	100.1	100.4	99.9
清洁用纸	100.2	99.6	99.8	100.0	100.6
厨具餐具茶具	99.5	100.1	99.8	100.2	100.1
厨　　具	99.0	100.2	99.8	100.3	100.1
餐　　具	100.0	100.0	99.8	100.3	100.2
茶　　具	100.2	100.2	99.9	99.9	100.0
家用手工工具	100.2	100.1	100.5	100.1	100.1
家用手工工具	100.2	100.1	100.5	100.1	100.1
其他家庭日用杂品	99.9	99.9	100.2	100.0	100.0
配电附件	99.9	100.0	100.3	100.1	99.9
雨　　具	99.9	100.0	100.0	99.8	100.2
其他日用杂品	100.1	99.6	100.0	99.9	100.1
个人护理用品	100.1	99.9	100.1	99.9	100.2
化妆品	100.0	99.9	100.0	100.0	100.3
清洁化妆品	100.1	99.9	100.1	99.9	101.1
护肤化妆品	100.0	99.9	100.0	100.0	100.0
彩妆化妆品	100.1	100.2	100.0	100.0	100.1
化妆器具	100.1	99.7	100.1	99.9	100.1
其他护理用品类	100.3	99.8	100.1	99.8	100.0
清洁类护理用品	100.2	99.6	100.0	100.1	99.9
护发美发用品	100.5	99.9	100.2	98.6	101.0
护理器具	100.5	100.3	99.8	100.4	99.2
其他护理用品	99.7	99.9	102.6	99.9	100.1
家庭服务	100.4	100.9	100.0	100.2	100.1
家政服务	100.7	101.6	100.0	100.4	100.1
家庭维修服务	100.0	100.2	100.1	100.0	100.1

6月	7月	8月	9月	10月	11月	12月
100.6	100.5	100.0	99.2	97.0	99.7	100.8
100.0	100.0	100.0	100.0	100.0	100.0	100.0
102.3	100.0	100.0	100.0	100.0	101.8	100.5
100.0	99.9	99.9	99.8	99.9	100.0	100.2
99.9	99.9	100.0	99.7	99.9	100.1	100.2
100.2	100.0	99.8	99.9	99.9	99.7	100.4
99.9	100.3	100.1	99.9	100.2	100.1	100.0
99.9	100.4	100.1	99.9	100.3	100.2	99.9
100.1	100.4	100.0	99.9	100.2	100.1	100.0
99.7	100.5	100.0	100.2	100.2	100.2	99.9
99.8	100.1	100.4	99.4	100.6	100.1	99.8
100.1	100.0	99.9	99.9	100.1	100.1	100.0
100.1	100.0	99.9	99.9	100.1	100.1	100.0
99.7	100.7	99.8	100.0	100.1	99.9	100.0
99.7	100.7	99.8	100.0	100.1	99.9	100.0
100.0	99.9	100.0	99.9	100.7	100.2	100.1
100.1	99.8	100.0	99.8	101.1	100.2	100.1
100.5	99.8	100.0	99.3	102.0	99.5	100.1
99.8	99.7	99.2	100.2	100.2	99.7	100.6
99.5	100.0	100.4	100.3	100.1	101.4	100.0
100.0	100.0	99.9	100.1	100.1	100.2	100.1
99.9	100.0	99.9	100.1	100.1	100.3	99.9
100.1	99.8	99.8	100.0	100.1	100.0	100.3
100.0	100.1	99.9	100.1	100.0	100.0	100.0
100.3	100.0	100.0	100.5	100.2	100.4	100.3
100.3	100.0	100.0	100.5	100.2	100.4	100.3
99.9	100.1	100.1	100.1	99.9	100.0	100.2
99.9	100.1	100.2	100.0	99.9	100.0	100.4
100.0	99.9	100.1	100.1	100.0	100.1	99.9
100.1	100.4	100.2	100.3	100.0	100.1	100.2
100.2	100.0	100.2	100.0	100.0	100.3	99.9
100.2	100.0	100.1	100.2	100.0	100.5	100.1
99.9	99.9	100.1	100.4	100.3	100.1	100.1
100.1	100.0	100.1	100.1	99.9	100.7	100.0
101.2	100.1	100.2	100.2	100.1	100.3	100.3
100.2	100.0	99.5	100.0	100.0	100.3	99.6
100.1	99.9	100.3	99.8	100.0	100.0	99.6
100.3	100.0	100.1	99.9	100.1	99.9	99.3
100.2	100.0	100.4	99.9	99.5	100.0	99.5
99.8	99.6	101.1	99.2	100.1	100.3	100.3
100.0	99.7	99.9	100.2	100.0	99.5	101.5
100.2	100.1	100.3	100.0	100.4	101.0	100.1
100.2	100.1	100.5	100.0	100.0	101.2	100.1
100.2	100.1	100.1	100.1	100.9	100.8	100.0

4-5 续表 5

(上月=100)

类　　别	1月	2月	3月	4月	5月
交通和通信	100.4	100.5	99.1	100.7	100.2
交通	100.8	101.2	99.1	100.4	100.7
交通工具	100.5	100.0	100.0	99.5	100.3
小型汽车	100.7	100.0	100.0	99.1	100.0
电动自行车	100.1	100.1	100.0	100.0	101.3
自 行 车	100.0	100.3	100.1	100.5	100.2
其他交通工具	100.0	100.0	100.1	100.3	100.1
交通工具用燃料	102.1	100.3	97.3	102.4	103.7
汽　　油	102.1	100.3	97.4	102.5	103.8
柴　　油	102.7	100.4	96.9	102.7	103.9
其他车用能源	100.1	99.5	99.3	99.9	100.1
交通工具使用和维修	102.3	101.3	99.4	100.0	100.1
停 车 费	100.0	100.5	99.3	100.0	100.1
车辆使用费	100.2	101.1	100.0	100.0	100.3
交通工具零配件	99.8	100.0	100.4	100.1	103.3
车辆修理与保养	102.4	101.3	99.4	100.0	100.1
交通费	99.3	104.4	98.6	100.5	98.7
市内公共交通	100.4	100.4	99.5	99.7	100.0
出租汽车	101.5	102.3	98.8	99.4	99.8
飞 机 票	88.8	132.4	98.2	104.5	91.6
火 车 票	100.0	100.0	100.0	100.0	100.0
长途汽车	100.4	102.6	98.2	100.2	99.3
其他交通费	101.0	102.8	97.0	100.0	99.5
通信	99.6	99.3	99.2	101.1	99.3
通信工具	103.1	98.0	97.4	103.7	97.6
固定电话机	104.7	100.0	100.0	100.0	100.0
移动电话机	103.2	97.9	97.2	103.9	97.4
通信工具零配件	100.0	100.0	100.0	100.0	100.1
通信服务	98.1	99.9	100.0	100.0	100.0
固定电话费	100.0	100.0	100.0	100.0	100.0
移动通信费	97.1	100.0	100.0	100.0	100.0
上 网 费	101.1	99.7	99.8	100.0	100.0
其他通信服务	100.0	100.0	100.0	100.0	100.0
邮递服务	100.1	100.0	100.0	100.0	100.5
邮政邮寄	100.0	100.0	100.0	100.0	100.0
快递服务	100.1	100.0	100.0	100.0	100.7
教育文化和娱乐	100.3	100.7	99.3	100.1	99.7
教育	100.5	100.1	100.2	100.0	100.0
教育用品	100.1	100.0	100.5	100.0	100.0
工 具 书	100.0	100.2	100.1	100.0	99.9
教　　材	100.0	100.1	100.7	100.0	100.0
参考资料	100.2	99.9	100.6	100.0	100.1
其他教育用品	100.0	99.9	100.1	100.0	100.0
教育服务	100.5	100.1	100.2	100.0	100.0

6月	7月	8月	9月	10月	11月	12月
100.0	98.5	99.9	102.0	100.9	99.5	99.4
100.4	99.4	100.1	100.9	101.3	98.5	97.8
100.0	98.6	99.9	101.4	100.0	99.5	100.1
100.0	97.6	100.0	102.3	100.0	99.2	100.0
99.8	100.0	99.8	100.0	100.2	100.1	100.4
99.7	100.0	100.0	100.3	100.1	99.8	100.2
100.1	99.9	99.9	100.0	100.0	99.8	100.3
101.7	100.8	100.3	102.4	104.4	95.3	90.3
101.8	100.9	100.3	102.3	104.3	95.2	90.1
101.6	100.7	100.3	102.9	105.3	94.8	89.5
100.0	100.1	99.7	100.2	100.2	100.0	100.2
100.0	100.0	99.7	100.0	100.5	100.3	100.5
100.0	100.0	100.0	100.0	102.8	100.0	100.0
100.0	100.0	100.0	100.0	100.0	102.0	100.0
99.8	100.4	101.0	101.8	100.2	100.0	100.5
100.0	100.0	99.7	100.0	100.5	100.3	100.5
100.1	99.2	100.5	98.9	101.0	98.9	99.9
100.0	100.0	100.0	100.0	100.0	100.0	100.0
100.0	100.0	100.0	100.0	100.0	100.0	100.8
101.0	93.7	104.5	87.8	109.6	89.9	99.0
100.0	100.0	100.0	100.0	100.0	100.0	100.0
100.0	100.0	100.0	100.6	100.1	100.0	100.0
100.0	99.7	100.0	100.1	100.4	100.1	100.0
99.4	96.9	99.6	104.2	100.1	101.5	102.3
98.1	97.9	98.6	114.2	100.0	104.9	108.0
97.6	100.0	100.0	100.0	100.0	100.0	100.0
98.0	97.7	98.5	115.2	100.0	105.2	108.5
100.2	100.3	100.0	100.0	100.3	100.0	100.0
100.0	96.2	100.0	100.0	100.2	99.8	99.4
100.0	99.7	100.0	100.0	100.0	99.7	99.8
100.0	95.5	100.0	100.0	100.0	99.9	99.2
99.8	97.9	100.0	100.0	100.9	99.6	99.6
100.0	100.0	100.0	100.0	99.4	99.4	100.0
100.0	100.0	99.8	100.0	99.8	100.0	100.0
100.0	100.0	100.0	100.0	100.0	100.0	100.0
100.0	100.0	99.7	100.0	99.7	100.0	100.0
100.2	100.4	100.3	101.1	100.4	100.5	100.1
100.1	100.1	100.0	101.4	100.9	101.2	100.4
100.0	100.1	100.2	100.0	100.0	100.0	103.3
100.0	100.0	100.1	100.8	100.0	100.0	101.6
100.0	100.0	100.0	98.5	100.0	100.0	101.6
100.0	100.2	100.5	101.2	100.0	100.1	105.4
99.9	100.0	99.8	100.0	100.0	99.6	100.0
100.1	100.1	100.0	101.5	101.0	101.2	100.3

4-5 续表 6

(上月=100)

类 别	1月	2月	3月	4月	5月
学前教育	100.3	100.2	100.5	100.0	100.0
小学初中教育	100.4	100.0	100.3	100.0	100.0
高中中职教育	102.1	100.2	100.2	100.0	100.0
高等教育	100.0	100.0	100.0	100.0	100.0
课外教育	100.0	100.1	100.9	100.0	100.0
专业技能培训	100.2	100.1	99.3	100.1	99.8
文化娱乐	100.0	101.5	97.8	100.3	99.4
文娱耐用消费品	99.1	98.3	99.9	100.4	98.6
电 视 机	99.9	95.9	103.0	98.5	99.8
照 相 机	100.0	100.0	100.0	100.0	100.0
台式计算机	97.8	99.7	99.0	98.8	96.3
笔记本平板	98.6	98.4	95.7	106.2	97.2
乐 器	100.0	100.0	102.4	100.0	104.5
音 响	100.5	99.9	99.8	100.3	100.1
其他文娱耐用消费品	100.0	100.0	100.0	100.0	100.0
其他文娱用品	100.1	100.1	100.1	100.1	100.1
书报杂志	100.3	100.0	100.2	100.0	100.0
纸张文具	100.0	100.2	100.1	100.0	100.0
体育户外用品	100.0	100.0	100.2	100.0	100.0
游戏用品和玩具	100.0	100.0	100.0	100.2	101.2
园艺花卉及用品	99.9	100.5	99.8	99.6	100.0
宠物及用品	100.1	100.0	99.9	102.0	99.8
其他文化娱乐用品	100.5	100.1	99.6	99.8	100.1
文化娱乐服务	100.5	100.2	100.3	100.3	100.0
电 影 票	100.0	100.7	99.9	100.0	100.0
景点门票	101.4	100.3	100.9	100.9	99.9
有线电视	100.0	100.0	100.0	100.0	100.0
健身活动	100.0	100.0	100.0	100.0	101.2
其他文娱服务	100.2	100.0	100.1	100.0	100.0
旅游	100.8	109.5	90.5	100.1	99.2
旅行社收费	100.8	109.7	90.4	100.0	99.2
其他旅游	100.1	101.9	100.6	104.9	97.6
医疗保健	100.2	100.1	100.3	100.1	100.1
药品及医疗器具	100.3	100.3	100.9	100.3	100.1
中药	100.1	100.1	101.0	100.5	100.5
中 药 材	100.2	100.1	100.4	100.6	100.3
中 成 药	100.1	100.1	101.3	100.4	100.6
西药	100.4	100.2	100.8	100.1	100.1
抗微生物药	100.3	100.0	100.2	99.8	99.7
消化系统用药	100.3	100.2	102.5	100.0	100.1
呼吸系统用药	100.3	100.0	100.1	100.4	100.5
解热镇痛药	101.0	100.4	100.1	100.1	100.0
抗肿瘤药	100.1	100.1	100.4	100.8	101.2
激素及影响内分泌药	100.1	100.1	100.3	100.7	100.6

6月	7月	8月	9月	10月	11月	12月
100.0	100.3	100.0	101.9	100.0	100.0	100.0
100.0	100.0	100.6	107.0	100.1	100.1	100.3
100.0	100.0	99.8	100.1	99.8	100.0	100.2
100.0	100.0	100.0	100.8	100.0	100.0	100.0
100.0	101.0	100.2	100.9	100.5	100.0	100.0
100.9	99.7	99.8	100.3	106.4	108.1	101.2
100.3	100.9	100.6	100.6	99.7	99.4	99.6
101.2	99.7	100.5	102.0	101.2	98.6	98.6
103.7	101.2	101.9	100.0	100.2	95.7	97.7
100.0	100.0	100.0	100.0	100.0	101.1	101.0
99.4	100.3	99.4	102.6	103.9	101.6	98.4
100.5	96.0	99.9	107.3	100.9	97.9	98.4
100.3	100.3	100.0	100.1	99.9	100.1	100.4
99.7	100.0	99.9	100.1	100.0	100.0	99.7
100.0	100.0	100.0	100.0	100.0	100.0	100.0
100.0	100.4	102.0	100.8	100.1	100.1	100.1
100.2	101.6	106.9	101.9	100.2	100.0	100.0
100.1	100.0	100.0	100.6	100.0	100.1	100.4
100.0	100.0	100.0	100.0	100.1	100.0	100.2
99.6	99.9	99.8	100.1	100.0	100.2	99.9
99.6	99.8	100.1	100.0	99.3	100.1	100.4
99.8	100.0	99.7	100.2	100.6	100.0	99.9
99.8	99.9	100.0	101.1	100.2	100.3	100.3
99.9	100.0	100.1	99.9	99.4	99.9	99.5
100.0	100.3	100.4	98.5	100.9	99.9	100.0
99.5	100.0	100.0	99.6	97.2	99.8	98.5
100.0	100.0	100.0	100.0	100.0	100.0	100.0
100.9	102.8	99.9	100.8	105.4	99.4	99.9
100.3	99.4	100.4	100.6	100.3	100.0	100.3
99.8	104.4	100.1	99.1	97.2	99.7	100.7
99.8	104.4	100.1	99.1	97.2	99.7	100.7
99.5	100.0	100.0	100.0	100.0	100.1	100.2
100.1	100.0	100.2	100.2	100.0	100.2	100.4
100.3	100.1	100.5	100.6	100.1	100.3	100.5
100.7	100.5	100.5	101.1	99.9	100.3	100.8
100.3	100.1	100.7	101.5	100.2	100.9	100.9
100.8	100.7	100.5	100.9	99.8	100.1	100.7
100.3	100.0	100.9	100.5	100.2	100.3	100.7
100.3	99.9	100.8	100.5	100.8	99.5	100.3
100.1	100.3	100.3	101.0	100.2	100.1	100.6
100.1	99.7	101.2	100.3	100.1	100.1	100.4
100.5	99.8	100.9	100.4	99.7	100.5	99.9
100.2	100.1	103.1	99.8	100.1	99.5	101.2
100.9	100.3	101.2	100.1	99.7	99.5	100.2

4-5 续表 7

(上月=100)

类　　别	1月	2月	3月	4月	5月
心血管系统用药	100.4	100.5	101.2	100.5	100.0
血液系统用药	100.0	100.2	99.7	99.7	98.5
治疗精神障碍药	100.5	101.0	100.4	99.9	100.5
神经系统用药	100.4	99.9	100.2	99.8	99.9
消毒防腐及创伤外科用药	100.0	99.8	101.0	99.8	100.6
泌尿系统用药	100.4	100.0	100.0	100.0	100.4
维生素、矿物质类药	100.4	100.0	103.1	100.1	100.4
调节水、电解质及酸碱平衡药	100.2	100.9	100.0	99.6	100.8
滋补保健品	100.3	100.6	100.8	100.9	100.1
滋补保健品	100.3	100.6	100.8	100.9	100.1
医疗卫生器具	99.9	100.0	101.1	100.0	100.1
医疗卫生器具	99.9	100.0	101.1	100.0	100.1
保健器具	100.0	100.0	100.1	100.0	100.0
保健器具	100.0	100.0	100.1	100.0	100.0
医疗服务	100.1	100.0	100.0	100.0	100.1
综合医疗类	100.3	100.0	100.0	100.1	100.2
一般医疗服务	100.1	100.0	99.8	100.0	100.2
一般治疗操作	100.5	100.0	100.1	100.0	100.2
护　　理	100.0	100.0	100.0	100.6	100.5
其他综合医疗服务	100.0	100.0	100.0	100.0	100.0
诊断类	100.0	100.0	100.0	100.0	100.0
病理学诊断	99.9	100.0	100.0	100.0	100.0
实验室诊断	100.0	100.0	100.0	100.0	100.0
影像学诊断	100.0	100.0	100.0	100.0	100.0
临床诊断	100.3	100.0	100.0	100.0	100.0
治疗类	100.0	100.0	100.0	100.0	100.0
临床手术治疗	100.0	100.0	100.0	100.0	100.1
临床非手术治疗	100.0	100.0	100.1	100.0	99.9
康复类	100.3	100.0	100.0	100.0	100.0
康复医疗	100.3	100.0	100.0	100.0	100.0
中医医疗服务类	100.5	100.0	100.4	100.0	100.1
中医治疗	100.5	100.0	100.4	100.0	100.1
其他医疗服务	100.0	100.0	100.0	100.0	100.0
其他医疗服务	100.0	100.0	100.0	100.0	100.0
其他用品和服务	100.3	100.1	99.8	100.7	99.6
其他用品类	100.2	99.1	100.0	100.2	99.9
首饰手表	100.3	98.9	100.0	100.2	99.9
金 饰 品	100.2	98.6	100.1	100.2	99.9
银 饰 品	100.3	99.8	100.2	99.8	100.0
铂金饰品	100.0	100.2	99.7	100.4	99.8
手　　表	100.8	99.8	100.0	100.3	100.1
其他杂项用品	100.1	100.0	99.8	100.1	100.0
箱　　包	100.1	99.9	99.7	100.0	100.0
母婴用品	100.1	100.1	99.8	100.1	99.9

6月	7月	8月	9月	10月	11月	12月
100.1	100.1	100.0	100.3	100.1	100.8	101.6
99.8	100.3	100.3	100.5	100.0	100.2	101.0
100.5	100.2	99.8	101.0	100.1	100.4	100.2
100.3	99.8	100.6	100.2	100.1	101.1	100.6
100.1	99.4	101.6	100.3	100.1	100.2	100.5
100.1	100.3	100.2	100.8	100.1	100.2	100.1
101.9	100.0	104.6	101.6	100.0	100.3	100.7
101.8	100.1	100.0	100.3	100.1	100.4	100.0
100.2	99.9	100.1	100.6	100.2	100.5	100.0
100.2	99.9	100.1	100.6	100.2	100.5	100.0
100.1	100.1	99.2	100.2	99.9	100.0	100.0
100.1	100.1	99.2	100.2	99.9	100.0	100.0
99.9	100.3	100.1	100.0	100.1	100.1	99.9
99.9	100.3	100.1	100.0	100.1	100.1	99.9
100.0	100.0	100.0	100.0	100.0	100.2	100.4
100.0	100.0	100.1	100.0	100.0	100.4	101.1
100.0	100.0	100.1	100.1	100.0	100.5	101.6
100.0	100.0	100.1	100.0	100.0	100.2	100.8
100.0	100.1	100.3	100.2	100.0	100.8	101.5
100.0	100.0	100.0	100.0	100.0	100.0	100.0
100.0	100.0	100.0	100.1	100.0	99.9	99.9
100.0	100.0	99.9	100.0	100.0	100.0	100.5
100.0	100.1	100.1	100.0	100.0	100.0	100.0
100.0	100.0	99.9	100.1	100.0	99.8	99.6
100.0	100.0	100.0	100.0	100.0	100.0	100.2
100.0	100.0	100.0	100.0	100.0	100.4	100.2
100.1	100.0	100.0	100.0	100.0	100.4	100.1
100.0	99.9	100.0	100.0	100.0	100.4	100.2
100.0	100.0	99.7	100.3	100.0	100.0	100.7
100.0	100.0	99.7	100.3	100.0	100.0	100.7
100.0	99.9	100.0	100.0	100.0	100.0	101.0
100.0	99.9	100.0	100.0	100.0	100.0	101.0
100.0	100.0	100.0	100.0	100.0	100.0	100.0
100.0	100.0	100.0	100.0	100.0	100.0	100.0
99.9	100.0	100.2	100.3	100.2	100.3	100.6
99.6	100.0	100.0	99.7	99.8	100.3	100.7
99.4	100.0	100.0	99.6	99.5	100.4	100.9
99.3	99.9	100.0	99.6	99.4	100.5	101.1
99.8	102.0	100.0	100.1	100.0	100.1	100.0
99.7	99.7	100.1	99.2	100.4	100.0	99.1
100.0	99.9	99.9	100.0	99.9	100.4	99.9
99.9	100.0	100.0	100.0	100.4	99.8	100.1
99.7	100.0	100.0	99.9	100.0	99.8	99.7
99.8	99.9	100.0	100.0	100.6	99.9	100.2

4-5 续表 8

(上月=100)

类别	1月	2月	3月	4月	5月
眼镜	99.9	100.0	100.2	100.0	100.2
其他服务类	100.4	100.8	99.6	101.2	99.4
旅馆住宿	101.2	99.5	99.5	114.4	89.5
宾馆住宿	100.5	100.2	98.9	118.7	85.3
其他住宿	101.5	99.1	99.8	112.0	91.9
美容美发洗浴	100.3	101.8	99.1	100.3	100.0
美容	100.1	100.0	100.3	100.0	99.9
美发	100.2	101.9	99.1	100.7	100.1
洗浴	100.6	103.0	98.2	100.0	100.0
养老服务	100.3	101.1	100.1	99.9	103.1
养老服务	100.3	101.1	100.1	99.9	103.1
金融保险	100.3	100.0	100.0	100.0	100.0
金融服务	100.1	100.0	100.0	100.0	100.0
车辆保险	100.0	100.0	100.0	100.0	100.0
旅行保险	100.0	100.0	100.0	100.0	100.0
其他保险	102.9	100.0	100.0	100.0	100.0
其他服务类	100.1	100.2	100.2	100.0	100.0
中介服务	100.2	100.4	100.5	100.0	100.0
其他服务	100.0	100.0	100.0	100.0	100.0

6月	7月	8月	9月	10月	11月	12月
100.3	100.1	100.0	100.1	100.5	99.8	100.2
100.2	100.1	100.3	100.9	100.6	100.4	100.5
99.7	100.4	100.6	99.5	101.7	98.9	99.4
100.2	98.4	100.2	100.1	101.0	99.9	99.6
99.5	101.4	100.9	99.2	102.1	98.4	99.3
100.5	100.0	100.3	101.9	101.1	100.3	100.7
100.0	100.0	100.1	100.3	100.7	100.6	100.2
100.7	100.1	100.5	104.6	100.4	100.0	100.8
100.8	100.0	100.3	100.0	102.1	100.5	101.0
100.3	100.1	100.9	99.8	100.2	102.2	101.1
100.3	100.1	100.9	99.8	100.2	102.2	101.1
100.0	100.1	100.0	100.4	100.1	100.3	100.2
100.0	100.0	100.0	100.0	99.8	100.0	100.6
100.0	100.0	100.0	100.0	100.0	100.4	100.0
100.0	100.0	100.0	100.0	100.0	100.0	100.0
100.0	100.8	100.0	103.6	101.5	100.6	100.3
100.0	100.0	100.0	100.1	100.0	99.7	100.9
100.0	100.0	100.0	100.2	100.0	99.6	101.7
100.0	100.0	100.0	100.0	100.0	99.9	100.0

4-6 城市居民消费

（上年同月=100）

类　　别	年平均	1月	2月	3月	4月	5月
总 指 数	**102.4**	**102.1**	**103.2**	**102.7**	**102.5**	**102.6**
食品烟酒	101.9	99.5	102.5	101.5	101.1	101.1
食品	101.6	98.1	102.8	101.1	100.4	100.4
粮食	100.3	102.1	102.2	101.0	100.5	100.0
薯类	115.3	109.1	116.1	114.4	108.1	117.7
豆类	100.5	100.6	100.2	100.3	100.7	100.6
食用油	99.1	100.7	100.7	100.6	99.9	98.6
菜	105.2	83.5	103.1	100.0	104.0	110.9
畜肉类	94.5	93.6	95.8	93.2	90.2	89.2
禽肉类	105.2	101.5	104.9	107.1	105.7	106.1
水产品	101.4	104.1	107.0	105.7	102.6	100.4
蛋类	114.4	118.9	133.0	120.4	121.2	130.5
奶类	100.6	100.0	99.1	99.7	100.0	100.0
干鲜瓜果类	104.4	102.7	102.8	103.8	102.8	95.4
糖果糕点类	101.9	102.9	102.5	102.3	102.4	102.3
调味品	103.6	103.5	103.0	102.8	102.8	102.9
其他食品类	100.7	100.2	100.3	100.9	100.0	100.5
茶及饮料	101.9	102.1	101.4	101.7	101.9	101.6
茶　　叶	100.4	100.5	101.3	100.7	100.7	99.1
固体咖啡	98.8	100.4	100.5	101.1	101.1	100.3
其他固体饮料	102.1	103.5	103.7	102.9	103.0	102.3
饮 用 水	101.2	100.9	101.0	100.8	101.2	99.2
果汁饮料	102.9	105.4	104.0	102.9	102.8	104.2
其他液体饮料	103.1	102.5	100.5	102.3	102.8	103.5
烟酒	103.1	102.9	102.9	103.3	103.3	103.1
烟草	99.9	99.5	99.4	99.6	99.6	99.6
酒类	105.4	105.5	105.4	106.1	106.0	105.6
在外餐饮	102.2	101.9	101.9	102.1	102.0	102.0
正　　餐	101.4	101.3	101.5	101.2	101.0	100.9
快　　餐	102.0	101.2	101.4	101.9	101.9	102.1
地方小吃	105.1	104.7	104.3	105.2	105.3	105.3
其他在外餐饮	101.4	101.7	101.1	100.9	100.4	100.4
衣着	101.0	101.2	101.0	100.8	101.0	100.9
服装	101.1	101.3	101.1	101.0	101.1	101.1
男式服装	101.5	101.7	101.5	101.5	101.6	101.6
女式服装	100.5	100.6	100.3	100.3	100.5	100.5
儿童服装	101.8	102.6	102.2	101.7	101.8	101.6
服装材料	101.2	101.1	101.1	101.5	101.4	100.8
其他衣着及配件	100.1	101.5	100.6	100.2	100.1	99.8
衣着加工服务费	102.9	103.8	103.6	103.4	103.3	103.1
鞋类	100.4	100.7	100.5	100.2	100.3	100.3

价格分月指数(2018年)

6月	7月	8月	9月	10月	11月	12月
102.7	**102.6**	**102.4**	**102.1**	**102.2**	**102.0**	**101.6**
101.4	102.0	102.3	103.3	103.3	102.7	102.2
100.7	101.6	102.1	103.7	103.8	102.8	102.1
99.9	100.0	99.6	99.4	99.5	99.5	99.7
131.4	127.7	120.0	111.3	107.4	108.9	110.9
100.5	100.2	100.5	100.6	100.5	100.7	100.6
98.8	98.2	97.8	98.0	98.7	98.9	98.8
111.3	110.3	105.8	116.3	113.9	105.8	107.2
92.1	94.1	97.0	97.5	97.4	97.2	96.8
105.9	105.0	104.6	105.3	105.0	105.4	106.2
98.6	97.7	98.1	98.9	99.9	101.6	102.8
114.6	114.5	110.5	107.9	110.1	106.1	98.3
100.6	100.8	100.9	101.0	101.3	101.4	101.7
94.9	100.8	106.6	109.8	111.9	114.7	110.0
102.1	102.1	101.9	101.3	101.0	101.0	100.6
103.0	103.6	104.0	104.3	104.8	104.4	103.7
101.0	101.1	100.4	101.3	101.0	100.7	101.0
102.3	102.3	102.4	101.7	101.7	101.4	101.8
99.9	100.1	100.3	100.2	100.2	100.4	101.1
98.9	96.9	97.3	97.5	96.6	97.8	97.5
102.3	102.6	100.9	101.1	100.3	101.1	101.6
101.6	102.4	102.2	102.4	102.9	100.2	99.5
101.8	102.2	102.3	102.6	102.2	102.6	102.3
105.0	104.8	104.9	102.9	103.1	102.4	102.8
103.0	103.5	103.4	102.9	103.0	103.0	103.2
99.6	100.0	100.1	100.0	100.1	100.9	101.1
105.4	106.0	105.8	105.0	105.0	104.5	104.7
102.5	102.5	102.3	102.3	102.4	102.4	102.3
101.6	101.6	101.5	101.7	101.8	101.7	101.5
102.1	102.1	102.0	101.9	102.2	102.3	102.2
105.9	106.0	105.6	104.6	104.4	104.6	104.9
101.6	101.6	101.6	101.7	101.8	102.2	102.1
101.0	101.1	101.0	100.8	100.8	100.8	100.9
101.2	101.3	101.0	101.0	100.9	100.9	101.0
101.8	101.8	101.8	101.6	101.3	101.1	101.1
100.6	100.7	100.5	100.5	100.3	100.4	100.6
101.4	101.7	101.1	101.6	101.6	102.2	102.1
100.9	101.0	101.2	101.4	101.4	101.6	101.5
99.8	99.8	100.2	99.8	99.9	100.1	100.0
103.1	103.2	102.9	101.5	102.0	102.7	102.4
100.4	100.4	100.5	100.2	100.4	100.5	100.4

4-6 续表

(上年同月=100)

类　　别	年平均	1月	2月	3月	4月	5月
居住	102.3	103.4	103.2	103.3	103.1	103.1
租赁房房租	101.8	102.7	102.6	102.7	102.7	102.7
住房保养维修及管理	103.2	104.7	103.9	103.7	103.6	103.5
水电燃料	102.6	103.2	103.1	102.9	102.8	103.2
自有住房	101.9	103.2	103.1	103.3	103.0	103.0
生活用品及服务	101.6	102.0	101.7	101.8	101.9	102.1
家具及室内装饰品	102.1	100.8	102.1	101.8	101.6	102.1
家用器具	102.0	105.4	103.3	103.7	103.9	104.1
家用纺织品	100.6	100.3	100.2	100.2	100.5	100.8
家庭日用杂品	100.5	100.1	99.7	99.7	100.2	100.4
个人护理用品	101.7	102.1	101.9	102.1	101.6	101.9
家庭服务	104.4	103.7	104.8	104.9	105.0	104.9
交通和通信	101.8	101.4	102.3	101.6	102.3	103.1
交通	103.8	102.1	103.6	102.8	103.0	104.3
交通工具	100.0	100.3	100.3	100.4	99.8	100.6
交通工具用燃料	113.0	106.5	106.8	104.7	108.6	113.5
交通工具使用和维修	105.3	104.7	106.0	105.7	105.5	105.5
交通费	101.1	98.9	106.0	104.5	102.5	101.7
通信	98.2	100.2	99.8	99.4	100.8	100.7
通信工具	108.4	109.1	108.2	106.7	112.0	110.3
通信服务	93.9	96.6	96.5	96.5	96.5	97.0
邮递服务	100.6	100.3	100.3	100.5	100.5	101.1
教育文化和娱乐	102.3	101.6	103.1	102.0	101.9	101.6
教育	103.7	103.8	103.5	103.5	103.3	103.1
教育服务	103.8	103.9	103.6	103.5	103.3	103.1
文化娱乐	100.5	98.9	102.5	100.1	100.1	99.6
医疗保健	108.1	111.9	111.8	112.0	111.0	110.9
药品及医疗器具	105.8	107.8	107.8	108.1	105.9	105.6
中药	107.5	108.5	108.4	109.3	106.5	106.5
西药	105.6	108.4	108.2	109.2	105.7	105.6
医疗服务	109.8	114.8	114.8	114.8	114.7	114.8
其他用品和服务	101.5	101.9	101.0	101.1	100.6	101.1
其他用品类	98.9	101.9	99.3	99.6	98.3	98.4
首饰手表	98.5	102.1	98.9	99.5	97.9	97.9
其他杂项用品	100.2	100.9	100.9	100.4	100.3	100.4
其他服务类	103.3	101.9	102.2	102.2	102.1	102.9
旅馆住宿	101.8	102.1	101.5	100.3	100.1	100.9
美容美发洗浴	103.8	100.8	101.4	101.7	102.0	102.3
养老服务	106.7	104.8	104.8	104.5	104.0	107.8
金融保险	102.2	102.5	102.7	102.7	102.5	102.8
其他服务类	101.3	100.9	100.9	101.4	101.4	101.6

6月	7月	8月	9月	10月	11月	12月
103.2	102.5	101.6	101.1	101.2	101.1	100.6
102.9	102.2	101.5	100.7	100.8	100.5	99.9
103.3	103.1	103.0	102.5	102.7	102.6	101.7
103.3	103.1	101.8	102.1	102.3	102.0	101.9
103.2	102.1	101.2	100.4	100.4	100.3	99.9
102.2	101.6	101.1	100.9	101.3	101.5	100.9
102.3	102.5	102.2	101.8	101.8	103.1	103.0
103.7	101.4	99.7	99.6	100.3	100.2	98.9
100.8	101.2	101.3	100.9	100.8	100.5	99.9
100.7	100.7	100.4	100.5	101.3	101.3	101.0
102.1	101.7	101.9	101.8	101.5	101.6	100.7
104.7	104.4	104.5	103.4	103.8	104.6	104.6
103.0	101.2	100.7	102.0	102.8	101.3	100.4
105.2	104.9	104.7	104.8	106.3	103.4	100.6
100.6	98.7	98.7	100.5	100.5	99.8	99.9
117.9	122.5	119.7	121.3	122.9	113.1	100.2
106.1	105.9	105.5	104.1	104.5	104.7	105.2
101.1	99.5	101.7	96.9	101.8	99.0	99.4
99.0	94.3	93.3	96.9	96.3	97.4	99.9
104.5	101.4	97.6	109.8	106.7	111.2	122.4
96.7	91.2	91.2	91.3	91.6	91.3	90.4
101.3	101.3	100.6	100.6	100.2	100.2	100.2
101.6	101.9	102.1	102.3	102.8	103.6	103.5
103.0	102.9	102.9	103.0	104.0	105.6	106.1
103.1	103.0	102.9	103.1	104.3	105.9	106.2
99.8	100.7	101.2	101.3	101.1	101.0	100.0
110.8	110.7	110.3	103.4	102.4	102.4	102.0
105.4	105.2	104.4	105.2	104.8	105.0	104.1
106.4	106.8	106.8	108.6	107.4	107.3	107.5
105.1	104.9	103.8	104.6	104.2	104.2	103.8
114.8	114.8	114.8	102.2	100.8	100.6	100.6
101.2	101.7	101.7	101.4	101.6	102.2	102.8
97.9	98.9	98.9	97.8	97.7	98.3	99.3
97.3	98.6	98.6	97.3	97.1	97.9	99.2
100.1	99.9	99.9	99.9	99.9	99.9	99.4
103.5	103.6	103.6	103.9	104.3	104.8	105.1
102.0	102.9	101.9	101.9	102.2	103.1	102.8
103.4	103.4	103.7	106.3	106.8	106.8	107.3
107.4	107.5	107.3	106.2	106.5	109.1	110.5
102.8	102.9	102.9	100.7	101.0	101.4	101.5
101.6	101.4	101.4	101.5	101.5	101.4	100.4

4-7 农村居民消费

(上年同月=100)

类 别	年平均	1月	2月	3月	4月	5月
总指数	**102.0**	**101.9**	**103.0**	**102.1**	**101.7**	**102.0**
食品烟酒	100.8	99.0	102.6	100.4	99.3	100.1
食品	100.5	97.7	102.9	99.7	98.3	99.4
粮食	100.6	100.8	100.8	100.9	100.9	100.7
薯类	107.9	96.8	102.3	98.2	100.6	114.2
豆类	101.0	99.3	101.0	100.7	100.8	100.9
食用油	98.4	98.4	98.6	98.7	99.0	98.3
菜	103.6	83.4	105.6	99.1	103.4	113.7
畜肉类	91.9	92.8	94.3	89.6	84.5	84.0
禽肉类	106.4	104.3	110.5	112.0	107.7	108.8
水产品	103.1	102.6	105.5	104.6	103.8	104.7
蛋类	119.9	125.3	147.3	130.5	131.4	148.8
奶类	99.5	100.2	100.0	99.8	99.8	99.6
干鲜瓜果类	104.3	100.6	104.0	103.0	98.4	91.8
糖果糕点类	100.8	102.0	102.2	101.6	101.4	100.9
调味品	102.0	101.5	101.7	101.9	102.1	102.0
其他食品类	101.6	100.6	101.0	101.1	101.3	101.4
茶及饮料	101.9	103.3	103.1	102.9	102.4	102.3
茶 叶	101.1	101.9	102.5	101.9	100.2	100.4
固体咖啡	101.1	100.6	100.8	101.5	101.6	102.2
其他固体饮料	99.7	100.5	100.2	99.8	100.3	100.0
饮 用 水	98.7	101.3	101.3	100.7	100.4	99.2
果汁饮料	100.9	103.1	102.8	102.1	101.3	101.4
其他液体饮料	102.8	104.3	103.9	103.8	103.8	103.6
烟酒	101.3	101.1	101.1	101.2	101.1	101.6
烟草	100.5	99.9	99.9	99.8	99.8	100.7
酒类	102.7	103.2	103.2	103.3	103.2	103.1
在外餐饮	101.1	102.3	102.2	102.1	101.5	101.5
正 餐	101.1	101.2	101.2	101.2	101.1	101.0
快 餐	100.3	100.5	100.7	100.7	100.7	100.7
地方小吃	103.0	108.8	108.0	107.5	103.9	103.9
其他在外餐饮	101.5	101.6	101.2	101.4	101.5	101.5
衣着	101.3	101.5	101.8	101.0	100.8	101.0
服装	101.2	101.4	101.8	100.8	100.5	100.9
男式服装	101.1	101.1	101.2	100.5	100.2	100.8
女式服装	101.3	101.3	101.5	100.7	100.5	100.8
儿童服装	101.3	102.3	103.5	101.5	101.0	101.5
服装材料	101.1	101.9	101.9	101.5	101.5	101.9
其他衣着及配件	100.4	101.4	101.4	100.3	100.3	99.9
衣着加工服务费	104.6	104.8	106.8	106.2	106.2	106.0
鞋类	101.5	101.5	101.6	101.3	101.2	100.9

价格分月指数(2018年)

6月	7月	8月	9月	10月	11月	12月
102.1	**102.1**	**102.1**	**102.3**	**102.1**	**101.6**	**101.2**
100.5	100.9	102.0	102.4	101.7	100.8	99.9
99.9	100.8	102.5	103.1	102.1	100.8	99.4
100.9	100.5	100.4	100.5	100.4	100.2	100.3
126.6	123.2	119.0	105.0	100.7	102.8	108.0
100.8	100.8	101.2	101.8	101.2	101.6	101.4
98.0	98.1	98.0	98.4	98.6	98.5	98.2
111.4	105.5	106.0	115.4	108.8	97.4	100.8
88.9	92.1	97.8	96.1	95.4	94.6	93.0
109.5	107.5	102.6	101.7	102.3	105.1	106.1
103.5	101.4	101.3	101.8	102.0	102.4	103.6
123.7	123.0	113.2	110.0	112.8	106.6	96.5
99.4	99.5	99.2	98.9	99.1	99.1	99.3
92.2	100.7	110.1	116.2	114.1	118.5	110.0
100.1	100.1	100.5	100.5	100.4	99.9	99.6
101.8	101.5	101.3	101.7	102.8	103.1	102.9
101.7	102.0	102.2	101.7	101.7	101.8	102.1
101.9	101.8	101.7	100.8	100.3	100.6	101.2
100.4	100.5	100.6	100.8	101.1	101.2	101.4
102.1	101.7	100.9	100.5	100.5	100.2	100.1
99.4	99.0	99.0	99.1	99.1	99.9	99.9
97.6	98.1	97.7	96.9	96.9	96.9	97.5
100.4	99.8	99.7	99.7	100.3	99.6	101.0
103.4	103.4	103.1	101.6	100.5	101.0	101.6
101.7	101.5	101.3	101.5	101.4	101.0	101.3
100.8	100.8	100.8	100.8	100.8	100.7	101.0
103.2	102.6	102.2	102.7	102.4	101.6	101.7
101.5	100.6	100.2	100.2	100.5	100.6	100.7
101.1	101.1	101.1	100.8	100.9	101.0	101.0
100.7	99.8	99.0	99.5	100.2	100.5	100.7
103.9	101.4	100.3	99.9	100.0	100.0	100.0
101.6	101.6	102.1	101.5	101.2	101.2	101.2
101.3	101.3	101.5	101.3	101.3	101.6	101.8
101.1	101.0	101.3	101.3	101.2	101.6	102.0
100.9	100.8	101.1	101.4	101.6	101.8	101.9
101.1	101.1	101.5	101.4	101.3	101.8	102.3
101.3	101.2	100.8	100.5	99.9	100.6	101.4
101.5	101.4	100.6	99.9	99.9	100.5	101.0
99.5	99.9	99.8	99.7	100.0	101.1	100.9
106.1	104.2	104.0	103.6	103.1	102.5	101.6
101.6	102.1	102.0	101.4	101.5	101.4	101.5

4-7 续表 1

(上年同月=100)

类　别	年平均	1月	2月	3月	4月	5月
居住	102.1	103.5	103.3	102.6	102.4	102.3
租赁房房租	101.9	101.8	101.5	101.5	101.8	101.7
住房保养维修及管理	102.3	103.7	103.6	103.0	102.9	102.9
水电燃料	102.1	105.8	105.5	103.5	102.7	102.4
自有住房	101.9	101.9	101.8	101.8	102.0	101.9
生活用品及服务	101.7	102.8	102.0	102.3	102.4	102.6
家具及室内装饰品	103.4	101.8	101.8	102.0	103.4	104.7
家用器具	101.6	105.5	103.2	103.9	103.3	103.5
家用纺织品	101.1	101.4	101.1	101.3	100.8	101.0
家庭日用杂品	100.9	101.1	101.0	101.0	101.2	101.0
个人护理用品	101.4	101.6	101.6	101.6	101.5	101.4
家庭服务	103.1	105.2	105.6	105.2	105.1	104.7
交通和通信	102.9	101.7	102.3	102.0	102.9	103.5
交通	103.2	101.6	102.6	102.0	102.6	103.8
交通工具	100.3	100.2	100.4	100.5	100.5	100.7
交通工具用燃料	113.1	106.5	106.9	104.6	108.9	114.0
交通工具使用和维修	102.5	101.6	103.0	102.6	102.5	103.1
交通费	101.4	100.3	103.0	102.4	101.7	101.9
通信	102.2	101.9	101.7	102.0	103.5	103.1
通信工具	108.1	108.9	108.1	106.6	111.7	110.6
通信服务	99.6	98.9	98.9	100.0	100.0	100.0
邮递服务	101.9	102.1	102.1	102.1	102.1	102.1
教育文化和娱乐	104.1	104.5	104.7	104.5	104.4	104.1
教育	105.6	106.3	106.4	106.4	106.3	106.2
教育服务	105.8	106.5	106.5	106.5	106.4	106.3
文化娱乐	100.7	100.6	100.9	100.4	100.2	99.3
医疗保健	103.2	104.7	104.3	104.1	103.7	103.6
药品及医疗器具	105.4	108.1	107.0	106.9	106.0	105.7
中药	106.0	110.6	108.3	108.1	105.9	106.5
西药	105.7	109.2	108.0	107.3	106.4	105.7
医疗服务	101.9	102.8	102.7	102.5	102.4	102.4
其他用品和服务	101.1	102.4	102.5	101.7	101.0	101.1
其他用品类	99.9	102.7	101.2	100.7	99.8	99.8
首饰手表	99.5	103.7	101.4	100.6	99.3	99.4
其他杂项用品	100.8	100.7	100.8	100.7	100.8	100.7
其他服务类	102.8	102.1	104.3	103.1	102.8	102.8
旅馆住宿	102.7	101.4	103.6	102.6	102.4	102.7
美容美发洗浴	103.9	102.4	107.2	103.7	104.0	104.1
养老服务	106.6	102.7	107.2	107.7	107.7	107.7
金融保险	101.3	102.1	102.1	102.1	101.0	101.0
其他服务类	100.9	100.5	101.0	101.0	101.0	101.0

6月	7月	8月	9月	10月	11月	12月
102.3	102.1	101.0	101.3	101.6	101.4	101.1
101.7	101.7	101.5	102.1	102.2	102.4	102.5
102.9	102.7	102.1	101.7	101.6	100.8	99.6
102.4	102.1	99.2	100.2	100.7	100.6	100.5
101.9	101.7	101.5	101.8	102.2	102.3	102.3
102.3	101.5	100.8	100.9	101.2	101.1	100.8
104.2	104.2	103.9	103.8	103.3	103.7	104.1
103.2	100.9	99.0	99.2	100.1	99.6	98.3
100.7	101.0	100.8	101.0	101.7	101.6	101.3
100.8	100.6	100.5	100.6	100.8	100.8	101.0
101.4	101.4	101.3	101.3	101.5	101.3	100.7
103.5	102.5	101.3	101.3	101.1	101.0	101.0
103.3	103.0	102.3	103.8	103.9	103.0	102.6
104.4	104.5	104.1	104.4	105.2	103.0	100.4
100.6	99.7	99.6	100.6	100.5	99.8	100.0
118.7	123.0	119.9	121.6	122.8	113.1	99.7
102.8	102.8	102.9	102.0	102.6	102.6	102.0
101.7	100.8	101.2	100.1	101.6	100.9	100.7
101.4	100.3	99.1	102.7	101.7	103.1	106.4
104.7	101.3	97.5	109.3	106.2	110.3	121.5
100.0	99.8	99.6	99.6	99.6	99.6	99.6
102.1	102.1	102.1	102.1	102.1	102.1	100.0
104.4	104.5	104.8	104.1	103.7	103.3	102.5
106.5	106.4	106.4	105.1	104.3	104.0	103.4
106.7	106.5	106.5	105.2	104.5	104.1	103.5
99.6	100.3	101.4	101.8	102.1	101.7	100.3
103.4	103.1	103.1	102.3	101.7	101.7	102.4
105.4	104.4	104.4	104.4	104.1	104.0	104.5
106.5	105.0	104.8	103.8	104.6	104.3	104.6
105.4	104.0	104.3	104.5	104.4	104.6	105.5
102.3	102.3	102.4	101.1	100.3	100.3	101.2
100.8	101.0	101.1	100.4	100.6	100.1	100.9
99.4	100.0	100.1	98.9	99.1	98.3	99.5
98.6	99.6	99.8	98.0	98.0	97.1	98.8
100.9	100.7	100.7	100.7	101.4	100.9	100.8
102.7	102.5	102.6	102.5	102.5	102.4	102.8
102.9	102.6	102.6	102.9	103.5	102.6	102.7
103.8	103.9	103.8	103.8	103.9	103.1	103.5
107.7	106.2	106.9	106.0	106.0	106.8	106.4
101.0	101.0	101.0	101.0	101.0	101.2	101.4
101.0	100.5	100.5	100.6	100.6	100.1	102.5

4-8 商品零售价格

(上年同月=100)

类　　别	年平均	1月	2月	3月	4月	5月
总指数	**102.9**	**102.3**	**102.9**	**102.4**	**102.6**	**102.7**
食品	101.6	98.7	102.4	101.2	100.6	100.8
粮食	100.3	101.7	101.8	100.9	100.4	100.0
薯类	114.0	106.7	113.5	111.3	107.1	117.5
豆类	100.6	100.4	100.1	100.2	100.6	100.5
食用油	99.0	100.3	100.3	100.3	99.8	98.6
菜	104.9	83.9	103.0	99.7	103.7	111.1
畜肉类	94.0	93.5	95.5	92.7	89.4	88.4
禽肉类	105.3	101.6	105.4	107.8	106.0	106.6
水产品	101.7	103.9	106.8	105.5	102.8	101.1
蛋类	115.4	119.4	135.0	122.0	122.8	133.3
奶类	100.4	99.8	99.0	99.6	99.9	99.9
干鲜瓜果类	104.2	102.2	102.7	103.4	102.0	94.6
糖果糕点类	101.7	102.8	102.5	102.2	102.2	102.0
调味品	103.3	102.8	102.6	102.5	102.6	102.7
其他食品类	100.7	100.2	100.4	100.8	100.1	100.5
在外餐饮	102.0	102.0	102.0	102.1	101.9	101.9
饮料、烟酒	102.6	102.6	102.4	102.7	102.7	102.5
茶及饮料	102.2	102.4	101.9	102.1	102.3	102.0
烟草	100.0	99.6	99.5	99.6	99.6	99.8
酒类	104.8	105.0	104.9	105.4	105.3	105.0
服装、鞋帽	101.0	101.2	101.0	100.8	100.9	100.9
服装	101.1	101.3	101.2	101.0	101.0	101.1
男士服装	101.5	101.5	101.4	101.4	101.4	101.6
女士服装	100.6	100.7	100.5	100.4	100.5	100.6
儿童服装	101.7	102.6	102.5	101.6	101.7	101.7
鞋帽袜	100.7	101.0	100.7	100.5	100.5	100.4
鞋	100.8	100.8	100.7	100.5	100.6	100.5
袜子	99.6	100.5	100.6	100.1	99.8	98.9
帽子	101.1	103.7	101.2	100.8	101.1	101.0
其他衣着配件	100.4	99.9	100.1	100.2	100.1	100.3
纺织品	100.8	100.5	100.5	100.6	100.6	100.8
服装材料	101.3	101.4	101.4	101.4	101.4	101.0
床上用品	100.7	100.3	100.2	100.3	100.4	100.8

分月指数(2018年)

6月	7月	8月	9月	10月	11月	12月
102.9	**103.0**	**102.7**	**103.9**	**103.8**	**103.4**	**102.8**
101.1	101.7	102.0	103.2	103.1	102.4	101.9
100.0	100.0	99.7	99.5	99.6	99.7	99.9
131.6	126.9	119.3	109.6	105.9	107.7	110.3
100.5	100.3	100.6	100.9	100.7	100.9	100.9
98.6	98.2	97.8	98.1	98.7	98.8	98.7
111.1	109.6	105.9	115.9	113.1	105.0	106.7
91.5	93.6	97.0	97.2	97.0	96.7	96.1
106.5	105.3	104.2	104.7	104.5	105.2	106.1
99.3	98.2	98.6	99.4	100.3	101.8	103.0
116.1	116.0	111.1	108.6	110.8	106.6	98.3
100.5	100.7	100.7	100.9	101.1	101.3	101.5
94.2	100.7	106.9	110.4	111.8	115.0	110.0
101.8	101.8	101.7	101.2	100.9	100.7	100.4
102.8	103.3	103.4	103.9	104.5	104.3	103.7
101.1	101.2	100.4	101.2	101.0	100.7	101.0
102.3	102.1	101.9	101.9	102.0	102.1	102.0
102.7	102.9	102.8	102.4	102.4	102.3	102.5
102.6	102.7	102.7	101.9	101.8	101.6	102.0
99.9	100.0	100.1	100.1	100.1	100.9	101.1
105.0	105.2	104.9	104.5	104.4	103.8	104.0
101.1	101.2	101.0	100.9	100.8	100.9	101.0
101.2	101.3	101.1	101.1	100.9	100.9	101.1
101.8	101.7	101.7	101.6	101.4	101.1	101.2
100.8	100.9	100.6	100.6	100.4	100.5	100.8
101.5	101.6	101.0	101.4	101.3	101.8	101.9
100.6	100.8	100.9	100.5	100.7	100.8	100.7
100.9	101.0	101.1	100.7	100.9	100.9	100.8
98.7	98.9	99.4	99.0	99.3	99.8	99.7
100.7	100.7	100.7	100.7	100.9	101.2	101.0
100.4	100.4	100.7	100.7	100.7	100.7	100.6
100.8	101.0	101.2	101.0	101.2	101.1	100.7
101.0	101.0	101.1	101.1	101.1	101.6	101.5
100.7	101.0	101.2	101.0	101.2	100.9	100.4

4-8 续表

(上年同月=100)

类　别	年平均	1月	2月	3月	4月	5月
家用电器及音像器材	100.8	102.7	100.3	101.2	101.4	101.5
家庭设备	101.9	105.4	103.2	103.7	103.8	103.9
文娱用耐用消费品	98.8	98.3	94.6	96.8	96.9	96.5
专业音像器材	100.5	99.3	99.3	99.3	100.5	101.2
文化办公用品	100.5	104.6	103.1	100.2	101.4	99.3
日用品	101.2	100.9	100.7	100.6	101.1	101.5
日用百货	101.7	101.7	101.7	101.4	101.6	102.4
厨具餐具茶具	99.4	99.7	99.4	99.1	99.2	99.4
清洗用品	101.8	100.3	99.9	100.1	101.6	101.8
其他日用品	100.8	101.6	101.4	100.9	100.9	101.0
体育娱乐用品	101.5	101.0	100.8	101.1	101.4	101.9
体育户外用品	100.4	100.4	100.3	100.3	100.7	100.6
娱乐用品	102.9	101.7	101.4	102.2	102.4	103.6
交通、通信用品	102.7	102.9	102.7	102.3	103.6	103.4
交通运输机械	99.9	99.8	100.0	100.1	99.7	100.1
通信器材	108.3	109.2	108.3	106.8	112.1	110.5
家具	102.4	100.3	101.8	101.6	101.6	102.3
化妆品	101.6	102.0	101.8	102.0	101.4	101.7
金银饰品	98.3	101.1	98.5	99.1	97.9	97.9
中西药品及医疗保健用品	105.6	108.1	107.7	108.2	105.6	105.4
医疗卫生器具	102.4	103.8	103.4	104.6	102.6	102.6
中药	107.2	109.1	108.5	109.1	106.5	106.5
西药	105.3	108.3	107.9	108.5	105.3	105.1
保健器具及用品	106.0	107.5	107.6	106.3	106.9	106.1
书报杂志及电子出版物	104.1	101.8	101.6	102.0	102.0	101.9
教材及参考书	102.9	102.4	102.4	103.4	103.4	103.4
书报杂志	106.0	101.8	101.2	101.0	101.0	100.8
计算机办公软件	102.7	100.0	100.0	100.0	100.0	100.0
燃料	112.0	107.2	108.0	106.5	108.8	111.3
煤炭及制品	115.3	113.7	116.8	117.8	117.3	114.1
石油及制品	111.2	105.6	105.8	103.9	106.8	110.6
建筑材料及五金电料	102.8	103.9	103.8	103.5	103.3	103.1
建筑装璜材料	103.2	104.7	104.6	104.1	103.9	103.6
五金水暖	101.7	101.6	101.6	101.9	101.8	101.8

6月	7月	8月	9月	10月	11月	12月
101.6	100.8	100.5	100.2	100.9	100.3	98.8
103.6	101.3	99.5	99.5	100.2	100.1	98.7
97.6	99.7	102.4	101.6	102.4	100.6	98.6
101.2	101.2	101.2	100.8	100.8	100.8	100.8
99.4	98.4	97.6	100.2	101.5	102.4	97.8
101.6	101.3	101.2	101.0	101.7	101.5	101.3
102.3	101.6	101.4	101.6	101.7	101.9	101.7
99.5	99.4	99.2	99.3	99.3	99.5	99.7
102.5	102.4	102.2	101.5	103.9	102.9	102.4
100.8	100.8	100.8	100.5	100.4	100.2	100.0
101.8	101.8	101.7	101.6	101.8	101.7	101.8
100.4	100.3	100.4	100.3	100.6	100.4	100.5
103.5	103.5	103.4	103.3	103.3	103.2	103.3
101.6	99.4	98.2	103.7	102.7	103.8	107.6
100.2	98.5	98.5	100.8	100.7	100.2	100.2
104.6	101.4	97.5	109.6	106.4	110.8	122.0
102.5	102.7	102.6	102.6	102.5	104.0	103.8
101.9	101.6	101.7	101.7	101.5	101.6	100.7
97.5	98.5	98.5	97.2	97.2	97.6	98.7
105.1	104.7	104.2	105.1	104.7	104.7	104.5
102.6	102.5	101.8	101.7	101.6	101.6	100.7
106.4	106.3	106.2	107.5	106.8	106.5	106.9
104.6	104.2	103.5	104.5	104.1	104.1	104.0
106.3	105.7	105.1	105.6	105.6	106.1	103.9
101.7	102.6	105.6	107.1	107.1	107.0	108.7
102.8	102.9	103.1	102.0	101.9	102.0	105.5
100.8	103.0	110.4	112.9	113.0	112.7	112.7
100.0	100.0	100.0	108.2	108.2	108.2	108.2
115.2	119.2	116.1	118.1	117.6	112.7	104.6
120.0	125.1	111.4	114.8	107.4	113.3	114.2
114.1	117.8	117.3	119.0	120.4	112.5	102.2
103.1	103.0	102.9	102.2	102.1	101.7	100.9
103.6	103.4	103.3	102.4	102.3	101.7	100.6
101.8	101.9	101.8	101.8	101.7	101.7	101.6

4-9 城市商品零售

(上年同月=100)

类　别	年平均	1月	2月	3月	4月	5月
总指数	**103.0**	**102.1**	**102.8**	**102.4**	**102.5**	**102.7**
食品	101.8	98.6	102.4	101.3	100.9	100.9
粮食	100.2	102.0	102.1	100.9	100.4	100.0
薯类	115.2	108.6	115.6	113.8	108.5	118.4
豆类	100.5	100.5	100.0	100.1	100.6	100.5
食用油	99.3	100.8	100.8	100.7	100.0	98.7
菜	105.1	83.8	102.5	99.8	103.9	110.8
畜肉类	94.6	93.8	95.9	93.4	90.5	89.4
禽肉类	105.2	101.2	104.6	107.0	105.8	106.2
水产品	101.5	104.2	107.0	105.7	102.7	100.7
蛋类	114.4	118.2	132.3	120.1	121.0	130.0
奶类	100.5	99.8	98.9	99.6	99.9	100.0
干鲜瓜果类	104.2	102.5	102.5	103.6	102.7	95.2
糖果糕点类	101.8	102.9	102.5	102.3	102.3	102.2
调味品	103.6	103.2	102.9	102.7	102.8	102.9
其他食品类	100.6	100.1	100.3	100.8	100.0	100.4
在外餐饮	102.2	101.9	101.9	102.1	102.0	101.9
饮料、烟酒	102.8	102.6	102.4	102.8	102.8	102.6
茶及饮料	102.1	102.2	101.7	102.0	102.2	101.9
烟草	100.0	99.5	99.4	99.6	99.6	99.6
酒类	105.5	105.5	105.4	106.0	106.0	105.6
服装、鞋帽	100.9	101.1	100.9	100.8	101.0	101.0
服装	101.1	101.2	101.0	101.0	101.1	101.2
男士服装	101.5	101.6	101.5	101.5	101.6	101.7
女士服装	100.5	100.5	100.3	100.3	100.5	100.6
儿童服装	101.8	102.7	102.4	101.7	101.9	101.7
鞋帽袜	100.4	100.8	100.4	100.2	100.4	100.2
鞋	100.5	100.5	100.3	100.2	100.4	100.4
袜子	98.9	100.1	100.3	99.6	99.5	98.3
帽子	101.4	104.1	101.0	101.0	101.2	101.1
其他衣着配件	100.5	99.9	100.1	100.2	100.2	100.4
纺织品	100.6	100.2	100.2	100.3	100.4	100.7
服装材料	101.1	101.1	101.1	101.3	101.2	100.6
床上用品	100.5	100.0	99.9	99.9	100.2	100.7

价格分月指数(2018年)

6月	7月	8月	9月	10月	11月	12月
102.9	**103.0**	**102.7**	**104.0**	**103.9**	**103.5**	**102.9**
101.2	101.9	102.1	103.4	103.4	102.7	102.3
99.9	100.0	99.5	99.3	99.4	99.5	99.8
132.6	127.8	119.3	110.4	107.0	108.9	110.8
100.4	100.2	100.6	100.8	100.6	100.9	100.9
98.9	98.4	97.9	98.2	98.9	99.1	99.1
111.1	110.2	105.9	116.0	113.8	106.2	107.5
92.1	94.0	97.0	97.5	97.5	97.2	96.8
105.9	105.0	104.6	105.4	104.9	105.2	106.1
98.8	97.8	98.2	99.0	100.0	101.7	102.9
114.4	114.4	110.6	108.1	110.2	106.4	98.6
100.6	100.9	100.9	101.1	101.3	101.5	101.8
94.6	100.7	106.4	109.5	111.4	114.4	109.9
102.2	102.1	101.9	101.2	101.0	100.9	100.6
103.2	103.8	104.1	104.6	105.0	104.5	103.8
101.1	101.1	100.2	101.2	100.9	100.6	100.9
102.4	102.5	102.3	102.2	102.3	102.4	102.3
102.8	103.1	103.1	102.6	102.6	102.6	102.9
102.6	102.7	102.8	102.0	102.0	101.7	102.1
99.7	99.9	100.0	99.9	100.0	101.0	101.2
105.5	106.1	105.8	105.1	105.1	104.7	104.8
101.1	101.1	100.9	100.9	100.8	100.8	100.8
101.3	101.3	101.0	101.0	100.8	100.8	100.9
101.9	101.9	101.8	101.6	101.4	101.0	101.1
100.7	100.8	100.4	100.4	100.2	100.2	100.5
101.5	101.7	101.0	101.5	101.6	102.0	102.0
100.4	100.4	100.6	100.3	100.5	100.5	100.4
100.6	100.6	100.7	100.5	100.6	100.6	100.5
98.2	98.1	98.9	98.4	98.5	98.7	98.6
101.1	101.1	101.2	101.2	101.4	101.6	101.4
100.4	100.5	100.8	100.8	100.8	100.8	100.8
100.7	101.0	101.3	100.9	100.9	100.7	100.2
100.7	100.7	101.0	101.3	101.3	101.6	101.4
100.7	101.0	101.4	100.8	100.8	100.5	99.9

4-9 续表

(上年同月=100)

类　　别	年平均	1月	2月	3月	4月	5月
家用电器及音像器材	100.8	102.5	100.0	101.0	101.3	101.3
家庭设备	102.0	105.4	103.2	103.6	103.9	104.1
文娱用耐用消费品	98.9	98.3	94.5	96.7	96.9	96.5
专业音像器材	100.5	99.3	99.3	99.3	100.5	101.2
文化办公用品	100.6	104.9	103.3	100.3	101.6	99.5
日用品	101.2	100.9	100.6	100.4	100.9	101.5
日用百货	101.8	101.8	101.5	101.1	101.3	102.7
厨具餐具茶具	99.2	99.5	99.2	98.8	99.0	99.2
清洗用品	101.9	100.4	100.0	100.3	101.7	101.9
其他日用品	100.8	101.6	101.4	100.9	100.9	101.0
体育娱乐用品	101.6	101.1	100.9	101.2	101.5	102.1
体育户外用品	100.4	100.4	100.3	100.2	100.6	100.5
娱乐用品	103.3	102.0	101.6	102.5	102.7	104.1
交通、通信用品	102.5	102.7	102.5	102.1	103.4	103.2
交通运输机械	99.9	99.8	99.9	100.1	99.6	100.1
通信器材	108.4	109.3	108.4	106.9	112.2	110.4
家具	102.0	99.8	101.6	101.4	101.1	101.7
化妆品	101.7	102.1	101.8	102.0	101.4	101.7
金银饰品	98.1	100.7	98.2	99.0	97.8	97.7
中西药品及医疗保健用品	105.6	107.9	107.7	108.4	105.5	105.3
医疗卫生器具	102.5	103.9	103.5	104.7	102.7	102.7
中药	107.4	108.8	108.6	109.4	106.5	106.4
西药	105.2	108.0	107.9	108.8	105.0	104.9
保健器具及用品	106.3	107.8	108.0	106.5	107.2	106.3
书报杂志及电子出版物	104.2	101.9	101.6	102.0	102.0	101.9
教材及参考书	103.0	102.3	102.3	103.4	103.4	103.4
书报杂志	106.1	101.9	101.2	101.0	101.1	100.8
计算机办公软件	102.7	100.0	100.0	100.0	100.0	100.0
燃料	112.0	107.1	107.8	106.3	108.7	111.4
煤炭及制品	115.7	113.9	116.8	117.7	117.7	115.2
石油及制品	111.2	105.6	105.8	103.9	106.8	110.5
建筑材料及五金电料	102.4	103.1	103.0	102.9	102.7	102.5
建筑装璜材料	102.8	103.9	103.8	103.5	103.2	103.0
五金水暖	101.6	101.2	101.2	101.6	101.6	101.6

6月	7月	8月	9月	10月	11月	12月
101.5	100.8	100.7	100.4	101.0	100.4	99.0
103.7	101.4	99.7	99.6	100.3	100.2	98.9
97.7	99.7	102.5	101.7	102.5	100.7	98.7
101.2	101.2	101.2	100.7	100.7	100.7	100.7
99.7	98.5	97.7	100.3	101.8	102.5	97.7
101.7	101.3	101.2	100.9	101.7	101.5	101.2
102.6	101.6	101.4	101.5	101.6	102.1	101.9
99.3	99.2	99.0	99.1	99.1	99.4	99.7
102.8	102.7	102.4	101.5	104.1	102.9	102.2
100.7	100.8	100.8	100.5	100.4	100.2	100.0
101.9	101.9	101.8	101.7	101.9	101.8	102.0
100.4	100.3	100.4	100.1	100.6	100.5	100.6
103.9	104.0	103.7	103.6	103.7	103.6	103.8
101.5	99.4	98.2	103.6	102.7	103.8	107.4
100.2	98.5	98.6	100.8	100.8	100.2	100.3
104.6	101.4	97.5	109.6	106.5	110.9	122.1
102.0	102.3	102.2	102.2	102.3	103.9	103.7
101.9	101.6	101.7	101.8	101.5	101.6	100.7
97.4	98.3	98.3	97.1	97.0	97.7	98.6
105.0	104.9	104.2	105.4	104.8	104.9	104.4
102.7	102.6	101.9	101.8	101.7	101.6	100.7
106.3	106.6	106.5	108.3	107.2	107.1	107.4
104.5	104.3	103.3	104.5	104.1	104.0	103.7
106.6	106.0	105.4	105.9	105.9	106.5	104.1
101.6	102.6	105.6	107.3	107.3	107.2	109.1
102.8	102.9	103.1	102.1	102.0	102.1	106.0
100.8	103.2	110.4	113.2	113.3	113.0	113.0
100.0	100.0	100.0	108.2	108.2	108.2	108.2
115.1	119.1	116.3	118.2	118.0	112.7	104.6
121.1	126.2	111.8	114.9	108.4	113.4	113.9
113.9	117.6	117.4	119.0	120.3	112.6	102.5
102.5	102.5	102.5	102.0	102.0	101.9	101.3
102.9	102.8	102.9	102.1	102.1	102.0	101.2
101.6	101.7	101.7	101.8	101.7	101.6	101.6

4-10 农村商品零售

(上年同月=100)

类　别	年平均	1月	2月	3月	4月	5月
总指数	**102.9**	**102.8**	**103.6**	**102.7**	**102.7**	**102.9**
食品	100.8	98.7	102.6	100.5	99.4	100.1
粮食	100.5	100.6	100.7	100.8	100.7	100.4
薯类	107.9	97.3	103.5	99.4	100.0	112.7
豆类	100.8	99.6	101.0	100.7	100.8	101.0
食用油	98.3	98.9	99.1	99.2	99.3	98.3
菜	103.7	84.5	106.5	99.1	102.8	112.6
畜肉类	91.7	92.2	93.7	89.4	84.6	84.0
禽肉类	106.1	103.8	109.2	111.4	106.9	108.5
水产品	102.8	102.4	105.6	104.2	102.9	103.7
蛋类	119.4	123.8	145.5	129.4	129.9	146.3
奶类	99.3	99.9	99.8	99.6	99.6	99.2
干鲜瓜果类	104.1	100.5	103.7	102.2	97.9	91.0
糖果糕点类	101.2	102.5	102.7	102.1	101.9	101.4
调味品	102.0	101.3	101.5	101.8	101.9	101.9
其他食品类	101.2	100.6	100.8	100.8	100.9	101.0
在外餐饮	101.1	102.1	102.0	102.0	101.6	101.5
饮料、烟酒	101.9	102.3	102.3	102.3	102.1	102.2
茶及饮料	102.3	104.0	104.0	103.7	103.0	102.9
烟草	100.2	99.9	99.9	99.8	99.8	100.3
酒类	102.8	103.5	103.4	103.6	103.4	103.4
服装、鞋帽	101.3	101.5	101.7	101.0	100.6	100.9
服装	101.3	101.5	101.8	100.9	100.5	101.0
男士服装	101.2	101.3	101.4	100.7	100.3	100.9
女士服装	101.4	101.4	101.7	100.9	100.5	100.8
儿童服装	101.1	102.1	102.9	101.3	100.8	101.5
鞋帽袜	101.4	101.6	101.6	101.2	101.0	100.7
鞋	101.6	101.6	101.7	101.4	101.2	100.9
袜子	100.6	101.2	101.2	101.0	100.4	99.8
帽子	99.8	102.0	102.0	99.7	100.6	100.3
其他衣着配件	100.0	99.9	100.0	100.1	100.0	100.0
纺织品	101.3	101.4	101.3	101.4	101.0	101.2
服装材料	101.8	102.4	102.4	101.9	101.9	102.4
床上用品	101.2	101.2	101.0	101.3	100.8	100.9

价格分月指数(2018年)

6月	7月	8月	9月	10月	11月	12月
103.1	**103.0**	**102.5**	**103.6**	**103.2**	**102.8**	**102.2**
100.4	100.8	101.7	102.3	101.7	100.9	100.1
100.5	100.1	100.2	100.4	100.4	100.3	100.5
126.7	122.5	119.5	105.6	100.7	101.7	107.5
100.9	100.9	101.0	101.3	100.8	101.2	101.0
97.7	97.8	97.6	98.0	98.2	98.0	97.8
111.5	106.1	105.8	115.0	108.7	97.9	101.6
88.9	91.9	97.3	95.7	94.9	94.6	93.3
109.4	106.9	102.5	101.8	102.6	105.2	106.1
102.7	101.1	101.3	101.9	101.9	102.3	103.9
123.0	121.9	112.8	110.1	113.1	107.2	97.2
98.8	98.9	98.9	98.8	99.1	99.1	99.3
91.5	100.8	109.8	115.9	114.0	119.0	110.4
100.8	100.8	101.0	100.9	100.8	100.1	99.8
101.6	101.3	100.9	101.5	102.9	103.2	103.4
101.5	101.6	101.6	101.4	101.4	101.6	101.5
101.5	100.7	100.2	100.2	100.5	100.6	100.6
102.3	101.9	101.7	101.8	101.4	101.0	101.3
102.5	102.4	102.2	101.0	100.3	100.6	101.3
100.5	100.5	100.5	100.5	100.5	100.3	100.7
103.5	102.7	102.3	102.8	102.3	101.5	101.7
101.1	101.3	101.4	101.2	101.2	101.4	101.8
101.1	101.1	101.4	101.3	101.2	101.5	102.0
101.0	101.0	101.2	101.4	101.7	101.8	101.9
101.1	101.3	101.7	101.5	101.3	101.8	102.3
101.1	101.0	100.6	100.5	99.7	100.4	101.2
101.3	101.9	101.7	101.1	101.2	101.4	101.5
101.8	102.4	102.1	101.4	101.5	101.5	101.6
99.7	100.3	100.4	100.1	100.6	101.6	101.6
99.1	99.1	98.6	98.7	98.7	99.6	99.2
99.9	100.1	100.1	100.2	100.6	99.8	99.8
100.9	101.1	100.9	101.3	101.8	102.0	101.8
102.1	101.9	101.3	100.7	100.7	101.6	101.8
100.6	100.8	100.8	101.5	102.1	102.1	101.8

4-10 续表

(上年同月=100)

类　别	年平均	1月	2月	3月	4月	5月
家用电器及音像器材	100.9	103.8	101.4	102.3	101.9	101.9
家庭设备	101.6	105.4	103.2	103.9	103.4	103.5
文娱用耐用消费品	98.6	98.7	95.1	97.2	97.1	96.4
专业音像器材	101.2	100.1	100.1	100.1	100.9	101.8
文化办公用品	99.6	103.1	102.0	99.7	100.3	98.0
日用品	101.4	101.0	101.2	101.3	101.7	101.5
日用百货	101.7	101.5	102.0	102.2	102.2	101.8
厨具餐具茶具	100.9	101.4	101.0	100.7	101.2	101.1
清洗用品	101.1	99.2	99.2	99.4	101.1	101.0
其他日用品	100.8	101.4	101.3	101.1	101.1	101.1
体育娱乐用品	100.6	100.5	100.7	100.7	100.6	100.8
体育户外用品	100.8	101.0	101.0	101.0	101.0	101.0
娱乐用品	100.5	100.1	100.4	100.4	100.4	100.7
交通、通信用品	103.3	103.9	103.6	102.9	104.7	104.4
交通运输机械	99.8	100.3	100.5	100.4	99.9	100.2
通信器材	108.1	108.9	108.2	106.6	111.7	110.7
家具	103.9	102.5	102.5	102.8	103.8	104.9
化妆品	101.3	101.4	101.4	101.4	101.3	101.3
金银饰品	99.3	103.4	100.9	100.2	98.9	99.1
中西药品及医疗保健用品	105.6	109.3	107.7	107.4	106.2	105.9
医疗卫生器具	100.6	100.6	100.6	101.6	100.8	100.8
中药	106.2	110.6	108.0	108.0	106.2	106.9
西药	105.7	109.4	108.1	107.6	106.5	105.8
保健器具及用品	102.9	104.2	103.6	104.0	103.5	103.6
书报杂志及电子出版物	103.4	101.8	101.9	101.8	101.8	101.8
教材及参考书	102.5	102.9	103.3	103.2	103.2	103.2
书报杂志	104.8	101.1	100.9	100.9	100.9	100.9
计算机办公软件	102.7	100.0	100.0	100.0	100.0	100.0
燃料	112.0	107.7	108.8	107.2	109.4	110.9
煤炭及制品	114.0	112.9	116.8	118.0	116.2	110.8
石油及制品	111.2	105.7	105.9	103.5	106.9	111.0
建筑材料及五金电料	104.0	106.4	106.3	105.4	105.2	105.0
建筑装璜材料	104.2	106.9	106.8	105.7	105.5	105.3
五金水暖	102.8	103.9	103.7	103.8	103.2	103.3

6月	7月	8月	9月	10月	11月	12月
101.9	100.6	99.7	99.7	100.5	99.7	98.2
103.2	100.9	99.0	99.2	100.1	99.6	98.2
97.1	99.3	102.1	101.3	101.9	99.8	97.5
101.8	101.8	101.8	101.4	101.4	101.4	101.4
98.2	97.7	97.2	99.3	100.2	101.4	98.7
101.3	101.2	101.2	101.4	101.6	101.4	101.5
101.6	101.4	101.3	101.8	101.7	101.5	101.3
101.1	101.1	100.9	100.6	100.5	100.5	100.4
100.9	101.1	101.2	101.5	102.7	102.7	103.5
101.0	100.8	100.7	100.4	100.6	100.2	100.1
100.6	100.7	100.7	101.1	100.7	100.5	100.1
101.0	100.9	100.7	101.4	100.7	100.2	99.6
100.4	100.6	100.8	100.8	100.6	100.6	100.6
102.0	99.5	98.0	104.1	102.8	104.3	109.0
100.2	98.3	98.3	100.2	100.2	99.7	99.6
104.7	101.2	97.5	109.3	106.2	110.3	121.5
104.4	104.4	104.4	104.4	103.6	104.1	104.3
101.3	101.3	101.3	101.3	101.5	101.3	100.7
98.4	99.5	100.0	97.9	98.0	96.9	98.8
105.5	103.9	104.2	104.0	104.2	104.2	105.0
101.0	101.2	99.6	100.5	100.5	100.3	100.3
106.9	105.3	105.1	104.2	105.0	104.4	105.0
105.2	103.5	104.1	104.2	104.1	104.4	105.5
103.3	103.0	102.5	102.5	102.1	101.7	101.3
102.0	102.2	105.4	105.6	105.7	105.6	105.6
103.2	103.6	103.0	101.1	101.1	101.1	101.1
101.2	101.2	110.2	110.2	110.4	110.0	110.0
100.0	100.0	100.0	108.0	108.0	108.0	108.0
115.4	119.5	114.9	117.9	115.8	112.6	104.8
116.8	121.8	110.1	114.5	104.5	113.3	115.1
114.9	118.7	116.7	119.2	120.5	112.3	100.9
105.1	104.8	103.9	103.0	102.5	101.1	99.6
105.5	105.2	104.2	103.2	102.6	100.9	99.3
103.1	103.0	102.4	102.0	102.0	101.7	101.6

4-11 农业生产资料

(上年同月=100)

类　　别	年平均	1月	2月	3月	4月	5月
总指数	**104.3**	**102.4**	**102.6**	**104.4**	**104.7**	**105.1**
农用手工工具	106.1	105.8	104.9	105.9	106.1	107.6
农用手工工具	106.1	105.8	104.9	105.9	106.1	107.6
饲料	106.4	104.0	105.9	108.4	108.9	108.3
混合饲料	106.4	100.4	102.8	106.2	107.5	107.3
其他饲料	106.3	111.8	112.4	113.2	111.6	110.3
仔畜幼禽及产品畜	83.7	81.4	83.8	82.3	79.0	78.9
仔　　畜	74.6	76.6	75.1	70.6	69.6	70.1
幼　　禽	123.0	104.3	133.7	155.1	131.9	124.3
产 品 畜	92.3	86.1	89.0	84.9	84.4	87.0
半机械化农具	100.8	102.1	101.5	101.5	101.5	101.3
半机械化农具	100.8	102.1	101.5	101.5	101.5	101.3
机械化农具	100.7	101.4	101.0	100.6	100.9	100.7
机械化农具	100.7	101.4	101.0	100.6	100.9	100.7
化学肥料	109.4	107.5	106.1	109.4	110.6	111.2
氮　　肥	114.1	111.0	108.6	112.7	113.8	115.2
磷　　肥	112.7	111.7	109.8	115.0	116.2	115.7
钾　　肥	105.1	103.3	102.2	104.3	105.0	105.8
复合肥料	106.4	105.0	104.3	106.9	108.2	108.5
农药及农药器械	105.1	101.9	101.5	105.0	105.0	105.4
化学农药	105.3	102.0	101.6	105.2	105.2	105.6
杀 虫 剂	106.6	103.4	103.7	106.8	106.8	107.0
杀 菌 剂	103.8	100.8	100.7	102.5	102.5	103.4
除 草 剂	105.5	101.3	99.3	106.4	106.5	106.5
生长调节剂	102.9	101.2	101.9	102.6	102.1	102.3
农药器械	101.6	101.1	100.6	100.9	100.9	101.9
农药器械	101.6	101.1	100.6	100.9	100.9	101.9
农机用油	115.2	107.5	108.5	106.2	110.5	116.5
农用柴油	115.8	107.7	108.8	106.4	110.9	117.2
润 滑 油	100.8	102.3	101.8	101.2	101.2	101.2
其他农用生产资料	100.3	101.3	100.2	101.0	100.0	100.1
农用种子	99.4	100.6	99.2	100.1	98.7	98.8
农用薄膜	104.1	104.6	104.6	104.5	105.4	105.4
未列名的其他农用生产资料	103.4	103.2	104.0	104.3	104.3	104.3
农业生产服务	102.5	100.8	100.8	102.3	102.1	102.7
排 灌 费	105.9	104.3	104.3	108.5	108.5	108.5
机械作业费	100.3	98.6	98.6	98.6	98.6	99.3
农业用电	100.0	100.0	100.0	100.0	100.0	100.0
农业用工	108.4	105.9	105.9	111.2	109.6	110.8

价格分月指数(2018年)

6月	7月	8月	9月	10月	11月	12月
105.8	**105.7**	**105.1**	**104.8**	**104.7**	**104.0**	**103.0**
106.2	106.2	106.7	106.6	105.8	106.1	105.7
106.2	106.2	106.7	106.6	105.8	106.1	105.7
108.6	107.4	106.3	105.1	104.5	104.9	104.5
108.5	108.2	107.6	107.1	107.5	107.4	106.3
108.7	105.9	103.8	101.2	98.7	100.3	100.9
84.0	83.3	86.6	89.4	89.2	85.3	83.3
75.8	77.4	79.9	78.1	77.3	73.9	72.7
120.6	102.8	106.2	132.9	134.7	123.4	115.8
92.1	96.1	100.7	98.9	98.5	97.4	96.6
101.3	100.9	100.5	99.3	99.4	100.3	100.7
101.3	100.9	100.5	99.3	99.4	100.3	100.7
100.7	100.7	100.4	100.4	100.4	100.5	100.5
100.7	100.7	100.4	100.4	100.4	100.5	100.5
111.4	111.9	110.4	109.4	109.5	108.3	107.2
117.5	118.8	115.8	114.7	115.8	114.0	111.9
116.3	116.7	115.0	112.0	109.6	108.4	106.6
106.4	106.6	107.8	105.7	105.6	104.8	103.5
107.3	107.4	106.5	106.1	106.0	105.3	105.0
105.6	106.2	106.0	106.8	106.7	105.7	105.4
105.8	106.4	106.2	107.1	107.0	105.9	105.6
108.1	108.8	108.7	108.0	107.3	105.9	105.3
104.0	104.2	104.1	105.8	106.5	105.3	105.4
104.8	105.9	105.2	107.8	107.8	107.3	107.3
103.6	103.6	103.8	104.2	104.0	102.7	102.5
101.9	101.9	102.0	102.0	102.0	102.3	101.3
101.9	101.9	102.0	102.0	102.0	102.3	101.3
122.2	125.7	122.9	124.5	125.0	114.7	100.7
123.2	126.9	123.9	125.6	126.2	115.4	100.8
101.5	101.5	101.8	100.7	99.3	98.8	98.8
100.3	100.3	100.0	100.1	100.3	100.3	100.2
99.2	99.2	99.0	99.2	99.7	99.8	99.8
105.1	105.1	104.3	104.0	102.8	101.8	101.4
103.4	103.4	103.6	102.9	102.5	102.5	102.4
102.9	102.9	103.1	103.0	103.0	103.0	103.0
105.3	105.3	105.3	105.3	105.3	105.3	105.3
101.3	101.3	101.3	101.3	101.3	101.3	101.3
100.0	100.0	100.0	100.0	100.0	100.0	100.0
107.8	107.4	109.2	108.3	108.3	108.3	108.3

4-12　26个调查市县居民

(上年=100)

市　县	居民消费价格总指数	食品烟酒					衣着
			粮食	鲜菜	畜肉类	蛋类	
全省平均	**102.3**	**101.5**	**100.4**	**104.6**	**93.4**	**116.6**	**101.1**
城市平均	**102.4**	**101.9**	**100.3**	**105.2**	**94.5**	**114.4**	**101.0**
郑州市	102.4	102.1	98.7	106.0	95.7	111.0	101.1
开封市	102.8	101.6	99.7	107.6	95.2	118.4	101.1
洛阳市	102.2	102.6	102.2	103.6	95.8	118.2	101.2
平顶山市	102.3	101.2	99.3	104.0	97.1	106.1	101.4
安阳市	102.7	102.6	101.1	103.3	94.7	118.8	102.2
鹤壁市	102.1	100.6	99.8	102.9	92.4	122.0	100.0
新乡市	102.3	101.9	100.6	105.8	95.5	109.0	100.3
焦作市	102.2	102.3	101.2	109.5	95.7	115.9	101.3
濮阳市	102.5	102.0	99.5	101.6	92.8	121.7	102.4
许昌市	102.4	101.7	101.5	107.0	96.0	112.9	101.3
漯河市	102.2	102.5	102.2	103.1	94.4	123.8	99.7
三门峡市	102.6	101.8	100.2	106.6	93.7	118.7	100.6
南阳市	102.7	101.8	102.3	107.7	93.5	111.8	101.3
商丘市	102.1	101.1	99.4	101.2	93.2	115.5	98.6
信阳市	102.5	101.1	100.4	102.3	90.0	118.7	99.4
周口市	102.1	101.4	99.5	104.5	93.0	122.1	100.8
驻马店市	102.8	102.6	100.5	105.5	93.2	113.9	101.6
农村平均	**102.0**	**100.8**	**100.6**	**103.6**	**91.9**	**119.9**	**101.3**
滑县	102.8	101.2	102.1	97.4	93.3	122.6	101.3
辉县市	102.5	100.6	100.7	103.9	90.1	113.8	101.6
襄城县	102.4	100.8	100.1	106.0	92.5	125.8	100.0
灵宝市	101.5	100.4	100.7	104.2	91.8	116.1	100.8
镇平县	101.4	100.7	100.3	101.0	94.3	123.6	102.1
永城市	101.7	100.9	100.0	107.3	92.1	122.3	101.3
固始县	102.4	100.0	99.4	103.3	89.6	114.8	101.7
淮阳县	101.7	101.2	100.3	107.5	92.5	127.7	101.7
汝南县	102.1	101.6	102.1	102.6	93.0	114.3	102.0

消费价格指数(2018年)

居住	水、电、燃料	生活用品及服务	交通和通讯	教育文化和娱乐	医疗保健	其他用品和服务
102.2	**102.4**	**101.6**	**102.2**	**103.0**	**106.1**	**101.4**
102.3	**102.6**	**101.6**	**101.8**	**102.3**	**108.1**	**101.5**
100.6	103.0	101.6	100.0	103.0	113.0	102.7
106.1	103.0	100.7	102.2	102.7	105.2	100.9
102.1	101.2	101.3	102.6	101.8	103.7	100.8
103.0	102.4	101.4	102.3	102.2	107.9	100.3
101.3	102.8	101.0	103.6	101.8	109.3	100.6
102.4	102.9	101.1	102.3	106.6	103.9	100.2
101.0	101.9	103.2	102.8	102.1	108.4	102.3
102.3	102.6	102.0	103.2	102.4	101.2	102.2
102.1	101.9	102.2	101.7	105.2	103.9	100.4
103.9	102.7	101.7	103.1	101.5	102.9	102.0
103.2	104.2	102.6	103.3	101.9	100.8	101.7
107.6	102.6	99.6	102.4	100.5	102.3	100.0
103.0	101.8	102.0	101.9	102.7	108.9	102.5
105.0	101.7	100.5	102.3	101.1	107.3	99.8
103.1	102.1	101.1	103.0	100.1	115.3	99.0
103.4	101.8	100.7	102.8	101.5	104.5	101.1
103.8	102.4	102.9	102.8	101.0	105.8	100.7
102.1	**102.1**	**101.7**	**102.9**	**104.1**	**103.2**	**101.1**
100.6	100.1	102.9	102.2	113.8	102.2	100.0
101.3	101.0	103.2	103.5	109.4	102.0	102.2
104.1	106.9	101.2	105.0	102.1	104.6	100.0
102.5	104.9	101.5	102.1	102.2	101.2	102.6
101.0	100.3	101.2	102.4	102.2	101.8	101.3
101.5	104.4	100.9	102.9	101.8	104.6	100.4
103.8	100.6	103.3	102.9	102.1	107.3	101.9
101.8	100.6	101.1	102.1	102.5	102.1	101.1
102.9	102.2	100.1	102.8	102.2	102.5	101.0

4-13 26个调查市县商品

(上年=100)

市 县	商品零售价格总指数	食品类	饮料、烟酒	服装、鞋帽类	纺织品类	家用电器及音像器材	文化办公用品	日用品
全省平均	**102.9**	**101.6**	**102.6**	**101.0**	**100.8**	**100.8**	**100.5**	**101.2**
城市平均	**103.0**	**101.8**	**102.8**	**100.9**	**100.6**	**100.8**	**100.6**	**101.2**
郑州市	103.6	101.7	102.8	101.0	100.7	100.8	100.6	102.3
开封市	102.5	101.7	101.4	100.9	100.7	100.9	100.5	100.4
洛阳市	102.8	102.4	106.2	101.1	101.3	100.7	100.2	99.8
平顶山市	102.2	100.9	102.5	101.5	99.5	100.8	101.3	100.3
安阳市	103.7	102.6	101.9	102.2	100.2	100.7	101.0	100.0
鹤壁市	102.4	100.4	101.7	100.7	100.0	100.9	100.7	98.7
新乡市	103.4	102.1	100.8	100.6	103.7	101.0	100.7	102.3
焦作市	103.0	102.9	100.7	101.3	102.0	100.7	100.6	100.8
濮阳市	103.6	101.5	104.3	102.5	102.4	101.5	100.8	104.3
许昌市	102.5	102.0	100.7	101.4	100.4	100.6	100.4	100.2
漯河市	102.5	102.4	103.0	99.9	101.3	100.8	100.4	102.1
三门峡市	102.3	102.0	100.6	100.3	90.6	100.8	101.4	99.7
南阳市	103.1	102.4	100.2	101.4	101.1	100.8	101.0	101.6
商丘市	101.5	101.0	100.6	98.3	98.7	100.6	99.7	99.6
信阳市	102.4	100.3	106.6	99.2	99.6	100.9	100.9	101.3
周口市	102.3	101.3	101.5	100.2	99.3	100.7	101.2	100.6
驻马店市	102.9	102.6	101.1	101.5	100.8	100.9	100.3	100.5
农村平均	**102.9**	**100.8**	**101.9**	**101.3**	**101.3**	**100.9**	**99.6**	**101.4**
滑县	102.7	101.4	102.1	101.1	101.4	100.9	98.8	100.1
辉县市	102.8	100.9	100.6	101.4	101.9	100.9	99.0	101.4
襄城县	103.2	100.8	99.5	99.7	99.0	100.8	100.4	103.3
灵宝市	102.6	101.0	99.4	100.7	104.2	101.1	99.9	100.5
镇平县	102.5	100.3	105.2	101.8	101.3	99.9	98.8	101.4
永城市	102.9	101.3	101.2	101.4	101.3	101.2	98.6	101.5
固始县	103.2	99.9	101.3	101.5	100.7	101.3	99.3	103.0
淮阳县	103.4	101.2	104.5	101.6	100.0	101.3	102.5	100.6
汝南县	103.6	102.1	103.1	101.9	100.0	101.1	99.3	99.9

零售价格指数(2018年)

体　育娱乐用品	交通、通信用品	家具	化妆品类	金银饰品类	中西药品及医疗保健用品类	书报杂志及电子出版物类	燃料类	建筑材料及五金电料类
101.5	**102.7**	**102.4**	**101.6**	**98.3**	**105.6**	**104.1**	**112.0**	**102.8**
101.6	**102.5**	**102.0**	**101.7**	**98.1**	**105.6**	**104.2**	**112.0**	**102.4**
103.7	102.8	102.7	102.2	98.6	108.9	103.5	113.5	102.3
99.2	102.1	102.4	100.3	97.3	103.5	104.6	110.6	103.3
99.1	102.3	101.0	102.0	97.1	102.9	100.2	112.1	101.5
102.7	102.5	100.9	100.8	97.0	99.9	109.1	111.0	101.0
99.8	102.1	101.1	102.2	95.5	112.9	100.8	112.0	105.3
101.5	102.5	102.0	101.0	102.8	108.9	99.5	111.5	99.9
101.6	102.4	103.4	103.5	97.4	108.8	111.2	111.9	102.0
100.4	102.6	104.4	99.4	99.6	103.3	101.3	110.7	102.5
99.4	102.4	101.0	100.0	97.9	110.8	103.6	110.7	102.2
100.0	102.4	99.4	102.6	100.9	100.5	104.6	111.3	105.6
105.3	102.4	100.6	101.7	100.2	102.0	101.3	111.0	98.7
100.2	102.2	100.8	101.0	99.9	102.0	109.3	110.7	103.9
101.2	103.3	102.8	102.5	101.3	103.7	105.1	111.5	104.8
99.6	102.6	99.6	100.4	98.5	103.0	100.3	110.1	100.4
98.4	102.6	98.8	99.5	95.9	105.1	109.4	109.8	103.8
100.0	102.8	99.8	100.2	96.7	100.6	103.3	112.2	104.4
100.3	102.5	110.7	101.9	95.5	102.9	104.8	111.5	103.2
100.6	**103.3**	**103.9**	**101.3**	**99.3**	**105.6**	**103.4**	**112.0**	**104.0**
98.2	102.5	110.3	100.2	98.8	105.9	101.3	108.3	103.4
101.5	103.3	111.0	102.3	99.8	105.5	102.5	108.0	104.8
100.6	103.1	97.8	99.9	96.3	106.9	107.6	115.7	104.8
100.2	102.8	102.4	100.1	99.7	104.4	102.4	113.5	105.5
102.2	103.5	102.1	101.2	102.1	102.3	105.7	112.2	101.3
100.2	103.3	100.4	101.5	99.1	103.3	102.7	113.6	100.6
101.0	103.4	107.3	100.6	100.3	111.3	104.3	111.5	106.1
100.1	104.4	100.8	104.5	96.9	106.0	100.4	112.0	102.3
100.3	103.4	100.0	101.7	99.1	105.3	102.7	112.1	109.3

主要统计指标解释

居民消费价格指数 是反映一定时期内城乡居民购买并用于日常生活消费的商品和服务项目价格水平变动趋势和程度的相对数。居民消费价格水平的变动率在一定程度上反映了通货膨胀（或紧缩）的程度。编制居民消费价格指数（CPI）的目的，是为了了解市场价格变动的基本情况，分析研究价格变动对社会经济和居民生活支出的影响，满足各级政府制定政策和计划、进行宏观调控的需要；同时居民消费价格指数也是国民经济核算和社会担保实际支付调整的重要指标。

城市居民消费价格指数 是反映城市居民家庭所购买用于日常生活消费的商品和服务项目价格变动趋势和程度的相对数。城市居民消费价格指数可以用以观察分析消费商品和服务项目价格变动对职工货币工资的影响，作为研究职工生活和确定工资政策以及相关社会保障政策的依据。

农村居民消费价格指数 是反映农村居民家庭所购买用于日常生活消费的商品和服务项目价格变动趋势和程度的相对数。农村居民消费价格指数可以用以观察分析农村消费商品和服务项目价格变动对农村居民生活消费支出的影响，直接反映农民生活水平的实际变化情况，为分析和研究农村居民生活问题和制定相关惠农政策提供依据。

商品零售价格指数 商品零售价格是工业、商业、餐饮和其他零售企业向城乡居民、机关团体出售生活消费品和办公用品的价格，不包括服务项目价格。商品零售价格的变动直接影响到城乡居民的生活支出和国家的财政收入，影响居民购买力和市场供需平衡，影响消费与积累的比例。编制商品零售价格指数(RPI)，以此反映市场商品零售价格变动趋势和变动程度，从另一个侧面对上述经济活动进行观察和分析。

农业生产资料价格指数 是反映工业、商业及其他单位和个人向农民出售农业生产资料（包括主要生产性服务）价格变动趋势和变动程度的相对数。编制农业生产资料价格指数（AMPI），目的在于掌握农业生产资料的平均价格水平和变动情况，为国家制定经济政策提供依据；同时，为研究城乡市场流通和国民经济核算提供参考依据。

五 生产价格

资料整理：王晓燕　郝雅菁　刘正威

5-1 历年工业生产者出厂及购进价格指数

(上年＝100)

年份	工业生产者出厂价格总指数	按轻、重工业分		按部类分		工业生产者购进价格总指数
		轻工业	重工业	生产资料	生活资料	
1989	119.7	116.6	122.6	121.4	117.5	130.0
1990	105.5	105.3	105.5	105.4	105.4	105.5
1991	104.3	102.0	106.2	105.7	102.1	104.4
1992	106.2	104.1	108.0	107.3	104.6	110.0
1993	118.1	108.8	125.9	124.4	108.4	133.0
1994	124.1	129.5	119.4	119.4	131.1	122.0
1995	115.0	119.9	110.9	114.3	116.2	114.1
1996	104.1	102.8	105.1	104.8	103.0	106.0
1997	100.6	98.5	102.1	101.2	99.5	100.6
1998	95.3	94.2	96.0	95.8	94.2	94.8
1999	95.4	93.9	96.5	96.0	94.4	94.3
2000	104.0	99.6	106.5	106.0	98.0	105.1
2001	100.5	98.7	101.5	101.1	98.6	101.9
2002	98.6	96.8	99.7	98.8	98.2	97.6
2003	105.0	103.2	106.9	105.7	102.7	107.8
2004	110.2	106.4	113.9	111.4	106.4	115.7
2005	106.1	102.6	109.2	107.3	101.9	108.3
2006	104.3	101.3	106.7	105.3	100.7	105.3
2007	105.2	105.7	104.9	104.5	107.7	106.4
2008	112.1	107.9	115.4	113.3	108.1	111.9
2009	94.9	98.4	92.2	93.3	101.1	97.1
2010	107.8	104.3	110.7	108.8	103.9	110.2
2011	107.2	106.9	107.3	107.7	105.5	110.1
2012	99.4	100.1	99.2	98.6	102.5	99.2
2013	98.5	101.8	97.3	97.5	102.2	99.3
2014	98.1	100.9	96.9	97.2	100.9	98.4
2015	95.4	99.8	93.6	93.9	100.4	95.4
2016	99.0	99.1	99.0	99.2	98.6	99.2
2017	106.8	101.9	108.9	109.7	99.6	107.3
2018	103.6	101.3	104.5	104.9	99.9	104.0

5-2 主要年份分类工业生产者出厂价格指数

(上年=100)

项目名称	1990年	1995年	2000年	2005年	2010年	2014年	2015年	2016年	2017年	2018年
总指数	**105.5**	**115.0**	**104.0**	**106.1**	**107.8**	**98.1**	**95.4**	**99.0**	**106.8**	**103.6**
核心指数						98.5	96.4	99.3	106.5	103.5
高技术						100.3	101.2	97.4	97.5	99.5
能源						93.9	87.4	96.3	120.0	107.9
按轻重工业分										
轻工业	105.3	119.9	99.6	102.6	104.3	100.9	99.8	99.1	101.9	101.3
以农产品为原料	106.5	120.8	99.6	101.1	106.0	100.8	99.6	99.2	101.8	101.7
以非农产品为原料	101.8	116.0	99.5	104.4	102.4	101.0	100.5	98.8	102.3	99.9
重工业	105.5	110.9	106.5	109.2	110.7	96.9	93.6	99.0	108.9	104.5
采掘	108.5	108.8	116.3	125.6	116.7	91.3	82.1	96.5	116.0	106.7
原料	107.1	106.5	108.8	107.1	112.9	96.9	93.4	99.4	115.7	105.2
加工	102.8	117.2	99.6	104.2	105.0	98.5	96.9	99.1	105.5	103.9
按两大部类分										
生产资料	105.4	114.3	106.0	107.3	108.8	97.2	93.9	99.2	109.7	104.9
采掘	108.5	108.8	115.3	123.6	116.8	91.3	82.1	96.5	116.0	106.7
原料	106.8	112.0	108.2	106.3	112.0	97.5	94.1	100.0	116.1	105.1
加工	103.1	119.2	100.2	103.3	104.6	98.5	96.7	99.2	106.5	104.6
生活资料	105.4	116.2	98.0	101.9	103.9	100.9	100.4	98.6	99.6	99.9
食品	102.7	115.4	94.3	102.1	103.7	101.2	100.4	99.6	99.9	100.6
衣着	112.1	118.0	104.0	102.8	105.6	100.9	100.8	99.1	100.3	99.7
一般日用品	100.0	116.8	101.0	101.7	103.7	100.3	100.1	97.5	101.4	100.5
耐用消费品	96.2	107.1	97.9	99.7	103.9	99.8	100.0	96.9	96.5	97.8
按初级中间最终产品分										
初级产品						91.3	82.1	96.5	116.0	106.7
矿产品						91.3	82.1	96.5	116.0	106.7
中间产品						98.5	96.3	99.3	107.9	104.1
最终产品						100.2	98.9	98.1	101.7	102.2
最终投资品						99.8	98.3	97.9	102.6	103.3
最终消费品						100.6	99.6	98.2	100.5	100.5
按工业部门分										
冶金工业	116.4	103.9	109.6	104.8	116.4	95.6	90.5	103.7	117.3	105.0
电力工业	102.3	105.9	105.4	105.0	103.6	99.7	96.9	93.6	101.1	101.4
煤炭及炼焦工业	103.5	108.9	96.9	124.5	113.1	88.5	83.1	100.9	140.9	112.0
石油工业	114.8	104.3	146.8	125.8	127.9	96.9	77.6	91.9	113.4	113.1
化学工业	106.8	124.8	100.6	106.4	107.3	97.6	96.8	96.9	107.4	104.7
机械工业	100.8	112.2	99.0	101.5	101.4	99.8	99.0	97.8	100.1	100.7
建筑材料工业	96.8	110.8	100.4	108.4	101.1	100.2	98.9	99.0	105.4	104.7
森林工业	95.7	108.9	101.4	99.5	99.9	101.3	100.7	99.4	101.0	101.7
食品工业	102.4	115.4	94.3	101.9	103.7	101.1	99.9	99.2	99.8	100.5
纺织工业	109.1	119.3	107.7	95.4	116.4	97.7	95.9	98.3	105.4	104.2
缝纫工业	130.9	129.1	105.7	103.3	105.3	100.7	99.5	97.6	101.0	99.9
皮革工业	99.9	126.8	100.9	104.0	102.7	108.1	109.3	105.2	102.1	101.5
造纸工业	98.4	140.5	101.2	102.3	103.4	99.8	98.8	99.3	111.7	107.2
文教艺术用品工业	97.7	100.4	97.6	101.7	101.8	99.3	98.6	97.8	100.0	102.5
其它工业	100.9	144.7	100.5	101.9	103.5	99.6	99.6	99.3	106.4	107.6

5-3 主要年份分类工业生产者购进价格指数

(上年=100)

项目名称	1990年	1995年	2000年	2005年	2010年	2014年	2015年	2016年	2017年	2018年
总 指 数	**105.5**	**114.1**	**105.1**	**108.3**	**110.2**	**98.4**	**95.4**	**99.2**	**107.3**	**104.0**
按初级中间最终产品分										
初级产品						96.3	91.7	99.2	109.1	104.3
农产品						97.9	97.0	100.2	99.4	100.1
矿产品						94.7	86.1	98.6	119.4	107.8
废料						95.5	90.7	93.1	104.5	110.3
中间产品						99.3	97.0	99.3	106.5	103.9
九大类原材料购进价格指数										
燃料、动力类	105.1	109.2	107.9	115.2	108.9	96.8	91.0	98.1	113.1	106.1
黑色金属材料类	107.7	95.0	102.2	106.0	108.4	93.6	85.4	96.7	117.4	107.1
钢材		95.7	104.2	106.7	105.9	97.9	91.9	96.2	113.1	106.1
其它		94.2	99.3	105.1	113.1	85.5	71.8	97.3	122.9	108.3
有色金属材料及电线类	98.6	126.7	111.6	115.4	123.2	97.9	95.4	101.2	118.3	104.9
化工原料类	89.9	123.8	111.2	107.5	116.8	97.1	92.7	99.1	107.2	103.9
木材及纸浆类	111.5	108.3	100.6	103.1	104.7	98.5	98.2	98.1	105.4	106.5
建筑材料及非金属类	104.3		99.6	114.9	103.9	99.5	98.7	97.7	106.6	107.7
建筑材料类		100.4								
非金属矿类		109.3								
其它工业原材料及半成品类			99.9	112.5	107.4	102.3	100.5	100.1	101.4	101.9
农副产品类	106.2	135.1	98.2	102.5	108.3	97.9	97.0	100.2	99.4	100.0
纺织原料类	123.6	116.3	107.4	100.6	118.1	96.2	93.4	100.0	103.9	99.9

5-4 各月分类工业生产者

(上年同期=100)

项目名称	全年	1月	2月	3月	4月	5月
总指数	**103.6**	**105.2**	**104.6**	**104.5**	**104.2**	**104.5**
核心指数	103.5	105.3	104.6	104.4	104.4	104.9
高技术	99.5	99.6	100.1	100.0	99.8	99.3
能源	107.9	111.1	110.1	110.5	107.9	106.3
按轻重工业分						
轻工业	101.3	101.8	101.6	101.4	101.4	101.7
以农产品为原料	101.7	101.9	101.9	101.7	101.8	102.1
以非农产品为原料	99.9	101.2	100.3	100.4	100.0	100.1
重工业	104.5	106.6	105.8	105.7	105.4	105.6
采掘	106.7	108.7	110.0	110.8	108.5	105.5
原料	105.2	109.0	106.4	105.6	105.1	106.1
加工	103.9	105.3	105.1	105.0	105.0	105.4
按两大部类分						
生产资料	104.9	107.0	106.1	106.0	105.7	106.1
采掘	106.7	108.7	110.0	110.8	108.5	105.5
原料	105.1	109.1	106.3	105.5	105.1	106.1
加工	104.6	106.0	105.6	105.5	105.6	106.1
生活资料	99.9	100.2	100.4	100.3	100.1	100.1
食品	100.6	100.7	100.9	100.7	100.7	100.9
衣着	99.7	99.6	99.5	99.4	99.4	99.3
一般日用品	100.5	101.4	101.0	101.1	100.6	100.5
耐用消费品	97.8	98.0	99.0	98.7	98.5	98.0
按初级中间最终产品分						
初级产品	106.7	108.7	110.0	110.7	108.5	105.5
矿产品	106.7	108.7	110.0	110.7	108.5	105.5
中间产品	104.1	106.0	105.1	104.9	104.8	105.4
最终产品	102.2	103.0	103.0	102.9	102.8	103.0
最终投资品	103.3	104.1	104.2	104.2	104.1	104.4
最终消费品	100.5	101.2	101.2	101.1	101.0	100.9
按工业部门分						
冶金工业	105.0	109.2	106.8	106.7	107.3	108.5
电力工业	101.4	103.8	103.4	103.9	103.5	103.4
煤炭及炼焦工业	112.0	117.4	115.8	117.9	111.5	106.8
石油工业	113.1	110.8	110.1	105.2	107.7	110.5
化学工业	104.7	106.4	104.9	103.5	103.8	105.4
机械工业	100.7	100.5	100.9	101.1	101.1	101.3
建筑材料工业	104.7	105.2	105.4	105.7	105.2	104.6
森林工业	101.7	102.1	102.5	102.0	102.1	102.0
食品工业	100.5	100.3	100.6	100.6	100.7	100.9
纺织工业	104.2	104.6	103.8	103.3	103.1	103.7
缝纫工业	99.9	100.2	100.7	100.2	100.2	99.8
皮革工业	101.5	101.3	100.8	101.0	100.8	100.8
造纸工业	107.2	113.2	110.7	109.7	110.1	111.2
文教艺术用品工业	102.5	102.4	101.4	101.8	101.6	101.8
其它工业	107.6	115.4	116.2	115.3	114.1	113.1

出厂价格同比指数(2018年)

6月	7月	8月	9月	10月	11月	12月
104.7	**104.1**	**103.3**	**102.6**	**102.4**	**102.1**	**100.9**
104.7	103.8	103.2	102.5	102.3	101.7	100.5
99.7	99.2	99.5	99.5	99.6	99.3	97.9
109.3	109.8	107.8	105.7	105.4	107.3	104.9
101.8	101.9	101.6	101.2	100.8	100.5	100.1
102.4	102.4	102.0	101.6	101.1	100.7	100.5
99.9	100.0	99.8	99.7	99.7	99.5	98.6
105.9	104.9	104.0	103.1	103.0	102.8	101.2
106.6	107.3	106.9	104.7	105.3	103.9	103.4
107.7	106.5	104.6	102.9	103.2	104.0	101.8
105.1	104.0	103.4	103.0	102.6	102.2	100.7
106.4	105.6	104.6	103.6	103.3	103.0	101.6
106.6	107.3	106.9	104.7	105.3	103.9	103.4
107.7	106.6	104.6	102.6	102.8	103.5	101.6
105.8	105.0	104.3	103.8	103.3	102.8	101.3
100.1	100.0	99.8	99.9	99.8	99.7	99.0
100.9	100.8	100.4	100.5	100.5	100.3	99.9
99.7	100.0	100.0	99.7	99.4	100.0	100.3
100.6	100.3	100.1	100.8	100.5	100.4	98.7
97.7	97.6	97.6	97.6	97.5	97.3	96.5
106.6	107.3	106.9	104.7	105.3	103.9	103.4
106.6	107.3	106.9	104.7	105.3	103.9	103.4
105.6	104.7	103.8	103.0	102.7	102.5	101.0
102.8	102.3	101.9	101.7	101.4	101.1	100.6
104.0	103.6	103.2	102.9	102.4	102.0	101.3
101.0	100.4	99.9	100.0	99.9	99.9	99.5
108.8	106.3	104.3	102.3	101.9	101.2	98.7
103.6	101.0	99.2	98.9	98.7	98.5	99.0
111.5	114.0	111.7	107.9	107.0	112.4	111.2
116.3	119.9	118.5	118.5	120.2	117.2	103.7
105.8	106.0	105.7	105.1	105.0	103.6	100.9
101.0	100.7	100.6	100.6	100.6	100.5	99.9
104.1	103.7	104.0	104.4	104.9	104.6	104.0
101.9	101.4	101.6	101.1	101.3	100.9	101.1
100.9	100.7	100.3	100.4	100.3	100.1	100.0
104.4	104.7	105.4	105.2	105.0	103.9	102.9
100.2	100.4	99.8	99.4	99.2	99.7	99.4
101.2	101.6	102.5	102.0	101.6	102.0	102.9
111.8	110.8	108.9	105.6	100.5	98.6	98.2
101.8	101.7	102.4	104.6	103.5	104.8	102.5
109.8	105.6	103.2	101.8	101.0	100.1	99.6

5-5 各月分大类工业生产者

(上年同期=100)

大类行业名称	全年	1月	2月	3月	4月
煤炭开采和洗选业	109.7	112.4	114.7	116.8	114.2
石油和天然气开采业	112.1	107.5	107.9	103.9	105.4
黑色金属矿采选业	106.7	108.6	101.9	102.2	106.1
有色金属矿采选业	103.3	105.0	107.4	106.6	103.2
非金属矿采选业	103.1	102.2	102.2	102.0	101.6
农副食品加工业	99.9	99.4	99.6	99.7	100.0
食品制造业	100.9	101.3	101.3	101.4	101.0
酒、饮料和精制茶制造业	103.6	103.3	104.3	103.5	103.9
烟草制品业	100.1	100.0	100.0	100.0	100.0
纺织业	103.9	104.3	103.5	103.1	102.9
纺织服装、服饰业	100.1	100.2	100.7	100.2	100.3
皮革、毛皮、羽毛及其制品和制鞋业	101.2	101.3	100.8	101.1	100.8
木材加工和木、竹、藤、棕、草制品业	102.2	102.7	102.9	102.3	102.4
家具制造业	100.2	100.3	100.8	100.7	100.7
造纸和纸制品业	107.2	113.2	110.7	109.7	110.1
印刷和记录媒介复制业	103.1	103.0	101.8	102.2	101.9
文教、工美、体育和娱乐用品制造业	100.3	100.4	100.4	100.8	100.4
石油、煤炭及其他燃料加工业	117.6	124.2	116.3	115.2	107.7
化学原料和化学制品制造业	106.1	109.4	106.8	104.6	104.7
医药制造业	104.3	103.7	104.0	103.7	103.1
化学纤维制造业	107.3	108.4	101.8	102.2	102.0
橡胶和塑料制品业	101.8	103.6	102.2	101.3	102.2
非金属矿物制品业	106.1	109.0	109.4	109.4	108.6
黑色金属冶炼和压延加工业	110.5	114.9	110.7	111.3	112.9
有色金属冶炼和压延加工业	100.3	106.4	102.9	102.2	103.4
金属制品业	109.5	109.2	110.1	111.0	110.3
通用设备制造业	102.8	100.2	101.0	102.6	103.3
专用设备制造业	100.4	100.3	100.5	100.3	100.3
汽车制造业	102.2	102.2	102.5	102.9	102.1
铁路、船舶、航空航天和其他运输设备制造业	101.5	101.5	101.7	101.7	101.7
电气机械和器材制造业	98.6	99.9	99.5	98.9	99.4
计算机、通信和其他电子设备制造业	96.5	96.5	97.6	97.4	97.4
仪器仪表制造业	99.9	99.9	99.9	99.9	100.2
其他制造业	99.2	100.2	101.0	98.7	98.8
金属制品、机械和设备修理业	100.0	100.0	100.0	100.0	100.0
电力、热力生产和供应业	101.4	103.8	103.5	103.9	103.6
燃气生产和供应业	104.7	106.1	108.5	102.7	101.0
水的生产和供应业	103.0	106.0	103.6	102.8	102.1

出厂价格同比指数(2018年)

5月	6月	7月	8月	9月	10月	11月	12月
109.3	110.6	110.4	109.4	106.0	103.7	104.4	106.5
109.8	121.9	124.5	121.1	116.1	117.3	114.7	97.5
107.8	110.2	110.0	104.7	103.0	108.1	111.9	107.2
100.6	99.6	101.4	104.0	103.0	106.7	101.8	100.9
101.9	102.2	102.9	102.3	101.6	106.1	105.4	106.2
100.5	100.7	100.4	99.8	99.9	100.1	99.4	99.3
101.0	100.6	100.4	100.5	100.9	100.2	100.9	100.8
104.3	105.1	105.9	104.5	102.7	102.6	101.7	101.0
100.2	100.2	100.1	100.1	100.1	100.3	100.3	100.3
103.4	104.1	104.4	105.1	104.9	104.7	103.7	102.6
99.8	100.4	100.7	100.1	99.5	99.3	100.0	100.0
100.8	101.1	101.2	101.7	101.4	101.2	101.2	101.9
102.7	102.7	101.9	102.1	101.8	101.9	101.3	101.8
100.3	100.0	100.0	100.1	99.8	99.8	100.0	99.6
111.2	111.8	110.8	108.9	105.6	100.5	98.6	98.2
102.1	102.2	102.0	102.9	105.8	104.1	106.0	102.8
100.1	99.8	100.0	100.2	100.6	100.4	100.2	100.1
106.5	116.1	123.9	119.9	117.2	119.1	128.7	116.2
107.9	107.6	107.5	107.3	106.5	106.1	104.5	100.5
102.6	104.1	103.8	104.9	105.7	106.6	106.4	103.1
105.4	105.2	110.0	110.1	112.5	111.8	112.5	107.0
102.5	102.8	103.1	101.9	101.3	101.0	99.8	99.6
107.9	106.5	104.8	104.2	104.1	104.0	103.5	102.9
116.4	117.9	113.5	111.9	109.0	108.2	107.3	95.7
104.8	104.6	101.2	97.3	95.4	94.4	94.9	97.8
110.8	110.8	110.4	110.4	110.5	108.3	107.3	105.8
103.1	104.1	102.9	103.1	103.0	103.9	103.8	102.5
100.2	100.2	100.3	100.5	100.8	100.7	100.6	100.3
103.6	102.0	102.4	102.1	101.9	101.7	102.0	101.5
101.8	101.5	101.5	101.6	101.7	101.7	101.2	100.1
99.6	99.0	98.9	97.8	97.4	97.6	97.5	97.5
97.0	97.0	96.5	96.5	96.2	95.8	95.5	95.0
100.1	99.7	99.1	99.0	99.5	99.9	100.6	100.5
98.8	98.9	98.8	98.3	97.3	97.9	99.6	102.2
100.0	100.0	100.0	100.0	100.0	100.0	100.0	100.0
103.4	103.7	101.0	99.2	99.0	98.7	98.5	99.0
99.6	101.0	101.3	102.5	103.3	109.7	112.5	108.1
102.1	102.2	102.2	102.4	102.4	103.2	103.3	103.3

5-6 各月分大中类工业生产者

(上年同期=100)

大中类行业名称	全年	1月	2月	3月	4月
煤炭开采和洗选业	109.7	112.4	114.7	116.8	114.2
烟煤和无烟煤开采洗选	109.7	112.4	114.8	116.9	114.2
其他煤炭采选	97.7	88.1	90.9	95.4	98.6
石油和天然气开采业	112.1	107.5	107.9	103.9	105.4
石油开采	112.5	107.7	107.6	103.5	105.3
天然气开采	105.7	104.3	110.9	108.4	106.3
黑色金属矿采选业	106.7	108.6	101.9	102.2	106.1
铁矿采选	106.7	108.6	101.9	102.2	106.1
有色金属矿采选业	103.3	105.0	107.4	106.6	103.2
常用有色金属矿采选	103.6	113.5	116.0	115.8	103.2
贵金属矿采选	98.9	98.9	100.5	99.0	98.8
稀有稀土金属矿采选	128.8	124.2	132.8	135.4	129.3
非金属矿采选业	103.1	102.2	102.2	102.0	101.6
土砂石开采	103.1	101.7	102.1	102.0	102.0
化学矿开采	102.9	104.0	101.9	102.4	96.1
采盐	97.0	109.0	98.5	97.6	94.6
石棉及其他非金属矿采选	103.9	103.7	104.0	103.6	103.6
农副食品加工业	99.9	99.4	99.6	99.7	100.0
谷物磨制	100.6	102.5	102.4	102.1	100.6
饲料加工	102.2	99.5	100.0	101.3	102.1
植物油加工	94.5	92.3	92.7	92.6	95.1
屠宰及肉类加工	99.4	98.7	99.2	98.8	99.9
蔬菜、菌类、水果和坚果加工	93.8	90.9	92.9	91.6	90.5
其他农副食品加工	104.6	101.3	100.8	103.9	105.0
食品制造业	100.9	101.3	101.3	101.4	101.0
焙烤食品制造	102.0	103.2	103.0	102.6	102.1
糖果、巧克力及蜜饯制造	103.5	101.9	101.9	101.9	101.9
方便食品制造	99.9	100.0	100.1	100.0	99.4
乳制品制造	103.9	105.8	106.5	106.6	106.7
罐头食品制造	99.9	99.0	100.2	99.5	99.6
调味品、发酵制品制造	101.9	100.9	101.3	101.5	102.1
其他食品制造	98.6	100.5	100.3	101.2	100.1
酒、饮料及精制茶制造业	103.6	103.3	104.3	103.5	103.9
酒的制造	105.1	103.8	105.4	104.0	104.6
饮料制造	101.9	102.4	102.7	102.7	102.8

出厂价格同比指数(2018年)

5月	6月	7月	8月	9月	10月	11月	12月
109.3	110.6	110.4	109.4	106.0	103.7	104.4	106.5
109.3	110.7	110.4	109.4	106.0	103.7	104.4	106.6
101.2	101.8	101.8	100.9	100.9	97.5	97.5	100.0
109.8	121.9	124.5	121.1	116.1	117.3	114.7	97.5
110.2	123.3	126.1	122.6	116.8	118.2	115.2	96.8
104.2	102.8	103.5	102.0	105.6	105.6	106.9	107.6
107.8	110.2	110.0	104.7	103.0	108.1	111.9	107.2
107.8	110.2	110.0	104.7	103.0	108.1	111.9	107.2
100.6	99.6	101.4	104.0	103.0	106.7	101.8	100.9
101.1	97.1	104.0	100.9	101.9	112.3	93.7	88.9
96.2	96.0	96.3	100.4	99.3	101.0	99.8	101.3
125.6	126.3	126.9	132.2	126.3	129.0	131.6	126.1
101.9	102.2	102.9	102.3	101.6	106.1	105.4	106.2
101.8	102.0	102.3	101.6	101.1	106.8	107.1	107.1
102.5	103.5	112.1	106.6	106.9	106.4	89.0	106.5
95.1	94.7	99.7	102.6	95.7	92.7	93.5	91.9
103.6	104.2	104.8	105.5	103.9	103.6	103.6	103.2
100.5	100.7	100.4	99.8	99.9	100.1	99.4	99.3
100.6	100.3	100.3	100.4	100.1	99.5	99.4	99.4
102.3	102.7	102.4	102.7	103.5	103.4	103.5	103.5
95.4	95.8	95.0	94.8	94.3	95.9	94.8	95.4
101.1	101.6	101.2	99.2	99.0	99.8	97.5	96.7
90.7	95.3	96.1	93.3	95.9	95.8	94.8	98.5
105.1	104.3	103.7	103.6	105.4	105.2	108.2	108.6
101.0	100.6	100.4	100.5	100.9	100.2	100.9	100.8
102.6	101.9	101.2	102.8	101.0	99.9	102.4	101.3
101.9	101.9	101.9	101.9	107.7	107.7	107.7	104.2
99.7	99.7	100.0	99.7	100.7	99.1	99.8	101.2
102.3	100.7	103.5	103.9	103.7	103.4	102.8	101.9
100.1	100.1	100.2	100.1	100.1	100.1	100.0	99.4
102.0	101.4	101.2	101.5	101.8	102.8	103.3	102.9
100.4	99.7	98.4	96.9	96.7	96.7	96.3	96.2
104.3	105.1	105.9	104.5	102.7	102.6	101.7	101.0
105.9	107.3	108.9	107.9	104.7	104.7	102.9	101.9
102.2	102.4	102.1	101.1	101.1	101.0	101.0	101.0

5-6 续表 1

(上年同期=100)

大中类行业名称	全年	1月	2月	3月	4月
精制茶加工	97.7	104.6	105.1	105.2	105.1
烟草制品业	100.1	100.0	100.0	100.0	100.0
烟叶复烤	100.6	100.0	100.0	100.5	100.9
卷烟制造	100.1	100.0	100.0	100.0	100.0
其他烟草制品制造	101.7	100.0	100.0	100.0	100.0
纺织业	103.9	104.3	103.5	103.1	102.9
棉纺织及印染精加工	103.7	104.5	103.4	103.0	102.8
毛纺织及染整精加工	100.8	102.1	102.0	100.8	100.6
麻纺织及染整精加工	104.0	102.4	106.0	102.8	102.2
丝绢纺织及印染精加工	101.2	101.0	100.9	100.8	100.7
化纤织造及印染精加工	106.6	104.5	105.5	105.5	106.4
针织或钩针编织物及其制品制造	99.2	99.7	99.7	99.7	99.7
家用纺织制成品制造	104.0	102.1	102.2	102.5	105.0
产业用纺织制成品制造	114.2	111.0	111.4	110.5	106.8
纺织服装、服饰业	100.1	100.2	100.7	100.2	100.3
机织服装制造	100.4	100.6	101.3	100.3	100.4
针织或钩针编织服装制造	98.6	98.6	98.7	99.6	99.9
服饰制造	100.0	98.2	98.5	99.8	99.9
皮革、毛皮、羽毛及其制品和制鞋业	101.2	101.3	100.8	101.1	100.8
皮革鞣制加工	105.0	105.6	105.6	105.3	105.0
皮革制品制造	100.9	100.1	100.4	100.3	100.4
毛皮鞣制及制品加工	95.5	94.7	92.1	92.7	92.4
羽毛(绒)加工及制品制造	100.6	101.5	102.0	102.7	102.1
制鞋业	100.4	100.4	99.9	100.4	100.4
木材加工和木、竹、藤、棕、草制品业	102.2	102.7	102.9	102.3	102.4
木材加工	98.6	100.8	99.5	99.3	98.9
人造板制造	102.7	103.1	103.6	102.8	102.9
木制品制造	102.0	102.1	102.3	102.1	102.0
竹、藤、棕、草制品制造	104.8	102.2	102.2	102.8	103.0
家具制造业	100.2	100.3	100.8	100.7	100.7
木质家具制造	100.2	100.4	101.3	101.2	101.2
金属家具制造	100.0	100.0	100.0	100.0	100.0
其他家具制造	100.9	100.4	100.8	100.8	100.8
造纸和纸制品业	107.2	113.2	110.7	109.7	110.1
纸浆制造	113.8	114.8	113.0	111.3	110.7

5月	6月	7月	8月	9月	10月	11月	12月
101.6	101.5	101.6	90.4	89.8	89.3	90.2	89.5
100.2	100.2	100.1	100.1	100.1	100.3	100.3	100.3
100.9	100.9	100.7	100.6	100.0	100.2	100.6	101.6
100.1	100.1	100.1	100.1	100.1	100.1	100.1	100.1
100.0	100.0	100.0	100.0	100.0	107.0	107.0	107.0
103.4	104.1	104.4	105.1	104.9	104.7	103.7	102.6
103.3	104.1	104.3	104.9	104.2	104.2	103.1	102.1
101.6	100.4	101.0	100.4	100.9	100.9	99.6	99.5
103.0	104.2	104.5	104.3	105.1	105.5	104.0	103.4
100.6	100.7	100.9	102.3	102.1	101.7	101.3	100.9
107.3	107.3	108.2	108.2	108.2	108.2	106.3	104.4
99.7	99.7	99.1	99.1	99.1	99.1	99.1	96.8
104.7	104.6	103.9	105.1	105.6	104.5	103.9	103.6
109.2	109.8	112.9	116.5	124.3	120.4	118.8	117.5
99.8	100.4	100.7	100.1	99.5	99.3	100.0	100.0
99.8	100.3	100.9	100.3	99.8	99.7	100.6	100.7
99.4	100.5	99.8	98.8	98.2	96.8	96.6	96.2
101.3	101.5	101.5	101.4	99.4	100.0	99.7	98.6
100.8	101.1	101.2	101.7	101.4	101.2	101.2	101.9
104.8	105.2	105.3	105.6	104.8	104.7	104.0	104.2
100.3	100.3	101.1	100.9	101.1	101.5	101.8	102.6
92.8	93.7	94.9	98.5	97.5	96.0	99.1	102.4
101.5	101.1	100.8	99.5	99.4	99.3	99.0	98.7
100.7	100.8	100.4	100.4	100.7	100.7	100.0	100.5
102.7	102.7	101.9	102.1	101.8	101.9	101.3	101.8
98.8	98.7	98.7	98.2	98.2	98.1	96.5	97.3
103.4	103.4	102.4	102.6	102.1	102.3	101.6	102.4
101.6	101.6	101.3	102.1	102.4	102.3	102.4	101.6
103.3	104.1	106.3	106.5	106.7	106.7	106.7	106.7
100.3	100.0	100.0	100.1	99.8	99.8	100.0	99.6
100.5	99.9	100.0	100.1	99.5	99.6	99.9	99.1
100.0	100.0	100.0	100.0	100.0	100.0	100.0	100.0
100.9	101.0	101.0	101.0	101.0	101.0	101.0	101.1
111.2	111.8	110.8	108.9	105.6	100.5	98.6	98.2
109.9	110.4	111.0	113.0	119.0	118.9	118.1	115.0

5-6 续表 2

(上年同期=100)

大中类行业名称	全年	1月	2月	3月	4月
造纸	109.5	115.8	113.1	111.9	112.4
纸制品制造	102.1	107.8	105.4	104.8	105.0
印刷和记录媒介复制业	103.1	103.0	101.8	102.2	101.9
印刷	103.1	103.0	101.8	102.2	101.9
文教、工美、体育和娱乐用品制造业	100.3	100.4	100.4	100.8	100.4
文教办公用品制造	101.1	100.1	100.1	100.1	100.2
乐器制造	106.3	102.4	104.0	103.4	105.2
工艺美术及礼仪用品制造	100.2	100.4	100.5	100.8	100.4
玩具制造	100.1	100.0	99.2	100.0	100.0
游艺器材及娱乐用品制造	100.4	101.1	100.5	101.6	101.1
石油、煤炭及其他燃料加工业	117.6	124.2	116.3	115.2	107.7
精炼石油产品制造	117.3	114.4	111.9	106.9	111.8
煤炭加工	118.0	130.3	119.3	120.2	105.2
化学原料和化学制品制造业	106.1	109.4	106.8	104.6	104.7
基础化学原料制造	106.2	110.1	106.8	102.8	105.5
肥料制造	109.2	112.3	110.2	108.9	106.1
农药制造	108.4	102.8	103.0	104.2	104.1
涂料、油墨、颜料及类似产品制造	100.9	105.3	106.4	103.0	100.2
合成材料制造	113.4	104.4	103.6	104.0	106.2
专用化学产品制造	101.0	106.6	105.0	103.1	102.8
炸药、火工及焰火产品制造	101.9	97.5	99.2	100.7	101.3
日用化学产品制造	104.1	116.5	104.6	103.7	101.7
医药制造业	104.3	103.7	104.0	103.7	103.1
化学药品原料药制造	108.7	104.6	107.1	107.0	105.5
化学药品制剂制造	106.5	106.1	105.7	105.4	105.1
中药饮片加工	100.0	100.0	100.0	100.0	100.0
中成药生产	109.4	110.4	109.4	107.5	106.9
兽用药品制造	102.6	101.9	102.4	102.4	102.2
生物药品制品制造	99.5	99.1	98.8	99.5	99.7
卫生材料及医药用品制造	97.4	100.2	99.3	99.3	99.0
药用辅料及包装材料	97.4	100.2	99.3	99.3	99.0
化学纤维制造业	107.3	108.4	101.8	102.2	102.0
纤维素纤维原料及纤维制造	104.9	110.6	102.1	102.2	100.9
合成纤维制造	115.9	101.2	100.8	102.1	106.2
生物基材料制造	104.9	110.6	102.1	102.2	100.9

5月	6月	7月	8月	9月	10月	11月	12月
114.0	114.8	113.9	112.4	107.7	102.1	99.8	99.4
105.2	105.5	104.3	101.2	100.8	96.4	95.4	95.0
102.1	102.2	102.0	102.9	105.8	104.1	106.0	102.8
102.1	102.2	102.0	102.9	105.8	104.1	106.0	102.8
100.1	99.8	100.0	100.2	100.6	100.4	100.2	100.1
100.2	100.2	100.2	100.1	100.1	103.1	103.7	104.5
105.6	108.2	107.3	109.3	108.9	109.3	107.3	104.7
99.9	99.6	99.8	100.1	100.6	100.2	100.1	99.7
99.9	100.0	100.0	100.0	100.0	100.0	100.0	102.1
102.2	99.7	101.1	100.0	99.8	101.5	98.4	97.4
106.5	116.1	123.9	119.9	117.2	119.1	128.7	116.2
115.7	120.0	125.6	124.0	126.7	126.4	120.6	105.2
100.5	113.4	123.2	118.1	113.7	116.2	133.9	123.4
107.9	107.6	107.5	107.3	106.5	106.1	104.5	100.5
110.9	111.0	110.7	109.8	107.8	105.3	101.6	94.6
107.9	107.4	108.4	109.6	110.1	110.6	110.6	107.8
109.9	110.4	111.2	111.7	109.7	111.9	111.4	110.5
100.9	98.5	98.1	100.1	99.3	99.4	100.5	99.4
116.1	119.5	117.9	115.2	117.2	121.4	120.8	114.9
101.2	100.4	100.1	99.2	98.5	98.9	98.9	97.5
101.4	101.4	102.4	103.1	102.7	103.6	105.1	104.8
106.2	103.7	103.6	104.6	103.6	103.6	101.0	98.2
102.6	104.1	103.8	104.9	105.7	106.6	106.4	103.1
105.8	106.8	108.5	110.8	113.7	115.7	112.5	106.5
104.5	107.2	107.1	106.9	107.2	107.4	107.8	106.9
100.0	100.0	100.0	100.0	100.0	100.0	100.0	100.0
107.1	107.2	107.2	111.3	111.3	113.7	115.0	106.2
102.0	101.8	102.5	103.0	103.2	102.5	103.2	104.3
99.7	99.8	100.0	99.7	99.6	99.6	99.5	99.0
95.6	100.7	96.3	95.4	95.3	95.3	96.7	96.5
95.6	100.7	96.3	95.4	95.3	95.3	96.7	96.5
105.4	105.2	110.0	110.1	112.5	111.8	112.5	107.0
104.2	103.3	107.1	106.6	106.2	106.3	107.9	102.7
109.8	112.3	120.5	122.6	135.2	131.3	128.3	121.9
104.2	103.3	107.1	106.6	106.2	106.3	107.9	102.7

5-6 续表 3

(上年同期=100)

大中类行业名称	全年	1月	2月	3月	4月
橡胶和塑料制品业	101.8	103.6	102.2	101.3	102.2
橡胶制品业	103.1	110.4	106.6	103.2	103.3
塑料制品业	101.1	100.4	100.1	100.4	101.6
非金属矿物制品业	106.1	109.0	109.4	109.4	108.6
水泥、石灰和石膏制造	113.1	119.0	117.7	115.7	113.5
石膏、水泥制品及类似制品制造	107.2	108.6	107.1	107.9	107.6
砖瓦、石材等建筑材料制造	100.4	99.0	99.1	99.6	99.8
玻璃制造	99.8	98.1	97.6	102.2	102.1
玻璃制品制造	100.9	102.7	102.5	102.8	102.7
玻璃纤维和玻璃纤维增强塑料制品制造	101.8	100.2	100.4	102.0	102.0
陶瓷制品制造	98.0	100.7	101.4	101.5	100.8
耐火材料制品制造	103.9	102.9	104.1	104.6	104.1
石墨及其他非金属矿物制品制造	112.0	125.4	126.8	125.2	123.1
黑色金属冶炼和压延加工业	110.5	114.9	110.7	111.3	112.9
炼铁	111.4	113.6	111.1	111.0	106.1
炼钢	108.4	120.3	111.3	116.9	115.6
钢压延加工	110.5	113.8	110.0	109.8	112.6
铁合金冶炼	115.0	115.5	116.4	115.8	112.2
有色金属冶炼和压延加工业	100.3	106.4	102.9	102.2	103.4
常用有色金属冶炼	100.3	108.4	103.3	101.9	105.1
贵金属冶炼	98.5	102.0	99.9	98.7	97.2
稀有稀土金属冶炼	102.5	103.0	103.0	103.0	101.7
有色金属合金制造	100.5	106.2	102.1	102.0	102.6
有色金属压延加工	100.7	106.2	103.5	103.7	104.1
金属制品业	109.5	109.2	110.1	111.0	110.3
结构性金属制品制造	107.9	110.4	110.0	108.8	108.9
金属工具制造	100.0	100.0	100.0	100.0	100.0
集装箱及金属包装容器制造	116.8	108.1	116.3	116.8	119.7
金属丝绳及其制品制造	123.6	113.1	115.5	128.4	124.3
建筑、安全用金属制品制造	102.2	103.7	102.2	103.4	106.0
搪瓷制品制造	100.2	100.6	100.6	100.6	100.6
金属制日用品制造	100.0	101.1	100.9	101.0	101.1
锻造及其他金属制品制造	109.2	109.3	110.4	110.7	109.4
通用设备制造业	102.8	100.2	101.0	102.6	103.3
锅炉及原动设备制造	102.9	102.7	102.3	102.9	104.1

5月	6月	7月	8月	9月	10月	11月	12月
102.5	102.8	103.1	101.9	101.3	101.0	99.8	99.6
103.3	103.3	104.3	101.6	102.3	100.3	99.6	99.9
102.2	102.5	102.5	102.0	100.8	101.3	99.8	99.5
107.9	106.5	104.8	104.2	104.1	104.0	103.5	102.9
109.8	107.8	107.0	108.2	112.9	117.5	115.8	111.3
107.4	107.7	107.0	106.2	106.2	106.2	107.5	107.6
99.9	99.9	100.4	100.8	101.0	101.3	102.0	102.4
100.7	99.8	101.3	101.6	100.5	98.8	98.1	97.3
101.8	102.1	98.4	98.4	98.1	100.0	100.3	101.4
102.0	102.1	101.5	102.4	102.4	102.3	102.3	102.1
99.4	98.3	96.3	96.3	95.2	95.5	95.4	94.6
104.4	104.2	104.0	104.2	104.5	103.3	102.6	103.6
121.7	115.8	108.8	105.0	102.6	101.0	99.8	99.0
116.4	117.9	113.5	111.9	109.0	108.2	107.3	95.7
109.9	115.0	115.7	113.7	116.2	115.8	111.4	99.3
112.5	117.7	105.3	104.3	99.0	103.1	104.2	98.5
117.5	118.1	115.3	113.2	110.5	108.6	106.8	93.5
114.0	115.2	113.0	112.5	114.7	115.0	120.3	114.8
104.8	104.6	101.2	97.3	95.4	94.4	94.9	97.8
107.6	107.1	101.0	96.1	93.5	91.9	93.1	97.6
97.5	97.6	98.9	96.9	95.6	97.9	99.3	100.4
102.0	102.7	102.8	102.8	102.4	102.4	102.2	102.4
103.9	104.1	100.9	96.8	97.1	96.4	96.6	98.8
105.2	105.0	102.1	98.2	96.6	94.9	94.3	96.3
110.8	110.8	110.4	110.4	110.5	108.3	107.3	105.8
109.5	109.7	109.6	109.0	108.9	105.1	103.0	102.7
100.0	100.0	100.0	100.0	100.0	100.0	100.0	100.0
120.9	121.3	122.2	117.1	115.2	115.9	114.1	114.8
123.1	127.0	127.2	129.5	129.0	125.3	124.2	117.4
107.5	106.7	103.9	102.6	103.1	95.7	93.8	99.1
100.0	100.0	100.0	100.0	100.0	100.0	100.0	100.0
100.9	100.8	100.9	100.2	99.3	98.4	98.1	97.3
110.1	109.2	108.6	109.1	109.6	108.8	108.8	106.5
103.1	104.1	102.9	103.1	103.0	103.9	103.8	102.5
105.1	104.5	101.0	101.0	101.0	103.3	103.3	103.7

5-6 续表 4

(上年同期=100)

大中类行业名称	全年	1月	2月	3月	4月
金属加工机械制造	101.3	100.3	99.7	101.9	101.7
物料搬运设备制造	102.8	100.8	100.5	101.9	101.0
泵、阀门、压缩机及类似机械制造	106.6	100.5	107.5	107.4	107.3
轴承、齿轮和传动部件制造	102.0	93.1	91.7	100.8	108.9
烘炉、风机、包装等设备制造	101.3	101.5	102.2	101.9	101.6
文化、办公用机械制造	101.4	102.1	101.8	101.4	101.8
通用零部件制造	100.6	100.2	99.7	100.0	99.7
其他通用设备制造	100.6	103.9	100.3	99.6	103.1
专用设备制造业	100.4	100.3	100.5	100.3	100.3
采矿、冶金、建筑专用设备制造	99.5	99.2	99.4	99.1	99.1
化工、木材、非金属加工专用设备制造	103.2	104.1	104.0	102.8	103.8
食品、饮料、烟草及饲料生产专用设备制造	100.9	99.9	99.5	99.8	99.3
印刷、制药、日化及日用品生产专用设备制造	101.5	103.5	103.0	102.6	102.0
纺织、服装和皮革加工专用设备制造	102.9	104.5	105.0	104.7	103.5
电子和电工机械专用设备制造	103.3	109.0	106.2	105.7	103.6
农、林、牧、渔专用机械制造	100.3	100.5	100.9	100.9	100.7
医疗仪器设备及器械制造	104.0	103.3	103.7	104.0	105.1
环保、邮政、社会公共服务及其他专用设备制造	101.3	100.4	100.5	100.5	100.6
汽车制造业	102.2	102.2	102.5	102.9	102.1
汽车整车制造	99.6	96.6	97.9	100.9	99.3
汽车用发动机制造	99.6	96.6	97.9	100.9	99.3
改装汽车制造	108.4	109.3	114.0	103.1	105.4
低速汽车制造	100.0	100.4	100.1	100.0	100.0
汽车车身、挂车制造	98.0	115.4	99.8	100.1	100.2
汽车零部件及配件制造	103.3	103.2	104.0	104.1	103.3
铁路、船舶、航空航天和其他运输设备制造业	101.5	101.5	101.7	101.7	101.7
铁路运输设备制造	101.6	102.1	101.8	101.6	101.7
船舶及相关装置制造	103.4	101.8	104.9	104.9	102.3
摩托车制造	101.6	101.7	102.0	102.0	102.0
助动车制造	100.7	100.4	100.3	100.5	100.5
电气机械和器材制造业	98.6	99.9	99.5	98.9	99.4
电机制造	99.1	99.4	101.2	98.3	98.2
输配电及控制设备制造	99.7	101.6	101.1	99.9	101.3
电线、电缆、光缆及电工器材制造	101.5	103.1	101.7	101.9	102.5

5月	6月	7月	8月	9月	10月	11月	12月
101.3	102.2	101.6	101.4	101.4	101.4	101.3	100.9
100.5	105.8	104.1	104.8	104.8	104.8	105.2	100.0
107.3	107.2	107.4	107.3	107.0	106.9	106.7	107.0
105.8	104.1	100.5	101.2	102.5	106.6	104.7	106.3
101.7	101.6	101.5	100.8	100.8	100.9	100.7	100.8
102.1	101.9	101.4	101.6	101.4	100.5	100.5	100.2
100.2	100.2	100.4	100.5	100.5	102.1	102.0	102.2
103.4	102.2	101.4	102.2	99.2	100.0	100.0	93.1
100.2	100.2	100.3	100.5	100.8	100.7	100.6	100.3
99.3	99.2	99.3	99.6	100.0	99.9	100.0	99.8
103.2	104.0	104.2	103.3	102.7	102.1	101.9	101.7
99.6	99.9	100.2	101.6	102.3	103.2	102.4	102.9
102.0	101.6	100.7	100.7	101.0	100.3	100.2	99.9
102.8	101.3	101.8	103.0	103.7	102.7	102.1	100.2
102.8	102.7	102.6	102.5	104.8	102.4	101.9	96.6
100.3	100.4	100.3	100.1	99.8	100.1	99.8	99.6
104.5	104.0	104.5	104.6	103.8	104.1	104.0	102.9
100.6	100.5	101.4	101.4	102.6	102.2	102.2	102.3
103.6	102.0	102.4	102.1	101.9	101.7	102.0	101.5
100.2	99.7	99.5	99.5	100.2	100.4	100.8	100.1
100.2	99.7	99.5	99.5	100.2	100.4	100.8	100.1
110.7	102.6	109.0	105.2	102.2	115.6	116.2	108.5
100.0	100.0	100.0	100.0	100.0	100.0	100.0	100.0
99.9	100.7	101.1	101.1	101.2	87.4	87.2	87.1
104.9	103.2	103.3	103.1	102.8	102.4	102.7	102.8
101.8	101.5	101.5	101.6	101.7	101.7	101.2	100.1
101.4	101.3	101.4	101.5	101.4	101.5	101.7	101.5
102.3	100.7	104.2	104.2	105.2	105.7	104.9	100.1
102.1	101.9	101.8	101.7	101.7	101.8	101.2	99.6
100.9	100.6	100.6	100.8	101.2	101.1	100.7	100.7
99.6	99.0	98.9	97.8	97.4	97.6	97.5	97.5
99.7	100.2	100.2	99.6	98.8	97.6	98.5	97.3
102.1	99.3	98.7	97.4	97.9	98.9	98.7	99.4
103.1	103.4	102.6	100.5	99.7	99.6	99.7	100.0

5-6 续表 5

(上年同期=100)

大中类行业名称	全年	1月	2月	3月	4月
电池制造	101.2	102.4	101.9	101.5	101.0
家用电力器具制造	99.1	98.7	98.3	98.2	98.4
非电力家用器具制造	102.2	116.7	113.6	109.8	109.8
照明器具制造	90.5	89.0	89.5	89.9	90.4
其他电气机械及器材制造	84.5	93.0	94.4	93.5	83.2
计算机、通信和其他电子设备制造业	96.5	96.5	97.6	97.4	97.4
计算机制造	102.2	104.5	104.5	102.5	102.5
通信设备制造	96.0	95.9	97.2	96.9	96.7
广播电视设备制造	107.6	105.9	104.5	106.9	107.6
智能消费设备制造	95.7	93.1	92.1	92.1	92.3
电子器件制造	89.9	92.7	93.0	94.1	97.1
电子元件及电子专用材料制造	101.1	101.0	101.0	101.4	101.3
其他电子设备制造	91.5	85.8	86.0	86.0	86.3
仪器仪表制造业	99.9	99.9	99.9	99.9	100.2
通用仪器仪表制造	101.2	101.2	100.7	101.1	101.5
专用仪器仪表制造	94.7	95.8	96.5	95.8	95.8
光学仪器制造	101.2	100.5	100.6	100.7	100.8
衡器制造	101.1	100.8	101.3	101.4	101.4
其他仪器仪表制造业	99.4	99.5	99.8	99.7	99.7
其他制造业	99.2	100.2	101.0	98.7	98.8
日用杂品制造	98.6	100.2	101.7	97.7	98.0
其他未列明制造业	100.0	100.0	100.0	100.0	100.0
金属制品、机械和设备修理业	100.0	100.0	100.0	100.0	100.0
铁路、船舶、航空航天等运输设备修理	100.0	100.0	100.0	100.0	100.0
电力、热力生产和供应业	101.4	103.8	103.5	103.9	103.6
电力生产	102.9	106.4	106.4	107.1	105.9
电力供应	100.6	102.5	101.9	102.2	102.4
热力生产和供应	100.0	99.5	99.5	99.5	99.8
燃气生产和供应业	104.7	106.1	108.5	102.7	101.0
燃气生产和供应业	104.7	106.1	108.5	102.7	101.0
生物质燃气生产和供应业	104.7	106.1	108.5	102.7	101.0
水的生产和供应业	103.0	106.0	103.6	102.8	102.1
自来水生产和供应	102.4	106.2	103.2	102.2	101.4
污水处理及其再生利用	105.2	105.2	105.2	105.2	105.2

5月	6月	7月	8月	9月	10月	11月	12月
102.1	104.7	104.7	103.4	99.7	99.8	97.2	96.4
98.4	98.9	99.1	99.3	99.6	99.8	100.1	100.1
94.2	93.5	95.2	96.2	98.1	100.3	101.7	103.9
90.7	90.2	91.1	91.1	91.1	91.1	91.1	90.3
81.4	82.0	81.9	81.7	80.9	80.6	81.1	80.7
97.0	97.0	96.5	96.5	96.2	95.8	95.5	95.0
104.7	103.7	102.8	101.8	100.0	100.0	100.0	100.0
96.4	96.2	96.0	95.8	95.7	95.5	95.2	94.4
107.7	111.6	112.0	107.3	106.9	106.9	107.1	107.1
92.3	92.1	92.0	100.7	100.7	100.8	101.2	101.1
94.1	97.1	89.8	89.9	86.6	84.7	79.5	79.8
101.2	101.3	101.4	101.3	101.3	99.6	100.6	101.7
86.3	85.9	85.9	100.3	100.2	100.3	101.1	100.9
100.1	99.7	99.1	99.0	99.5	99.9	100.6	100.5
101.5	101.4	100.7	100.5	100.7	101.2	101.9	102.2
95.0	93.0	92.3	92.4	94.4	94.5	95.9	94.6
101.0	101.3	101.3	101.4	101.6	101.8	102.0	102.0
101.6	101.5	101.5	100.8	100.8	100.8	100.8	100.8
99.7	99.6	99.6	99.0	99.0	99.0	99.2	99.2
98.8	98.9	98.8	98.3	97.3	97.9	99.6	102.2
97.9	98.1	98.0	97.0	95.3	96.2	99.2	103.9
100.0	100.0	100.0	100.0	100.0	100.0	100.0	100.0
100.0	100.0	100.0	100.0	100.0	100.0	100.0	100.0
100.0	100.0	100.0	100.0	100.0	100.0	100.0	100.0
103.4	103.7	101.0	99.2	99.0	98.7	98.5	99.0
106.4	107.2	102.8	98.3	98.6	99.2	98.0	99.7
101.9	101.8	100.1	99.7	99.1	98.4	98.8	98.6
99.8	99.8	100.2	100.9	100.1	100.2	100.2	101.0
99.6	101.0	101.3	102.5	103.3	109.7	112.5	108.1
99.6	101.0	101.3	102.5	103.3	109.7	112.5	108.1
99.6	101.0	101.3	102.5	103.3	109.7	112.5	108.1
102.1	102.2	102.2	102.4	102.4	103.2	103.3	103.3
101.4	101.4	101.4	101.7	101.7	102.7	102.8	102.8
105.2	105.2	105.2	105.2	105.2	105.2	105.2	105.2

5-7 各月分类工业生产者

(上月=100)

项目名称	全年	1月	2月	3月	4月	5月
总指数	**100.9**	**100.3**	**100.0**	**100.0**	**99.6**	**100.0**
核心指数	100.5	100.0	99.8	100.2	99.8	100.1
高技术	97.9	100.2	99.9	99.8	99.7	99.6
能源	104.9	102.1	100.8	99.0	98.6	99.4
按轻重工业分						
轻工业	100.1	100.1	100.1	100.0	99.8	100.1
以农产品为原料	100.5	100.3	100.1	99.9	99.9	100.1
以非农产品为原料	98.6	99.3	99.8	100.1	99.7	100.2
重工业	101.2	100.3	100.0	100.0	99.6	100.0
采掘	103.4	99.1	101.4	101.1	98.6	98.3
原料	101.8	101.7	99.3	99.1	99.6	100.3
加工	100.7	100.0	100.0	100.2	99.7	100.1
按两大部类分						
生产资料	101.6	100.3	100.0	100.1	99.6	100.1
采掘	103.4	99.1	101.4	101.1	98.6	98.3
原料	101.6	101.6	99.3	99.0	99.6	100.2
加工	101.3	100.0	100.0	100.3	99.8	100.3
生活资料	99.0	100.1	100.0	99.8	99.7	99.8
食品	99.9	100.4	100.2	99.7	99.5	99.9
衣着	100.3	100.0	99.9	100.1	99.9	99.8
一般日用品	98.7	99.5	99.7	100.2	99.9	99.8
耐用消费品	96.5	100.1	100.0	99.6	99.7	99.7
按初级中间最终产品分						
初级产品	103.4	99.1	101.4	101.1	98.6	98.3
矿产品	103.4	99.1	101.4	101.1	98.6	98.3
中间产品	101.0	100.4	99.9	99.9	99.7	100.2
最终产品	100.6	100.4	100.2	100.0	99.8	100.1
最终投资品	101.3	100.5	100.3	100.1	99.9	100.2
最终消费品	99.5	100.3	100.0	99.9	99.6	99.9
按工业部门分						
冶金工业	98.7	98.9	99.2	101.2	99.4	100.4
电力工业	99.0	100.9	99.6	100.4	99.5	100.1
煤炭及炼焦工业	111.2	103.1	101.6	98.7	97.4	97.5
石油工业	103.7	102.8	101.5	96.4	99.7	102.9
化学工业	100.9	100.6	99.5	99.5	100.0	100.5
机械工业	99.9	100.0	100.3	100.0	99.9	100.1
建筑材料工业	104.0	100.4	99.7	99.9	99.7	99.6
森林工业	101.1	100.6	100.5	100.0	100.1	99.9
食品工业	100.0	100.4	100.2	99.8	99.6	99.9
纺织工业	102.9	100.4	100.1	100.2	100.2	100.5
缝纫工业	99.4	100.1	100.1	99.8	99.8	99.6
皮革工业	102.9	99.9	100.1	100.5	100.1	100.1
造纸工业	98.2	99.3	99.3	101.1	100.8	101.1
文教艺术用品工业	102.5	100.3	100.0	100.2	100.1	99.9
其它工业	99.6	101.1	100.6	99.4	99.0	99.2

出厂价格环比指数(2018年)

6月	7月	8月	9月	10月	11月	12月
100.3	**99.9**	**100.1**	**100.7**	**100.3**	**100.2**	**99.3**
100.2	99.8	100.3	100.7	100.3	100.0	99.3
100.2	99.4	100.3	100.1	99.8	99.9	99.0
102.0	100.8	99.5	101.4	100.7	101.8	98.7
100.0	100.0	99.9	100.3	99.9	99.9	99.9
100.1	100.0	100.0	100.3	99.9	99.9	100.0
99.8	100.1	99.8	100.1	100.2	99.8	99.6
100.4	99.9	100.2	100.9	100.5	100.3	99.1
101.0	100.3	100.0	100.6	101.7	102.4	99.1
101.1	100.1	99.9	101.8	101.0	99.8	98.2
100.1	99.8	100.4	100.6	100.1	100.2	99.5
100.5	100.0	100.2	100.8	100.5	100.3	99.2
101.0	100.3	100.0	100.6	101.7	102.4	99.1
101.2	100.1	99.8	101.5	100.9	99.8	98.5
100.2	99.9	100.4	100.6	100.1	100.1	99.5
99.9	99.8	99.9	100.3	99.9	100.0	99.8
99.7	99.9	100.0	100.6	99.9	99.9	100.2
100.2	100.4	99.9	99.6	99.9	100.5	100.2
100.3	99.4	100.1	100.7	100.2	100.2	99.0
99.7	99.8	99.7	99.7	99.7	99.6	99.2
101.0	100.3	100.0	100.5	101.7	102.4	99.1
101.0	100.3	100.0	100.5	101.7	102.4	99.1
100.3	99.9	100.2	100.9	100.3	100.0	99.3
100.0	99.9	100.0	100.3	100.1	100.0	99.9
100.0	100.0	100.1	100.3	100.2	99.9	99.8
99.9	99.9	99.7	100.3	99.9	100.1	100.1
100.8	99.8	100.9	101.4	100.1	99.3	97.5
100.2	100.0	98.9	99.7	99.5	99.9	100.4
103.1	102.0	99.9	102.8	100.6	104.5	99.5
103.7	100.0	100.1	101.7	103.6	99.3	92.5
100.3	99.9	100.3	100.7	100.9	99.9	98.6
100.0	99.8	99.9	100.0	100.0	100.0	99.7
99.7	99.8	100.1	101.2	101.2	101.6	101.2
100.0	100.0	100.2	99.8	100.0	99.8	100.3
99.7	99.9	99.9	100.6	99.9	99.9	100.3
100.8	100.3	100.7	100.6	100.1	99.7	99.4
100.3	100.3	99.5	99.6	99.9	100.5	99.8
100.3	100.4	100.7	99.7	100.0	100.3	100.9
100.8	99.7	99.6	99.5	99.0	98.7	99.2
100.1	99.8	100.4	102.0	100.3	99.9	99.4
99.2	99.5	100.2	100.9	100.6	99.9	100.1

5-8 各月分大类工业生产者

(上月=100)

大类行业名称	全年	1月	2月	3月	4月
煤炭开采和洗选业	106.5	99.3	102.3	100.6	99.1
石油和天然气开采业	97.5	99.9	102.1	96.9	97.6
黑色金属矿采选业	107.2	101.6	100.5	102.8	99.6
有色金属矿采选业	100.9	98.6	100.7	101.7	97.8
非金属矿采选业	106.2	101.2	100.5	100.2	100.0
农副食品加工业	99.3	100.3	100.1	99.7	99.4
食品制造业	100.8	100.2	100.1	99.9	99.7
酒、饮料和精制茶制造业	101.0	101.4	100.8	99.3	100.2
烟草制品业	100.3	100.0	100.0	100.0	100.0
纺织业	102.6	100.3	100.1	100.2	100.2
纺织服装、服饰业	100.0	100.2	100.1	99.8	99.8
皮革、毛皮、羽毛及其制品和制鞋业	101.9	100.1	99.9	100.4	100.1
木材加工和木、竹、藤、棕、草制品业	101.8	100.8	100.3	100.0	100.0
家具制造业	99.6	100.1	100.5	100.0	100.2
造纸和纸制品业	98.2	99.3	99.3	101.1	100.8
印刷和记录媒介复制业	102.8	100.5	99.9	100.3	100.1
文教、工美、体育和娱乐用品制造业	100.1	99.9	99.8	100.4	99.8
石油、煤炭及其他燃料加工业	116.2	109.9	100.4	95.1	96.5
化学原料和化学制品制造业	100.5	101.1	98.6	99.0	99.9
医药制造业	103.1	100.1	100.4	100.2	100.1
化学纤维制造业	107.0	99.7	101.0	101.7	100.7
橡胶和塑料制品业	99.6	100.1	100.4	100.1	100.2
非金属矿物制品业	102.9	100.6	99.9	99.7	99.4
黑色金属冶炼和压延加工业	95.7	95.8	99.1	103.3	97.4
有色金属冶炼和压延加工业	97.8	100.3	98.5	99.4	101.1
金属制品业	105.8	101.1	101.1	101.1	100.0
通用设备制造业	102.5	100.0	100.9	101.0	100.0
专用设备制造业	100.3	100.2	100.1	99.8	100.0
汽车制造业	101.5	101.1	100.4	100.1	99.9
铁路、船舶、航空航天和其他运输设备制造业	100.1	100.8	100.4	100.0	99.9
电气机械和器材制造业	97.5	98.2	99.8	99.5	100.3
计算机、通信和其他电子设备制造业	95.0	100.1	99.8	99.5	99.5
仪器仪表制造业	100.5	100.3	100.0	100.2	99.9
其他制造业	102.2	99.7	100.8	99.4	100.1
金属制品、机械和设备修理业	100.0	100.0	100.0	100.0	100.0
电力、热力生产和供应业	99.0	100.9	99.6	100.4	99.4
燃气生产和供应业	108.1	102.6	102.2	95.0	97.5
水的生产和供应业	103.3	101.7	100.0	100.0	100.4

出厂价格环比指数(2018年)

5月	6月	7月	8月	9月	10月	11月	12月
98.3	100.8	99.3	99.6	101.1	100.2	105.0	100.7
103.6	110.2	98.4	98.4	100.1	103.2	100.6	88.1
97.7	99.6	102.3	99.7	100.1	104.1	101.9	97.1
97.2	99.9	101.5	102.2	100.1	102.4	99.6	99.4
100.0	99.9	100.4	99.7	99.6	104.5	99.9	100.3
99.9	99.6	99.9	99.7	100.9	100.1	99.5	100.3
100.0	99.7	99.8	100.3	100.4	99.3	100.9	100.3
99.8	100.7	100.2	99.3	99.3	100.1	100.0	100.0
100.1	100.0	100.0	100.0	100.0	100.1	100.0	100.0
100.5	100.7	100.3	100.6	100.5	100.1	99.7	99.3
99.6	100.3	100.5	99.4	99.5	99.9	100.7	100.1
100.0	100.3	100.2	100.5	99.8	99.9	100.2	100.6
100.1	100.0	100.0	100.3	100.0	100.0	99.8	100.5
99.6	99.9	100.0	100.0	99.5	99.9	99.9	99.9
101.1	100.8	99.7	99.6	99.5	99.0	98.7	99.2
99.9	100.1	99.8	100.7	102.6	100.2	99.9	98.9
99.7	99.7	100.3	100.2	100.2	99.9	99.8	100.3
99.1	106.0	105.5	100.6	105.2	102.5	100.9	94.6
101.4	99.8	99.8	100.1	101.4	101.6	100.1	97.8
99.6	101.5	99.5	101.8	100.9	100.3	100.3	98.6
100.1	99.3	102.3	100.0	102.6	99.9	100.3	99.4
100.1	99.8	100.1	99.6	100.0	100.3	99.1	99.9
99.4	99.5	99.6	100.1	101.2	101.0	101.3	101.0
101.6	102.4	101.1	101.8	102.4	99.2	99.2	92.9
100.9	100.1	98.1	99.9	101.3	99.8	99.0	99.5
100.6	100.1	100.0	101.1	100.9	99.9	100.1	99.8
99.8	100.6	99.3	100.1	100.2	100.6	100.0	99.9
100.0	100.1	100.2	100.0	100.2	100.0	100.0	99.7
100.4	100.2	99.9	99.9	99.9	100.0	100.1	99.6
100.3	99.7	100.0	100.0	100.1	100.0	99.9	99.0
100.4	100.0	100.2	99.4	99.8	100.1	99.9	100.1
99.6	99.6	99.4	99.6	99.6	99.5	99.6	99.1
99.9	99.8	99.6	99.9	100.4	100.1	100.6	99.8
100.0	100.1	99.9	99.5	99.0	100.1	100.9	102.6
100.0	100.0	100.0	100.0	100.0	100.0	100.0	100.0
100.1	100.2	100.0	98.9	99.7	99.5	99.9	100.4
98.1	100.9	100.1	100.7	101.0	103.2	104.1	102.9
100.0	100.0	100.0	100.2	100.0	100.8	100.1	100.1

5-9 各月分大中类工业生产者

(上月=100)

大中类行业名称	全年	1月	2月	3月	4月
煤炭开采和洗选业	106.5	99.3	102.3	100.6	99.1
烟煤和无烟煤开采洗选	106.6	99.3	102.3	100.6	99.1
其他煤炭采选	100.0	100.0	100.0	100.0	100.0
石油和天然气开采业	97.5	99.9	102.1	96.9	97.6
石油开采	96.8	99.8	101.9	96.5	97.6
天然气开采	107.6	100.7	104.8	101.3	98.1
黑色金属矿采选业	107.2	101.6	100.5	102.8	99.6
铁矿采选	107.2	101.6	100.5	102.8	99.6
有色金属矿采选业	100.9	98.6	100.7	101.7	97.8
常用有色金属矿采选	88.9	94.1	97.0	107.6	93.2
贵金属矿采选	101.3	99.2	100.8	99.3	99.1
稀有稀土金属矿采选	126.1	105.0	107.7	104.0	99.6
非金属矿采选业	106.2	101.2	100.5	100.2	100.0
土砂石开采	107.1	101.1	100.5	100.0	100.0
化学矿开采	106.5	104.3	100.0	102.6	100.0
采盐	91.9	100.6	100.0	104.8	98.1
石棉及其他非金属矿采选	103.2	100.3	100.6	100.0	100.0
农副食品加工业	99.3	100.3	100.1	99.7	99.4
谷物磨制	99.4	100.5	100.4	99.9	98.6
饲料加工	103.5	100.2	100.1	100.8	100.7
植物油加工	95.4	99.0	99.7	98.8	99.3
屠宰及肉类加工	96.7	100.5	100.2	98.7	99.3
蔬菜、菌类、水果和坚果加工	98.5	99.2	100.9	97.8	98.7
其他农副食品加工	108.6	100.5	99.5	103.1	101.0
食品制造业	100.8	100.2	100.1	99.9	99.7
焙烤食品制造	101.3	100.6	100.0	100.0	100.0
糖果、巧克力及蜜饯制造	104.2	101.9	100.0	100.0	100.0
方便食品制造	101.2	99.9	100.2	99.9	99.5
乳制品制造	101.9	100.3	100.4	100.0	100.1
罐头食品制造	99.4	99.5	101.2	99.2	100.1
调味品、发酵制品制造	102.9	99.9	100.1	100.1	100.5
其他食品制造	96.2	99.9	99.9	99.7	98.6
酒、饮料及精制茶制造业	101.0	101.4	100.8	99.3	100.2
酒的制造	101.9	101.6	101.2	98.8	100.4
饮料制造	101.0	101.3	100.2	99.9	99.9

出厂价格环比指数(2018年)

5月	6月	7月	8月	9月	10月	11月	12月
98.3	100.8	99.3	99.6	101.1	100.2	105.0	100.7
98.3	100.9	99.3	99.6	101.1	100.2	105.0	100.7
100.0	100.0	100.0	100.0	100.0	100.0	100.0	100.0
103.6	110.2	98.4	98.4	100.1	103.2	100.6	88.1
104.0	111.0	98.3	98.2	100.1	103.4	100.6	87.2
98.0	98.7	100.7	101.4	100.7	100.7	101.3	101.3
97.7	99.6	102.3	99.7	100.1	104.1	101.9	97.1
97.7	99.6	102.3	99.7	100.1	104.1	101.9	97.1
97.2	99.9	101.5	102.2	100.1	102.4	99.6	99.4
91.7	100.7	106.9	98.5	99.9	104.0	97.7	98.4
98.6	99.7	100.2	103.2	99.4	102.1	99.6	100.3
99.9	99.6	98.9	104.2	104.0	101.3	102.9	96.8
100.0	99.9	100.4	99.7	99.6	104.5	99.9	100.3
100.0	100.0	100.0	99.9	100.0	105.7	99.9	99.9
100.7	96.3	107.6	94.2	93.5	99.6	98.6	110.3
100.5	98.5	99.9	96.2	96.6	96.8	100.0	100.0
100.0	100.6	100.6	100.6	100.3	100.3	100.0	100.0
99.9	99.6	99.9	99.7	100.9	100.1	99.5	100.3
99.6	99.3	99.7	100.4	100.3	100.1	100.1	100.3
100.2	100.2	99.7	100.1	100.6	100.5	100.2	100.3
99.7	99.8	99.4	100.5	100.3	100.2	98.7	99.9
100.2	99.7	100.1	98.8	101.5	99.9	97.8	100.0
99.0	99.5	100.5	97.1	103.3	100.3	99.1	103.3
99.6	99.1	100.2	99.7	101.9	99.8	103.5	100.6
100.0	99.7	99.8	100.3	100.4	99.3	100.9	100.3
100.0	99.1	99.4	101.8	98.3	99.0	102.8	100.2
100.0	100.0	100.0	100.0	105.6	100.0	100.0	96.8
100.1	100.1	100.2	99.8	101.0	98.4	100.7	101.4
99.5	99.7	99.7	100.8	100.4	100.1	100.2	100.7
100.2	100.3	100.0	100.0	100.0	100.0	100.0	98.8
100.1	100.0	100.0	100.2	100.3	101.1	100.4	100.1
100.0	99.4	99.2	99.7	99.9	99.9	99.7	100.2
99.8	100.7	100.2	99.3	99.3	100.1	100.0	100.0
99.8	101.2	100.6	99.5	98.7	100.3	99.9	100.0
99.8	100.2	99.7	100.1	100.0	99.9	100.0	100.0

5-9 续表 1

(上月=100)

大中类行业名称	全年	1月	2月	3月	4月
精制茶加工	89.5	100.1	100.5	100.1	100.1
烟草制品业	100.3	100.0	100.0	100.0	100.0
烟叶复烤	101.6	100.0	100.0	100.5	100.4
卷烟制造	100.1	100.0	100.0	100.0	100.0
其他烟草制品制造	107.0	100.0	100.0	100.0	100.0
纺织业	102.6	100.3	100.1	100.2	100.2
棉纺织及印染精加工	102.1	100.4	100.0	100.2	100.2
毛纺织及染整精加工	99.5	100.1	100.5	100.1	100.0
麻纺织及染整精加工	103.4	100.2	100.1	98.6	100.9
丝绢纺织及印染精加工	100.9	100.2	100.1	100.0	99.9
化纤织造及印染精加工	104.4	100.9	100.9	100.0	100.9
针织或钩针编织物及其制品制造	96.8	99.7	100.0	100.0	100.0
家用纺织制成品制造	103.6	100.3	100.4	100.0	102.5
产业用纺织制成品制造	117.5	100.8	101.6	101.5	99.8
纺织服装、服饰业	100.0	100.2	100.1	99.8	99.8
机织服装制造	100.7	100.3	100.2	99.4	99.8
针织或钩针编织服装制造	96.2	100.0	100.0	101.7	99.3
服饰制造	98.6	99.1	99.3	100.7	100.6
皮革、毛皮、羽毛及其制品和制鞋业	101.9	100.1	99.9	100.4	100.1
皮革鞣制加工	104.2	100.5	100.7	100.3	100.3
皮革制品制造	102.6	100.1	100.2	99.9	100.1
毛皮鞣制及制品加工	102.4	98.3	98.6	100.8	100.0
羽毛(绒)加工及制品制造	98.7	100.3	100.0	100.1	99.8
制鞋业	100.5	100.4	99.6	100.6	100.0
木材加工和木、竹、藤、棕、草制品业	101.8	100.8	100.3	100.0	100.0
木材加工	97.3	99.9	99.8	99.8	100.0
人造板制造	102.4	101.1	100.4	100.0	100.0
木制品制造	101.6	100.0	100.3	100.0	99.9
竹、藤、棕、草制品制造	106.7	102.2	100.0	100.6	100.2
家具制造业	99.6	100.1	100.5	100.0	100.2
木质家具制造	99.1	100.2	100.9	99.9	100.4
金属家具制造	100.0	100.0	100.0	100.0	100.0
其他家具制造	101.1	100.1	100.8	100.0	100.0
造纸和纸制品业	98.2	99.3	99.3	101.1	100.8
纸浆制造	115.0	101.0	100.5	100.9	100.0

5月	6月	7月	8月	9月	10月	11月	12月
100.1	100.1	100.0	89.2	99.4	99.6	101.2	99.2
100.1	100.0	100.0	100.0	100.0	100.1	100.0	100.0
100.0	100.0	99.8	99.8	99.4	100.1	100.5	100.9
100.1	100.0	100.0	100.0	100.0	100.0	100.0	100.0
100.0	100.0	100.0	100.0	100.0	107.0	100.0	100.0
100.5	100.7	100.3	100.6	100.5	100.1	99.7	99.3
100.5	100.9	100.2	100.6	100.2	100.2	99.6	99.3
101.0	98.5	100.3	100.1	100.2	100.2	98.7	99.9
101.2	100.9	100.2	100.1	100.1	100.5	100.1	100.5
100.0	100.1	100.2	101.5	99.9	99.6	99.6	100.0
100.9	100.0	100.8	100.0	100.0	100.0	100.0	100.0
100.0	100.0	99.4	100.0	100.0	100.0	100.0	97.7
99.8	100.2	100.1	100.5	100.0	99.4	100.4	100.0
101.7	100.6	103.1	103.0	106.7	97.8	100.0	100.0
99.6	100.3	100.5	99.4	99.5	99.9	100.7	100.1
99.6	100.5	100.7	99.5	99.6	100.1	100.9	100.2
99.6	99.6	99.4	99.0	99.5	98.7	99.7	99.7
99.8	100.7	100.4	100.2	98.8	100.1	100.1	98.9
100.0	100.3	100.2	100.5	99.8	99.9	100.2	100.6
100.1	100.8	100.3	100.8	99.9	100.0	100.0	100.4
100.0	100.0	100.7	100.0	100.0	100.4	100.3	100.7
100.0	99.8	100.7	101.9	98.4	99.8	101.2	102.7
99.7	100.1	99.9	99.7	99.8	99.8	99.6	99.8
100.2	100.1	99.9	100.0	100.2	99.7	100.0	99.9
100.1	100.0	100.0	100.3	100.0	100.0	99.8	100.5
99.9	99.9	99.9	100.0	100.0	100.0	98.0	100.2
100.2	100.0	100.0	100.2	100.0	100.0	100.0	100.6
99.8	100.1	100.0	100.9	100.3	100.0	100.1	100.2
100.2	100.8	102.1	100.2	100.2	100.0	100.0	100.0
99.6	99.9	100.0	100.0	99.5	99.9	99.9	99.9
99.4	99.9	100.0	100.1	99.1	99.8	99.8	99.8
100.0	100.0	100.0	100.0	100.0	100.0	100.0	100.0
100.1	100.0	100.0	100.0	100.0	100.0	100.0	100.0
101.1	100.8	99.7	99.6	99.5	99.0	98.7	99.2
99.7	100.7	100.6	101.8	105.8	101.5	101.1	100.4

5-9 续表 2

(上月=100)

大中类行业名称	全年	1月	2月	3月	4月
造纸	99.4	99.0	100.0	101.7	101.0
纸制品制造	95.0	99.9	97.8	99.7	100.2
印刷和记录媒介复制业	102.8	100.5	99.9	100.3	100.1
印刷	102.8	100.5	99.9	100.3	100.1
文教、工美、体育和娱乐用品制造业	100.1	99.9	99.8	100.4	99.8
文教办公用品制造	104.5	100.0	100.0	100.0	100.0
乐器制造	104.7	99.4	102.8	100.1	102.3
工艺美术及礼仪用品制造	99.7	99.9	99.7	100.5	99.7
玩具制造	102.1	100.0	100.2	99.8	100.0
游艺器材及娱乐用品制造	97.4	100.0	99.5	100.0	100.5
石油、煤炭及其他燃料加工业	116.2	109.9	100.4	95.1	96.5
精炼石油产品制造	105.2	104.5	100.9	96.8	101.9
煤炭加工	123.4	113.4	100.0	94.1	93.1
化学原料和化学制品制造业	100.5	101.1	98.6	99.0	99.9
基础化学原料制造	94.6	99.5	96.7	97.6	101.7
肥料制造	107.8	101.4	99.5	99.5	97.5
农药制造	110.5	102.6	100.0	101.3	100.0
涂料、油墨、颜料及类似产品制造	99.4	100.9	100.9	99.2	99.7
合成材料制造	114.9	99.8	102.5	101.5	99.1
专用化学产品制造	97.5	103.5	98.9	99.3	100.0
炸药、火工及焰火产品制造	104.8	99.3	101.7	101.6	100.2
日用化学产品制造	98.2	101.6	97.3	100.1	99.5
医药制造业	103.1	100.1	100.4	100.2	100.1
化学药品原料药制造	106.5	99.1	102.0	100.7	100.4
化学药品制剂制造	106.9	100.6	100.0	100.4	100.2
中药饮片加工	100.0	100.0	100.0	100.0	100.0
中成药生产	106.2	100.7	100.1	100.0	100.1
兽用药品制造	104.3	101.7	100.6	100.0	99.8
生物药品制品制造	99.0	100.2	99.7	100.1	100.0
卫生材料及医药用品制造	96.5	100.0	99.1	100.0	99.7
药用辅料及包装材料	96.5	100.0	99.1	100.0	99.7
化学纤维制造业	107.0	99.7	101.0	101.7	100.7
纤维素纤维原料及纤维制造	102.7	99.9	100.9	101.7	100.3
合成纤维制造	121.9	99.0	101.2	101.5	101.8
生物基材料制造	102.7	99.9	100.9	101.7	100.3

5月	6月	7月	8月	9月	10月	11月	12月
101.5	101.0	100.0	100.1	99.2	98.6	98.2	99.1
100.3	100.3	99.1	98.6	100.0	99.9	99.9	99.4
99.9	100.1	99.8	100.7	102.6	100.2	99.9	98.9
99.9	100.1	99.8	100.7	102.6	100.2	99.9	98.9
99.7	99.7	100.3	100.2	100.2	99.9	99.8	100.3
100.0	100.0	100.0	100.1	100.0	102.9	100.6	100.8
100.4	100.6	99.2	100.0	100.0	100.0	100.0	100.0
99.7	99.7	100.4	100.3	100.2	99.8	99.9	100.1
99.9	100.1	100.0	100.0	100.0	100.0	100.0	102.1
100.0	99.7	100.3	97.9	99.7	101.8	98.0	100.0
99.1	106.0	105.5	100.6	105.2	102.5	100.9	94.6
104.5	101.4	100.9	100.9	102.9	103.9	96.7	90.7
95.4	109.4	108.7	100.5	106.7	101.7	103.6	97.0
101.4	99.8	99.8	100.1	101.4	101.6	100.1	97.8
101.6	100.4	98.6	99.8	102.5	102.4	99.6	94.3
101.1	99.8	102.3	101.5	100.9	101.3	101.8	101.0
107.1	100.0	101.0	99.9	97.4	101.8	99.6	99.6
100.2	98.6	100.4	100.6	99.9	99.8	100.0	99.2
105.5	100.7	99.8	102.0	105.8	102.2	98.5	97.0
98.9	99.2	98.9	98.7	99.9	101.1	100.1	99.3
100.1	100.0	100.9	100.3	99.9	100.5	100.5	99.7
102.8	97.9	100.0	99.5	100.2	100.6	99.7	99.1
99.6	101.5	99.5	101.8	100.9	100.3	100.3	98.6
100.5	100.7	100.8	104.4	102.9	100.5	100.1	94.5
99.9	102.9	99.8	100.3	100.6	100.0	101.6	100.4
100.0	100.0	100.0	100.0	100.0	100.0	100.0	100.0
100.2	100.0	100.3	103.7	100.2	100.9	99.8	100.1
99.8	99.9	100.7	100.5	100.1	99.6	100.5	101.1
100.2	100.1	99.6	100.0	99.8	100.1	99.6	99.5
96.6	105.6	95.7	99.0	99.9	100.0	101.1	100.1
96.6	105.6	95.7	99.0	99.9	100.0	101.1	100.1
100.1	99.3	102.3	100.0	102.6	99.9	100.3	99.4
100.0	98.9	100.8	99.3	100.0	100.0	100.8	100.0
100.2	100.6	107.2	102.4	110.6	99.5	99.0	97.6
100.0	98.9	100.8	99.3	100.0	100.0	100.8	100.0

5-9 续表 3

(上月=100)

大中类行业名称	全年	1月	2月	3月	4月
橡胶和塑料制品业	99.6	100.1	100.4	100.1	100.2
橡胶制品业	99.9	99.4	100.6	100.0	100.6
塑料制品业	99.5	100.5	100.3	100.1	100.0
非金属矿物制品业	102.9	100.6	99.9	99.7	99.4
水泥、石灰和石膏制造	111.3	101.0	96.3	95.4	98.1
石膏、水泥制品及类似制品制造	107.6	101.1	98.2	100.9	100.7
砖瓦、石材等建筑材料制造	102.4	100.1	99.9	100.4	100.1
玻璃制造	97.3	96.9	99.7	103.7	98.4
玻璃制品制造	101.4	100.8	99.8	99.6	100.3
玻璃纤维和玻璃纤维增强塑料制品制造	102.1	100.0	100.2	101.6	100.0
陶瓷制品制造	94.6	100.6	100.8	99.8	99.1
耐火材料制品制造	103.6	99.8	101.2	100.8	99.8
石墨及其他非金属矿物制品制造	99.0	101.7	101.0	98.9	98.4
黑色金属冶炼和压延加工业	95.7	95.8	99.1	103.3	97.4
炼铁	99.3	100.8	98.7	101.5	95.5
炼钢	98.5	98.0	95.8	105.2	96.7
钢压延加工	93.5	94.7	99.6	103.1	97.5
铁合金冶炼	114.8	102.1	101.1	102.7	99.1
有色金属冶炼和压延加工业	97.8	100.3	98.5	99.4	101.1
常用有色金属冶炼	97.6	100.5	98.1	98.5	101.4
贵金属冶炼	100.4	100.6	99.3	99.7	100.4
稀有稀土金属冶炼	102.4	103.0	100.0	100.0	98.7
有色金属合金制造	98.8	100.2	98.8	99.5	101.5
有色金属压延加工	96.3	99.7	98.3	100.0	101.4
金属制品业	105.8	101.1	101.1	101.1	100.0
结构性金属制品制造	102.7	100.4	100.3	99.5	100.3
金属工具制造	100.0	100.0	100.0	100.0	100.0
集装箱及金属包装容器制造	114.8	100.9	107.6	101.5	100.6
金属丝绳及其制品制造	117.4	104.7	99.4	111.7	99.3
建筑、安全用金属制品制造	99.1	100.0	98.7	100.0	101.7
搪瓷制品制造	100.0	100.0	100.0	100.0	100.0
金属制日用品制造	97.3	101.3	100.0	100.0	100.2
锻造及其他金属制品制造	106.5	101.0	101.8	100.3	99.9
通用设备制造业	102.5	100.0	100.9	101.0	100.0
锅炉及原动设备制造	103.7	100.3	99.6	100.6	101.2

5月	6月	7月	8月	9月	10月	11月	12月
100.1	99.8	100.1	99.6	100.0	100.3	99.1	99.9
100.2	99.6	100.1	99.1	100.7	99.8	99.8	100.1
100.0	99.9	100.1	99.9	99.6	100.6	98.8	99.7
99.4	99.5	99.6	100.1	101.2	101.0	101.3	101.0
97.4	98.3	98.5	99.7	108.2	104.9	108.6	105.4
100.1	100.5	101.6	100.3	100.7	100.5	100.8	102.0
100.0	99.9	100.5	100.4	99.9	100.2	100.7	100.3
99.3	100.0	99.9	99.4	101.0	99.5	99.2	100.3
100.7	100.5	96.6	99.8	99.8	103.0	100.5	100.0
100.0	100.1	99.6	100.8	100.0	100.0	100.0	99.8
98.6	98.7	98.0	99.7	99.1	100.4	100.0	99.6
100.2	100.0	99.9	100.2	100.4	100.5	100.5	100.3
98.8	98.7	99.2	100.2	101.3	100.6	100.0	100.1
101.6	102.4	101.1	101.8	102.4	99.2	99.2	92.9
102.2	101.1	99.2	101.3	107.2	100.5	98.1	93.8
96.1	105.1	102.7	97.9	105.1	103.6	97.6	95.5
102.7	102.3	101.1	102.0	101.7	98.3	99.1	91.9
100.6	98.4	98.6	107.8	101.9	100.1	104.2	97.7
100.9	100.1	98.1	99.9	101.3	99.8	99.0	99.5
101.7	100.6	96.9	99.2	102.3	100.0	98.6	99.8
99.1	99.9	99.6	99.3	99.9	101.5	101.1	100.3
100.4	100.6	100.1	100.0	99.6	100.0	99.8	100.1
101.2	99.8	98.7	100.2	101.5	99.0	99.0	99.4
100.7	99.6	98.6	100.9	101.0	98.9	98.4	98.7
100.6	100.1	100.0	101.1	100.9	99.9	100.1	99.8
100.8	100.7	100.2	100.2	100.4	100.5	99.8	99.9
100.0	100.0	100.0	100.0	100.0	100.0	100.0	100.0
100.6	99.9	101.1	100.7	101.1	100.8	98.8	100.6
98.7	101.9	99.9	102.7	104.0	99.1	99.3	96.3
100.8	100.6	97.8	100.6	102.0	93.1	98.0	106.2
100.0	100.0	100.0	100.0	100.0	100.0	100.0	100.0
99.7	99.6	100.2	99.3	99.1	99.1	99.7	99.1
100.9	99.4	100.0	101.5	100.5	100.2	100.8	100.0
99.8	100.6	99.3	100.1	100.2	100.6	100.0	99.9
101.0	99.5	98.8	100.0	100.0	102.3	100.0	100.4

5-9 续表 4

(上月=100)

大中类行业名称	全年	1月	2月	3月	4月
金属加工机械制造	100.9	100.1	99.5	101.1	99.9
物料搬运设备制造	100.0	99.5	99.5	101.4	99.5
泵、阀门、压缩机及类似机械制造	107.0	100.2	107.0	99.9	99.9
轴承、齿轮和传动部件制造	106.3	101.7	98.6	105.0	101.1
烘炉、风机、包装等设备制造	100.8	100.2	100.7	100.0	100.0
文化、办公用机械制造	100.2	100.0	99.8	100.2	100.2
通用零部件制造	102.2	100.0	100.0	100.4	99.7
其他通用设备制造	93.1	96.9	96.2	101.3	98.3
专用设备制造业	100.3	100.2	100.1	99.8	100.0
采矿、冶金、建筑专用设备制造	99.8	100.1	100.1	99.6	100.0
化工、木材、非金属加工专用设备制造	101.7	101.7	100.1	99.0	101.3
食品、饮料、烟草及饲料生产专用设备制造	102.9	100.1	99.7	100.3	99.9
印刷、制药、日化及日用品生产专用设备制造	99.9	100.1	100.0	100.1	100.0
纺织、服装和皮革加工专用设备制造	100.2	100.0	99.6	100.3	99.9
电子和电工机械专用设备制造	96.6	100.8	97.5	100.0	98.8
农、林、牧、渔专用机械制造	99.6	100.0	100.0	99.9	100.0
医疗仪器设备及器械制造	102.9	100.1	100.9	101.1	100.0
环保、邮政、社会公共服务及其他专用设备制造	102.3	100.1	100.0	100.0	100.0
汽车制造业	101.5	101.1	100.4	100.1	99.9
汽车整车制造	100.1	99.6	100.5	101.2	98.9
汽车用发动机制造	100.1	99.6	100.5	101.2	98.9
改装汽车制造	108.5	110.8	102.1	96.9	102.2
低速汽车制造	100.0	100.0	100.0	100.0	100.0
汽车车身、挂车制造	87.1	99.9	86.5	100.3	100.1
汽车零部件及配件制造	102.8	101.1	101.5	99.9	100.1
铁路、船舶、航空航天和其他运输设备制造业	100.1	100.8	100.4	100.0	99.9
铁路运输设备制造	101.5	101.4	100.1	100.0	100.0
船舶及相关装置制造	100.1	102.0	103.0	100.0	97.6
摩托车制造	99.6	100.8	100.4	99.9	100.0
助动车制造	100.7	100.0	100.1	100.3	100.0
电气机械和器材制造业	97.5	98.2	99.8	99.5	100.3
电机制造	97.3	99.6	101.3	98.2	99.9
输配电及控制设备制造	99.4	99.2	99.8	99.0	100.9
电线、电缆、光缆及电工器材制造	100.0	100.2	99.4	99.9	100.8

5月	6月	7月	8月	9月	10月	11月	12月
100.0	100.2	99.8	99.7	100.0	100.0	99.7	101.0
99.9	102.1	98.3	100.7	99.9	100.0	100.4	98.9
99.9	99.9	100.1	99.9	100.0	100.1	100.0	100.1
97.2	101.9	98.7	98.3	101.5	101.5	99.8	101.1
100.1	99.9	100.0	99.8	100.3	100.1	99.8	100.1
100.5	100.2	99.3	100.0	100.0	100.0	100.0	100.0
100.4	99.9	99.9	100.1	100.0	101.6	99.9	100.4
100.6	99.7	100.3	103.7	100.6	99.9	100.0	95.8
100.0	100.1	100.2	100.0	100.2	100.0	100.0	99.7
100.1	100.1	100.1	100.0	100.0	99.9	100.1	99.5
99.9	100.9	100.2	99.6	99.5	99.5	100.1	99.9
100.4	100.4	100.3	100.5	100.5	100.9	99.2	100.7
100.1	100.0	99.4	100.0	100.5	99.7	100.1	99.9
100.2	99.1	99.9	100.1	100.5	100.7	101.1	99.0
99.9	100.0	101.0	100.0	102.6	99.8	100.1	96.2
99.6	100.0	100.0	100.0	99.9	100.3	99.9	100.0
101.0	99.5	100.5	99.7	100.0	100.3	99.9	99.9
99.9	99.9	100.9	100.0	101.5	99.8	100.0	100.1
100.4	100.2	99.9	99.9	99.9	100.0	100.1	99.6
100.0	100.0	100.0	100.0	100.2	99.9	99.9	100.0
100.0	100.0	100.0	100.0	100.2	99.9	99.9	100.0
100.2	97.9	102.6	94.6	99.2	105.5	104.4	93.1
100.0	100.0	100.0	100.0	100.0	100.0	100.0	100.0
99.7	100.7	100.4	100.0	100.1	99.8	99.8	99.8
100.7	100.4	99.6	100.3	99.8	99.5	99.9	100.0
100.3	99.7	100.0	100.0	100.1	100.0	99.9	99.0
99.9	100.0	100.0	100.1	99.9	100.0	100.1	99.9
100.0	97.6	102.7	100.0	100.0	100.0	99.5	97.8
100.4	99.7	99.9	100.0	100.0	100.0	100.0	98.5
100.4	99.8	100.1	100.1	100.4	100.0	99.5	100.0
100.4	100.0	100.2	99.4	99.8	100.1	99.9	100.1
101.4	99.9	99.8	99.9	99.3	99.2	100.0	99.1
100.7	99.5	100.5	98.9	99.7	99.8	100.0	101.4
100.2	100.2	99.5	99.4	100.2	100.4	99.7	100.1

5-9 续表 5

(上月=100)

大中类行业名称	全年	1月	2月	3月	4月
电池制造	96.4	100.4	99.1	100.0	98.8
家用电力器具制造	100.1	100.1	100.0	100.0	100.0
非电力家用器具制造	103.9	102.4	98.9	100.1	100.7
照明器具制造	90.3	90.3	100.0	100.0	100.0
其他电气机械及器材制造	80.7	90.8	100.7	100.3	89.1
计算机、通信和其他电子设备制造业	95.0	100.1	99.8	99.5	99.5
计算机制造	100.0	100.0	100.0	100.0	100.0
通信设备制造	94.4	100.0	99.7	99.4	99.6
广播电视设备制造	107.1	108.7	100.0	100.0	98.5
智能消费设备制造	101.1	100.6	100.2	100.0	100.0
电子器件制造	79.8	96.3	100.5	98.8	97.5
电子元件及电子专用材料制造	101.7	101.9	100.0	100.4	99.8
其他电子设备制造	100.9	100.1	100.4	100.0	100.1
仪器仪表制造业	100.5	100.3	100.0	100.2	99.9
通用仪器仪表制造	102.2	101.1	99.6	100.5	100.0
专用仪器仪表制造	94.6	98.3	100.5	99.3	99.4
光学仪器制造	102.0	100.2	100.2	100.1	100.0
衡器制造	100.8	100.0	100.5	100.0	100.0
其他仪器仪表制造业	99.2	99.5	100.3	99.9	100.0
其他制造业	102.2	99.7	100.8	99.4	100.1
日用杂品制造	103.9	99.5	101.5	98.9	100.2
其他未列明制造业	100.0	100.0	100.0	100.0	100.0
金属制品、机械和设备修理业	100.0	100.0	100.0	100.0	100.0
铁路、船舶、航空航天等运输设备修理	100.0	100.0	100.0	100.0	100.0
电力、热力生产和供应业	99.0	100.9	99.6	100.4	99.4
电力生产	99.7	101.9	99.6	100.8	98.9
电力供应	98.6	100.3	99.6	100.1	99.8
热力生产和供应	101.0	100.3	100.0	100.0	100.0
燃气生产和供应业	108.1	102.6	102.2	95.0	97.5
燃气生产和供应业	108.1	102.6	102.2	95.0	97.5
生物质燃气生产和供应业	108.1	102.6	102.2	95.0	97.5
水的生产和供应业	103.3	101.7	100.0	100.0	100.4
自来水生产和供应	102.8	100.8	100.0	100.0	100.5
污水处理及其再生利用	105.2	105.2	100.0	100.0	100.0

5月	6月	7月	8月	9月	10月	11月	12月
100.6	100.4	100.8	99.1	98.8	100.7	99.1	98.5
100.0	100.0	100.0	100.0	100.0	100.0	100.0	100.0
99.6	100.0	101.2	99.7	99.5	100.0	100.8	100.9
100.0	100.5	100.5	100.0	100.0	100.0	100.0	99.1
98.1	100.3	100.5	99.6	100.2	100.5	100.2	99.3
99.6	99.6	99.4	99.6	99.6	99.5	99.6	99.1
100.0	100.0	100.0	100.0	100.0	100.0	100.0	100.0
99.5	99.5	99.6	99.5	99.5	99.5	99.5	98.9
100.0	100.0	100.0	100.0	100.0	100.0	100.0	100.0
100.2	100.1	100.0	99.9	100.0	100.0	100.0	100.1
100.0	99.5	92.9	99.7	97.9	96.3	99.0	99.5
99.9	100.1	100.0	100.0	100.0	99.9	99.9	99.8
100.4	100.2	100.0	99.7	100.0	100.0	100.0	100.0
99.9	99.8	99.6	99.9	100.4	100.1	100.6	99.8
100.0	100.0	99.5	99.9	100.4	100.3	100.9	99.8
99.3	98.7	98.8	99.8	101.0	99.6	100.3	99.3
100.3	100.3	100.1	100.1	100.3	100.2	100.1	100.1
100.2	99.9	100.1	100.0	100.0	100.0	100.0	100.0
100.0	99.9	100.0	99.5	99.9	100.0	100.2	100.0
100.0	100.1	99.9	99.5	99.0	100.1	100.9	102.6
100.0	100.2	99.9	99.0	98.2	100.1	101.7	104.8
100.0	100.0	100.0	100.0	100.0	100.0	100.0	100.0
100.0	100.0	100.0	100.0	100.0	100.0	100.0	100.0
100.0	100.0	100.0	100.0	100.0	100.0	100.0	100.0
100.1	100.2	100.0	98.9	99.7	99.5	99.9	100.4
100.5	100.9	99.5	97.1	100.0	100.0	99.1	101.5
99.8	99.8	100.2	100.0	99.6	99.2	100.4	99.8
100.0	100.1	100.2	100.0	100.3	100.2	100.0	100.0
98.1	100.9	100.1	100.7	101.0	103.2	104.1	102.9
98.1	100.9	100.1	100.7	101.0	103.2	104.1	102.9
98.1	100.9	100.1	100.7	101.0	103.2	104.1	102.9
100.0	100.0	100.0	100.2	100.0	100.8	100.1	100.1
100.0	100.1	100.1	100.2	100.1	101.0	100.1	100.1
100.0	100.0	100.0	100.0	100.0	100.0	100.0	100.0

5-10 各月分类工业生产者

(2015年=100)

项目名称	全年	1月	2月	3月	4月	5月
总指数	**109.5**	**109.3**	**109.2**	**109.2**	**108.8**	**108.9**
核心指数	109.5	109.1	108.9	109.1	108.9	109.1
高技术	94.5	95.3	95.2	95.1	94.8	94.4
能源	124.8	124.0	124.9	123.7	122.0	121.3
按轻重工业分						
轻工业	102.4	102.3	102.4	102.4	102.2	102.3
以农产品为原料	102.7	102.6	102.7	102.7	102.5	102.6
以非农产品为原料	101.0	101.3	101.1	101.2	101.0	101.2
重工业	112.6	112.2	112.2	112.2	111.7	111.7
采掘	119.5	117.6	119.2	120.5	118.8	116.8
原料	121.0	121.2	120.4	119.2	118.8	119.1
加工	108.7	108.3	108.3	108.5	108.2	108.3
按两大部类分						
生产资料	114.1	113.4	113.4	113.5	113.0	113.2
采掘	119.5	117.6	119.2	120.5	118.8	116.8
原料	122.0	122.5	121.7	120.4	120.0	120.3
加工	110.5	109.6	109.7	110.0	109.8	110.1
生活资料	98.1	98.8	98.8	98.6	98.3	98.1
食品	100.1	100.7	100.8	100.6	100.1	100.0
衣着	99.1	99.2	99.0	99.1	99.0	98.8
一般日用品	99.4	99.7	99.3	99.5	99.4	99.1
耐用消费品	91.5	92.9	92.8	92.5	92.2	91.9
按初级中间最终产品分						
初级产品	119.5	117.6	119.2	120.5	118.8	116.8
矿产品	119.5	117.6	119.2	120.5	118.8	116.8
中间产品	111.6	111.2	111.1	111.0	110.7	110.9
最终产品	102.0	101.8	102.0	102.1	101.9	101.9
最终投资品	103.8	103.2	103.5	103.7	103.6	103.8
最终消费品	99.2	99.9	99.8	99.7	99.3	99.2
按工业部门分						
冶金工业	127.8	126.7	125.7	127.2	126.4	126.9
电力工业	95.9	96.8	96.4	96.8	96.2	96.3
煤炭及炼焦工业	159.1	156.9	159.5	157.5	153.4	149.6
石油工业	117.9	114.5	116.2	112.0	111.7	114.9
化学工业	109.0	108.8	108.3	107.8	107.8	108.4
机械工业	98.5	98.4	98.6	98.7	98.6	98.7
建筑材料工业	109.2	109.2	108.9	108.8	108.4	108.0
森林工业	102.1	101.7	102.1	102.1	102.2	102.1
食品工业	99.5	99.9	100.1	99.9	99.5	99.4
纺织工业	107.9	106.0	106.1	106.3	106.6	107.1
缝纫工业	98.6	99.0	99.1	98.9	98.7	98.4
皮革工业	109.1	107.7	107.8	108.3	108.4	108.5
造纸工业	118.9	117.7	116.8	118.1	119.0	120.3
文教艺术用品工业	100.2	99.3	99.2	99.4	99.5	99.5
其它工业	113.6	115.3	116.0	115.3	114.2	113.2

出厂价格定基指数(2018年)

6月	7月	8月	9月	10月	11月	12月
109.2	**109.2**	**109.3**	**110.1**	**110.4**	**110.6**	**109.9**
109.3	109.1	109.4	110.1	110.5	110.5	109.7
94.6	94.0	94.3	94.4	94.2	94.1	93.2
123.7	124.7	124.1	125.9	126.7	129.0	127.3
102.3	102.4	102.3	102.6	102.5	102.4	102.3
102.7	102.7	102.7	103.0	102.9	102.7	102.8
100.9	101.1	100.9	101.0	101.2	101.0	100.6
112.2	112.1	112.3	113.3	113.9	114.2	113.2
118.0	118.3	118.3	119.0	121.0	123.9	122.8
120.5	120.5	120.4	122.6	123.8	123.6	121.3
108.4	108.2	108.6	109.3	109.4	109.6	109.0
113.7	113.7	113.9	114.9	115.4	115.7	114.8
118.0	118.3	118.3	119.0	121.0	123.9	122.8
121.7	121.8	121.5	123.4	124.5	124.3	122.5
110.3	110.2	110.7	111.3	111.5	111.7	111.1
98.0	97.8	97.7	98.1	98.0	97.9	97.7
99.7	99.6	99.6	100.2	100.1	99.9	100.2
99.0	99.4	99.3	98.9	98.8	99.3	99.5
99.5	98.9	99.0	99.7	99.8	100.0	99.0
91.6	91.4	91.1	90.8	90.5	90.2	89.5
117.9	118.3	118.3	119.0	121.0	123.8	122.7
117.9	118.3	118.3	119.0	121.0	123.8	122.7
111.3	111.2	111.4	112.4	112.8	112.8	112.0
101.9	101.8	101.8	102.1	102.2	102.1	102.0
103.8	103.7	103.9	104.1	104.4	104.3	104.0
99.1	99.0	98.7	99.0	98.9	99.0	99.1
127.9	127.6	128.7	130.5	130.6	129.6	126.4
96.5	96.5	95.4	95.2	94.7	94.7	95.0
154.4	157.4	157.2	161.7	162.7	170.1	169.2
119.2	119.2	119.3	121.4	125.8	124.9	115.5
108.7	108.6	108.9	109.8	110.8	110.7	109.1
98.7	98.5	98.5	98.5	98.5	98.5	98.2
107.6	107.4	107.5	108.8	110.1	111.9	113.2
102.1	102.1	102.3	102.1	102.0	101.8	102.1
99.1	99.0	98.9	99.5	99.4	99.3	99.5
108.0	108.3	109.0	109.7	109.7	109.4	108.7
98.6	98.9	98.5	98.1	98.0	98.5	98.3
108.8	109.3	110.1	109.7	109.7	110.0	110.9
121.2	120.9	120.5	119.9	118.7	117.2	116.3
99.5	99.4	99.8	101.8	102.1	102.0	101.4
112.4	111.8	111.9	112.9	113.6	113.5	113.6

5-11 各月分大类工业生产者

(2015年=100)

大类行业名称	全年	1月	2月	3月	4月
煤炭开采和洗选业	136.1	133.2	136.3	137.2	135.9
石油和天然气开采业	106.9	102.8	104.9	101.6	99.2
黑色金属矿采选业	114.6	111.3	111.8	114.9	114.5
有色金属矿采选业	109.9	109.2	110.0	111.9	109.4
非金属矿采选业	106.3	104.6	105.1	105.3	105.3
农副食品加工业	98.8	99.6	99.7	99.4	98.8
食品制造业	100.9	101.0	101.2	101.1	100.7
酒、饮料和精制茶制造业	103.9	103.7	104.5	103.8	104.0
烟草制品业	99.7	99.6	99.6	99.6	99.6
纺织业	108.6	106.8	106.9	107.1	107.3
纺织服装、服饰业	95.8	96.2	96.3	96.1	95.9
皮革、毛皮、羽毛及其制品和制鞋业	105.4	104.6	104.5	104.9	105.0
木材加工和木、竹、藤、棕、草制品业	103.0	102.5	102.9	102.8	102.8
家具制造业	99.7	99.6	100.1	100.1	100.3
造纸和纸制品业	118.9	117.7	116.8	118.1	119.0
印刷和记录媒介复制业	99.7	98.5	98.4	98.7	98.8
文教、工美、体育和娱乐用品制造业	104.1	104.2	104.0	104.4	104.1
石油、煤炭及其他燃料加工业	186.0	183.4	184.1	175.1	168.9
化学原料和化学制品制造业	113.7	114.5	112.8	111.8	111.7
医药制造业	103.6	101.6	102.0	102.2	102.3
化学纤维制造业	111.3	106.5	107.6	109.4	110.1
橡胶和塑料制品业	103.6	103.3	103.7	103.7	103.9
非金属矿物制品业	111.4	112.1	112.0	111.7	111.0
黑色金属冶炼和压延加工业	165.6	159.9	158.4	163.7	159.4
有色金属冶炼和压延加工业	115.3	116.8	115.0	114.3	115.6
金属制品业	112.6	109.2	110.4	111.6	111.6
通用设备制造业	102.0	100.1	101.0	102.1	102.1
专用设备制造业	100.0	99.9	99.9	99.8	99.8
汽车制造业	102.6	102.0	102.4	102.6	102.4
铁路、船舶、航空航天和其他运输设备制造业	98.1	97.8	98.2	98.2	98.1
电气机械和器材制造业	97.7	98.1	97.8	97.4	97.6
计算机、通信和其他电子设备制造业	87.9	90.0	89.8	89.3	88.9
仪器仪表制造业	99.7	99.8	99.8	99.9	99.8
其他制造业	109.8	109.6	110.5	109.9	110.0
金属制品、机械和设备修理业	99.6	99.6	99.6	99.6	99.6
电力、热力生产和供应业	95.9	96.8	96.4	96.8	96.2
燃气生产和供应业	96.4	98.8	101.0	95.9	93.6
水的生产和供应业	108.5	107.8	107.8	107.9	108.3

出厂价格定基指数(2018年)

5月	6月	7月	8月	9月	10月	11月	12月
133.7	134.8	133.9	133.4	134.9	135.2	142.0	143.0
102.8	113.2	111.4	109.6	109.7	113.2	114.0	100.4
111.9	111.5	114.1	113.8	113.9	118.6	120.9	117.4
106.3	106.2	107.8	110.2	110.3	112.9	112.5	111.8
105.3	105.2	105.7	105.3	104.9	109.7	109.5	109.9
98.7	98.3	98.1	97.9	98.8	98.9	98.4	98.6
100.8	100.5	100.3	100.6	101.1	100.4	101.3	101.6
103.8	104.6	104.8	104.0	103.3	103.4	103.3	103.3
99.7	99.7	99.7	99.7	99.7	99.8	99.8	99.9
107.8	108.6	109.0	109.6	110.2	110.3	109.9	109.2
95.5	95.8	96.3	95.8	95.3	95.2	95.9	96.0
105.0	105.3	105.6	106.1	105.8	105.7	105.9	106.5
103.0	102.9	102.9	103.2	103.3	103.3	103.0	103.6
99.9	99.9	99.9	99.9	99.4	99.3	99.2	99.0
120.3	121.2	120.9	120.5	119.9	118.7	117.2	116.3
98.7	98.8	98.6	99.2	101.8	102.0	101.9	100.8
103.9	103.6	103.9	104.1	104.3	104.2	104.1	104.3
167.4	177.4	187.1	188.3	198.2	203.2	205.0	194.0
113.2	112.9	112.7	112.9	114.5	116.4	116.5	113.9
101.9	103.4	102.8	104.6	105.5	105.8	106.2	104.7
110.2	109.4	111.9	111.9	114.8	114.6	115.0	114.3
104.0	103.8	103.9	103.5	103.5	103.8	102.9	102.8
110.3	109.8	109.4	109.5	110.9	112.0	113.5	114.6
162.0	165.8	167.6	170.5	174.6	173.3	171.9	159.6
116.6	116.7	114.5	114.4	115.8	115.6	114.4	113.8
112.3	112.4	112.4	113.6	114.6	114.5	114.6	114.4
101.9	102.5	101.8	101.9	102.1	102.7	102.7	102.6
99.8	99.9	100.1	100.0	100.2	100.3	100.3	100.0
102.9	103.0	103.0	102.8	102.7	102.6	102.8	102.4
98.4	98.1	98.2	98.2	98.3	98.3	98.2	97.2
98.0	98.0	98.2	97.6	97.4	97.5	97.3	97.4
88.6	88.2	87.7	87.3	86.9	86.5	86.1	85.4
99.8	99.5	99.1	99.0	99.5	99.6	100.2	100.0
110.0	110.1	110.0	109.4	108.4	108.4	109.4	112.3
99.6	99.6	99.6	99.6	99.6	99.6	99.6	99.6
96.3	96.5	96.5	95.4	95.2	94.7	94.7	95.0
91.8	92.6	92.6	93.3	94.2	97.2	101.2	104.1
108.3	108.3	108.4	108.6	108.6	109.4	109.5	109.6

5-12　工业生产者出厂价格完整同比指数(2018年)

(上年＝100)

项目名称	指　数	项目名称	指　数
煤炭开采和洗选业	109.7	稻谷加工	100.6
烟煤和无烟煤开采洗选	109.7	小麦加工	100.6
其他煤炭采选	97.7	玉米加工	100.6
石油和天然气开采业	112.1	杂粮加工	100.6
石油开采	112.5	其他谷物磨制	100.6
陆地石油开采	112.5	饲料加工	102.2
海洋石油开采	112.5	宠物饲料加工	102.2
天然气开采	105.7	其他饲料加工	102.2
陆地天然气开采	105.7	植物油加工	94.5
海洋天然气及可燃冰开采	105.7	食用植物油加工	94.2
黑色金属矿采选业	106.7	非食用植物油加工	104.6
铁矿采选	106.7	屠宰及肉类加工	99.4
有色金属矿采选业	103.3	牲畜屠宰	97.2
常用有色金属矿采选	103.6	禽类屠宰	103.3
铜矿采选	131.6	肉制品及副产品加工	100.5
铅锌矿采选	108.1	蔬菜、菌类、水果和坚果加工	93.8
铝矿采选	99.9	蔬菜加工	91.9
贵金属矿采选	98.9	食用菌加工	91.9
金矿采选	99.0	水果和坚果加工	98.0
银矿采选	90.6	其他农副食品加工	104.6
稀有稀土金属矿采选	128.8	淀粉及淀粉制品制造	106.0
钨钼矿采选	128.8	豆制品制造	102.3
非金属矿采选业	103.1	蛋品加工	109.8
土砂石开采	103.1	其他未列明农副食品加工	100.0
石灰石、石膏开采	102.9	食品制造业	100.9
建筑装饰用石开采	100.0	焙烤食品制造	102.0
粘土及其他土砂石开采	105.2	糕点、面包制造	101.4
化学矿开采	102.9	饼干及其他焙烤食品制造	102.4
采盐	97.0	糖果、巧克力及蜜饯制造	103.5
石棉及其他非金属矿采选	103.9	糖果、巧克力制造	103.5
石墨、滑石采选	103.9	方便食品制造	99.9
农副食品加工业	99.9	米、面制品制造	102.0
谷物磨制	100.6	速冻食品制造	98.6

5-12 续表 1

(上年＝100)

项目名称	指　数	项目名称	指　数
方便面制造	100.3	烟草制品业	100.1
其他方便食品制造	100.3	烟叶复烤	100.6
乳制品制造	103.9	卷烟制造	100.1
液体乳制造	103.9	其他烟草制品制造	101.7
乳粉制造	103.9	纺织业	103.9
其他乳制品制造	103.9	棉纺织及印染精加工	103.7
罐头食品制造	99.9	棉纺纱加工	103.4
肉、禽类罐头制造	100.6	棉织造加工	106.6
蔬菜、水果罐头制造	99.7	棉印染精加工	100.7
调味品、发酵制品制造	101.9	毛纺织及染整精加工	100.8
味精制造	99.8	毛条和毛纱线加工	99.9
酱油、食醋及类似制品制造	100.2	毛织造加工	102.4
其他调味品、发酵制品制造	104.8	麻纺织及染整精加工	104.0
其他食品制造	98.6	麻织造加工	104.0
营养食品制造	100.0	丝绢纺织及印染精加工	101.2
保健食品制造	93.9	缫丝加工	100.2
冷冻饮品及食用冰制造	99.7	绢纺和丝织加工	105.2
盐加工	96.6	化纤织造及印染精加工	106.6
食品及饲料添加剂制造	95.6	化纤织造加工	106.6
酒、饮料及精制茶制造业	103.6	针织或钩针编织物及其制品制造	99.2
酒的制造	105.1	针织或钩针编织物织造	99.2
酒精制造	108.2	家用纺织制成品制造	104.0
白酒制造	102.6	床上用品制造	106.6
啤酒制造	102.8	毛巾类制品制造	103.6
葡萄酒制造	99.8	窗帘、布艺类产品制造	101.5
其他酒制造	114.2	产业用纺织制成品制造	114.2
饮料制造	101.9	纺织带和帘子布制造	117.4
碳酸饮料制造	105.5	其他产业用纺织制成品制造	101.5
瓶(罐)装饮用水制造	99.1	纺织服装、服饰业	100.1
果菜汁及果菜汁饮料制造	99.9	机织服装制造	100.4
含乳饮料和植物蛋白饮料制造	103.8	运动机织服装制造	100.4
茶饮料及其他饮料制造	102.8	其他机织服装制造	100.4
精制茶加工	97.7	针织或钩针编织服装制造	98.6

5-12 续表 2

(上年=100)

项目名称	指 数	项目名称	指 数
运动休闲针织服装制造	98.6	木地板制造	102.0
其他针织或钩针编织服装制造	98.6	竹、藤、棕、草制品制造	104.8
服饰制造	100.0	棕制品制造	104.8
皮革、毛皮、羽毛及其制品和制鞋业	101.2	家具制造业	100.2
皮革鞣制加工	105.0	木质家具制造	100.2
皮革制品制造	100.9	金属家具制造	100.0
皮革服装制造	107.5	其他家具制造	100.9
皮箱、包(袋)制造	100.3	造纸和纸制品业	107.2
皮手套及皮装饰制品制造	103.6	纸浆制造	113.8
其他皮革制品制造	100.0	木竹浆制造	115.1
毛皮鞣制及制品加工	95.5	非木竹浆制造	112.0
毛皮鞣制加工	93.8	造纸	109.5
其他毛皮制品加工	99.1	机制纸及纸板制造	109.7
羽毛(绒)加工及制品制造	100.6	加工纸制造	105.3
羽毛(绒)加工	102.0	纸制品制造	102.1
羽毛(绒)制品加工	99.4	纸和纸板容器制造	103.1
制鞋业	100.4	其他纸制品制造	99.5
纺织面料鞋制造	100.0	印刷和记录媒介复制业	103.1
皮鞋制造	100.8	印刷	103.1
橡胶鞋制造	100.2	书、报刊印刷	105.4
木材加工和木、竹、藤、棕、草制品业	102.2	本册印制	100.0
木材加工	98.6	包装装潢及其他印刷	103.0
锯材加工	97.9	文教、工美、体育和娱乐用品制造业	100.3
单板加工	102.7	文教办公用品制造	101.1
人造板制造	102.7	教学用模型及教具制造	101.1
胶合板制造	101.3	乐器制造	106.3
纤维板制造	109.0	中乐器制造	106.3
刨花板制造	96.8	工艺美术及礼仪用品制造	100.2
其他人造板制造	102.6	雕塑工艺品制造	100.1
木制品制造	102.0	金属工艺品制造	100.0
建筑用木料及木材组件加工	102.0	漆器工艺品制造	100.1
木门窗制造	101.8	天然植物纤维编织工艺品制造	104.9
木楼梯制造	101.8	地毯、挂毯制造	98.6

5-12 续表 3

(上年=100)

项目名称	指　数	项目名称	指　数
珠宝首饰及有关物品制造	100.0	有机肥料及微生物肥料制造	107.5
其他工艺美术及礼仪用品制造	100.3	农药制造	108.4
玩具制造	100.1	化学农药制造	106.4
电玩具制造	100.1	生物化学农药及微生物农药制造	126.6
塑胶玩具制造	100.1	涂料、油墨、颜料及类似产品制造	100.9
金属玩具制造	100.1	涂料制造	98.5
弹射玩具制造	100.1	油墨及类似产品制造	100.7
娃娃玩具制造	100.1	工业颜料制造	97.6
儿童乘骑玩耍的童车类产品制造	100.1	工艺美术颜料制造	97.6
其他玩具制造	100.1	染料制造	118.3
游艺器材及娱乐用品制造	100.4	密封用填料及类似品制造	105.7
露天游乐场所游乐设备制造	100.4	合成材料制造	113.4
石油、煤炭及其他燃料加工业	117.6	初级形态塑料及合成树脂制造	107.6
精炼石油产品制造	117.3	合成纤维单(聚合)体制造	130.5
原油加工及石油制品制造	117.3	其他合成材料制造	100.9
煤炭加工	118.0	专用化学产品制造	101.0
炼焦	119.3	化学试剂和助剂制造	101.6
煤制合成气生产	115.7	专项化学用品制造	100.3
煤制液体燃料生产	119.3	林产化学产品制造	103.7
煤制品制造	100.2	文化用信息化学品制造	87.4
其他煤炭加工	119.3	医学生产用信息化学品制造	87.4
化学原料和化学制品制造业	106.1	环境污染处理专用药剂材料制造	117.0
基础化学原料制造	106.2	其他专用化学产品制造	106.3
无机酸制造	100.0	炸药、火工及焰火产品制造	101.9
无机碱制造	107.0	炸药及火工产品制造	101.9
无机盐制造	99.5	日用化学产品制造	104.1
有机化学原料制造	108.3	肥皂及洗涤剂制造	108.4
其他基础化学原料制造	112.9	化妆品制造	100.0
肥料制造	109.2	香料、香精制造	101.4
氮肥制造	112.4	其他日用化学产品制造	102.3
磷肥制造	100.0	医药制造业	104.3
钾肥制造	96.0	化学药品原料药制造	108.7
复混肥料制造	107.1	化学药品制剂制造	106.5

5-12 续表 4

(上年=100)

项目名称	指 数	项目名称	指 数
中药饮片加工	100.0	塑料包装箱及容器制造	94.2
中成药生产	109.4	人造草坪制造	102.7
兽用药品制造	102.6	非金属矿物制品业	106.1
生物药品制品制造	99.5	水泥、石灰和石膏制造	113.1
生物药品制造	99.5	水泥制造	113.1
基因工程药物和疫苗制造	99.5	石膏、水泥制品及类似制品制造	107.2
卫生材料及医药用品制造	97.4	水泥制品制造	110.2
药用辅料及包装材料	97.4	石棉水泥制品制造	101.3
化学纤维制造业	107.3	轻质建筑材料制造	99.5
纤维素纤维原料及纤维制造	104.9	砖瓦、石材等建筑材料制造	100.4
化纤浆粕制造	100.7	粘土砖瓦及建筑砌块制造	100.3
人造纤维(纤维素纤维)制造	106.0	建筑用石加工	100.9
合成纤维制造	115.9	防水建筑材料制造	103.9
锦纶纤维制造	120.2	隔热和隔音材料制造	91.3
涤纶纤维制造	110.8	玻璃制造	99.8
其他合成纤维制造	98.9	平板玻璃制造	98.5
生物基材料制造	104.9	特种玻璃制造	100.4
生物基化学纤维制造	104.9	其他玻璃制造	100.4
生物基、淀粉基新材料制造	104.9	玻璃制品制造	100.9
橡胶和塑料制品业	101.8	技术玻璃制品制造	100.2
橡胶制品业	103.1	日用玻璃制品制造	102.6
轮胎制造	103.5	玻璃包装容器制造	99.8
橡胶板、管、带制造	105.7	制镜及类似品加工	105.2
橡胶零件制造	98.3	玻璃纤维和玻璃纤维增强塑料制品制造	101.8
日用及医用橡胶制品制造	102.8	玻璃纤维及制品制造	103.5
运动场地用塑胶制造	95.9	玻璃纤维增强塑料制品制造	101.5
其他橡胶制品制造	95.9	陶瓷制品制造	98.0
塑料制品业	101.1	建筑陶瓷制品制造	95.5
塑料薄膜制造	99.3	卫生陶瓷制品制造	101.9
塑料板、管、型材制造	100.5	特种陶瓷制品制造	103.7
塑料丝、绳及编织品制造	101.2	日用陶瓷制品制造	101.6
泡沫塑料制造	108.8	耐火材料制品制造	103.9
塑料人造革、合成革制造	102.1	耐火陶瓷制品及其他耐火材料制造	103.9

5-12 续表 5

(上年＝100)

项目名称	指 数	项目名称	指 数
石墨及其他非金属矿物制品制造	112.0	金属包装容器及材料制造	110.7
石墨及碳素制品制造	120.7	金属丝绳及其制品制造	123.6
其他非金属矿物制品制造	106.4	建筑、安全用金属制品制造	102.2
黑色金属冶炼和压延加工业	110.5	建筑装饰及水暖管道零件制造	103.5
炼铁	111.4	其他建筑、安全用金属制品制造	100.0
炼钢	108.4	搪瓷制品制造	100.2
钢压延加工	110.5	搪瓷日用品及其他搪瓷制品制造	100.2
铁合金冶炼	115.0	金属制日用品制造	100.0
有色金属冶炼和压延加工业	100.3	金属制餐具和器皿制造	100.4
常用有色金属冶炼	100.3	其他金属制日用品制造	99.0
铜冶炼	101.4	锻造及其他金属制品制造	109.2
铅锌冶炼	100.0	黑色金属铸造	110.0
铝冶炼	100.3	锻件及粉末冶金制品制造	108.8
镁冶炼	100.8	交通及公共管理用金属标牌制造	100.0
贵金属冶炼	98.5	通用设备制造业	102.8
金冶炼	98.7	锅炉及原动设备制造	102.9
银冶炼	89.2	锅炉及辅助设备制造	104.1
稀有稀土金属冶炼	102.5	内燃机及配件制造	100.8
钨钼冶炼	102.5	金属加工机械制造	101.3
有色金属合金制造	100.5	金属切削机床制造	97.0
有色金属压延加工	100.7	金属成形机床制造	106.5
铜压延加工	105.1	铸造机械制造	103.4
铝压延加工	99.4	其他金属加工机械制造	100.0
稀有稀土金属压延加工	100.0	物料搬运设备制造	102.8
其他有色金属压延加工	103.9	轻小型起重设备制造	101.7
金属制品业	109.5	生产专用起重机制造	103.2
结构性金属制品制造	107.9	生产专用车辆制造	100.0
金属结构制造	103.3	连续搬运设备制造	100.0
金属门窗制造	114.2	电梯、自动扶梯及升降机制造	106.1
金属工具制造	100.0	客运索道制造	100.7
切削工具制造	100.0	机械式停车设备制造	100.7
集装箱及金属包装容器制造	116.8	其他物料搬运设备制造	100.7
金属压力容器制造	121.0	泵、阀门、压缩机及类似机械制造	106.6

5-12 续表 6

(上年=100)

项目名称	指　数	项目名称	指　数
泵及真空设备制造	96.2	冶金专用设备制造	100.5
气体压缩机械制造	100.3	隧道施工专用机械制造	100.0
阀门和旋塞制造	100.7	化工、木材、非金属加工专用设备制造	103.2
液压动力机械及元件制造	135.1	炼油、化工生产专用设备制造	108.0
液力动力机械元件制造	135.1	木竹材加工机械制造	100.0
气压动力机械及元件制造	135.1	模具制造	100.4
轴承、齿轮和传动部件制造	102.0	食品、饮料、烟草及饲料生产专用设备制造	100.9
滚动轴承制造	100.9	食品、酒、饮料及茶生产专用设备制造	100.7
滑动轴承制造	100.9	农副食品加工专用设备制造	101.0
齿轮及齿轮减、变速箱制造	104.2	烟草生产专用设备制造	100.0
其他传动部件制造	100.4	印刷、制药、日化及日用品生产专用设备制造	101.5
烘炉、风机、包装等设备制造	101.3	制浆和造纸专用设备制造	100.6
风机、风扇制造	100.3	制药专用设备制造	103.8
气体、液体分离及纯净设备制造	103.5	其他日用品生产专用设备制造	100.4
制冷、空调设备制造	100.2	纺织、服装和皮革加工专用设备制造	102.9
包装专用设备制造	104.6	纺织专用设备制造	102.9
文化、办公用机械制造	101.4	电子和电工机械专用设备制造	103.3
其他文化、办公用机械制造	101.4	电工机械专用设备制造	103.3
通用零部件制造	100.6	农、林、牧、渔专用机械制造	100.3
金属密封件制造	104.2	拖拉机制造	100.0
紧固件制造	98.0	机械化农业及园艺机具制造	100.7
弹簧制造	100.7	畜牧机械制造	130.2
机械零部件加工	100.6	农林牧渔机械配件制造	100.1
其他通用设备制造	100.6	其他农、林、牧、渔业机械制造	100.0
增材制造装备制造	100.6	医疗仪器设备及器械制造	104.0
其他未列明通用设备制造业	100.6	医疗、外科及兽医用器械制造	104.1
专用设备制造业	100.4	机械治疗及病房护理设备制造	100.0
采矿、冶金、建筑专用设备制造	99.5	环保、邮政、社会公共服务及其他专用设备制造	101.3
矿山机械制造	99.1	环境保护专用设备制造	101.5
石油钻采专用设备制造	99.5	商业、饮食、服务专用设备制造	100.0
深海石油钻探设备制造	99.5	社会公共安全设备及器材制造	107.6
建筑工程用机械制造	100.0	水资源专用机械制造	101.7
建筑材料生产专用机械制造	100.6	汽车制造业	102.2

5-12 续表 7

(上年＝100)

项目名称	指　数	项目名称	指　数
汽车整车制造	99.6	绝缘制品制造	101.9
汽柴油车整车制造	99.6	其他电工器材制造	100.8
新能源车整车制造	99.6	电池制造	101.2
汽车用发动机制造	99.6	锂离子电池制造	103.3
改装汽车制造	108.4	镍氢电池制造	97.4
低速汽车制造	100.0	铅蓄电池制造	98.5
汽车车身、挂车制造	98.0	锌锰电池制造	98.5
汽车零部件及配件制造	103.3	其他电池制造	98.5
铁路、船舶、航空航天和其他运输设备制造业	101.5	家用电力器具制造	99.1
铁路运输设备制造	101.6	家用制冷电器具制造	100.0
高铁设备、配件制造	104.8	家用空气调节器制造	100.0
铁路机车车辆配件制造	104.8	家用厨房电器具制造	87.3
铁路专用设备及器材、配件制造	100.1	家用清洁卫生电器具制造	102.1
船舶及相关装置制造	103.4	其他家用电力器具制造	100.0
金属船舶制造	103.4	非电力家用器具制造	102.2
摩托车制造	101.6	燃气及类似能源家用器具制造	102.2
摩托车整车制造	101.6	太阳能器具制造	102.2
助动车制造	100.7	照明器具制造	90.5
电气机械和器材制造业	98.6	照明灯具制造	87.9
电机制造	99.1	舞台及场地用灯制造	87.9
发电机及发电机组制造	100.0	智能照明器具制造	99.7
电动机制造	98.7	灯用电器附件及其他照明器具制造	99.7
输配电及控制设备制造	99.7	其他电气机械及器材制造	84.5
变压器、整流器和电感器制造	108.6	电气信号设备装置制造	75.7
电容器及其配套设备制造	73.0	其他未列明电气机械及器材制造	104.5
配电开关控制设备制造	97.5	计算机、通信和其他电子设备制造业	96.5
电力电子元器件制造	105.8	计算机制造	102.2
光伏设备及元器件制造	74.7	计算机零部件制造	100.0
其他输配电及控制设备制造	103.1	工业控制计算机及系统制造	104.9
电线、电缆、光缆及电工器材制造	101.5	信息安全设备制造	104.9
电线、电缆制造	101.7	其他计算机制造	104.9
光纤制造	98.6	通信设备制造	96.0
光缆制造	98.6	通信系统设备制造	100.0

5-12　续表 8

(上年=100)

项目名称	指　数	项目名称	指　数
通信终端设备制造	95.9	电子测量仪器制造	96.5
广播电视设备制造	107.6	光学仪器制造	101.2
应用电视设备及其他广播电视设备制造	107.6	衡器制造	101.1
智能消费设备制造	95.7	其他仪器仪表制造业	99.4
可穿戴智能设备制造	91.5	其他制造业	99.2
智能车载设备制造	91.5	日用杂品制造	98.6
服务消费机器人制造	101.7	鬃毛加工、制刷及清扫工具制造	99.9
其他智能消费设备制造	93.0	其他日用杂品制造	98.1
电子器件制造	89.9	其他未列明制造业	100.0
半导体分立器件制造	99.5	金属制品、机械和设备修理业	100.0
显示器件制造	89.5	铁路、船舶、航空航天等运输设备修理	100.0
半导体照明器件制造	89.5	铁路运输设备修理	100.0
光电子器件制造	89.5	电力、热力生产和供应业	101.4
其他电子器件制造	89.5	电力生产	102.9
电子元件及电子专用材料制造	101.1	火力发电	103.1
电阻电容电感元件制造	101.1	热电联产	103.1
敏感元件及传感器制造	101.1	水力发电	99.6
电声器件及零件制造	101.1	生物质能发电	101.6
电子专用材料制造	101.1	其他电力生产	101.6
其他电子元件制造	101.1	电力供应	100.6
其他电子设备制造	91.5	热力生产和供应	100.0
仪器仪表制造业	99.9	燃气生产和供应业	104.7
通用仪器仪表制造	101.2	燃气生产和供应业	104.7
电工仪器仪表制造	101.8	天然气生产和供应业	104.7
绘图、计算及测量仪器制造	101.9	液化石油气生产和供应业	104.7
实验分析仪器制造	100.2	煤气生产和供应业	104.7
供应用仪器仪表制造	100.0	生物质燃气生产和供应业	104.7
其他通用仪器制造	100.0	水的生产和供应业	103.0
专用仪器仪表制造	94.7	自来水生产和供应	102.4
环境监测专用仪器仪表制造	90.6	污水处理及其再生利用	105.2

5-13 各月分类工业生产者购进价格同比指数(2018年)

(上年同期=100)

项目名称	全年	1月	2月	3月	4月	5月	6月
总 指 数	**104.0**	**105.1**	**104.4**	**103.8**	**104.2**	**105.1**	**105.2**
按初级中间最终产品分							
初级产品	104.3	105.3	104.9	103.3	103.5	104.6	105.3
农产品	100.1	99.4	100.9	99.1	99.4	100.8	101.1
矿产品	107.8	110.4	108.0	106.6	106.9	107.7	108.6
废料	110.3	111.8	112.0	111.4	110.0	110.6	112.1
中间产品	103.9	105.0	104.2	104.1	104.4	105.3	105.1
九大类原材料购进价格指数							
燃料、动力类	106.1	106.5	105.8	105.0	105.5	105.1	106.8
黑色金属材料类	107.1	109.2	106.5	105.0	105.0	107.3	109.8
钢材	106.1	109.8	107.7	107.4	106.6	107.2	107.6
其它	108.3	108.6	105.4	102.5	103.1	107.2	112.5
有色金属材料及电线类	104.9	112.3	108.9	106.4	107.8	110.6	108.3
化工原料类	103.9	104.3	102.2	103.7	104.0	104.9	105.0
木材及纸浆类	106.5	107.6	106.1	106.8	109.5	110.4	109.1
建筑材料类及非金属类	107.7	107.0	107.5	108.5	107.5	108.6	107.7
其它工业原材料及半成品类	101.9	102.1	102.4	102.1	102.0	102.2	102.1
农副产品类	100.0	99.4	100.9	99.0	99.3	100.8	101.1
纺织原料类	99.9	100.2	99.1	98.9	98.6	100.2	100.5

5-13 续表

(上年同期=100)

项目名称	7月	8月	9月	10月	11月	12月
总 指 数	**104.7**	**104.8**	**103.9**	**103.2**	**102.5**	**101.8**
按初级中间最终产品分						
初级产品	105.1	105.4	104.6	104.0	103.5	102.2
农产品	100.0	101.0	101.1	100.3	99.6	98.6
矿产品	109.2	109.1	107.5	107.2	107.1	105.4
废料	112.3	112.0	110.3	108.3	107.1	106.1
中间产品	104.5	104.5	103.6	102.8	102.1	101.7
九大类原材料购进价格指数						
燃料、动力类	107.4	108.2	107.3	105.4	105.6	104.4
黑色金属材料类	109.5	107.3	106.2	107.4	107.8	104.5
钢材	107.7	106.2	105.0	103.9	103.3	102.1
其它	111.8	108.6	107.7	112.1	113.7	107.6
有色金属材料及电线类	106.3	105.1	101.4	98.9	97.2	98.0
化工原料类	104.4	105.8	105.7	104.5	101.7	100.5
木材及纸浆类	109.0	108.9	104.0	102.0	102.7	102.4
建筑材料类及非金属类	107.0	106.9	108.1	108.9	107.4	107.2
其它工业原材料及半成品类	101.6	101.8	101.3	101.8	101.9	101.5
农副产品类	100.0	101.0	101.1	100.3	99.5	98.5
纺织原料类	100.5	100.8	101.1	100.3	99.6	99.5

5-14 各月分类工业生产者购进价格环比指数(2018年)

(上月=100)

项目名称	全年	1月	2月	3月	4月	5月	6月
总 指 数	**101.8**	**100.1**	**100.0**	**99.7**	**99.7**	**100.4**	**100.0**
按初级中间最终产品分							
初级产品	102.2	100.4	100.3	98.9	99.4	100.0	100.2
农产品	98.6	98.8	100.7	98.4	99.5	100.2	100.2
矿产品	105.4	101.8	99.8	99.3	99.3	99.6	100.3
废料	106.1	104.2	100.8	100.5	98.7	101.4	101.1
中间产品	101.7	100.0	99.8	100.0	99.9	100.6	99.9
九大类原材料购进价格指数							
燃料、动力类	104.4	99.9	100.5	99.9	99.7	100.0	100.5
黑色金属材料类	104.5	101.6	100.3	100.3	98.4	99.7	100.6
钢材	102.1	100.6	100.0	100.6	99.6	100.3	100.1
其它	107.6	102.9	100.7	99.9	96.7	98.9	101.3
有色金属材料及电线类	98.0	99.1	98.4	98.6	100.6	101.2	99.6
化工原料类	100.5	100.4	100.0	100.4	98.9	100.3	99.9
木材及纸浆类	102.4	102.3	99.5	100.7	101.7	101.6	99.0
建筑材料类及非金属类	107.2	99.4	99.9	100.6	99.9	100.8	99.6
其它工业原材料及半成品类	101.5	101.1	99.9	99.7	99.8	100.1	100.0
农副产品类	98.5	98.7	100.7	98.4	99.4	100.2	100.1
纺织原料类	99.5	98.4	99.9	100.2	99.8	101.8	100.0

5-14 续表

(上月=100)

项目名称	7月	8月	9月	10月	11月	12月
总 指 数	**99.8**	**100.7**	**100.8**	**100.5**	**100.1**	**99.9**
按初级中间最终产品分						
初级产品	99.9	101.1	101.0	100.4	100.5	100.1
农产品	99.1	101.5	100.7	99.6	99.7	100.3
矿产品	100.7	100.8	101.2	101.2	101.2	100.0
废料	99.9	100.2	100.7	99.7	99.6	99.2
中间产品	99.7	100.6	100.8	100.5	100.0	99.8
九大类原材料购进价格指数						
燃料、动力类	100.5	100.7	101.3	100.7	101.0	99.6
黑色金属材料类	100.7	101.1	101.3	100.6	101.0	99.0
钢材	100.6	100.3	100.6	99.8	100.2	99.3
其它	100.8	102.1	102.2	101.6	101.8	98.6
有色金属材料及电线类	98.8	100.3	101.4	100.9	99.6	99.7
化工原料类	99.6	101.6	101.2	100.2	98.4	99.4
木材及纸浆类	100.2	101.4	99.4	99.4	99.1	98.1
建筑材料类及非金属类	100.1	100.2	101.6	102.3	101.2	101.3
其它工业原材料及半成品类	99.6	100.1	100.0	100.3	100.4	100.3
农副产品类	99.1	101.5	100.8	99.6	99.8	100.2
纺织原料类	99.8	100.7	100.1	99.7	99.6	99.6

5-15 各月分类工业生产者购进价格定基指数(2018年)

(2015年=100)

项目名称	全年	1月	2月	3月	4月	5月	6月
总 指 数	**110.7**	**110.3**	**110.2**	**109.9**	**109.6**	**110.1**	**110.1**
按初级中间最终产品分							
初级产品	112.8	112.9	113.2	112.0	111.3	111.2	111.5
农产品	99.7	100.3	101.0	99.3	98.8	99.0	99.2
矿产品	126.8	126.5	126.3	125.5	124.6	124.1	124.4
废料	107.3	105.3	106.2	106.8	105.4	106.9	108.1
中间产品	109.9	109.2	109.1	109.1	109.0	109.6	109.5
九大类原材料购进价格指数							
燃料、动力类	117.8	115.7	116.3	116.2	115.9	115.9	116.4
黑色金属材料类	121.5	120.5	120.8	121.2	119.3	118.9	119.5
钢材	115.5	114.3	114.3	115.1	114.7	115.0	115.0
其它	129.5	128.7	129.5	129.4	125.2	123.8	125.4
有色金属材料及电线类	125.6	127.6	125.5	123.7	124.5	126.0	125.5
化工原料类	110.3	109.9	109.9	110.4	109.2	109.6	109.5
木材及纸浆类	110.1	108.0	107.5	108.3	110.1	111.8	110.7
建筑材料类及非金属类	112.1	109.6	109.5	110.2	110.1	110.9	110.5
其它工业原材料及半成品类	103.4	103.7	103.7	103.4	103.1	103.3	103.3
农副产品类	99.6	100.3	100.9	99.3	98.7	99.0	99.1
纺织原料类	103.8	102.6	102.5	102.7	102.5	104.3	104.3

5-15 续表

(2015年=100)

项目名称	7月	8月	9月	10月	11月	12月
总 指 数	**109.8**	**110.6**	**111.5**	**112.1**	**112.3**	**112.2**
按初级中间最终产品分						
初级产品	111.4	112.6	113.7	114.2	114.7	114.8
农产品	98.3	99.8	100.5	100.1	99.8	100.1
矿产品	125.3	126.3	127.8	129.4	131.0	131.0
废料	107.9	108.2	108.9	108.5	108.1	107.2
中间产品	109.2	109.8	110.7	111.3	111.3	111.1
九大类原材料购进价格指数						
燃料、动力类	117.1	117.8	119.4	120.3	121.4	120.9
黑色金属材料类	120.3	121.7	123.2	123.9	125.1	123.9
钢材	115.7	116.1	116.8	116.5	116.8	116.0
其它	126.4	129.0	131.9	133.9	136.4	134.5
有色金属材料及电线类	124.0	124.3	126.0	127.2	126.6	126.3
化工原料类	109.1	110.8	112.2	112.4	110.6	110.0
木材及纸浆类	110.9	112.5	111.8	111.1	110.1	108.0
建筑材料类及非金属类	110.6	110.9	112.7	115.2	116.6	118.2
其它工业原材料及半成品类	102.9	103.0	103.0	103.3	103.8	104.1
农副产品类	98.2	99.7	100.4	100.0	99.8	100.0
纺织原料类	104.1	104.8	104.9	104.6	104.2	103.8

5-16 工业生产者购进价格完整同比指数(2018年)

(上年=100)

项目名称	指 数	项目名称	指 数
农业	103.1	香料作物种植	100.5
谷物种植	105.8	调味香料	100.8
稻谷种植	96.7	香味料	100.0
小麦种植	102.0	茶及其他饮料作物种植	102.3
玉米种植	112.4	中药材种植	100.0
其他谷物种植	101.3	其他农业	127.8
谷子	98.1	林业	93.2
高粱	101.5	木材和竹材采运	105.0
大麦	104.2	木材采运	105.0
谷物茎、秆、根	102.2	针叶原木	103.3
其他谷物	100.0	非针叶原木	101.4
豆类、油料和薯类种植	95.8	其他木材	108.1
豆类种植	96.2	林产品采集	90.1
大豆	96.1	木竹材林产品采集	102.1
其他豆类及豆秸	102.9	非木竹材林产品采集	88.9
油料种植	94.0	天然橡胶	86.8
花生	90.8	天然树脂、树胶、栲胶原料	108.9
油菜籽	103.1	其他非木竹材林产品	106.2
芝麻	106.3	畜牧业	96.9
薯类种植	100.5	牲畜饲养	91.2
木薯	100.5	牛的饲养	99.7
棉、麻、糖、烟草种植	100.9	猪的饲养	87.6
棉花种植	101.9	羊的饲养	99.7
麻类种植	101.3	其他牲畜饲养	88.2
烟草种植	92.7	家禽饲养	107.6
蔬菜、食用菌及园艺作物种植	101.1	鸡的饲养	112.4
蔬菜种植	100.1	鸭的饲养	101.1
食用菌种植	102.4	其他畜牧业	100.4
水果种植	102.0	蚕茧	97.6
仁果类和核果类水果种植	100.0	其他未列明畜牧业产品	102.3
其他水果种植	102.5	农、林、牧、渔服务业	100.8
坚果、含油果、香料和饮料作物种植	100.7	农业服务业	100.8
坚果种植	86.0	农产品初加工服务	100.8

5-16 续表 1

(上年=100)

项目名称	指　数	项目名称	指　数
煤炭开采和洗选业	104.5	其他稀有金属矿采选	104.7
烟煤和无烟煤开采洗选	104.6	非金属矿采选业	110.9
无烟煤	107.6	土砂石开采	113.9
烟煤	102.8	石灰石、石膏开采	107.0
洗煤	106.3	石灰石	109.4
筛选煤	109.0	石膏类	86.2
其他煤炭采选	98.4	建筑装饰用石开采	101.7
石油和天然气开采业	112.1	天然大理石荒料	100.7
石油开采	112.7	天然花岗石荒料	101.8
原油	112.7	耐火土石开采	116.5
天然气开采	99.6	耐火粘土	103.8
黑色金属矿采选业	108.1	萤石	123.5
铁矿采选	108.5	其他耐火土石类	110.4
铁矿石成品矿	108.7	粘土及其他土砂石开采	116.9
铁矿石原矿	97.5	粘土	100.7
锰矿、铬矿采选	81.1	砂石	141.1
铬矿石	81.1	其他粘土及其他土砂石	106.8
有色金属矿采选业	109.6	化学矿开采	92.3
常用有色金属矿采选	111.4	磷矿石	87.3
铜矿采选	105.1	其他化学矿	102.7
铅锌矿采选	103.2	采盐	104.6
镍钴矿采选	101.6	海盐	109.5
镍矿	101.6	井盐	104.9
铝矿采选	124.0	矿盐	100.0
镁矿采选	157.9	其他采盐	87.5
其他常用有色金属矿采选	92.8	石棉及其他非金属矿采选	103.6
钛矿	92.9	石棉、云母矿采选	100.1
其他常用有色金属矿	88.8	石棉	100.1
贵金属矿采选	101.2	云母	100.0
金矿采选	101.2	石墨、滑石采选	102.6
稀有稀土金属矿采选	101.9	石墨	101.6
钨钼矿采选	101.8	滑石	102.7
钼矿	101.8	宝石、玉石采选	100.0

5-16 续表 2

(上年＝100)

项目名称	指　数	项目名称	指　数
天然玉石类矿	100.0	蔬菜、水果和坚果加工	100.4
其他未列明非金属矿采选	104.3	蔬菜加工	92.1
农副食品加工业	99.0	水果和坚果加工	102.3
谷物磨制	98.8	其他农副食品加工	102.0
小麦粉	99.5	淀粉及淀粉制品制造	102.6
小麦专用粉	90.5	豆制品制造	100.9
大米	102.5	蛋品加工	100.0
其他谷物磨制产品	102.0	其他未列明农副食品加工	102.1
饲料加工	105.1	食品制造业	99.6
浓缩饲料	106.0	糖果、巧克力及蜜饯制造	100.5
混合饲料	105.9	糖果、巧克力制造	100.5
预混合饲料	106.0	巧克力	100.5
蛋白质饲料	100.3	乳制品制造	105.1
其他饲料加工	103.3	液体乳	104.9
植物油加工	97.4	固体及半固体乳制品	106.0
食用植物油加工	97.3	调味品、发酵制品制造	103.6
毛油(初榨植物油)	91.1	味精制造	98.8
精制食用植物油	94.3	其他调味品、发酵制品制造	104.2
其他食用植物油	98.0	复合调味品	102.1
非食用植物油加工	97.8	发酵类制品	104.6
制糖业	96.2	其他食品制造	96.4
原糖	93.7	盐加工	96.7
成品糖	99.6	食用盐	90.5
加工糖	104.8	非食用盐	108.1
屠宰及肉类加工	98.0	食品及饲料添加剂制造	93.6
牲畜屠宰	97.3	食品添加剂	93.6
鲜、冷藏肉	97.3	酒、饮料和精制茶制造业	99.4
禽类屠宰	92.7	酒的制造	100.4
肉制品及副产品加工	121.5	酒精制造	100.6
动物肠衣	121.5	白酒制造	100.0
其他未列明肉制品	106.1	啤酒制造	99.9
水产品加工	105.2	葡萄酒制造	93.9
水产饲料制造	105.2	其他酒制造	104.1

5-16 续表 3

(上年＝100)

项目名称	指　数	项目名称	指　数
饮料制造	99.1	毛皮鞣制加工	100.9
果菜汁及果菜汁饮料制造	98.8	羽毛(绒)加工及制品制造	99.8
固体饮料制造	100.0	羽毛(绒)加工	99.8
精制茶加工	100.3	制鞋业	100.0
精制茶	100.3	橡胶鞋制造	100.0
纺织业	99.9	木材加工和木、竹、藤、棕、草制品业	100.2
棉纺织及印染精加工	99.8	木材加工	100.0
棉纺纱加工	98.4	锯材加工	97.9
已梳皮棉	96.7	木片加工	102.1
纱	102.9	木片	100.0
线	101.2	其他木材加工	103.7
棉织造加工	104.0	人造板制造	103.1
布	103.6	胶合板制造	100.0
其他棉织造加工	106.0	纤维板制造	106.6
毛纺织及染整精加工	100.5	刨花板制造	102.0
毛条和毛纱线加工	101.9	木制品制造	100.2
毛织造加工	100.2	建筑用木料及木材组件加工	100.0
毛机织物(呢绒)	100.2	木门窗、楼梯制造	100.4
丝绢纺织及印染精加工	103.3	地板制造	100.0
缫丝加工	103.1	复合木地板	100.0
绢纺和丝织加工	107.1	竹、藤、棕、草等制品制造	104.7
蚕丝及交织机织物	104.3	竹制品制造	104.7
其他绢纺和丝织加工	109.9	造纸和纸制品业	113.3
非家用纺织制成品制造	99.4	纸浆制造	114.9
纺织带和帘子布制造	99.4	木竹浆制造	111.6
帘子布	100.4	非木竹浆制造	115.8
其他纺织带和帘子布	93.4	非木材纤维纸浆	108.1
皮革、毛皮、羽毛及其制品和制鞋业	100.8	废纸纸浆	118.3
皮革鞣制加工	100.7	化学溶解浆及其他纸浆	106.7
半成品革	100.1	造纸	109.8
成品革	103.2	机制纸及纸板制造	109.8
其他皮革	100.3	未涂布印刷书写用纸	111.4
毛皮鞣制及制品加工	100.9	新闻纸	115.9

5-16 续表 4

（上年=100）

项目名称	指　数	项目名称	指　数
其他机制纸及纸板	108.9	无机盐制造	110.3
加工纸制造	115.9	非金属卤化物及硫化物	100.1
纸制品制造	109.6	金属硫化物及硫酸盐	105.9
纸和纸板容器制造	113.9	金属硝酸盐、亚硝酸盐	98.3
其他纸制品制造	100.9	金属氧化物酸盐、金属过氧化物酸盐	94.7
其他纸制品	100.9	磷化物、金属磷酸盐	104.2
石油加工、炼焦和核燃料加工业	116.0	氟化物及其盐	124.5
精炼石油产品制造	114.3	氯化物及其盐	107.5
原油加工及石油制品制造	114.3	氯氧化物及氢氧基氯化物	125.6
汽油	108.4	氰化物、氧氰化物及氰络合物	105.5
柴油	101.9	硅化物及硅酸盐	116.1
润滑油基础油	102.8	硼化物、硼酸盐和过硼酸盐	100.0
燃料油	109.3	碳化物及碳酸盐	106.6
石脑油	126.0	贵金属化合物	91.5
溶剂油	104.5	有机化学原料制造	107.7
石油液化气	100.1	链烯烃	102.1
石油焦	123.6	芳烃	107.9
石油沥青	114.3	无环烃饱和氯化衍生物	136.5
白色油	114.0	无环烃不饱和氯化衍生物	123.9
其它原油加工及石油制品制造	95.1	烃磺化、硝化或亚硝化衍生物	107.9
炼焦	118.1	无环醇及其衍生物	105.4
焦炭	118.4	酚	120.9
煤焦油	107.4	羧酸及其衍生物	114.4
化学原料和化学制品制造业	102.9	氨基化合物	113.2
基础化学原料制造	106.5	含氮基化合物	101.2
无机酸制造	116.8	醚	114.9
硫酸	120.1	醛	117.1
盐酸	99.9	酮	93.0
其它无机酸产品	89.0	其他有机化学原料	101.7
无机碱制造	104.0	其他基础化学原料制造	104.4
烧碱	103.0	非金属无机氧化物	108.9
纯碱类	104.0	过氧化氢(双氧水)	100.0
其它无机碱产品	105.0	金属氧化物	76.0

5-16 续表 5

(上年＝100)

项目名称	指　数	项目名称	指　数
气体及稀有气体	100.0	氯丁橡胶	102.9
硫磺	124.3	其他合成橡胶	96.6
磷	100.5	合成纤维单(聚合)体制造	105.4
其他未列明基础化学原料	99.9	合成纤维单体	105.4
肥料制造	111.7	合成纤维聚合物	113.1
氮肥制造	113.5	其他合成材料制造	137.0
氮肥(折含N100%)	113.5	油脂类高分子聚合物	137.0
磷肥制造	106.0	专用化学产品制造	91.6
钾肥制造	108.1	化学试剂和助剂制造	94.6
复混肥料制造	109.8	化学试剂	104.8
农药制造	100.2	催化剂及载体	105.6
化学农药制造	100.2	橡胶助剂	90.5
杀虫(杀螨)用原药及制剂	100.6	塑料助剂	125.4
杀菌用原药及制剂	100.0	炭黑	98.9
除草用原药及制剂	100.0	其他化学试剂和助剂	92.8
其他化学农药	95.0	专项化学用品制造	95.7
涂料、油墨、颜料及类似产品制造	100.9	表面活性剂	95.7
涂料制造	101.1	林产化学产品制造	161.7
水性涂料	101.1	松香类产品	98.2
非水性涂料	101.4	其他林产化学产品	224.5
建筑涂料	100.0	信息化学品制造	88.8
涂料辅助材料	101.3	电子半导体材料	88.8
油墨及类似产品制造	99.5	其他专用化学产品制造	95.1
印刷油墨	98.4	炸药、火工及焰火产品制造	104.2
其它油墨及类似产品制造	117.2	炸药及火工产品制造	104.2
颜料制造	101.4	炸药	102.3
无机颜料	101.4	火工产品	107.8
合成材料制造	105.8	日用化学产品制造	99.8
初级形态塑料及合成树脂制造	107.6	香料、香精制造	99.8
合成橡胶制造	89.7	香料	135.8
顺丁橡胶	85.0	香精	96.2
丁苯橡胶	93.5	医药制造业	110.1
丁腈橡胶	102.5	化学药品原料药制造	113.7

5-16 续表 6

(上年＝100)

项目名称	指　数	项目名称	指　数
抗菌素(抗感染药)	124.1	斜交轮胎外胎	99.2
消化系统用药	100.0	橡胶内胎	101.1
解热镇痛药	100.0	橡胶零件制造	100.3
维生素类	87.8	橡胶密封件	100.3
中枢神经系统用药	100.0	日用及医用橡胶制品制造	95.3
激素类药	103.5	医疗、卫生用橡胶制品	95.3
心血管系统用药	100.0	其他橡胶制品制造	100.5
呼吸系统用药	136.3	硬质橡胶及其制品	100.9
调解水、电解质、酸碱平衡药	131.9	其他橡胶制品	100.0
制剂用辅料及附加剂	101.0	塑料制品业	107.4
其他化学药品原料药	100.1	塑料薄膜制造	100.0
中成药生产	111.5	聚乙烯(PE)塑料薄膜	101.5
中成药丸剂	103.3	聚丙烯(PP)塑料薄膜	97.1
其他中成药	124.0	聚氯乙烯(PVC)塑料薄膜	100.0
兽用药品制造	104.4	聚酯塑料薄膜	83.6
兽用药品	104.4	其他塑料薄膜	99.9
生物药品制造	101.4	塑料板、管、型材制造	132.9
生物制剂	102.1	塑料板、片	132.9
抗血清类	100.0	塑料丝、绳及编织品制造	103.7
血液制品制剂	100.8	塑料编织布	99.7
化学纤维制造业	110.1	塑料单丝	103.4
纤维素纤维原料及纤维制造	100.3	塑料编织袋	105.5
化纤浆粕制造	102.5	塑料袋	99.9
人造纤维(纤维素纤维)制造	98.8	泡沫塑料制造	109.4
人造纤维短纤维	98.8	聚乙烯泡沫塑料	119.5
人造纤维长丝	97.9	聚苯乙烯泡沫塑料	100.7
合成纤维制造	110.4	聚氨酯泡沫塑料	109.3
锦纶纤维制造	117.0	塑料人造革、合成革制造	101.7
涤纶纤维制造	110.4	塑料人造革	101.7
其他合成纤维制造	104.0	塑料包装箱及容器制造	100.7
橡胶和塑料制品业	105.5	塑料盒及类似品	100.0
橡胶制品业	100.8	塑料容器	101.3
轮胎制造	100.9	其他塑料制品制造	103.0

5-16 续表 7

(上年＝100)

项目名称	指　数	项目名称	指　数
医疗卫生用塑料制品	100.0	玻璃纤维增强塑料制品制造	98.4
塑料粒料	104.9	陶瓷制品制造	97.1
其他未列明塑料制品	102.8	特种陶瓷制品制造	96.8
非金属矿物制品业	106.7	功能陶瓷制品	96.8
水泥、石灰和石膏制造	115.3	日用陶瓷制品制造	100.0
水泥制造	118.5	耐火材料制品制造	93.2
通用硅酸盐水泥	119.3	石棉制品制造	98.4
专用水泥	129.5	耐火陶瓷制品及其他耐火材料制造	92.7
硅酸盐水泥熟料	113.2	致密定形耐火制品	99.5
石灰和石膏制造	100.0	隔热耐火制品	81.1
石灰	101.5	其他耐火材料制品	105.2
熟石膏	98.8	石墨及其他非金属矿物制品制造	113.3
砖瓦、石材等建筑材料制造	99.9	石墨及碳素制品制造	114.4
其他建筑材料制造	99.9	石墨制品	117.2
玻璃制造	101.4	炭制品	113.1
平板玻璃制造	101.0	炭素新材料	102.0
浮法玻璃	101.0	其他石墨及碳素产品	122.0
压延玻璃	100.1	其他非金属矿物制品制造	112.5
其他玻璃制造	104.4	磨具	98.4
玻璃制品制造	101.1	磨料	109.1
技术玻璃制品制造	99.9	其他非金属矿物制品	116.1
钢化玻璃	109.2	黑色金属冶炼和压延加工业	106.0
夹层玻璃	100.0	炼铁	110.2
中空玻璃	99.6	生铁	110.3
光学玻璃制造	100.4	其他炼铁产品	102.7
光学仪器用玻璃	99.5	炼钢	108.2
信号玻璃器及其他玻璃制光学元件	105.6	非合金钢粗钢	110.2
日用玻璃制品制造	100.9	低合金钢粗钢	105.4
玻璃包装容器制造	101.6	合金钢粗钢	100.3
玻璃纤维和玻璃纤维增强塑料制品制造	108.6	不锈钢粗钢	108.5
玻璃纤维及制品制造	108.7	其他炼钢	104.4
玻璃纤维工业用玻璃球	106.0	黑色金属铸造	102.2
玻璃纤维布	110.1	铸铁件	104.9

5-16 续表 8

(上年＝100)

项目名称	指　数	项目名称	指　数
铸钢件	100.7	精炼铜(电解铜)	102.9
钢压延加工	106.7	铅锌冶炼	101.7
非合金钢钢坯	107.3	铅	104.5
低合金钢钢坯	100.4	锌	100.4
合金钢钢坯	109.6	镍钴冶炼	127.6
大型型钢	114.1	镍	127.6
中小型型钢	106.6	铝冶炼	102.7
钢筋	104.5	氧化铝	103.6
棒材	106.5	原铝(电解铝)	100.5
线材(盘条)	103.1	再生铝	97.4
特厚板	99.6	镁冶炼	113.5
厚钢板	104.0	其他常用有色金属冶炼	100.8
中板	111.1	碱金属及碱土金属	100.8
热轧薄板	106.1	贵金属冶炼	98.2
冷轧薄板	109.8	金冶炼	98.2
中厚宽钢带	99.3	冶炼产金	98.2
热轧薄宽钢带	110.9	银冶炼	91.6
冷轧薄宽钢带	105.7	再生银	91.6
热轧窄钢带	105.9	稀有稀土金属冶炼	100.8
冷轧窄钢带	114.5	钨钼冶炼	100.3
镀层板带	100.6	钨	100.0
无缝钢管	106.3	钼	100.6
焊接钢管	114.3	稀土金属冶炼	100.8
其他钢材	107.9	混合稀土金属	100.8
铁合金冶炼	100.8	有色金属合金制造	102.4
普通铁合金	96.1	铝合金	103.4
特种铁合金	102.8	镁合金	99.0
其他铁合金	99.9	稀土金属合金	100.1
有色金属冶炼和压延加工业	101.8	其他有色金属合金	101.4
常用有色金属冶炼	102.5	有色金属铸造	100.5
铜冶炼	102.1	有色金属压延加工	99.7
粗铜	101.5	铜压延加工	103.6
阳极铜	99.7	铝压延加工	98.9

5-16 续表 9

(上年＝100)

项目名称	指 数	项目名称	指 数
铝棒材	99.6	其他未列明的金属制品制造	102.3
铝型材	99.8	通用设备制造业	103.4
铝板材	97.0	锅炉及原动设备制造	100.0
铝箔材	101.2	内燃机及配件制造	100.0
其他铝材及附件	105.4	船舶用汽、柴油发动机	110.9
铝盘条、铝粉及片状粉末	105.6	其他内燃机	99.8
稀有稀土金属压延加工	119.3	泵、阀门、压缩机及类似机械制造	104.8
钼加工材	119.3	泵及真空设备制造	106.2
其他有色金属压延加工	102.1	动力式泵	106.2
铅压延加工材	99.5	气体压缩机械制造	106.2
锌压延加工材	101.2	冰箱压缩机	106.2
镁、钛及其他相关常用有色金属加工材	108.1	其他气体压缩机械及零件	101.3
金属制品业	106.3	阀门和旋塞制造	99.7
集装箱及金属包装容器制造	96.3	阀门	99.7
金属包装容器制造	96.3	液压和气压动力机械及元件制造	99.6
钢铁制包装容器	96.3	液压元件	99.6
其他金属包装容器	98.1	轴承、齿轮和传动部件制造	100.1
金属丝绳及其制品制造	111.2	轴承制造	100.2
铁丝	118.7	轴承零配件	100.2
钢丝	117.3	齿轮及齿轮减、变速箱制造	100.3
铜丝	103.7	齿轮	100.2
钢丝绳	98.7	齿轮传动装置(齿轮箱)	100.8
其他金属丝绳及其制品	103.8	其他传动部件制造	96.2
建筑、安全用金属制品制造	94.4	其他齿轮、传动和驱动部件及零件	96.2
建筑装饰及水暖管道零件制造	100.0	烘炉、风机、衡器、包装等设备制造	100.4
供暖用散热器(暖气片)	100.0	制冷、空调设备制造	100.4
金属建筑装饰材料	100.0	工商用制冷设备	100.0
安全、消防用金属制品制造	88.8	制冷、空调设备零部件	100.8
其他安全、消防用金属制品	88.8	通用零部件制造	106.0
其他金属制品制造	101.7	金属密封件制造	106.0
锻件及粉末冶金制品制造	100.5	其他通用零部件制造	100.6
锻件	100.5	汽车制造业	99.1
其他未列明金属制品制造	102.3	汽车零部件及配件制造	99.1

5-16 续表 10

（上年＝100）

项目名称	指 数	项目名称	指 数
机动车(汽车)零配件	98.3	其他高压电路开关、保护电器装置	100.0
汽车底盘、车架、车身及其零配件	100.1	低压电路保护装置	101.6
铁路、船舶、航空航天和其他运输设备制造业	100.4	高压电力控制或电力分配装置	99.5
铁路运输设备制造	99.9	安全、自动化监控设备	100.0
铁路机车车辆配件制造	99.9	电力电子元器件制造	97.1
铁路机车转向架、轴、轮	100.0	继电器	100.3
铁道车辆用制动装置及其零件	99.8	其他电力电子元器件	96.7
摩托车制造	100.4	电线、电缆、光缆及电工器材制造	102.9
摩托车零部件及配件制造	100.4	电线、电缆制造	103.1
自行车制造	100.6	绝缘电线	103.7
助动自行车制造	100.6	其他电线、电缆	100.4
助动自行车零件	100.6	光纤、光缆制造	98.4
电气机械和器材制造业	107.4	光纤	98.4
电机制造	101.4	电池制造	100.4
发电机及发电机组制造	100.3	锂离子电池制造	100.0
直流发电机	100.0	镍氢电池制造	100.0
电机及发电机组专用零件	100.3	其他电池制造	100.5
电动机制造	103.1	铅酸蓄电池	100.5
交流电动机	103.6	家用电力器具制造	100.2
交直流两用电动机	104.7	家用清洁卫生电器具制造	100.2
其他电机及零件	100.8	电热水器	100.2
微电机及其他电机制造	101.0	照明器具制造	150.2
驱动微电机	101.0	电光源制造	154.9
输配电及控制设备制造	97.8	其他电光源、灯具零件	154.9
变压器、整流器和电感器制造	104.1	照明灯具制造	100.5
变压器	100.0	其他照明灯具	100.5
互感器	114.9	计算机、通信和其他电子设备制造业	101.6
静止式变流器	97.3	计算机制造	99.7
配电开关控制设备制造	98.0	计算机整机制造	100.0
高压开关设备	99.4	微型计算机设备	100.0
隔离开关及断续开关	96.4	计算机零部件制造	99.5
避雷器、电压限幅器及电涌抑制器	96.6	计算机外围设备制造	98.6
高压开关、保护或连接用组合装置	100.0	输入设备及装置	98.6

5-16 续表 11

(上年=100)

项目名称	指　数	项目名称	指　数
通信设备制造	106.6	电工仪器仪表制造	96.0
通信系统设备制造	108.5	电能表	96.4
卫星通信设备	122.0	其他电工仪器仪表	91.7
通信传输设备零件	102.0	供应用仪表及其他通用仪器制造	99.9
通信终端设备制造	89.1	执行器	100.2
移动通信终端设备零件	89.1	其他供应用仪表及通用仪器	99.6
广播电视设备制造	100.4	光学仪器及眼镜制造	100.0
广播电视接收设备及器材制造	100.4	光学仪器制造	100.0
其他广播电视接收设备及器材	100.4	其他光学仪器及零件、附件	100.0
电子器件制造	99.9	废弃资源综合利用业	110.3
电子真空器件制造	97.5	金属废料和碎屑加工处理	111.2
真空开关管	97.5	熔炼用废钢	113.0
半导体分立器件制造	99.0	熔炼用废铁	100.0
半导体二极管、三极管	100.3	有色金属废料与碎屑	105.5
传感器	95.6	非金属废料和碎屑加工处理	102.6
集成电路制造	100.0	造纸废料、废纸	106.8
集成电路成品	100.0	塑料废料	98.1
其他集成电路	98.3	其他非金属废料和碎屑	100.1
光电子器件及其他电子器件制造	101.4	电力、热力生产和供应业	102.3
显示器件	101.4	电力供应	102.3
电子元件制造	100.2	热力生产和供应	101.6
电子元件及组件制造	100.5	热力生产	101.8
电容器	100.0	热力供应	101.4
电阻器及电阻网络	97.5	燃气生产和供应业	100.7
磁性材料元件	104.2	煤气生产	99.6
电子元件、组件零件	100.9	人工煤气供应	141.3
其他电子元件及组件	101.7	天然气供应	100.9
印制电路板制造	99.9	液化天然气(LNG)供应	160.0
刚性印制电路板	98.8	水的生产和供应业	100.1
挠性印制电路板	100.0	自来水生产和供应	100.2
其他印制电路板	99.9	自来水生产	100.1
仪器仪表制造业	99.7	自来水供应	101.0
通用仪器仪表制造	97.8	其他水的处理、利用与分配	97.9

5-17 历年固定资产投资价格指数

(上年＝100)

年份	总指数	建筑安装、装饰工程				设备、工器具购置	其它费用
			人工费	材料费	机械使用费		
1989		113.4	105.5	120.0			
1990		113.9	156.4	114.3			
1991	109.4	109.7				108.6	109.6
1992	119.8	122.5	111.7	123.8		115.0	112.0
1993	126.7	128.8	202.4	125.7		121.4	125.0
1994	106.0	103.2	117.4	100.3		113.1	105.4
1995	105.9	103.8	112.8	100.9		111.3	104.0
1996	103.9	103.9	102.3	103.8	110.3	103.8	104.6
1997	102.9	103.9	115.5	100.7	113.1	101.2	102.2
1998	98.7	98.1	101.8	96.2	103.4	100.0	98.5
1999	98.0	98.1	100.8	97.3	101.3	97.5	98.9
2000	102.9	105.0	111.5	104.2	104.5	99.0	100.4
2001	100.4	101.5	101.3	101.9	100.5	97.3	101.2
2002	98.7	99.5	100.7	99.0	100.5	95.9	100.2
2003	103.8	105.8	103.5	107.5	100.6	99.2	102.1
2004	110.1	113.6	104.1	118.8	101.3	103.9	102.5
2005	101.4	101.3	104.4	100.4	101.6	101.5	101.9
2006	101.6	101.5	110.0	99.7	100.8	101.5	101.7
2007	104.6	106.3	109.8	106.3	100.8	101.4	101.9
2008	109.0	112.1	114.1	117.1	102.6	102.5	103.3
2009	96.4	94.6	110.2	88.2	105.0	98.8	102.5
2010	103.5	104.9	109.9	103.8	102.4	100.5	101.3
2011	107.4	110.1	111.0	111.0	103.6	102.3	103.0
2012	101.0	101.4	111.0	98.6	102.4	99.7	101.9
2013	99.9	99.8	107.5	97.1	101.9	99.7	101.2
2014	100.0	100.1	106.8	97.8	101.4	99.4	100.7
2015	97.6	96.5	103.3	93.6	101.2	99.0	100.5
2016	99.2	99.1	102.2	97.8	101.2	98.6	100.7
2017	107.4	110.9	104.1	115.2	101.1	100.8	100.8
2018	105.4	107.4	105.2	109.1	101.8	101.5	101.0

5-18 分季度固定资产投资价格指数(2018年)

(上年同期=100)

项　目	年平均	一季度	二季度	三季度	四季度
总 指 数	**105.4**	**105.1**	**104.4**	**105.6**	**106.4**
建筑安装、装饰工程	107.4	107.0	105.9	107.6	109.0
人工费	105.2	105.8	104.4	105.3	105.3
材料费	109.1	108.3	107.2	109.4	111.6
钢材	108.1	109.7	107.3	106.9	108.4
木材	102.5	101.7	102.2	102.9	103.2
水泥	111.1	109.2	108.6	111.0	115.7
地方建筑材料	110.8	107.1	107.3	112.0	116.7
化工材料	106.3	109.6	104.5	107.7	103.3
电料	101.0	101.2	100.7	100.9	101.2
其它材料	103.8	104.0	102.1	104.2	104.9
机械使用费	101.8	101.1	101.4	102.4	102.2
设备、工器具购置	101.5	101.5	101.7	101.5	101.1
其他费用	101.0	100.7	100.7	101.2	101.3

5-19 郑州市分月商品住宅

(上年同月=100)

项　　目	1月	2月	3月	4月	5月
新建商品住宅	**99.0**	**99.6**	**99.2**	**99.6**	**101.4**
90平方米及以下	99.7	100.0	99.2	99.6	100.8
90－144平方米	98.8	99.5	99.3	99.2	100.9
144平方米以上	97.7	98.5	99.1	100.9	104.4
二手住宅	**99.7**	**99.1**	**98.5**	**97.7**	**97.6**
90平方米及以下	99.8	99.3	98.7	98.0	97.7
90−144平方米	99.2	98.4	97.8	97.1	96.9
144平方米以上	100.7	100.0	99.4	98.7	98.6

5-19 续表

(上月=100)

项　　目	1月	2月	3月	4月	5月
新建商品住宅	**99.7**	**100.0**	**99.9**	**100.5**	**101.6**
90平方米及以下	99.9	100.0	100.0	100.6	101.1
90－144平方米	99.4	100.1	99.8	100.3	101.7
144平方米以上	100.0	100.2	100.0	100.8	103.0
二手住宅	**99.5**	**99.8**	**99.9**	**99.8**	**100.0**
90平方米及以下	99.6	99.8	99.8	99.8	100.0
90−144平方米	99.5	99.7	99.8	99.8	99.9
144平方米以上	99.6	99.9	100.0	99.9	100.0

销售价格指数(2018年)

6月	7月	8月	9月	10月	11月	12月
103.2	**104.7**	**106.7**	**107.3**	**108.4**	**109.4**	**109.4**
103.0	104.2	106.1	107.3	108.3	109.2	109.3
102.5	104.1	106.0	106.2	107.7	109.0	109.0
106.3	107.9	110.2	110.3	110.8	111.0	110.7
97.8	**98.7**	**100.1**	**100.6**	**101.0**	**101.0**	**101.0**
98.2	99.1	100.3	100.8	101.5	101.5	101.6
97.0	98.0	99.6	100.0	100.3	100.3	100.3
98.7	99.6	100.8	101.4	101.6	101.3	101.0

6月	7月	8月	9月	10月	11月	12月
101.8	**101.3**	**101.5**	**100.4**	**101.0**	**100.8**	**100.3**
101.9	101.3	101.7	100.6	100.8	100.8	100.4
101.8	101.4	101.4	100.2	101.2	101.0	100.2
101.5	101.3	101.5	100.3	100.7	100.7	100.2
100.5	**101.0**	**100.9**	**100.2**	**100.0**	**99.6**	**99.8**
100.7	101.0	101.0	100.3	100.1	99.7	99.8
100.4	101.0	100.9	100.2	99.8	99.6	99.8
100.4	101.1	100.7	100.3	100.1	99.5	99.7

5-20 洛阳市分月商品住宅

(上年同月=100)

项　目	1月	2月	3月	4月	5月
新建商品住宅	**108.9**	**109.2**	**108.2**	**108.0**	**107.0**
90平方米及以下	112.1	111.0	109.7	111.3	110.7
90－144平方米	108.3	109.0	108.0	107.6	106.5
144平方米以上	108.2	108.3	107.5	106.7	105.7
二手住宅	**104.2**	**104.3**	**104.2**	**104.3**	**103.8**
90平方米及以下	104.3	104.3	104.4	104.7	104.8
90-144平方米	104.1	104.1	104.0	104.3	103.3
144平方米以上	104.2	104.9	104.4	103.7	103.3

5-20 续表

(上月=100)

项　目	1月	2月	3月	4月	5月
新建商品住宅	**100.5**	**100.0**	**100.4**	**100.7**	**100.4**
90平方米及以下	101.2	99.9	100.3	101.7	100.6
90－144平方米	100.3	99.9	100.4	100.5	100.4
144平方米以上	100.8	100.1	100.6	100.5	100.3
二手住宅	**100.2**	**100.1**	**100.2**	**100.6**	**100.2**
90平方米及以下	100.2	100.3	100.3	100.9	100.5
90-144平方米	100.2	100.0	100.1	100.7	100.2
144平方米以上	100.1	100.2	100.2	100.0	100.1

销售价格指数(2018年)

6月	7月	8月	9月	10月	11月	12月
104.7	**105.1**	**105.2**	**106.9**	**108.0**	**110.1**	**111.0**
107.9	107.9	108.3	108.8	108.7	111.4	111.9
103.9	104.7	104.5	106.6	107.9	109.8	110.8
104.7	104.2	104.7	106.0	107.7	109.9	111.0
103.4	**104.6**	**106.2**	**107.6**	**108.0**	**109.5**	**110.4**
104.1	105.1	106.7	108.4	108.9	110.3	111.6
103.1	104.1	106.0	107.2	107.7	109.3	110.1
103.0	104.9	105.9	107.2	107.7	108.8	109.6

6月	7月	8月	9月	10月	11月	12月
100.2	**101.1**	**100.7**	**101.8**	**101.4**	**102.3**	**101.0**
100.4	100.5	101.2	101.0	100.9	102.6	100.9
100.0	101.4	100.6	101.9	101.6	102.1	101.0
100.4	100.5	100.7	101.9	101.3	102.4	100.9
100.5	**101.5**	**101.7**	**101.6**	**100.5**	**101.8**	**101.0**
100.5	101.3	101.7	101.8	100.6	101.8	101.2
100.4	101.2	102.0	101.5	100.5	101.8	100.8
100.7	102.1	101.2	101.3	100.6	101.7	101.0

5-21 平顶山市分月商品住宅

(上年同月=100)

项　　目	1月	2月	3月	4月	5月
新建商品住宅	**107.0**	**107.7**	**107.2**	**107.1**	**107.4**
90平方米及以下	105.9	104.4	103.9	103.8	104.8
90－144平方米	108.1	109.2	108.8	108.6	108.2
144平方米以上	104.8	107.0	106.0	106.2	108.1
二手住宅	**105.6**	**106.3**	**106.3**	**106.4**	**106.3**
90平方米及以下	103.7	104.2	104.4	104.5	104.5
90-144平方米	108.2	109.1	108.9	108.6	108.1
144平方米以上	104.8	105.2	105.2	105.6	106.2

5-21 续表

(上月=100)

项　　目	1月	2月	3月	4月	5月
新建商品住宅	**100.6**	**100.5**	**100.1**	**101.2**	**100.8**
90平方米及以下	100.0	100.5	100.0	101.2	100.3
90－144平方米	100.8	100.3	100.2	101.1	101.1
144平方米以上	100.6	101.0	100.0	101.7	100.8
二手住宅	**100.6**	**100.5**	**100.2**	**100.8**	**100.5**
90平方米及以下	100.7	100.5	100.0	100.7	100.5
90-144平方米	100.9	100.6	100.4	100.8	100.4
144平方米以上	100.1	100.3	100.3	101.1	100.8

销售价格指数(2018年)

6月	7月	8月	9月	10月	11月	12月
106.1	**106.4**	**106.8**	**107.6**	**107.5**	**107.8**	**108.0**
104.3	104.2	105.9	106.6	106.8	107.9	108.5
106.5	107.3	107.0	107.7	107.2	107.6	107.4
107.3	106.5	107.0	108.7	109.4	108.7	109.6
105.9	**106.1**	**106.1**	**107.1**	**107.4**	**107.7**	**108.4**
104.6	105.6	106.8	107.8	108.2	108.5	109.9
107.1	106.7	106.0	107.4	107.5	107.9	107.1
105.9	105.7	105.3	105.7	106.2	106.3	108.0

6月	7月	8月	9月	10月	11月	12月
99.7	**100.8**	**100.7**	**101.4**	**100.3**	**100.9**	**100.7**
100.4	100.6	101.1	101.3	100.3	101.2	101.2
99.5	100.9	100.5	101.2	100.2	100.9	100.5
99.7	100.6	100.6	102.0	100.8	100.6	100.9
100.1	**101.1**	**101.0**	**101.4**	**100.6**	**100.7**	**100.5**
100.7	101.2	101.2	101.7	100.9	100.7	100.7
99.8	101.0	100.8	101.2	100.4	100.5	100.1
99.8	101.0	100.9	101.1	100.5	100.8	100.9

5-22　郑州、洛阳、平顶山市

郑州市(2015年=100)

项　　目	1月	2月	3月	4月	5月
新建商品住宅	**129.4**	**129.8**	**129.7**	**130.3**	**132.5**
90平方米及以下	131.9	131.8	131.8	132.6	134.0
90－144平方米	128.6	129.4	129.2	129.6	131.8
144平方米以上	124.4	124.9	125.0	126.0	129.8
二手住宅	**130.3**	**130.3**	**130.1**	**129.8**	**129.8**
90平方米及以下	130.8	131.0	130.7	130.4	130.5
90-144平方米	130.8	130.5	130.2	129.9	129.9
144平方米以上	128.4	128.2	128.3	128.1	128.2

5-22　续表 1

洛阳市(2015年=100)

项　　目	1月	2月	3月	4月	5月
新建商品住宅	**113.6**	**114.1**	**114.6**	**115.5**	**116.0**
90平方米及以下	121.6	120.4	120.8	122.8	123.6
90－144平方米	112.4	113.3	113.8	114.4	114.8
144平方米以上	111.0	111.8	112.5	113.1	113.5
二手住宅	**106.6**	**106.7**	**107.0**	**107.6**	**107.8**
90平方米及以下	107.8	108.1	108.5	109.5	110.0
90-144平方米	106.4	106.4	106.6	107.3	107.5
144平方米以上	105.4	105.7	105.9	105.9	106.0

5-22　续表 2

平顶山市(2015年=100)

项　　目	1月	2月	3月	4月	5月
新建商品住宅	**111.3**	**112.0**	**112.2**	**113.5**	**114.5**
90平方米及以下	109.9	108.2	108.2	109.5	109.9
90－144平方米	112.3	113.7	113.9	115.1	116.4
144平方米以上	109.4	111.6	111.5	113.5	114.3
二手住宅	**106.0**	**106.5**	**106.7**	**107.6**	**108.2**
90平方米及以下	102.0	102.4	102.4	103.1	103.7
90-144平方米	107.8	108.4	108.8	109.7	110.2
144平方米以上	109.7	110.1	110.5	111.7	112.6

商品住宅销售价格定基指数(2018年)

6月	7月	8月	9月	10月	11月	12月
134.9	**136.7**	**138.8**	**139.4**	**140.7**	**141.9**	**142.3**
136.6	138.3	140.6	141.5	142.7	143.8	144.3
134.3	136.2	138.1	138.5	140.1	141.5	141.8
131.8	133.4	135.4	135.7	136.7	137.7	137.9
130.5	**131.8**	**133.0**	**133.3**	**133.2**	**132.7**	**132.4**
131.4	132.8	134.0	134.4	134.5	134.0	133.8
130.4	131.7	132.9	133.1	132.8	132.3	132.0
128.7	130.1	131.0	131.3	131.4	130.8	130.3

6月	7月	8月	9月	10月	11月	12月
116.1	**117.4**	**118.2**	**120.3**	**122.0**	**124.8**	**126.0**
124.1	124.7	126.2	127.5	128.6	132.0	133.2
114.8	116.5	117.2	119.5	121.4	123.9	125.2
113.9	114.5	115.3	117.5	119.1	122.0	123.0
108.4	**110.0**	**111.9**	**113.6**	**114.3**	**116.3**	**117.5**
110.6	112.0	113.9	116.0	116.6	118.7	120.2
108.0	109.3	111.5	113.2	113.8	115.9	116.9
106.8	109.0	110.3	111.7	112.4	114.3	115.5

6月	7月	8月	9月	10月	11月	12月
114.2	**115.1**	**115.8**	**117.4**	**117.8**	**118.9**	**119.7**
110.3	110.9	112.2	113.6	113.9	115.3	116.7
115.8	116.9	117.4	118.9	119.1	120.2	120.8
114.0	114.6	115.3	117.5	118.5	119.2	120.3
108.4	**109.5**	**110.6**	**112.1**	**112.8**	**113.6**	**114.2**
104.3	105.6	106.8	108.7	109.7	110.5	111.3
109.9	111.0	111.9	113.2	113.7	114.3	114.4
112.3	113.5	114.5	115.8	116.4	117.3	118.3

主要统计指标解释

工业生产者出厂价格指数 是反映工业产品出厂价格水平变动趋势及变动程度的相对数。工业生产者出厂价格是指工业企业向商业（物资）部门或商业企业、其他生产单位、个人出售产品的价格，它是工业产品进入流通领域的最初价格，是制定工业产品批发价格和零售价格的基础。工业生产者出厂价格指数按轻重工业分类，可以分为轻工业出厂价格指数和重工业价格指数；按两大部类分类，可以分为生产资料出厂价格指数和生活资料价格指数。

工业生产者购进价格指数 是反映工业企业作为生产投入，而从物资交易市场或能源、原材料生产企业购买原材料、燃料及动力产品时，所支付的价格水平变动趋势和程度的统计指标，它是扣除工业企业物质消耗成本中的价格变动影响的重要依据。目前，编制的工业生产者购进价格指数所调查的产品包括燃料、动力类，黑色金属材料类，有色金属材料和电线类，化工原料类，木材及纸浆类，建筑材料及非金属矿类，其它工业原材料及半成品类，农副食品类，纺织原料类共九大类的产品。

国家统计局从 2011 年 1 月开始实施新的工业生产者价格统计调查制度方法。“工业品价格统计”改称为“工业生产者价格统计”，相应地将“工业品出厂价格指数”和“原材料、燃料、动力购进价格指数”分别改称为“工业生产者出厂价格指数”和“工业生产者购进价格指数”。

2016 年制度更名为《工业生产者价格统计报表制度》，基期年份更新为 2015 年，调整调查项目目录。

按国家统计局的要求，新的国家标准《国民经济行业分类》（GB/T4754-2017）从 2017 年统计年报和 2018 年定期统计报表起统一使用新标准。2018 年工业生产者出厂价格指数行业分类标准按新的国民经济行业分类标准执行。

为适应分析的需要，在工业生产者出厂价格指数分类中增加了核心指数、高技术指数、能源类指数、初级产品、中间产品、最终产品等新的分类指数。

核心指数是指扣除农副食品加工产品、煤炭、石油、发电等能源类相关产品的其他产品价格变动总体情况的度量指标。

高技术指数是指核电、生物制品、部分药品及医疗器械、飞机制造、大部分通讯电子产品、部分仪表、机床等科技含量比较高的产品价格变动总体情况的度量指标。

能源指数是指煤炭开采、石油天然气开采及加工、核能发电、火力发电、风能发电等能源类产品价格变动总体情况的度量指标。

初级产品指数是指直接开采的产品及废旧物资回收直接粗加工的产品价格波动指数。

中间产品指数是指工业加工处理后可能重新投入生产环节的产品价格变动总体情况的度量指标。

最终产品指数是指工业加工处理后可能投入最终消费或者投资的产品价格变动总体情况的度量指标。

部分产品可以既是中间产品，又是最终产品。

固定资产投资价格指数 是反映全社会、国民经济各行业及各类工程固定资产投资中涉及的各类投资品和取费项目价格变动趋势和变动幅度的相对数。固定资产投资价格指数按构成分为：建筑安装工程投资价格指数，设备、工器具投资价格指数，其它费用投资价格指数。建筑安装工程投资价格指数主要有，人工费价格指数，材料费价格指数，机械使用费价格指数。材料费按使用材料的种类分为：钢材、木材、水泥、地方材料、化工材料、电料、其它材料共七大类。

商品住宅销售价格指数 商品住宅销售价格指数是综合反映商品住宅价格水平总体变化趋势和变化幅度的相对数。中国商品住宅销售价格指数由 70 个大中城市的新建商品住宅销售价格指数和二手住宅销售价格指数组成，河南只有郑州、洛阳、平顶山三市作为国家调查城市，开展商品住宅销售价格指数调查编制工作。

自 2018 年 1 月起，国家统计局取消保障性住房销售价格统计指标，只编发新建商品住宅销售价格指数，不再编发新建住宅销售价格指数。调查范围为 70 个大中城市的市辖区，不包括县。新建商品住宅销售价格、面积、金额等资料直接采用当地房地产管理部门的网签数据；二手住宅销售价格调查为非全面调查，采用重点调查和典型调查相结合的方法，按照房地产经纪机构上报、房地产管理部门提供与调查员实地采价相结合的方式收集基础数据。

农产品价格

资料整理：樊福顺

6-1 历年农产品生产者价格指数

(上年=100)

农产品名称	2001年	2005年	2010年	2014年	2015年	2016年	2017年	2018年
总 指 数		**100.7**	**112.5**	**97.5**	**100.7**	**103.2**	**94.9**	**97.9**
农业产品	**105.2**	**99.8**	**120.5**	**98.9**	**95.9**	**96.4**	**99.8**	**100.1**
谷物	121.0	96.5	111.3	104.3	94.3	91.4	103.8	100.8
小麦	124.3	97.4	110.5	105.3	98.3	95.6	107.5	98.6
稻谷	102.6	97.5	105.4	102.4	98.0	100.2	94.2	92.7
玉米	117.9	94.4	115.0	102.8	86.5	81.2	100.3	107.0
薯类	94.4	111.5	115.9	102.1	95.1	111.7	105.8	118.7
豆类	93.9	88.8	112.0	102.2	84.9	92.3	93.8	92.0
油料	94.8	97.0	118.1	91.1	98.8	102.0	91.0	89.6
花生	92.4	97.1	118.1	87.7	102.0	105.1	91.6	87.9
油菜籽	103.2	87.3	105.4	100.4	99.6	100.0	86.2	
芝麻	101.6	105.0	103.0	108.1	96.1	78.5	94.5	98.4
棉花(籽棉)	85.0	100.4	141.8	83.3	96.4	97.0	101.5	89.4
烟草	114.9	104.3	103.9	105.4	105.2	96.7	104.4	102.7
蔬菜	101.6	111.3	138.4	99.8	100.9	112.7	85.2	96.9
水果	85.2	118.0	120.5	111.7	87.0	98.2	108.4	108.6
林业产品		**104.9**	**92.3**	**106.2**	**84.9**	**102.9**	**103.7**	**105.8**
牧业(畜产品)		**102.0**	**99.5**	**94.7**	**109.2**	**114.0**	**86.6**	**94.0**
牛	126.8	112.6	105.9	102.3	100.2	97.9	97.2	108.2
羊	112.8	116.7	110.2	101.1	88.0	75.2	119.9	116.0
猪	95.8	96.4	97.7	89.3	116.9	123.4	81.4	81.2
家禽		102.5	113.3	104.6	93.3	101.8	90.8	127.5
禽蛋	118.7	104.9	105.9	112.1	94.2	92.3	85.8	120.8
渔业	**89.2**	**103.0**	**102.0**	**106.1**	**99.4**	**99.3**	**100.9**	**102.8**

6-2 分季度农产品生产者价格指数(2018年)

(以上年同期价格为100)

农产品名称	全年	一季度	二季度	三季度	四季度
总 指 数	**97.9**	**94.5**	**94.7**	**101.0**	**101.6**
种植业产品	**100.1**	**99.8**	**95.4**	**101.5**	**107.5**
谷物	100.8	109.2	99.8	95.1	104.0
小麦	98.6	108.6	97.3	95.3	93.4
稻谷	92.7		102.0	84.7	98.5
玉米	107.0	109.6	107.6	98.3	113.5
薯类	118.7	107.5		123.6	126.0
豆类	92.0	86.1	89.6		100.5
油料	89.6	80.5	81.7	98.1	107.3
花生	87.9	78.9	80.5	100.3	107.5
油菜籽					
芝麻	98.4	100.0	101.0	89.3	106.0
棉花(籽棉)	89.4	89.4			
烟草	102.7			99.9	105.6
蔬菜	96.9	92.9	93.8	107.5	86.3
水果	108.6	101.4	86.4	107.9	143.2
林业产品	**105.8**	**107.1**	**101.2**	**102.8**	**101.2**
牧业(畜产品)	**94.0**	**88.4**	**93.2**	**99.8**	**90.3**
牛	108.2	99.7	105.8	109.2	117.2
羊	116.0	109.2	108.6	111.4	129.8
猪	81.2	78.3	72.0	93.2	82.2
家禽	127.5	135.2	136.3	109.5	123.8
禽蛋	120.8	135.2	145.3	113.4	103.3
渔业	**102.8**	**114.2**	**102.0**	**98.7**	**90.2**

6-3 各月农产品集贸

农产品名称	1月	2月	3月	4月	5月
粮食类					
籼稻(中等)	2.40	2.40	2.40	2.20	2.00
粳稻(中等)	3.25	3.30	3.20	3.23	3.10
小麦(中等)	2.42	2.44	2.44	2.41	2.38
玉米(中等)	1.68	1.68	1.75	1.79	1.81
大豆(中等)	5.38	5.43	5.33	5.29	5.26
籼米(中等)	5.08	5.09	5.13	5.08	5.09
粳米(中等)	5.08	5.12	5.12	5.11	5.13
经济类					
棉花[籽棉](中准级)	6.00	6.00	6.20	6.60	6.60
花生仁(中等)	10.53	10.52	10.39	10.37	10.19
油菜籽(普通)	5.20	5.20	5.15	5.10	5.00
畜产品类					
活猪(中等)	14.95	13.37	10.56	10.20	10.44
仔猪(普通)	32.82	30.81	27.01	26.25	25.10
猪肉(去骨统肉)	25.00	23.03	19.83	18.74	18.08
活牛(中等)	25.17	25.83	25.36	25.06	24.91
牛肉(去骨统肉)	59.50	60.00	59.75	58.67	58.46
活羊(中等)	26.71	27.94	26.90	26.44	26.15
羊肉(去骨统肉)	64.57	66.82	64.64	65.00	65.00
活鸡(普通肉鸡)	14.70	14.70	14.36	14.38	14.36
鸡蛋(普通鲜蛋)	9.23	9.10	7.30	7.53	7.54
水产品类					
草鱼(1-2公斤)	14.88	15.57	15.36	15.34	15.05
鲤鱼(1-2公斤)	12.90	13.61	13.54	13.71	13.83
鲢鱼(1-2公斤)	8.24	9.04	8.79	8.69	8.70
带鱼(0.5-1公斤)	19.00	19.07	19.43	19.00	19.00
蔬菜类					
大白菜(中等)	1.51	1.38	1.59	2.03	2.47
黄瓜(中等)	5.90	6.73	5.77	3.57	3.42
西红柿(中等)	4.47	4.71	4.13	5.10	3.70
菜椒(中等)	6.70	8.94	6.51	5.94	4.42
四季豆(中等)	10.14	12.35	10.79	9.00	6.58
水果类					
红富士苹果(中等)	7.03	7.14	7.07	7.19	7.24
香蕉(中等)	5.60	5.92	5.37	5.67	5.06
橙子(中等)	10.03	10.23	10.27	9.73	9.43

市场平均价格(2018年)

单位：元/公斤

6月	7月	8月	9月	10月	11月	12月
1.80	1.80	2.00	2.04	2.04	2.26	2.30
3.00	3.00	3.10	3.10	2.82	3.00	2.85
2.26	2.25	2.25	2.26	2.28	2.29	2.34
1.82	1.82	1.82	1.78	1.75	1.79	1.81
5.19	5.21	5.20	5.19	5.19	5.13	5.29
5.09	5.09	5.12	5.12	5.12	5.05	5.03
5.10	5.10	5.06	5.04	5.02	5.02	5.03
6.60	6.30	6.30	7.00	6.60	6.60	6.40
10.09	10.02	10.04	10.20	10.07	10.05	10.08
5.10	5.20	5.20	5.30	5.40	5.50	5.60
11.34	12.68	13.47	12.54	12.24	11.25	11.29
25.35	26.81	27.30	26.56	24.66	21.65	20.94
18.93	20.47	21.87	21.68	21.30	20.20	20.30
24.64	24.84	25.21	25.61	25.83	25.87	26.36
58.63	58.96	59.04	60.50	61.17	61.75	62.92
26.05	25.97	26.29	26.79	27.41	27.73	28.45
64.29	64.43	64.50	65.54	66.18	68.61	71.29
14.31	14.25	14.37	14.65	14.61	14.81	15.09
7.33	7.87	10.32	10.14	9.09	8.93	8.83
15.18	14.87	14.88	14.83	14.71	14.48	13.94
13.76	13.46	13.43	13.43	13.21	13.14	13.02
8.61	8.50	8.73	8.79	8.83	8.80	8.90
19.00	19.33	19.00	19.00	19.33	19.33	19.33
2.54	2.68	2.98	3.07	2.04	0.95	0.79
2.46	3.70	5.34	5.68	4.57	4.86	5.77
2.82	4.15	4.45	6.13	6.65	5.58	6.45
3.71	3.71	4.33	5.90	5.62	5.03	4.49
6.01	6.65	7.46	9.39	7.52	7.37	8.27
7.30	7.45	7.76	8.06	8.24	8.27	8.50
4.51	4.68	5.45	5.94	5.86	6.29	5.80
9.33	9.40	9.60	10.00	10.07	10.23	10.33

主要统计指标解释

农产品生产者价格指数 是指农产品生产者第一手（直接）出售其产品时实际获得的单位产品价格，采取抽样调查和重点调查相结合的方法。农产品生产者价格指数是反映一定时期内，农产品生产者出售的农产品价格水平变动趋势及幅度的相对数。该指数可以客观反映农产品生产价格水平和结构变动情况，满足农业与国民经济核算需要。其中某代表品生产价格指数是通过对全部有出售该产品行为的调查单位的个体指数进行几何平均求得的，类价格指数是通过对其所属的类（或代表品）的价格指数进行加权平均求得的。季度累计价格指数的计算方法与分季指数的计算方法相同。

农产品集贸市场价格 是指农产品主产区集贸市场主要农产品的成交价格。

七 人民生活

资料整理：张亚男　汪　清　韩　超　左俊勇
马　超　吴　婕

7-1 居民家庭基本情况(2018年)

指　　标	单位	绝对数
基本情况		
户均常住人口	人	3.3
户均劳动力人数	人	2.2
平均每户家庭从业人口比重	%	65.8
平均每一从业人口负担人数	人	1.5
户主文化程度		
未上过学	%	0.1
小学	%	
初中	%	0.1
高中	%	
大学专科	%	
大学本科	%	
研究生	%	0.3
常住从业人员就业类型		
雇主	%	1.2
公职人员	%	2.9
事业单位人员	%	6.4
国有企业雇员	%	3.9
其他雇员	%	42.1
农业自营	%	34.6
非农自营	%	8.8
常住从业人员从事主要行业		
第一产业	%	35.3
第二产业	%	21.2
第三产业	%	43.5

7-2 居民可支配收入(2018年)

指　　标	绝对数(元)	构成(%)
可支配收入	**21963.54**	**100.0**
工资性收入	**11066.12**	**50.4**
工资	10112.93	46.0
实物福利	36.98	0.2
其他	916.20	4.2
经营净收入	**4673.98**	**21.3**
第一产业经营净收入	1909.76	8.7
农业	1620.97	7.4
林业	65.12	0.3
牧业	219.58	1.0
渔业	4.10	0.0
第二产业经营净收入	443.02	2.0
第三产业经营净收入	2321.20	10.6
财产净收入	**1546.63**	**7.0**
转移净收入	**4676.81**	**21.3**

7-3 居民现金可支配收入(2018年)

指　　标	绝对数(元)	构成(%)
现金收入	**23027.08**	**100.0**
现金工资性收入	**11029.13**	**47.9**
工资	10112.93	43.9
其他工资性收入	916.20	4.0
现金经营性收入	**6250.31**	**27.1**
第一产业现金经营收入	2759.50	12.0
农业	1923.64	8.4
林业	62.92	0.3
牧业	761.77	3.3
渔业	11.18	0.0
第二产业现金经营收入	636.22	2.8
第三产业现金经营收入	2854.58	12.4
现金财产性收入	**673.14**	**2.9**
现金转移性收入	**5074.50**	**22.0**

7-4 居民生活消费支出(2018年)

指　　标	绝对数(元)	构成(%)
消费支出	**15168.50**	**100.0**
食品烟酒	3959.77	26.1
衣着	1172.84	7.7
居住	3511.98	23.2
生活用品及服务	1054.42	7.0
交通通信	1837.95	12.1
教育文化娱乐	1769.10	11.7
医疗保健	1541.48	10.2
其他用品和服务	320.96	2.1

7-5 居民现金生活消费支出(2018年)

指　　标	绝对数(元)	构成(%)
现金消费支出	**12517.06**	**100.0**
食品烟酒	3883.10	31.0
衣着	1172.51	9.4
居住	1275.48	10.2
生活用品及服务	1052.42	8.4
交通通信	1836.71	14.7
教育文化娱乐	1767.80	14.1
医疗保健	1213.54	9.7
其他用品和服务	315.48	2.5

7-6　居民主要食品消费量(2018年)

指　　标	单位	绝对量(公斤)
粮食消费量	**公斤**	**123.41**
小麦	公斤	81.43
稻谷	公斤	24.08
玉米	公斤	3.37
薯类消费量	公斤	2.41
豆类消费量	公斤	7.96
油脂类消费量	**公斤**	**8.38**
植物油	公斤	8.29
动物油	公斤	0.09
蔬菜及菜制品消费量	**公斤**	**84.73**
肉类	**公斤**	**18.48**
猪肉	公斤	12.89
牛肉	公斤	1.23
羊肉	公斤	1.06
其他肉类及制品	公斤	3.31
禽类	**公斤**	**6.00**
水产品	**公斤**	**3.98**
蛋类及蛋制品	**公斤**	**12.80**
奶和奶制品	**公斤**	**12.54**
干鲜瓜果类	**公斤**	**56.03**
糖果糕点类	**公斤**	**5.88**
酒	**公斤**	**5.80**

7-7　居民每百户年末主要耐用消费品拥有量(2018年)

指　　标	单位	绝对数
家用汽车	辆	29.60
摩托车	辆	30.20
助力车	台	111.30
洗衣机	台	98.85
电冰箱(柜)	台	96.50
微波炉	台	26.25
彩色电视机	台	114.26
其中：接入有线电视	台	45.43
空调	台	132.70
热水器	台	81.20
其中：太阳能热水器	台	41.95
洗碗机	台	0.91
排油烟机	台	44.32
固定电话	线	14.23
移动电话	部	255.59
其中：接入互联网	部	167.61
计算机	台	46.14
其中：接入互联网	台	34.48
照相机	台	7.04
中高档乐器	架	3.33
健身器材	台	2.98

7-8 历年城镇居民家庭基本情况

单位：户、人、元

年 份	调 查 户 数	家 庭 人 口	平均每户就业人口	每一就业者负担人数	平均每人全年总收入	#平均每人生活费收入	#平均每人可支配收入	平均每人全年总支出
1978		4.65	2.08	2.24	315.86	291.00	315.00	
1980	948	4.60	2.16	2.13	365.12	341.60	365.00	
1981	1000	4.58	2.36	1.94	395.59	369.73	395.00	
1982	1020	4.51	2.39	1.89	429.50	402.23	429.00	
1983	1020	4.42	2.44	1.81	456.98	422.06	452.50	
1984	1542	4.29	2.37	1.81	501.46	466.82	497.49	
1985	1800	4.11	2.25	1.83	605.15	560.95	600.59	
1986	1781	4.02	2.21	1.82	728.57	667.55	724.21	705.56
1987	1781	3.91	2.18	1.79	818.29	744.25	814.20	775.24
1988	1860	3.80	2.15	1.77	950.99	862.12	946.10	992.56
1989	1862	3.70	2.10	1.76	1116.00	1015.01	1111.46	1078.03
1990	1860	3.60	2.09	1.72	1274.62	1152.95	1267.73	1188.91
1991	2040	3.49	2.01	1.73	1388.93	1249.50	1384.81	1355.56
1992	2200	3.47	2.03	1.71	1609.37	1459.15	1608.03	1532.10
1993	2200	3.43	2.00	1.72	1962.75	1792.88	1962.75	1870.02
1994	2200	3.37	1.90	1.77	2619.44	2398.35	2618.55	2598.42
1995	2200	3.34	1.89	1.77	3302.14	3029.47	3299.46	3161.27
1996	2400	3.33	1.89	1.76	3756.78	3450.11	3755.44	3586.22
1997	2440	3.29	1.92	1.71	4111.54	3713.47	4093.62	3945.82
1998	2440	3.24	1.85	1.75	4238.49	3797.27	4219.42	4073.45
1999	2440	3.21	1.82	1.77	4553.74	4077.48	4532.36	4320.88
2000	2820	3.23	1.66	1.94	4784.04	4303.74	4766.26	4486.47
2001	2920	3.18	1.60	1.98	5292.09	4781.95	5267.42	4894.74
2002	2551	3.07	1.52	2.02	6515.52		6245.40	5745.12
2003	2444	3.03	1.52	1.99	7245.00		6926.12	6465.61
2004	2414	3.00	1.53	1.96	8073.36		7704.90	6734.01
2005	2408	2.97	1.53	1.94	9145.98		8667.97	7830.68
2006	2459	2.94	1.53	1.92	10339.20		9810.26	8722.49
2007	2459	2.90	1.53	1.90	12082.99		11477.05	10039.21
2008	2399	2.88	1.44	2.00	13907.80		13231.11	11135.44
2009	2399	2.85	1.43	1.99	15408.04		14371.56	12902.14
2010	2400	2.84	1.46	1.95	17141.80		15930.26	13802.49
2011	2299	2.87	1.48	1.94	19526.92		18194.80	15477.17
2012	2298	2.85	1.50	1.90	21897.23		20442.62	17300.48
2013	2300	2.99	1.55	1.92	23686.53		22398.03	17837.95
2014新口径	3263	3.17	1.80	1.76	25595.32		23672.06	20337.92
2015	3305	3.17	1.76	1.80	27484.28		25575.61	21339.12
2016	3367	3.11	1.66	1.88	29220.70		27232.92	22644.47
2017	3342	3.10	1.66	1.86	31910.18		29557.86	25419.94
2018	3850	3.40	1.75	1.94	34638.43		31874.19	27415.50

注：本表1978年数据为估算数；1980数据为推算数。1981-1991年城镇居民可支配收入根据当年生活费收入测算。2014年为新口径(下同)。

7-9 历年城镇居民家庭平均每人消费支出

单位：元

年 份	平均每人消费支出	食 品 支 出	衣 着 支 出	居 住 支 出	家庭设备用品服务	交通通信支 出	娱乐教育文化服务	医疗保健支 出	其它商品与 服 务
1978	274.00	163.00	43.00	12.00	20.00	5.20	14.00	2.90	13.90
1980	335.02	192.66	50.19	15.30	24.30	8.86	20.84	3.22	19.65
1981	363.23	205.18	54.88	16.91	26.74	10.04	25.31	3.68	20.49
1982	382.47	214.17	56.49	19.70	29.03	12.19	25.27	3.93	21.69
1983	405.00	232.07	57.97	19.92	28.55	13.64	28.31	3.83	20.71
1984	431.68	244.37	65.23	22.65	32.56	11.47	28.63	5.01	21.76
1985	556.72	277.74	80.90	33.76	55.15	12.19	62.50	7.69	26.79
1986	653.83	333.59	96.56	39.35	62.66	15.64	63.97	8.75	33.31
1987	711.27	379.57	100.18	41.09	66.80	16.52	57.22	9.68	40.21
1988	896.55	465.99	124.21	42.02	104.28	17.18	82.66	16.23	43.98
1989	963.97	533.19	131.09	44.17	86.31	16.88	86.84	18.96	46.53
1990	1067.67	585.27	156.43	54.19	91.90	19.33	86.93	23.24	50.38
1991	1199.95	644.26	191.31	59.16	92.98	23.95	101.38	29.61	57.30
1992	1342.58	716.99	221.79	67.88	108.89	27.53	102.65	38.92	57.93
1993	1609.24	798.78	260.17	96.38	148.94	49.29	136.80	50.01	68.89
1994	2155.15	1074.18	347.31	131.89	185.55	92.86	159.78	70.07	93.51
1995	2673.95	1338.93	437.45	159.31	220.24	114.35	200.18	96.67	106.82
1996	3009.35	1439.32	488.52	281.61	215.52	131.74	211.41	125.97	115.26
1997	3378.02	1506.25	491.33	352.46	256.77	171.60	299.00	159.64	140.97
1998	3415.65	1454.99	442.34	406.54	280.23	193.65	320.88	172.84	144.19
1999	3497.53	1427.65	431.79	421.31	288.55	217.00	337.76	208.14	165.32
2000	3830.71	1386.76	460.99	547.19	312.97	246.24	407.26	280.78	188.52
2001	4110.17	1424.90	484.16	650.25	333.24	299.89	427.88	298.74	191.10
2002	4504.68	1517.04	570.48	499.44	324.48	477.60	586.32	389.64	139.80
2003	4941.60	1662.30	602.64	566.30	345.68	533.86	629.91	443.27	157.63
2004	5294.19	1855.44	650.30	578.60	332.06	569.85	694.56	436.53	176.84
2005	6038.02	2067.51	806.39	651.98	376.27	636.57	805.08	472.31	221.91
2006	6685.18	2215.32	919.31	737.00	431.02	762.08	847.12	520.57	252.76
2007	7826.72	2707.44	1053.13	795.39	549.14	858.33	936.55	626.55	300.19
2008	8837.46	3079.82	1141.76	963.59	633.32	915.12	988.95	790.87	324.03
2009	9566.99	3272.75	1270.74	1004.37	684.79	1033.99	1048.14	875.52	376.70
2010	10838.49	3575.75	1444.63	1080.10	866.72	1374.76	1137.16	941.32	418.04
2011	12336.47	4212.76	1706.94	1087.08	977.52	1573.64	1373.94	919.83	484.76
2012	13732.96	4607.47	1885.99	1190.81	1145.42	1730.35	1525.33	1085.47	562.13
2013	14821.98	4913.87	1916.99	1315.28	1281.06	1768.28	1911.16	1054.54	660.81
2014新口径	16184.46	4662.45	1823.36	3136.02	1389.25	1735.02	1721.92	1204.14	512.28
2015	17154.30	4818.75	1797.63	3391.14	1382.18	1874.12	1991.87	1365.49	533.12
2016	18087.79	5067.71	1746.62	3753.39	1430.23	1993.75	2078.78	1524.52	492.79
2017	19422.27	5187.76	1779.34	4226.57	1572.09	2269.62	2226.94	1611.50	548.47
2018	20974.63	5390.39	1705.04	5017.40	1489.39	2510.60	2429.90	1923.67	508.24

注：本表1978年数据为估算数；1980年数据为推算数。2014年后的食品支出指的是食品烟酒的支出。

7-10 城镇居民家庭居住情况(2018年)

指　　标	计量单位	数值
家庭居住人口数	**人/户**	**3.20**
现住房总建筑面积	**平方米/人**	**40.89**
现住房房屋来源	**%**	**100.00**
租赁公房	%	0.63
租赁私房	%	2.46
自建住房	%	32.71
购买商品房	%	43.98
购买房改住房	%	11.05
购买保障性住房	%	3.98
拆迁安置房	%	3.34
继承或获赠住房	%	0.35
免费借用房	%	0.69
雇主提供免费住房	%	0.06
其他来源	%	0.76
本住户居住空间样式	**%**	**100.00**
单栋楼房	%	23.67
单栋平房	%	11.35
四居室及以上单元房	%	4.26
三居室单元房	%	35.45
二居室单元房	%	22.25
一居室单元房	%	2.19
筒子楼或连片平房	%	0.63
其他	%	0.20
住户主要饮用水来源情况	**%**	**100.00**
经过净化处理的自来水	%	90.64
受保护的井水和泉水	%	6.61
不受保护的井水和泉水	%	1.79
江河湖泊水	%	0.36
收集雨水	%	0.03
桶装水	%	0.11
其他水源	%	0.46
住户厕所类型	**%**	**100.00**
水冲式卫生厕所	%	84.72
水冲式非卫生厕所	%	2.80
卫生旱厕	%	4.96
普通旱厕	%	6.94
无厕所	%	0.58
住户洗澡设施情况	**%**	**100.00**
统一供热水	%	5.29
家庭自装热水器	%	84.56
其他	%	3.37
无洗澡设施	%	6.77
住户主要取暖设备状况	**%**	**100.00**
由市政或小区集中供暖	%	28.48
自行供暖	%	54.91
无取暖设备	%	16.62
期末拥有房屋面积	**平方米/人**	**44.13**
自有现住房面积	平方米/人	39.78
出租住房面积	平方米/人	2.88
出租商用建筑物面积	平方米/人	0.51
偶尔居住房面积	平方米/人	0.41
空宅或其他用途房面积	平方米/人	0.55

7-11 城镇居民家庭人口情况(2018年)

单位：人

指 标	城镇平均	按比例分组				
		城镇低收入户	城镇中低收入户	城镇中等收入户	城镇中高收入户	城镇高收入户
期内住户常住成员数	3.23	3.91	3.66	3.18	2.84	2.55
是否离退休人员	2.47	2.40	2.36	2.16	2.06	1.94
行政事业单位离退休	0.11	0.03	0.04	0.07	0.13	0.17
其他单位离退休	0.37	0.15	0.21	0.34	0.44	0.31
未退休	2.00	2.22	2.11	1.75	1.49	1.46
户均就业人数	1.75	1.85	1.82	1.63	1.44	1.45
雇主	0.03	0.02	0.02	0.03	0.03	0.03
公职人员	0.09	0.04	0.07	0.09	0.10	0.15
事业单位人员	0.22	0.10	0.17	0.21	0.29	0.33
国有企业雇员	0.15	0.11	0.13	0.18	0.16	0.16
其他雇员	0.94	1.13	1.10	0.84	0.63	0.52
农业自营	0.13	0.28	0.13	0.12	0.05	0.07
非农自营	0.19	0.18	0.19	0.15	0.17	0.18

7-12 城镇居民家庭人均收入(2018年)

单位：元

指　　标	城镇平均	按比例分组				
		城镇低收入户	城镇中低收入户	城镇中等收入户	城镇中高收入户	城镇高收入户
可支配收入	**31874.19**	**12743.63**	**21371.23**	**29279.42**	**39951.62**	**70461.21**
工资性收入	18049.33	8729.03	13665.93	17223.76	22344.01	34850.83
工资	16977.14	8123.19	12829.52	16223.39	21163.40	32757.98
按月发放的工资	15061.73	6763.41	11767.83	14850.43	19231.71	28110.93
补发工资	425.29	95.55	232.67	344.03	451.73	1277.90
不按月发放的奖金、津贴、过节费等	1490.12	1264.22	829.02	1028.92	1479.96	3369.14
实物福利	76.22	21.02	49.22	68.52	122.28	157.78
其他	995.96	584.82	787.19	931.86	1058.33	1935.07
住房公积金	442.31	42.67	140.65	391.58	657.58	1310.30
辞退金	2.22	2.47	0.50	3.78	4.31	
自由职业劳动所得(如稿费、翻译费)	57.02	19.16	38.06	20.20	75.28	167.61
安家费	0.54	0.02				3.42
股票期权	24.76	4.03	0.02		3.05	146.90
其他劳动所得	469.12	516.47	607.96	516.30	318.11	306.83
经营净收入	4531.74	1324.81	2422.15	3180.50	4036.01	14698.32
财产净收入	3161.57	1055.24	1937.24	3033.53	4177.86	7170.34
利息净收入	-28.10	-8.98	-37.58	-51.09	-92.92	56.93
红利收入	234.77	114.72	218.55	200.40	210.97	511.00
储蓄性保险净收益	7.49		4.33	2.29	20.08	15.94
转让承包土地经营权租金净收入	40.42	52.63	29.84	28.48	26.38	67.39
出租房屋财产性收入	747.82	99.87	419.05	756.39	990.83	1930.19
出租机械、专利、版权等资产的收入	23.77	6.80	7.55	45.71	34.83	33.46
其他财产净收入	64.44	14.20	20.42	37.47	30.78	275.46
房屋虚拟租金	2070.96	776.01	1275.08	2013.88	2956.91	4279.98
转移净收入	6131.56	1634.55	3345.91	5841.63	9393.74	13741.72
转移性收入	7365.69	2263.26	4176.17	6911.06	11078.89	16184.81
养老金或离退休金	5271.23	1280.49	2659.00	5229.73	8809.32	11241.91
离退休金	5139.73	1171.09	2559.99	5109.64	8746.28	10939.58
(城镇)居民社会养老保险	32.02	40.74	37.21	43.31	18.78	11.93
新型农村养老保险	24.81	42.97	28.02	25.83	9.40	8.29
其他养老金	74.67	25.69	33.77	50.96	34.85	282.11
社会救济和补助	42.95	78.03	33.71	23.92	29.71	40.93
政策性生活补贴	67.94	22.92	49.17	33.09	43.62	234.16
报销医疗费	423.43	172.72	166.31	365.88	635.03	1012.16
家庭外出从业人员寄回带回收入	1128.93	497.14	911.87	854.57	1229.39	2636.58
赡养收入	300.63	148.43	243.36	289.58	228.35	709.95
其他经常转移收入	74.72	29.12	75.07	66.54	35.58	197.75
失业保险金	4.96	5.32	2.43	2.03	0.63	16.51
经常性捐赠收入	2.30	1.05	0.15	8.15	1.32	1.14
经常性赔偿收入	0.02				0.09	
其他转移性收入	66.05	22.58	72.15	56.37	33.54	172.03
从政府和组织得到的实物产品和服务折价	29.12	12.76	21.53	34.41	63.24	20.52
现金政策性惠农补贴	26.73	21.65	16.17	13.34	4.67	90.85
转移性支出	1234.13	628.71	830.26	1069.43	1685.15	2443.10

7-13 城镇居民家庭人均支出(2018年)

单位：元

指标	城镇平均	按比例分组				
		城镇低收入户	城镇中低收入户	城镇中等收入户	城镇中高收入户	城镇高收入户
总支出	**27415.50**	**14411.13**	**19852.31**	**26123.91**	**36195.77**	**50006.21**
消费支出	20989.15	11188.22	15549.27	20452.33	26585.43	38235.03
食品烟酒	5399.52	3194.52	4304.99	5718.32	6834.34	8351.86
衣着	1705.04	877.18	1335.57	1726.37	2087.04	3050.64
居住	5020.98	2438.94	3614.81	4861.63	6740.31	9275.34
生活用品及服务	1489.39	659.04	1176.95	1296.32	1921.08	2968.13
交通通信	2510.60	1144.32	1639.00	2336.22	2786.18	5762.47
教育文化娱乐	2429.90	1585.34	1998.33	2302.47	2932.25	3941.16
医疗保健	1925.18	1121.74	1209.28	1761.03	2696.17	3528.25
其他用品和服务	508.54	167.13	270.34	449.96	588.07	1357.19
生产经营费用支出	1113.88	698.34	600.87	1096.37	2254.69	1238.35
财产性支出	118.03	40.85	55.30	70.37	232.76	257.76
生活贷款利息支出	111.88	26.71	54.65	68.12	225.82	251.95
住房贷款利息支出	102.10	21.19	43.74	67.30	202.97	240.68
其他生活贷款利息支出	9.78	5.52	10.91	0.83	22.85	11.26
其他财产性支出	6.15	14.14	0.65	2.25	6.94	5.81
转移性支出	1234.13	628.71	830.26	1069.43	1685.15	2443.10
个人所得税	79.14	2.78	10.01	29.49	79.29	356.78
社会保障支出	974.27	531.01	714.62	886.16	1299.73	1772.64
个人缴纳的养老保险	663.15	358.78	473.27	597.19	892.53	1228.17
个人缴纳的医疗保险	259.73	164.69	222.10	249.10	327.22	397.30
个人缴纳的失业保险	26.66	5.24	12.51	27.54	40.92	62.75
其他社会保障支出	24.74	2.30	6.74	12.32	39.06	84.42
外来从业人员寄给家人的支出	3.70	7.19	0.85	5.87	2.11	1.52
赡养支出	89.86	57.12	52.78	57.66	150.69	165.53
其他转移性支出	87.15	30.62	51.99	90.26	153.33	146.63
部分商业保险支出	253.65	100.79	144.30	210.27	359.19	580.96
意外伤害保险	21.89	6.57	19.93	34.44	19.54	35.15
商业医疗保险(含大病保险)	102.99	46.75	53.51	77.74	190.52	194.06
其他非储蓄性商业保险	29.16	13.32	19.85	24.83	52.19	46.51
其他储蓄性商业保险	99.61	34.15	51.02	73.27	96.94	305.23
购置资产及非经常性转移支出	2650.00	1372.62	2018.67	2506.54	3803.45	4405.71
购置资产支出	774.81	438.54	597.47	703.50	1311.07	1035.83
建造住房支出	94.71	29.26	260.08	58.01	14.53	92.42
购买住房支出	532.31	284.21	286.59	502.63	940.70	847.10
购建第一产业生产性固定资产	16.68	10.73	27.00	21.19	8.84	14.07
购建第二产业生产性固定资产支出	3.83	1.42		17.39		0.44
购建第三产业生产性固定资产支出	122.39	112.89	22.64	92.89	341.06	73.43
购建其他资产支出	4.88	0.03	1.16	11.39	5.95	8.37
非经常性转移支出	1875.19	934.08	1421.20	1803.05	2492.38	3369.88
博彩支出	4.12	1.08	1.67	4.97	2.77	12.74
婚丧嫁娶礼金支出	888.15	492.79	786.25	865.65	1278.29	1233.27
一次性赔偿支出	4.98	2.00	3.21	2.54	0.93	19.62
一次性馈赠支出	793.01	348.12	532.25	741.38	953.15	1734.06
其他非经常性转移支出	73.75	32.30	50.48	84.98	85.92	143.09
借贷性支出	1056.66	381.59	653.63	718.59	1275.09	2845.31
存入储蓄款	51.25	53.05	15.27	45.28	78.28	77.48
借出款	28.63	12.32	11.78	39.72	24.80	68.25
归还借款	163.32	69.30	134.04	149.43	100.30	436.63
购买有价证券	9.59			3.22	0.54	56.06
其他投资支出	36.30	0.25	50.08	1.37	7.41	147.23
归还住房贷款	623.37	206.07	353.83	416.20	902.74	1595.44
归还汽车贷款	83.94	25.99	70.92	38.71	111.30	217.09
归还教育贷款	1.27				7.20	
归还其他贷款	54.31	13.86	14.94	23.97	23.67	244.54
其他借贷支出	4.68	0.75	2.77	0.71	18.87	2.59

7-14 城镇居民家庭人均购买生活消费品及服务现金支出(2018年)

单位：元

指　　标	城镇平均	按比例分组				
		城镇低收入户	城镇中低收入户	城镇中等收入户	城镇中高收入户	城镇高收入户
购买生活消费品及服务	**17285.40**	**9507.21**	**13148.87**	**17060.93**	**21819.51**	**30358.96**
食品烟酒	**5155.29**	**3090.98**	**4169.15**	**5539.05**	**6550.27**	**7700.33**
食品	3357.17	2270.93	2906.80	3666.46	4132.41	4418.74
谷物	416.39	355.06	395.72	442.27	462.90	455.98
小麦	0.71	0.91	1.10	0.39	0.53	0.47
面粉	63.80	57.77	62.87	67.95	68.55	63.93
稻谷	0.14	0.22	0.14	0.05	0.17	0.11
大米	100.97	80.76	96.31	110.16	117.39	108.88
玉米	5.82	3.73	4.39	5.83	8.41	8.17
小米	18.76	14.63	15.70	20.45	22.85	22.79
其他谷物	6.33	4.61	6.22	6.94	6.76	7.89
面粉制品	199.61	180.92	193.94	201.82	214.78	216.74
其他谷物制品	20.24	11.51	15.05	28.67	23.45	26.99
薯类	59.59	45.64	54.45	62.06	70.12	73.53
红薯	13.73	9.01	10.57	15.27	17.89	18.94
马铃薯	17.65	15.63	16.32	18.07	19.55	20.00
其他薯类及制品	28.21	21.00	27.56	28.72	32.67	34.60
豆类	55.28	42.95	49.60	63.41	65.17	61.18
大豆	4.21	2.42	3.17	7.28	4.06	4.80
其他豆类及制品	51.07	40.53	46.43	56.12	61.11	56.38
食用油	130.11	96.63	122.58	146.48	155.18	143.91
食用植物油	128.87	95.77	121.23	145.22	153.40	142.88
食用动物油	1.24	0.86	1.36	1.26	1.77	1.04
蔬菜和食用菌	414.96	285.70	357.89	459.93	520.45	521.40
鲜菜	363.71	253.61	318.04	397.08	455.63	453.98
干菜及制品	17.74	10.87	16.17	19.90	21.87	23.21
鲜菌	21.89	14.54	16.29	26.87	27.30	28.98
干菌及制品	11.62	6.69	7.39	16.08	15.65	15.23
肉类	661.04	414.41	562.99	736.68	858.29	865.66
猪肉	325.20	240.99	292.12	357.02	406.27	371.79
牛肉	103.40	48.37	84.63	117.36	142.05	154.16
羊肉	89.22	38.17	69.68	108.57	124.63	131.95
其他肉类及制品	143.22	86.88	116.56	153.73	185.34	207.76
禽类	140.87	89.85	122.10	167.05	167.53	183.70
鸡	84.57	60.43	78.03	102.66	97.52	93.98
鸭	10.39	5.00	8.13	15.84	12.41	12.87
鹅	1.60	0.64	1.26	1.85	2.17	2.59
其他禽类及制品	44.32	23.78	34.68	46.70	55.44	74.27
水产品	125.15	59.08	86.31	144.27	178.16	199.23
鱼类	70.56	37.47	52.14	82.98	100.61	98.75
虾类	30.09	11.58	19.49	34.61	43.60	52.96
蟹类	4.40	0.39	1.20	4.56	6.94	12.11
贝类	1.89	0.57	1.08	3.00	2.31	3.24
藻类	3.21	2.72	2.85	3.31	3.40	4.17
其他水产品及制品	14.99	6.34	9.55	15.81	21.30	27.99
蛋类	129.73	103.17	125.10	131.67	151.52	150.38
鲜蛋	122.38	98.88	118.64	123.11	142.87	140.03
蛋制品	7.35	4.29	6.46	8.57	8.65	10.34

7-14 续表 1

单位：元

指　　标	城镇平均	按比例分组 城镇低收入户	城镇中低收入户	城镇中等收入户	城镇中高收入户	城镇高收入户
奶类	400.44	244.30	349.06	433.55	500.03	561.14
鲜奶	130.58	75.83	105.34	133.79	177.98	193.87
酸奶	65.11	30.88	39.48	74.28	92.14	112.78
奶粉	159.32	96.58	141.61	189.43	191.21	207.83
其他奶制品	45.43	41.01	62.62	36.05	38.70	46.67
干鲜瓜果类	443.37	249.82	335.65	478.63	566.19	713.65
鲜瓜果	342.17	197.64	266.29	369.05	435.99	534.42
瓜果制品	24.31	11.42	17.87	25.33	33.68	41.55
坚果类	76.90	40.76	51.49	84.26	96.51	137.68
糖果糕点类	140.46	95.40	108.89	140.57	178.89	211.84
食糖	10.90	9.98	9.81	10.90	12.80	11.74
糖果	15.62	7.47	11.28	17.35	18.71	28.77
糕点	96.01	63.24	77.59	95.46	126.18	139.71
其他糖果糕点	17.93	14.71	10.21	16.86	21.20	31.61
其他食品	239.78	188.92	236.44	259.89	258.00	277.14
调味品	81.61	60.82	70.10	89.69	99.79	99.67
其他食品	158.17	128.10	166.34	170.20	158.21	177.48
饮料	147.45	76.56	119.67	142.48	178.42	267.52
茶叶	60.21	10.89	45.81	57.80	72.79	145.33
咖啡	4.13	0.60	2.10	2.49	5.26	13.22
其他固体饮料	4.61	4.30	3.39	4.49	6.06	5.39
瓶装饮用水	11.56	7.27	8.37	11.07	15.01	19.49
果汁饮料	11.75	7.06	7.22	13.33	14.53	20.33
其他液体饮料	55.19	46.44	52.78	53.29	64.75	63.76
烟酒	504.99	264.06	359.43	530.72	697.28	836.63
烟草	246.66	143.02	203.34	275.20	295.99	377.08
卷烟	246.03	143.00	202.38	275.06	295.11	375.66
烟丝、烟叶	0.63	0.02	0.96	0.14	0.88	1.42
酒类	258.33	121.04	156.10	255.51	401.29	459.55
啤酒	21.12	14.68	17.37	23.26	26.92	27.24
白酒	223.55	101.44	129.87	219.65	355.85	402.49
果酒	8.09	2.61	5.91	7.76	11.42	16.30
其他酒	5.57	2.31	2.95	4.83	7.10	13.53
饮食服务	1145.68	479.43	783.26	1199.40	1542.16	2177.44
食堂用餐	39.87	26.75	31.44	53.30	45.93	48.63
其他在外饮食	1104.03	450.49	749.17	1145.26	1494.62	2127.56
食品加工服务费	1.78	2.18	2.64	0.84	1.61	1.25
衣着	**1678.52**	**872.66**	**1332.60**	**1726.09**	**2074.47**	**2908.53**
衣类	1312.93	659.52	1032.78	1343.28	1615.93	2340.04
服装	1250.58	626.45	982.65	1287.98	1534.81	2227.48
服装材料	4.10	2.81	2.31	3.73	5.45	7.60
其他衣类及配件	54.92	28.95	45.80	48.59	70.77	97.99
衣类加工服务费	3.32	1.31	2.01	2.97	4.89	6.96
鞋类	365.60	213.14	299.82	382.81	458.54	568.49
鞋	362.47	211.12	297.18	380.13	454.10	563.88
鞋类配件及加工服务费	3.13	2.02	2.64	2.69	4.44	4.62

7-14 续表 2

单位：元

指　标	城镇平均	按比例分组				
		城镇低收入户	城镇中低收入户	城镇中等收入户	城镇中高收入户	城镇高收入户
居住	**1775.09**	**906.81**	**1419.32**	**1717.96**	**2394.08**	**2996.70**
租赁房房租	137.90	51.80	125.69	64.52	195.54	314.28
租赁公房房租	12.53	4.47	9.20	18.16	28.13	5.29
租赁私房房租	125.37	47.33	116.49	46.36	167.41	308.98
住房维修及管理	685.63	231.34	504.03	582.96	1061.02	1351.37
住房装潢	387.68	51.77	331.69	297.94	575.60	884.56
住房维修	125.08	96.97	57.66	124.34	209.21	172.19
物业管理费	122.36	33.22	64.49	116.45	193.16	270.36
其他	50.51	49.39	50.20	44.23	83.05	24.26
水电燃料及其他	951.56	623.67	789.61	1070.48	1137.52	1331.05
水	107.89	57.40	86.85	119.75	144.33	160.03
电	473.55	351.94	433.06	529.71	524.08	591.75
燃料	210.91	142.02	191.61	237.68	245.08	272.74
柴	0.02					0.11
草	0.01		0.00	0.03	0.01	0.01
煤炭	11.62	17.04	17.26	9.18	7.45	2.92
沼气	0.03	0.02	0.07	0.05		
管道天然气	128.08	59.03	87.81	145.72	183.10	208.42
管道煤气	1.42	1.02	1.99	2.02	1.17	0.77
管道液化石油气	0.53	0.62	0.32	0.72	0.36	0.61
罐装液化石油气	61.62	60.03	80.55	63.56	46.29	51.56
汽油(生活燃料)	7.06	3.88	2.85	15.50	6.38	8.22
柴油(生活燃料)	0.23	0.21	0.25	0.46	0.18	0.01
其他油(生活燃料)	0.07	0.10	0.03	0.11	0.04	0.04
其他生活燃料	0.22	0.07	0.47	0.32	0.10	0.07
取暖费	96.59	24.32	55.18	91.64	158.45	203.94
其他	62.62	47.99	22.90	91.69	65.58	102.59
生活用品及服务	**1468.01**	**654.20**	**1174.33**	**1294.32**	**1913.23**	**2855.38**
家具及室内装饰品	309.71	94.27	298.15	232.35	392.92	659.57
家具	287.61	86.20	278.12	216.66	362.50	614.33
家具材料	3.71	3.87	2.07	2.56	6.23	4.41
室内装饰品	18.39	4.19	17.96	13.13	24.20	40.83
家用器具	387.72	160.88	308.91	319.07	524.20	781.43
耐用消费品	336.13	134.58	265.64	274.79	454.96	689.76
洗衣机	38.36	15.99	30.46	27.80	52.71	81.09
电冰箱(柜)	43.51	21.46	21.77	37.98	53.86	103.83
空调器	134.29	56.75	125.13	105.19	181.43	249.82
吸尘器	2.68	0.73	0.67	1.65	4.02	8.32
抽油烟机	16.22	5.06	11.69	11.79	18.03	43.31
微波炉	1.97	1.47	0.88	1.82	2.76	3.62
非太阳能热水器	24.72	11.25	14.62	33.08	13.78	61.63
太阳能热水器	5.37	1.90	7.71	7.84	2.67	7.29
燃气炉具	9.54	4.62	8.09	8.82	4.05	26.11
太阳能炉具	0.05		0.06		0.22	
洗碗机	1.47	0.88	0.38	0.06	2.40	4.65
消毒碗柜	0.38	0.02		0.84	1.09	0.14
其他	55.96	14.44	44.16	36.87	117.46	91.71
小家电	51.59	26.30	43.27	44.28	69.24	91.67

7-14 续表 3

单位：元

指　　标	城镇平均	按比例分组				
		城镇低收入户	城镇中低收入户	城镇中等收入户	城镇中高收入户	城镇高收入户
家用纺织品	109.32	49.28	86.49	96.54	139.19	216.65
床上用品	87.32	38.81	73.37	76.09	107.19	173.42
窗帘门帘	11.71	4.70	5.97	10.16	21.08	22.18
其他家用纺织品	10.30	5.77	7.15	10.30	10.92	21.05
家庭日用杂品	309.34	204.65	271.10	316.46	376.22	441.17
洗涤及卫生用品	90.90	71.06	82.95	95.37	106.94	109.26
厨具、餐具、茶具	54.91	26.23	49.62	50.30	78.00	86.44
家用手工工具	2.31	0.74	1.21	3.20	3.44	3.93
其他	161.22	106.62	137.32	167.59	187.85	241.54
个人用品	291.32	126.43	179.22	271.83	399.01	608.89
化妆品	172.35	57.63	87.15	160.39	238.20	411.80
其他个人用品	118.96	68.80	92.07	111.44	160.82	197.10
家庭服务	60.60	18.69	30.46	58.07	81.69	147.66
家政服务	31.59	3.30	10.27	25.70	41.53	101.76
家庭设备修理费	29.01	15.39	20.19	32.37	40.16	45.90
交通通信	**2385.07**	**1105.87**	**1577.29**	**2259.75**	**2671.46**	**5339.09**
交通	1651.00	693.43	983.65	1486.27	1768.77	4147.87
交通工具	759.45	347.18	417.18	681.17	496.01	2272.06
汽车	622.12	251.06	271.38	537.79	315.38	2139.51
摩托车	2.42	2.30	3.56	2.49	3.22	
自行车	5.91	2.57	5.01	4.48	5.13	14.95
电动自行车	75.16	41.45	81.03	89.76	108.10	63.55
其他交通工具	53.83	49.79	56.20	46.65	64.18	54.05
交通费	192.57	74.48	97.08	167.42	301.82	420.06
飞机	34.18	6.91	8.33	34.44	65.24	78.10
火车	77.46	25.42	36.30	60.30	132.71	176.03
长途汽车	25.62	18.21	19.60	26.36	28.52	41.45
市内公共交通	16.77	9.40	10.77	15.57	21.08	33.37
出租汽车费	23.31	8.59	14.95	17.18	36.58	50.70
其他交通费	15.23	5.94	7.13	13.58	17.68	40.40
交通工具用燃料	461.78	168.84	323.18	439.63	692.77	879.51
汽油	453.74	164.39	319.25	427.24	683.10	867.29
柴油	4.66	3.28	1.64	7.63	4.04	8.09
其他燃料和润滑剂	3.38	1.17	2.29	4.75	5.64	4.14
交通工具使用及维修	237.19	102.94	146.21	198.06	278.17	576.23
交通工具零配件和维修	128.91	60.50	98.35	127.39	158.69	246.24
停车费	24.92	3.35	7.08	12.51	27.03	96.65
车辆使用税费(含过桥过路费)	64.55	32.02	27.30	40.82	71.28	189.77
其他	18.80	7.07	13.48	17.35	21.17	43.57
通信	734.07	412.44	593.64	773.48	902.69	1191.23
通信工具	275.96	141.29	226.87	277.75	335.95	483.50
电话机	1.00	0.50	0.04	1.99	0.66	2.30
移动电话机	259.28	132.61	212.03	262.90	315.63	453.74
其他通信工具及零配件	15.67	8.18	14.80	12.87	19.66	27.46
通信服务	458.12	271.15	366.77	495.73	566.74	707.72
固定电话费	10.96	5.85	7.13	9.06	16.00	21.04
移动电话费	365.57	217.52	295.73	395.23	451.90	559.43
上网费	74.20	44.23	60.55	84.14	87.47	112.52
邮费	3.04	1.07	1.47	2.48	5.39	6.40
其他通信服务费	4.34	2.48	1.88	4.81	5.98	8.33

7-14 续表 4

单位：元

指　　标	城镇平均	按比例分组				
		城镇低收入户	城镇中低收入户	城镇中等收入户	城镇中高收入户	城镇高收入户
教育文化娱乐	**2407.25**	**1575.02**	**1992.75**	**2301.02**	**2926.28**	**3830.20**
教育	1549.84	1239.32	1471.08	1529.75	1800.54	1884.13
学前教育	271.11	205.37	235.42	273.70	365.79	314.38
教育用品	4.92	1.70	2.65	6.04	11.86	3.95
学杂费	103.24	83.78	78.42	123.01	115.28	130.64
培训费	50.70	27.92	37.14	33.75	101.38	69.70
赞助费	0.15	0.19	0.02	0.40		0.15
一揽子教育服务(含食宿)	97.88	77.77	101.52	94.84	117.84	105.04
其他费用	14.22	14.00	15.66	15.66	19.44	4.88
小学教育	228.50	176.99	139.43	247.96	329.89	298.15
教育用品	13.61	14.91	7.90	19.09	17.14	9.05
学杂费	17.89	18.42	13.26	10.46	29.21	20.38
培训费	108.18	53.37	55.14	117.03	169.58	188.89
赞助费	3.70	1.06	0.36	15.97	1.23	0.01
一揽子教育服务(含食宿)	55.14	60.36	41.67	46.16	92.49	36.08
其他费用	29.98	28.87	21.10	39.26	20.24	43.74
初中教育	192.99	151.04	198.40	237.00	246.54	135.10
教育用品	9.92	8.92	12.29	12.50	7.81	7.22
学杂费	27.32	25.21	28.80	28.58	20.50	34.44
培训费	46.54	15.40	40.31	53.95	86.52	49.45
赞助费	2.01	3.40	1.66	0.66	2.38	1.66
一揽子教育服务(含食宿)	75.93	81.30	90.15	100.48	62.50	31.72
其他费用	31.26	16.80	25.18	40.83	66.83	10.62
高中教育	249.79	234.96	357.22	276.47	144.48	202.36
教育用品	7.78	7.97	10.79	7.46	5.37	6.22
学杂费	40.37	51.91	51.01	49.80	19.01	19.51
培训费	41.89	7.36	44.02	51.54	39.28	82.59
赞助费	7.58	2.37	14.72	13.48	5.12	0.68
一揽子教育服务(含食宿)	128.83	135.03	219.84	121.15	57.05	78.14
其他费用	23.35	30.31	16.84	33.04	18.65	15.21
中专职高教育	10.44	17.63	12.02	4.01	1.15	15.48
教育用品	0.06	0.10	0.07	0.07	0.03	0.01
学杂费	3.77	4.10	5.54	0.41	0.01	9.08
培训费	0.40	0.12	0.64	0.10		1.32
一揽子教育服务(含食宿)	5.03	9.94	5.06	3.37	0.27	4.83
其他费用	1.17	3.36	0.71	0.06	0.84	0.23
大专及以上教育	416.92	371.32	413.65	371.16	523.36	429.83
教育用品	1.05	1.02	1.26	1.09	0.63	1.25
学杂费	111.21	132.08	117.29	95.17	108.82	93.13
培训费	8.34	4.98	1.99	4.56	15.26	19.57
一揽子教育服务(含食宿)	273.11	208.11	274.78	244.09	376.77	290.89
其他费用	23.21	25.13	18.33	26.25	21.88	24.99
成人教育	180.10	82.00	114.94	119.45	189.33	488.83
教育用品	9.88	4.79	14.61	5.48	17.96	7.38
培训费	124.15	49.63	77.05	68.66	118.13	381.48
其他费用	46.06	27.58	23.28	45.30	53.25	99.97

7-14 续表 5

单位：元

指　　标	城镇平均	按比例分组				
		城镇低收入户	城镇中低收入户	城镇中等收入户	城镇中高收入户	城镇高收入户
文化娱乐	857.40	335.70	521.67	771.27	1125.74	1946.07
文娱耐用消费品	143.17	91.16	118.72	123.84	174.88	246.61
组合音响	5.30	0.85	17.51	0.46	2.06	4.21
彩色电视机	47.64	24.72	36.70	52.66	69.44	67.95
影碟机	0.17	0.62				0.13
摄像机	0.07		0.32			
照相机	4.31	2.15	3.93	3.80		13.61
家用台式电脑	14.50	10.97	6.33	6.60	34.41	19.27
家用笔记本电脑	30.26	21.69	20.95	23.63	31.16	63.98
中高档乐器	16.98	22.16	16.75	8.81	6.74	30.96
健身器材	3.73	0.57	1.99	11.25	0.70	5.09
其他文娱耐用消费品	10.94	3.80	9.94	9.39	19.06	16.20
文娱耐用消费品的零配件及维修	9.26	3.63	4.31	7.26	11.31	25.22
其他文娱用品	189.31	114.22	137.09	177.82	253.89	321.63
书、报、杂志及音像制品	37.96	24.98	29.27	34.28	51.53	59.77
文具纸张	32.33	32.35	31.02	31.95	35.25	31.38
体育户外用品	12.37	3.74	6.90	11.33	19.98	26.25
游戏用品和玩具	50.19	27.09	35.17	52.00	72.87	79.61
园艺花卉及有关产品	17.65	5.62	10.10	15.15	27.28	39.27
宠物及有关产品	11.35	3.19	5.79	13.82	13.45	26.41
其他文娱用品及维修	27.47	17.26	18.83	19.30	33.53	58.92
文化娱乐服务	524.92	130.32	265.86	469.62	696.97	1377.83
团体旅游	357.14	66.77	171.75	309.71	460.69	1011.29
景点门票	47.56	13.63	27.44	57.14	73.28	87.86
体育健身活动	23.90	4.23	7.78	13.15	31.42	82.16
电影、话剧、演出票	16.06	4.05	7.31	14.66	18.89	45.58
有线电视费	35.42	16.27	27.04	38.06	53.75	53.10
其他文化娱乐服务	44.83	25.38	24.55	36.91	58.95	97.85
医疗保健	**1932.59**	**1138.27**	**1222.19**	**1781.41**	**2726.59**	**3472.07**
医疗器具及药品	661.33	386.46	418.30	605.34	947.23	1182.23
药品	505.81	343.53	371.33	509.75	679.67	748.80
滋补保健品	124.89	32.25	38.01	74.99	184.80	386.69
医疗卫生器具	16.06	6.53	5.43	16.11	36.75	22.79
保健器具	14.57	4.14	3.52	4.49	46.01	23.95
医疗服务	1271.26	751.81	803.90	1176.07	1779.36	2289.84
门诊医疗总费用	423.06	272.23	343.11	413.31	509.36	684.74
住院医疗总费用	848.19	479.58	460.78	762.76	1270.00	1605.10
其他用品和服务	**483.58**	**163.42**	**261.23**	**441.32**	**563.13**	**1256.66**
其他用品	227.92	82.07	142.41	238.89	268.63	514.90
首饰及手表	133.94	30.16	83.73	148.23	164.57	312.95
其他杂项用品	93.98	51.91	58.68	90.67	104.05	201.95
其他服务	255.66	81.35	118.82	202.43	294.50	741.77
旅馆住宿费	54.98	8.09	21.16	57.24	80.39	144.19
美容美发洗浴	113.53	43.51	57.35	84.15	131.12	318.28
其他杂项服务	87.15	29.75	40.31	61.04	82.98	279.29

7-15 城镇居民家庭平均每人购买食品数量(2018年)

单位：千克、盒

指标	城镇平均	按比例分组				
		最低收入户	更低户	低收入户	较低收入户	中间收入户
面粉	16.96	16.10	17.13	17.77	17.68	16.19
大米	17.86	14.88	18.15	19.30	20.46	17.31
食用植物油	8.79	7.37	9.07	9.59	9.61	8.63
鲜菜	95.48	76.71	86.49	101.12	115.75	107.52
猪肉	14.29	11.06	13.20	15.42	17.70	15.59
牛肉	1.91	0.85	1.52	2.19	2.61	2.93
羊肉	1.65	0.70	1.35	1.98	2.29	2.41
鸡	4.75	3.73	4.57	5.55	5.38	4.86
鸭	0.52	0.27	0.40	0.76	0.62	0.67
鱼类	3.93	2.42	3.24	4.61	5.24	4.94
虾类	0.62	0.26	0.44	0.72	0.86	1.04
鲜蛋	13.85	11.64	13.62	14.04	15.92	15.06
鲜奶	10.87	6.53	8.71	10.84	14.80	16.28
酸奶	5.38	2.56	3.29	6.07	7.51	9.43
奶粉	0.88	0.56	0.89	1.01	1.05	0.99
鲜瓜果	62.27	45.78	54.08	64.92	74.87	81.95
坚果类	4.27	2.87	3.33	4.62	5.28	6.18
糕点	4.49	3.43	4.06	4.28	5.67	5.70
茶叶	0.25	0.06	0.27	0.24	0.28	0.50
卷烟	18.28	13.39	17.78	20.28	18.75	23.43
啤酒	3.21	2.63	2.85	3.44	3.80	3.69
白酒	2.20	1.34	1.73	2.47	2.80	3.17
果酒	0.13	0.06	0.11	0.12	0.18	0.19

注：卷烟单位为盒。

7-16　城镇居民家庭购买非食品数量(2018年)

指　　标	计量单位	城镇平均	按比例分组				
			城镇低收入户	城镇中低收入户	城镇中等收入户	城镇中高收入户	城镇高收入户
鞋	双/人	3.25	2.83	3.21	3.32	3.49	3.62
水	吨/人	39.82	24.39	33.76	42.47	50.28	57.17
电	度/人	820.33	611.40	751.10	909.09	912.43	1026.57
煤炭	千克/人	12.89	17.91	22.53	9.31	6.32	3.12
管道天然气	立方米/人	55.55	26.84	38.05	62.51	79.45	89.39
管道煤气	立方米/人	0.61	0.39	0.81	1.03	0.45	0.30
管道液化石油气	千克/人	0.17	0.23	0.11	0.22	0.06	0.24
罐装液化石油气	千克/人	10.23	9.29	13.26	10.96	8.41	8.45
洗衣机	台/百户	5.89	4.42	5.80	4.70	6.50	8.02
电冰箱(柜)	台/百户	4.70	2.56	3.67	4.49	5.49	7.30
空调器	台/百户	11.16	6.71	11.34	9.37	12.45	15.93
吸尘器	台/百户	1.50	0.94	0.94	0.97	2.22	2.44
抽油烟机	台/百户	3.56	1.77	2.22	4.14	3.19	6.50
微波炉	台/百户	1.09	0.94	0.84	0.99	1.13	1.53
非太阳能热水器	台/百户	5.10	3.79	4.33	6.88	2.79	7.71
太阳能热水器	台/百户	0.94	0.88	1.83	0.92	0.47	0.62
燃气炉具	套/百户	4.44	3.62	5.36	4.37	2.49	6.38
太阳能炉具	套/百户	0.04		0.05		0.14	
洗碗机	台/百户	0.58	0.49	0.31	0.21	0.89	0.99
消毒碗柜	台/百户	0.20	0.03		0.45	0.46	0.06
汽车	辆/百户	2.03	1.05	1.91	1.75	1.43	4.01
摩托车	辆/百户	0.32	0.47	0.45	0.26	0.40	
自行车	辆/百户	3.35	2.32	3.51	3.53	3.00	4.40
电动自行车	辆/百户	9.81	7.52	11.70	11.45	11.35	7.01
电话机	部/百户	1.17	0.46	0.11	0.62	3.78	0.88
移动电话机	部/百户	47.10	40.84	46.66	45.22	45.03	57.77
组合音响	台/百户	0.75	0.32	0.40	0.78	0.85	1.38
彩色电视机	台/百户	5.39	4.27	6.03	5.02	5.65	5.96
影碟机	台/百户	0.06	0.14				0.18
摄像机	台/百户	0.09		0.46			
照相机	台/百户	0.36	0.31	0.31	0.14		1.03
家用台式电脑	台/百户	1.20	1.13	1.04	0.62	2.17	1.02
家用笔记本电脑	台/百户	2.16	1.61	1.41	1.42	2.48	3.89

7-17 城镇居民家庭平均每百户主要消费品年末拥有量(2018年)

指标	单位	城镇平均	按比例分组				
			城镇低收入户	城镇中低收入户	城镇中等收入户	城镇中高收入户	城镇高收入户
家用汽车	辆	37.92	27.24	34.89	37.76	43.11	46.61
摩托车	辆	14.18	18.90	17.14	14.19	12.41	8.25
助力车	台	107.35	121.48	126.01	113.42	93.94	81.94
洗衣机	台	100.60	99.87	100.44	101.02	101.95	99.73
电冰箱(柜)	台	99.39	96.05	98.92	100.30	100.36	101.34
微波炉	台	43.26	26.48	34.12	43.42	51.26	60.98
彩色电视机	台	115.44	112.45	118.45	113.56	115.86	116.88
其中：接入有线电视	台	57.96	45.01	52.42	58.35	66.27	67.71
空调	台	176.71	147.67	167.09	177.58	190.46	200.73
热水器	台	93.94	84.11	92.62	96.26	97.63	99.04
其中：太阳能热水器	台	27.69	33.91	29.05	27.32	22.43	25.78
消毒碗柜	台						
洗碗机	台	1.38	1.85	0.87	1.28	1.26	1.64
排油烟机	台	76.02	57.03	71.47	78.20	87.13	86.22
固定电话	线	17.28	13.92	14.40	14.85	20.36	22.85
移动电话	部	247.44	256.94	264.14	250.63	233.78	231.72
其中：接入互联网	部	179.20	182.14	188.19	177.61	171.59	176.46
计算机	台	65.56	49.98	58.85	67.05	69.69	82.21
其中：接入互联网	台	50.43	36.33	44.92	48.46	54.63	67.82
摄像机	台						
照相机	台	13.63	4.73	6.79	11.47	18.25	26.89
中高档乐器	架	6.59	2.36	4.44	5.67	7.55	12.95
健身器材	台	5.03	1.95	2.78	3.61	7.17	9.62
组合音响	套						

7-18　历年农村居民收支

(指数以上年为100，按可比口径计算)　　单位：元

年　份	农民家庭人均可支配收入	可支配收入指　数	农民家庭人均生活消费支出	#食品
1978	104.71		81.70	
1979	133.56		110.83	67.32
1980	160.78		135.51	78.49
1981	215.57		165.57	89.08
1982	216.74		177.90	101.18
1983	272.00		196.35	113.71
1984	301.17		219.64	122.46
1985	328.78		260.19	145.83
1986	333.64	99.7	292.48	159.88
1987	377.72	110.1	309.90	164.03
1988	401.32	98.2	346.73	179.42
1989	457.06	102.5	390.05	199.99
1990	526.95	105.5	437.73	240.93
1991	539.29	102.3	454.68	242.83
1992	588.48	104.9	472.61	264.02
1993	695.85	109.0	564.93	334.52
1994	909.81	103.4	731.78	426.17
1995	1231.97	109.5	929.39	544.26
1996	1579.19	113.8	1206.43	670.89
1997	1733.89	107.4	1270.52	693.09
1998	1864.05	106.5	1240.30	700.78
1999	1948.36	106.4	1163.98	617.46
2000	1985.82	103.9	1315.83	654.13
2001	2097.86	104.9	1375.60	668.77
2002	2215.74	105.1	1451.51	697.02
2003	2235.68	99.6	1508.67	726.57
2004	2553.15	108.1	1664.09	808.27
2005	2870.58	107.5	1891.57	858.97
2006	3261.03	112.1	2229.28	911.48
2007	3851.60	112.2	2676.41	1017.43
2008	4454.24	107.2	3044.21	1165.81
2009	4806.95	107.5	3388.47	1220.36
2010	5523.73	111.0	3682.21	1371.17
2011	6604.03	112.7	4319.95	1559.74
2012	7524.94	111.3	5032.14	1701.75
2013	8475.34	109.5	5627.73	1938.47
2014	9966.07	109.4	7277.21	2153.81
2015	10852.86	107.6	7887.45	2301.27
2016	11696.74	105.7	8586.59	2447.29
2017	12719.18	107.5	9211.52	2495.89
2018	13830.74	106.5	10392.01	2778.29

注：2013年以前为纯收入口径。

7-19　农民家庭人口与劳动力状况

项　　目	单 位	2005年	2010年	2014年	2015年	2016年	2017年	2018
调查户数	**户**	**4200**	**4200**	**3795**	**3806**	**3837**	**3838**	**3429**
调查户常住人口	**人**	**17591**	**17007**	**13312**	**13403**	**13359**	**13034**	**11982**
平均每户常住人口	人	4.19	4.05	3.51	3.52	3.79	3.37	3.49
整半劳动力	人	2.87	2.92	2.24	2.21	2.23	2.16	2.21
劳动力占常住人口比重	%	68.50	72.20	63.8	62.8	64.2	64.1	63.3
平均每个劳动力负担人口	人	1.46	1.39	1.57	1.59	1.56	1.56	1.58
平均每百个常住人口中								
学龄前人数	人	6.44	6.21	6.51	6.65	7.29	5.74	7.98
6-15岁人数	人	14.69	10.27	15.37	16.79	17.14	17.54	18.70
16-60岁人数	人	72.63	73.91	62.69	61.64	61.12	61.13	55.83
61岁及以上人数	人	6.24	9.66	15.43	14.91	14.46	15.59	17.75

7-20　农民家庭劳动力就业情况

项　　目	单位	2005年	2010年	2014年	2015年	2016年	2017年	2018年
每百个就业劳动力文化程度								
未上过学	人	6.65	5.26	4.07	4.00	2.66	3.71	5.31
小学	人	18.48	16.20	20.52	19.89	18.85	20.47	24.32
初中	人	61.23	60.90	58.94	59.75	59.7	59.68	54.06
高中	人	10.52	12.91	12.86	12.68	14.99	12.07	12.02
大学专科	人	2.11	2.78	2.71	2.63	2.85	3.06	3.11
大学本科	人	1.01	1.95	0.83	0.95	0.89	0.94	1.14
研究生				0.09	0.10	0.06	0.07	0.04
每百个就业劳动力从事的主要行业								
一产业就业劳动力	人	66.75	56.88	60.42	58.94	50.85	56.47	54.67
二产业就业劳动力	人	17.27	24.15	20.33	21.61	26.12	22.47	21.22
三产业就业劳动力	人	15.98	18.97	19.25	19.44	23.03	21.06	24.11

7-21　农民家庭居住情况

项　　目	单 位	2005年	2010年	2014年	2015年	2016年	2017年	2018年
期末人均住房情况								
住房面积	平方米	27.21	34.69	42.94	43.60	46.65	47.84	47.88
#租用住房面积	平方米	0.04	0.09	0.31	0.42	0.25	0.10	0.62
住房价值	万元	0.58	1.12	2.88	3.10	3.69	3.79	4.71
主要建筑材料								
钢筋混凝土	%			12.12	14.29	17.86	17.74	23.94
砖混材料	%			61.55	61.13	62.02	62.28	60.32
砖瓦砖木	%			24.90	23.42	19.02	18.88	15.10
竹草土坯	%			1.03	0.78	0.74	0.74	0.37
其他	%			0.40	0.38	0.37	0.37	0.28
住宅外道路路面情况								
水泥或柏油路面	%	26.07	44.88	52.56	52.49	59.51	61.13	72.25
沙石或石板等硬质路面	%	8.93	11.95	12.63	15.79	16.08	15.90	12.25
其他	%	65.00	43.17	34.81	31.72	24.41	22.97	15.51
住户主要饮用水来源情况								
经过净化处理的自来水	%			26.60	33.84	45.41	46.74	55.11
受保护的井水和泉水	%			38.40	32.82	31.34	31.32	33.62
不受保护的井水和泉水	%			31.05	28.56	18.94	17.87	9.51
江河湖泊水	%			0.32	0.49	0.61	0.61	0.76
收集雨水	%							0.03
桶装水	%				0.02	0.04	0.02	0.06
其他水源	%			3.64	4.28	3.65	3.45	0.91
住户厕所类型								
水冲式卫生厕所	%			6.52	4.76	7.20	7.33	17.80
水冲式非卫生厕所	%			1.05	1.44	2.57	2.43	3.55
卫生旱厕	%			14.28	21.28	22.78	23.29	26.85
普通旱厕	%			76.83	71.83	66.74	66.26	51.60
无厕所	%			1.32	0.69	0.70	0.69	0.21
住户主要取暖用能源状况								
柴草	%			11.10	13.03	13.20	12.68	7.89
煤炭	%			22.93	23.61	20.59	14.46	9.48
罐装液化石油气	%			3.25	3.04	5.04	4.69	4.73
管道液化石油气	%			0.03		0.03	0.07	
管道煤气	%							0.06
管道天然气	%				0.18	0.48	0.42	0.75
电	%			16.48	18.36	23.82	30.38	48.38
燃料用油	%					0.03	0.03	0.07
沼气	%			0.16	0.15	0.36	0.34	0.05
其他	%			2.87	2.16	2.55	2.26	2.55
无取暖行为	%			43.19	39.47	33.89	34.67	26.05
主要炊用能源状况								
柴草	%			30.30	30.64	26.10	26.87	18.16
煤炭	%			20.31	18.86	15.03	10.99	6.81
罐装液化石油气	%			24.85	28.57	33.81	33.53	38.58
管道液化石油气	%			0.26	0.66	0.28	0.36	0.24
管道煤气	%			0.03		0.13	0.13	0.16
管道天然气	%			0.58	0.78	0.82	0.86	2.79
电	%			19.75	17.46	21.52	24.86	31.69
燃料用油	%							0.03
沼气	%			1.66	1.75	1.15	1.36	0.88
其他	%			1.70	1.01	0.61	0.55	0.41
无炊用行为	%			0.55	0.28	0.55	0.50	0.25

7-22 农民家庭土地经营情况

项 目	单 位	2005年	2010年	2014年	2015年	2016年	2017年	2018年
平均每百人土地经营情况								
期初实际经营土地面积	亩	158.88	172.61	198.67	201.45	204.06	209.84	222.57
耕地	亩	150.43	166.09	183.52	184.41	187.08	194.95	187.05
有效灌溉面积	亩	110.19	122.97	149.17	153.70	157.58	163.65	155.51
林地	亩	0.92	2.45	9.65	10.86	11.50	8.80	30.96
园地	亩	3.29	3.48	3.91	4.52	3.82	4.53	3.68
牧草地	亩	0.09	0.08		0.17	0.01	0.04	
养殖水面	亩	4.15	0.52	1.59	1.49	1.66	1.52	0.88
期末实际经营的土地面积	亩	160.69	174.61	198.90	198.55	206.82	208.14	222.01
耕地	亩	151.65	168.00	185.11	183.81	189.90	194.67	189.14
有效灌溉面积	亩	110.62	125.20	150.32	151.97	158.86	163.56	157.52
山地	亩	0.92	2.38	8.30	8.78	10.94	7.81	28.06
园地	亩	3.30	3.40	3.97	4.47	4.31	4.43	3.67
牧草地	亩	0.09	0.08		0.05			
养殖水面	亩	4.74	0.75	1.51	1.45	1.68	1.23	1.13
期内主要粮食播种面积	亩	233.70	269.52	294.78	284.36	289.26	286.04	267.48
#小麦播种面积	亩	125.69	134.93	144.26	140.40	141.86	142.82	141.33
水稻播种面积	亩	11.69	15.69	24.26	22.88	24.46	28.13	19.63
玉米播种面积	亩	71.62	103.40	115.60	110.98	108.74	101.05	93.97
豆类播种面积	亩	19.56	12.86	9.28	8.44	11.77	11.07	10.64
薯类播种面积	亩	3.39	1.93	1.38	1.66	2.43	2.97	1.90
经济作物播种面积	亩	70.12	35.18	31.33	32.70	40.65	47.51	58.18
#棉花播种面积	亩	19.10	5.24	0.70	0.39	0.31	0.11	0.32
油料播种面积	亩	30.15	16.09	21.77	22.43	29.65	36.34	41.16
蔬菜播种面积	亩	12.45	7.98	5.19	5.54	6.19	7.31	11.10
果用瓜播种面积	亩	2.55	2.92	3.63	3.58	4.49	3.64	5.39

7-23　农民家庭生产经营情况

项　　目	单 位	2005年	2010年	2014年	2015年	2016年	2017年	2018年
谷物产量	公斤/人	845.87	1170.43	1412.60	1447.88	1397.22	1355.77	1266.84
#小麦产量	公斤/人	461.33	599.19	718.72	692.56	666.40	686.50	614.66
稻谷产量	公斤/人	67.83	80.22	142.73	143.06	151.83	161.73	131.31
玉米产量	公斤/人	312.21	489.62	550.99	611.02	578.39	507.50	520.57
薯类产量	公斤/人	4.31	5.67	5.64	8.79	11.83	14.07	11.10
豆类产量	公斤/人	26.62	21.27	16.14	19.90	22.86	19.04	24.57
棉花产量	公斤/人	25.68	10.94	1.37	0.94	0.56	0.29	0.44
油料产量	公斤/人	50.23	34.45	61.60	65.33	88.46	111.86	120.27

7-24　农民家庭出售产品情况

项　　目	单　　位	2005年	2010年	2014年	2015年	2016年	2017年	2018年
出售粮食数量	公斤/人	367.21	540.63	843.98	897.57	972.61	882.04	916.28
#小麦	公斤/人	177.84	260.74	414.59	420.91	417.62	444.00	410.28
稻谷	公斤/人	40.70	43.55	93.81	121.88	109.51	106.18	111.01
玉米	公斤/人	133.44	222.44	333.87	354.13	421.53	306.23	370.17
薯类	公斤/人	0.31	2.08	1.92	4.03	5.19	6.62	2.10
豆类	公斤/人	13.61	11.49	10.36	15.89	17.41	13.94	19.78
出售棉花数量	公斤/人	17.96	4.42	0.20	0.42	0.34	0.32	0.03
出售油料数量	公斤/人	22.70	15.12	39.03	32.47	54.46	63.33	105.92
出售麻类数量	公斤/人	0.60	0.47	0.66	0.38	0.50	0.04	0.27
出售烟叶数量	公斤/人	3.11	4.12	2.22	4.30	2.87	2.64	7.38
出售蔬菜数量	公斤/人	116.79	126.29	105.41	144.62	137.53	153.65	171.30
出售水果数量	公斤/人	49.22	39.25	44.91	50.45	42.68	42.69	50.76
出售猪肉数量	公斤/人	39.54	47.95	50.56	54.21	44.56	51.73	45.06
出售牛肉数量	公斤/人	3.96	3.13	2.21	1.49	2.74	2.49	4.87
出售羊肉数量	公斤/人	1.36	1.18	2.94	3.10	2.54	2.05	3.03
出售家禽数量	公斤/人	4.59	6.84	2.71	6.72	10.76	16.12	5.42
出售蛋类数量	公斤/人	13.67	17.46	19.53	12.66	11.81	9.16	9.37
出售水产品数量	公斤/人	4.24	4.05	4.62	7.24	7.64	10.02	1.84

7-25 农民家庭主要食品消费量

项　　目	单　　位	2005年	2010年	2014年	2015年	2016年	2017年	2018年
粮食消费量	公斤/人	211.62	188.47	124.86	132.45	126.91	128.28	124.80
小麦	公斤/人	170.48	145.21	87.51	91.75	88.26	89.93	85.03
稻谷	公斤/人	19.58	20.84	22.78	24.19	21.97	22.49	22.62
玉米	公斤/人	16.86	15.51	6.10	5.98	5.84	4.93	4.90
薯类消费量	公斤/人	0.86	0.95	1.69	2.05	1.88	1.98	2.13
豆类消费量	公斤/人	2.93	1.87	4.60	4.87	6.13	5.64	6.78
油脂类消费量	公斤/人	4.36	4.85	8.42	7.61	7.49	7.54	7.95
植物油	公斤/人	4.25	4.79	8.31	7.53	7.41	7.47	7.86
动物油	公斤/人	0.11	0.05	0.11	0.08	0.07	0.07	0.09
蔬菜及菜制品消费量	公斤/人	100.75	88.03	68.71	67.72	73.71	72.59	71.41
肉类	公斤/人	8.68	12.42	12.34	12.79	12.36	12.72	15.68
猪肉	公斤/人	5.46	8.03	9.75	9.74	9.04	9.24	11.75
牛肉	公斤/人	0.83	0.34	0.49	0.66	0.67	0.67	0.67
羊肉	公斤/人	0.14	0.15	0.28	0.47	0.54	0.57	0.58
其他肉类及制品	公斤/人			1.81	1.92	2.11	2.24	2.68
禽类	公斤/人	1.57	2.28	3.64	3.88	4.53	4.24	5.21
水产品	公斤/人	1.30	1.50	2.40	2.53	2.80	2.51	2.66
蛋类及蛋制品	公斤/人	8.48	9.10	9.38	10.73	11.29	13.02	11.33
奶和奶制品	公斤/人	0.85	2.44	4.95	5.03	5.82	6.12	7.01
干鲜瓜果类	公斤/人	15.39	20.96	37.81	39.10	46.40	49.23	46.20
糖果糕点类	公斤/人			4.65	4.56	4.86	4.55	4.74
酒	公斤/人	5.97	6.24	7.10	6.71	6.54	6.75	6.02

7-26 农民家庭平均每百户主要耐用消费品年末拥有量

项　　目	单位	2005年	2010年	2014年	2015年	2016年	2017年	2018年
家用汽车	辆	0.33	1.76	10.13	11.99	18.10	19.28	22.32
摩托车	辆	39.14	54.88	70.01	65.18	58.12	55.33	44.25
助力车	辆			79.50	87.64	101.60	104.80	114.65
洗衣机	台	55.67	84.64	89.84	92.92	95.15	95.86	97.32
电冰箱(柜)	台	13.48	46.12	73.07	79.11	87.63	88.25	93.98
微波炉	台	0.67	5.12	10.04	8.99	8.75	8.75	11.40
彩色电视机	台	81.69	106.26	112.00	112.61	115.08	116.28	113.23
其中：接入有线电视	台	10.07	30.83	40.60	51.50	52.86	46.49	34.49
空调	台	5.19	22.86	48.05	54.78	70.37	74.79	94.28
热水器	台	3.24	16.26	41.55	48.32	57.94	59.46	70.08
其中：太阳能热水器	台			32.36	39.40	48.21	49.10	54.39
洗碗机	台			0.33	0.45	0.84	0.77	0.50
排油烟机	台	0.48	3.02	5.08	6.29	10.45	11.57	16.65
固定电话	部	51.33	34.26	28.14	20.06	13.93	13.63	11.58
移动电话	部	55.38	151.67	214.84	220.99	242.07	244.92	262.71
其中：接入互联网	部	1.69	13.45	54.31	67.71	100.86	106.58	157.51
计算机	台	0.57	7.50	24.42	26.56	31.13	31.23	29.19
其中：接入互联网	台	0.24	5.00	16.31	19.92	22.59	20.72	20.55
照相机	架	2.14	2.83	3.10	3.10	2.28	2.63	1.29
中高档乐器	台	0.07	0.21	0.32	0.23	0.46	0.48	0.48
健身器材	台			0.48	0.45	0.84	1.30	1.19

7-27 农民家庭平均每人总收入

单位：元

项目	2005年	2010年	2014年	2015年	2016年	2017年	2018年
总收入	**3945.67**	**7293.38**	**12737.66**	**13666.79**	**14383.60**	**15629.73**	**16844.67**
工资性收入	**853.95**	**1943.86**	**3260.22**	**3728.36**	**4227.98**	**4770.37**	**5335.62**
工资			2395.50	2807.33	3253.79	3706.62	4480.08
实物福利			4.83	3.78	4.34	7.73	4.78
其他			859.90	917.24	969.84	1056.01	850.75
经营性收入	**2965.64**	**4968.63**	**6868.04**	**7082.78**	**7140.18**	**7408.71**	**7448.56**
第一产业经营收入	2532.24	4099.02	5348.70	5319.44	5275.01	5397.36	5164.69
农业	1801.64	2977.76	4062.25	4055.98	3921.63	3997.35	4029.87
林业	34.24	51.45	132.97	105.12	115.54	89.59	136.01
牧业	672.68	1041.67	1105.70	1089.49	1162.45	1217.95	979.44
渔业	23.68	28.14	47.78	68.86	75.39	92.47	19.37
第二产业经营收入	129.81	241.37	396.39	392.19	348.17	370.93	538.94
第三产业经营收入	303.59	628.24	1122.95	1371.15	1517.00	1640.41	1744.92
财产性收入	**35.85**	**59.29**	**152.85**	**161.11**	**173.75**	**205.18**	**233.70**
转移性收入	**90.24**	**321.59**	**2456.55**	**2694.55**	**2841.70**	**3245.47**	**3826.79**
家庭外出从业人员寄回带回收入			1687.60	1877.18	2011.64	2302.68	2540.37

7-28 农民家庭平均每人总收入构成

单位：%

项目	2005年	2010年	2014年	2015年	2016年	2017年	2108年
总收入	**100.0**	**100.0**	**100.0**	**100.0**	**100.0**	**100.0**	**100.0**
工资性收入	**21.6**	**26.7**	**25.6**	**27.3**	**29.4**	**30.5**	**31.7**
工资			18.8	20.5	22.6	23.7	26.6
实物福利			0.0	0.0	0.0	0.0	0.0
其他			6.8	6.7	6.7	6.8	5.1
经营性收入	**75.2**	**68.1**	**53.9**	**51.8**	**49.6**	**47.4**	**44.2**
第一产业经营收入	64.2	56.2	42.0	38.9	36.7	34.5	30.7
农业	45.7	40.8	31.9	29.7	27.3	25.6	23.9
林业	0.9	0.7	1.0	0.8	0.8	0.6	0.8
牧业	17.0	14.3	8.7	8.0	8.1	7.8	5.8
渔业	0.6	0.4	0.4	0.5	0.5	0.6	0.1
第二产业经营收入	3.3	3.3	3.1	2.9	2.4	2.4	3.2
第三产业经营收入	7.7	8.6	8.8	10.0	10.6	10.5	10.4
财产性收入	**0.9**	**0.8**	**1.2**	**1.2**	**1.2**	**1.3**	**1.4**
转移性收入	**2.3**	**4.4**	**19.3**	**19.7**	**19.8**	**20.8**	**22.7**
家庭外出从业人员寄回带回收入			13.2	13.7	14.0	14.7	15.1

7-29 农民家庭平均每人总支出

单位：元

项　　目	2005年	2010年	2014年	2015年	2016年	2017年	2018年
总支出	**3106.97**	**5767.35**	**11750.66**	**12175.63**	**13006.08**	**13978.72**	**15926.43**
消费支出	**1891.57**	**3682.21**	**7277.21**	**7887.45**	**8586.59**	**9211.52**	**10392.01**
生产经营费用支出	**944.69**	**1562.48**	**2248.20**	**2339.18**	**2247.18**	**2394.96**	**2399.66**
第一产业经营费用支出	841.82	1320.02	1879.97	1907.83	1791.93	1923.33	1897.98
农业	470.37	723.59	1144.39	1203.18	1063.12	1080.71	1225.05
林业	3.89	2.36	20.72	15.34	15.73	13.11	23.08
牧业	357.09	586.91	695.25	651.39	669.95	782.87	638.57
渔业	10.49	7.15	19.61	37.92	43.13	46.64	11.28
第二产业经营费用支出	40.72	91.66	106.04	109.46	97.95	129.55	139.41
第三产业经营费用支出	62.15	150.80	262.18	321.89	357.29	342.08	362.27
财产性支出	**4.95**	**7.11**	**6.02**	**4.15**	**5.77**	**5.71**	**12.31**
转移性支出	**133.65**	**323.36**	**174.42**	**189.22**	**184.06**	**243.37**	**343.75**
部分商业保险支出			**30.08**	**33.12**	**40.70**	**41.35**	**84.16**
购置资产及非经常性转移支出			**1649.66**	**1484.28**	**1710.55**	**1775.60**	**2238.54**
借贷性支出			**365.06**	**238.22**	**231.24**	**306.21**	**456.00**

7-30 农民家庭平均每人总支出构成

单位：%

项　　目	2005年	2010年	2014年	2015年	2016年	2017年	2018年
总支出	**100.0**	**100.0**	**100.0**	**100.0**	**100.0**	**100.0**	**100.0**
消费支出	**60.9**	**63.8**	**61.9**	**64.8**	**66.0**	**65.9**	**65.3**
生产经营费用支出	**30.4**	**27.1**	**19.1**	**19.2**	**17.3**	**17.1**	**15.1**
第一产业经营费用支出	27.1	22.9	16.0	15.7	13.8	13.8	11.9
农业	15.1	12.5	9.7	9.9	8.2	7.7	7.7
林业	0.1	0.0	0.2	0.1	0.1	0.1	0.1
牧业	11.5	10.2	5.9	5.3	5.2	5.6	4.0
渔业	0.3	0.1	0.2	0.3	0.3	0.3	0.1
第二产业经营费用支出	1.3	1.6	0.9	0.9	0.8	0.9	0.9
第三产业经营费用支出	2.0	2.6	2.2	2.6	2.7	2.4	2.3
财产性支出	**0.2**	**0.1**	**0.1**	**0.0**	**0.0**	**0.0**	**0.1**
转移性支出	**4.3**	**5.6**	**1.5**	**1.6**	**1.4**	**1.7**	**2.2**
部分商业保险支出			**0.3**	**0.3**	**0.3**	**0.3**	**0.5**
购置资产及非经常性转移支出			**14.0**	**12.2**	**13.2**	**12.7**	**14.1**
借贷性支出			**3.1**	**2.0**	**1.8**	**2.2**	**2.9**

7-31 农民家庭平均每人生活消费支出

单位：元

项目	2005年	2010年	2014年	2015年	2016年	2017年	2018年
全年生活消费支出	**1891.57**	**3682.21**	**7277.21**	**7887.45**	**8586.59**	**9211.52**	**10392.01**
食品	858.97	1371.17	2153.81	2301.27	2447.29	2495.89	2778.29
衣着	132.36	261.52	600.71	655.17	677.41	712.35	736.11
居住	317.97	765.18	1542.58	1643.28	1767.81	2005.50	2273.68
家庭设备、用品及服务	82.69	254.47	505.88	560.58	588.10	647.16	697.48
交通和通讯	159.73	401.44	859.57	970.34	1210.89	1245.38	1285.97
文化、教育、娱乐用品及服务	177.66	250.47	757.83	851.38	948.76	1030.30	1226.85
医疗保健	123.41	287.83	731.37	768.98	797.80	908.95	1226.62
其他商品和服务	38.76	90.14	125.45	136.45	148.54	165.98	167.03

7-32 农民家庭平均每人生活消费支出构成

单位：%

项目	2005年	2010年	2014年	2015年	2016年	2017年	2018年
全年生活消费支出	**100.0**	**100.0**	**100.0**	**100.0**	**100.0**	**100.0**	**100.0**
食品	45.4	37.2	29.6	29.2	28.5	28.5	26.7
衣着	7.0	7.1	8.3	8.3	7.9	7.9	7.1
居住	16.8	20.8	21.2	20.8	20.6	20.6	21.9
家庭设备、用品及服务	4.4	6.9	7.0	7.1	6.8	6.8	6.7
交通和通讯	8.4	10.9	11.8	12.3	14.1	14.1	12.4
文化、教育、娱乐用品及服务	9.4	6.8	10.4	10.8	11.0	11.0	11.8
医疗保健	6.5	7.8	10.1	9.7	9.3	9.3	11.8
其他商品和服务	2.0	2.4	1.7	1.7	1.7	1.7	1.6

7-33 农民家庭平均每人可支配收入

单位：元

项　目	2005年	2010年	2014年	2015年	2016年	2017年	2018年
可支配收入	**2870.58**	**5523.73**	**9966.07**	**10852.86**	**11696.74**	**12719.18**	**13830.74**
工资性收入	**853.95**	**1943.86**	**3260.22**	**3728.36**	**4227.98**	**4770.37**	**5335.62**
工资			2395.50	2807.33	3253.79	3706.62	4480.08
实物福利			4.83	3.78	4.34	7.73	4.78
其他			859.90	917.24	969.84	1056.01	850.75
经营净收入	**1913.66**	**3240.43**	**4277.59**	**4462.22**	**4643.18**	**4747.24**	**4790.71**
第一产业经营净收入	1610.82	2658.12	3275.99	3265.14	3338.90	3321.13	3126.69
农业	1260.82	2154.11	2762.36	2721.77	2737.55	2787.44	2692.99
林业	30.22	49.00	110.22	89.28	98.60	75.73	112.15
牧业	306.82	434.27	375.66	423.76	471.16	412.79	315.44
渔业	12.96	20.74	27.75	30.34	31.59	45.16	6.11
第二产业经营净收入	80.67	137.21	253.13	262.89	238.19	230.66	367.30
第三产业经营净收入	222.17	445.10	748.48	934.18	1066.09	1195.45	1296.72
财产净收入	**35.85**	**59.29**	**146.13**	**156.96**	**167.97**	**199.47**	**221.39**
转移净收入	**67.13**	**280.14**	**2282.13**	**2505.33**	**2657.61**	**3002.11**	**3483.02**

7-34 农民家庭平均每人可支配收入构成

单位：%

项　目	2005年	2010年	2014年	2015年	2016年	2017年	2018年
可支配收入	**100.0**	**100.0**	**100.0**	**100.0**	**100.0**	**100.0**	**100.0**
工资性收入	**29.7**	**35.2**	**32.7**	**34.4**	**36.1**	**37.5**	**38.6**
工资			24.0	25.9	27.8	29.1	32.4
实物福利			0.0	0.0	0.0	0.1	
其他			8.6	8.5	8.3	8.3	6.2
经营净收入	**66.7**	**58.7**	**42.9**	**41.1**	**39.7**	**37.3**	**34.6**
第一产业经营净收入	56.1	48.1	32.9	30.1	28.5	26.1	22.6
农业	43.9	39.0	27.7	25.1	23.4	21.9	19.5
林业	1.1	0.9	1.1	0.8	0.8	0.6	0.8
牧业	10.7	7.9	3.8	3.9	4.0	3.2	2.3
渔业	0.5	0.4	0.3	0.3	0.3	0.4	
第二产业经营净收入	2.8	2.5	2.5	2.4	2.0	1.8	2.7
第三产业经营净收入	7.7	8.1	7.5	8.6	9.1	9.4	9.4
财产净收入	**1.2**	**1.1**	**1.5**	**1.4**	**1.4**	**1.6**	**1.6**
转移净收入	**2.3**	**5.1**	**22.9**	**23.1**	**22.7**	**23.6**	**25.2**

7-35 农民家庭平均每人现金收入

单位：元

项目	2005年	2010年	2014年	2015年	2016年	2017年	2018年
现金可支配收入	**3015.69**	**5899.95**	**11241.27**	**12311.29**	**13171.81**	**14236.22**	**15714.00**
现金工资性收入	**850.94**	**1942.05**	**3255.40**	**3724.58**	**4223.63**	**4762.64**	**5330.83**
工资			2395.50	2807.33	3253.79	3706.62	4480.08
其他工资性收入			859.90	917.24	969.84	1056.01	850.75
现金经营净收入	**2046.46**	**3586.81**	**5506.92**	**5878.51**	**6079.09**	**6182.46**	**6583.77**
第一产业现金经营净收入	1614.99	2717.20	3987.58	4115.17	4213.92	4171.11	4299.90
农业	918.61	1623.14	2733.56	2874.50	2902.96	2797.20	3207.19
林业	26.25	49.51	109.57	90.78	82.15	72.85	105.09
牧业	648.04	1016.82	1097.04	1081.65	1153.92	1209.15	968.70
渔业	22.09	27.73	47.41	68.24	74.89	91.91	18.92
第二产业现金经营净收入	128.95	241.37	396.39	392.19	348.17	370.93	538.94
第三产业现金经营净收入	302.52	628.24	1122.95	1371.15	1517.00	1640.41	1744.92
现金财产净收入	**31.88**	**54.78**	**152.85**	**161.11**	**173.75**	**205.18**	**233.70**
现金转移净收入	**86.40**	**316.31**	**2326.10**	**2547.09**	**2695.35**	**3085.95**	**3565.70**

7-36 农民家庭平均每人现金收入构成

单位：%

项目	2005年	2010年	2014年	2015年	2016年	2017年	2018年
现金可支配收入	**100.0**	**100.0**	**100.0**	**100.0**	**100.0**	**100.0**	**100.0**
现金工资性收入	**28.2**	**32.9**	**29.0**	**30.3**	**32.1**	**33.5**	**33.9**
工资			21.3	22.8	24.7	26.0	28.5
其他工资性收入			7.6	7.5	7.4	7.4	5.4
现金经营净收入	**67.9**	**60.8**	**49.0**	**47.7**	**46.2**	**43.4**	**41.9**
第一产业现金经营净收入	53.6	46.1	35.5	33.4	32.0	29.3	27.4
农业	30.5	27.5	24.3	23.3	22.0	19.6	20.4
林业	0.9	0.8	1.0	0.7	0.6	0.5	0.7
牧业	21.5	17.2	9.8	8.8	8.8	8.5	6.2
渔业	0.7	0.5	0.4	0.6	0.6	0.6	0.1
第二产业现金经营净收入	4.3	4.1	3.5	3.2	2.6	2.6	3.4
第三产业现金经营净收入	10.0	10.6	10.0	11.1	11.5	11.5	11.1
现金财产净收入	**1.1**	**0.9**	**1.4**	**1.3**	**1.3**	**1.4**	**1.5**
现金转移净收入	**2.9**	**5.4**	**20.7**	**20.7**	**20.5**	**21.7**	**22.7**

7-37 农民家庭平均每人现金支出

单位：元

项　　目	2005年	2010年	2014年	2015年	2016年	2017年	2018年
现金支出	**2657.85**	**5767.35**	**10567.03**	**10906.80**	**11569.41**	**12512.32**	**14136.15**
现金消费支出	**1520.18**	**3682.21**	**6113.69**	**6635.06**	**7167.24**	**7762.56**	**8632.07**
生产经营现金费用支出	**868.03**	**1562.48**	**2228.09**	**2322.74**	**2229.86**	**2377.51**	**2369.33**
第一产业经营现金费用支出	765.60	1320.02	1859.87	1891.39	1774.61	1905.88	1867.64
农业	451.87	723.59	1133.91	1194.18	1053.61	1070.30	1206.12
林业	3.89	2.36	20.70	15.34	15.73	13.10	23.06
牧业	299.39	586.91	687.21	643.95	662.14	775.84	627.24
渔业	10.45	7.15	18.05	37.92	43.13	46.64	11.22
第二产业经营现金费用支出	40.60	91.66	106.04	109.46	97.95	129.55	139.41
第三产业经营现金费用支出	61.84	150.80	262.18	321.89	357.29	342.08	362.27
现金财产性支出	**4.95**	**7.11**	**6.02**	**4.15**	**5.77**	**5.71**	**12.31**
现金转移性支出	**132.64**	**323.36**	**174.42**	**189.22**	**184.06**	**243.37**	**343.75**
部分商业保险支出			**30.08**	**33.12**	**40.70**	**41.35**	**84.16**
购置资产及非经常性转移支出			**1649.66**	**1484.28**	**1710.55**	**1775.60**	**2238.54**
借贷性支出			**365.06**	**238.22**	**231.24**	**306.21**	**456.00**

7-38 农民家庭平均每人现金支出构成

单位：%

项　　目	2005年	2010年	2014年	2015年	2016年	2017年	2018年
现金支出	**100.0**	**100.0**	**100.0**	**100.0**	**100.0**	**100.0**	**100.0**
现金消费支出	**57.2**	**63.8**	**57.9**	**60.8**	**61.9**	**62.0**	**61.1**
生产经营现金费用支出	**32.7**	**27.1**	**21.1**	**21.3**	**19.3**	**19.0**	**16.8**
第一产业经营现金费用支出	28.8	22.9	17.6	17.3	15.3	15.2	13.2
农业	17.0	12.5	10.7	10.9	9.1	8.6	8.5
林业	0.1	0.0	0.2	0.1	0.1	0.1	0.2
牧业	11.3	10.2	6.5	5.9	5.7	6.2	4.4
渔业	0.4	0.1	0.2	0.3	0.4	0.4	0.1
第二产业经营现金费用支出	1.5	1.6	1.0	1.0	0.8	1.0	1.0
第三产业经营现金费用支出	2.3	2.6	2.5	3.0	3.1	2.7	2.6
现金财产性支出	**0.2**	**0.1**	**0.1**	**0.0**	**0.0**	**0.0**	**0.1**
现金转移性支出	**5.0**	**5.6**	**1.7**	**1.7**	**1.6**	**1.9**	**2.4**
部分商业保险支出			**0.3**	**0.3**	**0.4**	**0.3**	**0.6**
购置资产及非经常性转移支出			**15.6**	**13.6**	**14.8**	**14.2**	**15.8**
借贷性支出			**3.5**	**2.2**	**2.0**	**2.4**	**3.2**

7-39 农民家庭平均每人生活消费现金支出

单位：元

项 目	2005年	2010年	2014年	2015年	2016年	2017年	2018年
全年生活消费现金支出	**1520.20**	**3292.00**	**6113.69**	**6635.06**	**7167.24**	**7762.56**	**8632.07**
食品	533.67	1024.32	1986.01	2135.59	2296.02	2349.08	2688.37
衣着	131.94	261.44	600.52	655.16	677.25	712.23	736.04
居住	272.55	722.56	675.03	701.49	645.18	863.27	850.59
家庭设备、用品及服务	82.62	253.81	505.75	560.43	587.06	646.91	695.87
交通和通讯	159.73	401.44	859.54	970.31	1210.39	1245.29	1285.90
文化、教育、娱乐用品及服务	177.66	250.47	757.78	851.38	948.73	1030.24	1226.38
医疗保健	123.41	287.83	603.66	624.34	654.25	749.71	982.70
其他商品和服务	38.59	90.14	125.39	136.37	148.36	165.83	166.22

7-40 农民家庭平均每人生活消费现金支出构成

单位：%

项 目	2005年	2010年	2014年	2015年	2016年	2017年	2018年
全年生活消费现金支出	**100.0**	**100.0**	**100.0**	**100.0**	**100.0**	**100.0**	**100.0**
食品	35.1	31.1	32.5	32.2	32.0	30.3	31.1
衣着	8.7	7.9	9.8	9.9	9.4	9.2	8.5
居住	17.9	21.9	11.0	10.6	9.0	11.1	9.9
家庭设备、用品及服务	5.4	7.7	8.3	8.4	8.2	8.3	8.1
交通和通讯	10.5	12.2	14.1	14.6	16.9	16.0	14.9
文化、教育、娱乐用品及服务	11.7	7.6	12.4	12.8	13.2	13.3	14.2
医疗保健	8.1	8.7	9.9	9.4	9.1	9.7	11.4
其他商品和服务	2.5	2.7	2.1	2.1	2.1	2.1	1.9

7-41 按收入分组的农民家庭人口与劳动力状况(2018年)

项　　目	单 位	低收入户	中低收入户	中等收入户	中高收入户	高收入户
调查户数	**户**	**686**	**686**	**686**	**686**	**685**
调查户常住人口	**人**	**2583**	**2572**	**2450**	**2369**	**2008**
平均每户常住人口	人	3.70	3.68	3.54	3.38	2.88
整半劳动力	人	2.14	2.17	2.15	2.23	2.13
劳动力占常住人口比重	%	57.8	59.1	60.7	65.9	74.1
平均每个劳动力负担人口	人	1.73	1.69	1.65	1.52	1.35
平均每百个常住人口中						
5岁及以下	人	8.95	9.26	7.77	7.61	5.70
6-15岁	人	21.78	21.57	20.27	17.18	12.19
16-19岁	人	4.29	5.33	5.47	5.50	4.94
20-24岁	人	2.75	3.89	3.85	4.00	4.45
25-29岁	人	5.19	5.49	5.39	6.02	6.33
30-34岁	人	5.52	4.72	4.96	5.11	4.13
35-40岁	人	4.97	5.95	5.42	5.33	4.70
41-50岁	人	10.90	11.98	13.90	17.51	19.01
51-60岁	人	13.66	14.46	14.85	15.62	23.83
61-65岁	人	7.31	7.12	7.09	6.75	8.33
66岁及以上	人	15.84	11.04	10.54	10.04	6.48

7-42 按收入分组的农民家庭劳动力就业情况(2018年)

项　　目	单 位	低收入户	中低收入户	中等收入户	中高收入户	高收入户
每百个就业劳动力文化程度						
未上过学	人	7.91	6.76	5.12	3.81	2.98
小学	人	29.97	26.31	24.15	22.63	18.59
初中	人	50.36	54.40	56.00	55.50	53.96
高中	人	9.70	9.23	10.99	12.61	17.59
大学专科	人	1.53	2.21	2.83	3.87	5.11
大学本科	人	0.53	1.10	0.86	1.58	1.62
研究生				0.05		0.15
每百个就业劳动力从事的主要行业						
一产业就业劳动力	人	66.90	58.17	55.28	47.40	46.66
二产业就业劳动力	人	18.12	20.72	21.68	24.19	21.04
三产业就业劳动力	人	14.98	21.10	23.05	28.41	32.30

7-43 按收入分组的农民家庭居住情况(2018年)

项　目	单 位	低收入户	中低收入户	中等收入户	中高收入户	高收入户
期末人均住房情况						
住房面积	平方米	39.84	43.52	47.04	52.20	66.77
租用住房面积	平方米	0.10	0.01	0.26	0.42	2.73
住房价值	万元	4.01	4.15	4.45	5.58	7.45
主要建筑材料						
钢筋混凝土	%	21.87	21.61	24.06	27.76	24.40
砖混材料	%	57.17	60.82	60.96	60.27	62.36
砖瓦砖木	%	19.61	17.14	14.80	11.59	12.35
竹草土坯	%	1.02	0.13	0.18		0.50
其他	%	0.34	0.29		0.38	0.39
住宅外道路路面情况						
水泥或柏油路面	%	71.33	67.53	72.23	74.49	75.64
沙石或石板等硬质路面	%	12.53	13.17	13.69	10.90	10.94
其他	%	16.13	19.29	14.07	14.61	13.42
住户主要饮用水来源情况						
经过净化处理的自来水	%	52.61	57.03	57.07	53.52	55.32
受保护的井水和泉水	%	36.25	33.47	30.27	35.34	32.79
不受保护的井水和泉水	%	9.99	8.68	10.21	8.93	9.74
江河湖泊水	%	0.65		1.27	0.89	1.02
收集雨水	%		0.15			
桶装水	%		0.22		0.06	
其他水源	%	0.50	0.45	1.18	1.27	1.14
住户厕所类型						
水冲式卫生厕所	%	15.54	16.66	18.86	19.91	18.00
水冲式非卫生厕所	%	2.45	3.97	2.67	4.55	4.12
卫生旱厕	%	27.44	29.12	25.80	24.58	27.30
普通旱厕	%	54.02	50.25	52.55	50.60	50.58
无厕所	%	0.55		0.12	0.35	
住户主要取暖用能源状况						
柴草	%	10.91	8.19	6.62	5.36	8.38
煤炭	%	9.59	8.93	10.42	8.92	9.53
罐装液化石油气	%	3.59	4.93	4.85	6.60	3.68
管道液化石油气	%					
管道煤气	%		0.15			0.16
管道天然气	%	0.16	0.93	0.69	1.11	0.84
电	%	48.65	47.93	45.99	49.84	49.49
燃料用油	%			0.18		0.15
沼气	%					0.23
其他	%	1.64	3.15	2.65	2.64	2.66
无取暖行为	%	25.46	25.79	28.59	25.53	24.88
主要炊用能源状况						
柴草	%	24.75	22.06	17.89	13.61	12.48
煤炭	%	6.75	6.85	6.61	7.06	6.78
罐装液化石油气	%	32.40	36.94	41.12	40.42	42.01
管道液化石油气	%	0.16	0.14	0.25	0.38	0.30
管道煤气	%		0.15	0.31	0.17	0.16
管道天然气	%	0.78	2.67	2.29	5.06	3.15
电	%	33.81	30.08	30.31	31.58	32.68
燃料用油	%					0.16
沼气	%	0.63	0.79	0.85	1.06	1.07
其他	%	0.28	0.16	0.23	0.17	1.20
无炊用行为	%	0.44	0.16	0.15	0.48	

7-44 按收入分组的农民家庭土地经营情况(2018年)

项　目	单 位	低收入户	中低收入户	中等收入户	中高收入户	高收入户
平均每百人土地经营情况						
期初实际经营土地面积	亩	202.45	201.94	183.98	226.97	317.05
耕地面积	亩	138.70	157.53	166.85	213.18	281.02
其中：有效灌溉面积	亩	107.59	132.96	141.04	179.63	235.30
林地面积	亩	58.67	41.04	15.71	12.27	23.22
园地面积	亩	3.01	3.06	1.24	0.65	11.89
牧草地面积	亩					
养殖水面面积	亩	2.08	0.32	0.18	0.87	0.92
期末实际经营土地面积	亩	197.82	194.07	182.42	231.80	325.96
耕地面积	亩	137.15	156.34	165.69	219.41	291.11
其中：有效灌溉面积	亩	107.09	131.22	140.05	186.62	243.21
林地面积	亩	53.67	34.21	15.50	10.90	22.95
园地面积	亩	3.19	3.20	1.24	0.65	11.46
牧草地面积	亩					
养殖水面面积	亩	3.81	0.32		0.84	0.45
期内主要粮食播种面积	亩	196.48	232.22	244.72	308.10	383.95
小麦播种面积	亩	105.55	126.84	131.07	161.52	194.69
水稻播种面积	亩	14.82	10.45	12.56	30.66	33.29
玉米播种面积	亩	66.03	86.03	87.06	101.63	139.48
大豆播种面积	亩	8.66	7.66	12.55	12.84	12.08
薯类播种面积	亩	1.42	1.24	1.48	1.45	4.42
期内主要经济作物播种面积	亩	32.60	48.96	47.82	61.13	112.09
棉花播种面积	亩	0.66	0.34	0.50	0.01	0.00
油料作物播种面积	亩	24.88	35.70	37.66	49.05	64.07
蔬菜播种面积	亩	4.31	6.47	6.40	7.95	35.21
水果播种面积	亩	2.68	6.24	3.00	3.60	12.79

7-45 按收入分组的农民家庭生产经营情况(2018年)

项　　目	单 位	低收入户	中低收入户	中等收入户	中高收入户	高收入户
谷物产量	公斤/人	841.39	1077.40	1131.54	1477.36	1974.28
#小麦产量	公斤/人	433.45	532.40	567.95	708.16	900.04
稻谷产量	公斤/人	71.66	75.50	94.87	219.75	220.08
玉米产量	公斤/人	335.72	469.25	468.44	549.12	854.11
薯类产量	公斤/人	3.33	5.78	9.79	11.30	29.29
豆类产量	公斤/人	13.65	15.92	26.81	30.62	39.80
棉花产量	公斤/人	0.19	0.57	1.01	0.28	0.11
油料产量	公斤/人	64.07	113.71	110.54	149.55	178.36

7-46 按收入分组的农民家庭出售产品情况(2018年)

项　　目	单　位	低收入户	中低收入户	中等收入户	中高收入户	高收入户
出售粮食数量	公斤/人	635.63	746.63	753.91	874.44	1267.48
#小麦	公斤/人	307.77	392.39	355.19	454.23	580.79
稻谷	公斤/人	89.32	73.77	91.37	208.37	96.11
玉米	公斤/人	284.82	336.12	323.76	391.70	555.07
薯类	公斤/人	1.17	1.18	2.05	1.14	5.65
豆类	公斤/人	17.07	12.54	19.31	21.66	30.92
出售棉花数量	公斤/人	0.01	0.02		0.09	0.03
出售油料数量	公斤/人	69.58	108.43	98.07	127.42	133.71
出售麻类数量	公斤/人		1.10		0.20	
出售烟叶数量	公斤/人	0.38	1.87	4.03	9.11	25.47
出售蔬菜数量	公斤/人	68.08	149.83	159.85	187.91	325.82
出售水果数量	公斤/人	11.08	42.55	10.80	7.37	212.39
出售肉猪数量	公斤/人	13.80	20.90	38.46	30.05	141.92
出售肉牛数量	公斤/人	0.51	1.28	1.53	1.83	22.76
出售菜羊数量	公斤/人	2.83	2.66	1.66	3.68	4.67
出售家禽总重量	公斤/人	3.38	11.12	0.47	3.79	8.72
出售蛋类数量	公斤/人	3.44	0.53	0.15	0.52	50.05
出售水产品数量	公斤/人	1.74	0.81	4.63	0.39	1.55

7-47 按收入分组的农民家庭主要食品消费量(2018年)

项　　目	单 位	低收入户	中低收入户	中等收入户	中高收入户	高收入户
粮食消费量	**公斤/人**	**111.76**	**115.73**	**118.94**	**129.94**	**154.33**
小麦	公斤/人	71.92	81.80	80.71	89.15	106.45
稻谷	公斤/人	21.64	19.30	22.57	23.68	26.95
玉米	公斤/人	7.32	3.28	4.18	3.72	6.14
薯类消费量	公斤/人	2.99	3.63	2.97	3.16	4.05
豆类消费量	公斤/人	6.10	5.77	6.43	8.00	7.95
油脂类消费量	**公斤/人**	**6.86**	**6.70**	**7.50**	**8.51**	**10.81**
植物油	公斤/人	6.79	6.62	7.41	8.41	10.71
动物油	公斤/人	0.07	0.09	0.09	0.11	0.10
蔬菜及菜制品消费量	**公斤/人**	**57.39**	**64.43**	**68.97**	**77.49**	**94.20**
肉类	**公斤/人**	**12.01**	**13.28**	**15.56**	**17.91**	**20.97**
猪肉	公斤/人	9.35	10.13	11.49	13.47	15.21
牛肉	公斤/人	0.42	0.57	0.70	0.76	1.01
羊肉	公斤/人	0.35	0.47	0.59	0.64	0.93
其他肉类及制品	公斤/人	1.89	2.12	2.78	3.05	3.82
禽类	**公斤/人**	**3.47**	**6.91**	**4.32**	**5.33**	**6.21**
水产品	**公斤/人**	**1.94**	**2.23**	**2.66**	**3.01**	**3.71**
蛋类及蛋制品	**公斤/人**	**9.32**	**10.23**	**10.81**	**12.40**	**14.72**
奶和奶制品	**公斤/人**	**4.21**	**6.22**	**6.96**	**8.04**	**10.45**
干鲜瓜果类	**公斤/人**	**37.78**	**42.40**	**43.03**	**51.52**	**59.50**
糖果糕点类	**公斤/人**	**4.23**	**4.29**	**4.57**	**5.03**	**5.84**
酒	**公斤/人**	**3.98**	**4.61**	**5.64**	**6.96**	**9.82**

7-48 按收入分组的农民家庭平均每百户主要耐用消费品年末拥有量(2018年)

项　　目	单 位	低收入户	中低收入户	中等收入户	中高收入户	高收入户
家用汽车	台	17.26	18.65	20.96	24.98	29.76
摩托车	台	41.30	41.37	44.43	45.13	49.01
助力车	台	102.14	113.97	117.48	123.23	116.43
洗衣机	台	91.95	96.39	99.03	98.40	100.84
电冰箱(柜)	台	87.10	93.45	94.25	95.60	99.48
微波炉	台	6.81	10.13	9.87	15.10	15.08
彩色电视机	台	108.94	108.18	112.92	117.06	119.05
其中：接入有线电视	辆	25.45	30.79	33.55	42.95	39.68
空调	辆	75.78	83.91	95.19	105.03	111.47
热水器	辆	59.40	68.14	70.40	76.56	75.87
其中：太阳能热水器	部	44.06	55.30	55.30	60.06	57.23
洗碗机	部		1.54	0.48	0.17	0.32
排油烟机	台	11.28	11.50	18.17	21.28	20.99
固定电话	台	9.82	11.85	10.88	11.29	14.03
移动电话	台	244.59	260.97	269.09	269.69	269.17
其中：接入互联网	台	130.49	149.98	160.26	171.22	175.53
计算机	架	20.70	24.43	28.18	33.85	38.77
其中：接入互联网	台	13.10	18.11	19.17	24.58	27.81
照相机	台	1.16	0.85	1.23	0.93	2.27
中高档乐器	台	0.17	0.95	0.30	0.56	0.40
健身器材	台	0.64	0.51	1.46	0.75	2.61

7-49 农民家庭平均每户年末生产性固定资产原值

单位：元

指标名称	2005年	2010年	2014年	2015年	2016年	2017年	2018年
农业固定资产原价	4353.48	5990.78	7990.48	6848.49	6264.57	6526.41	5763.14
生产性用房及建筑物	675.79	1192.92	2143.54	1525.05	1364.15	1343.56	996.85
役畜	248.36	199.46	174.08	138.28	103.31	115.55	59.18
农业设施			606.22	508.59	330.71	395.71	313.86
农业机械	3039.92	3999.67	4540.13	4392.50	4273.89	4966.60	4046.55
林业固定资产原价	7.80	5.35	92.84	26.10	62.43	37.79	40.17
生产性用房及建筑物	0.24	0.42	13.18	11.21	3.75	3.72	4.91
机械设备	7.56	0.98	20.42	11.44	48.33	23.42	19.85
牧业固定资产原价	534.36	1221.65	1761.52	749.67	1104.88	1125.81	1310.58
生产性用房及建筑物	261.52	618.31	995.62	342.67	631.63	644.59	932.94
产品畜	259.07	547.07	699.58	369.29	456.32	471.85	294.97
渔业固定资产原价	15.07	14.82	39.53	31.31	34.80	33.78	101.57
农林牧渔服务业固定资产原价			108.94	36.05	158.63	168.80	
期末非农产业固定资产原价							
采矿业	138.10	107.14	5.40	4.96	7.57	4.88	26.86
制造业	301.21	416.91	1269.54	353.13	201.46	239.90	1055.21
电力、热力、燃气及水生产和供应业		54.76	263.52	475.98	0.70	0.69	
建筑业	60.12	136.05	399.64	202.61	413.28	296.11	579.34
批发和零售业	169.58	370.48	2220.21	2966.26	1489.95	1610.18	1317.73
交通运输、仓储和邮政业	692.95	1193.25	1611.82	1857.63	2180.93	2274.54	1522.48
住宿和餐饮业	84.48	121.47	472.97	305.05	190.15	193.37	479.00
房地产业			19.82	3.54	16.19	12.27	14.36
租赁和商务服务业			55.68	49.85	107.68	69.33	72.73
居民服务、修理和其他服务业			519.82	705.27	551.07	507.99	377.59
其他行业	34.19	64.55	511.06	95.29	169.57	372.88	658.47

7-50 农民家庭平均每百户拥有主要生产性固定资产数量

指标	单位	2005年	2010年	2014年	2015年	2016年	2017年	2018年
生产性用房及建筑物	平方米	1208.12	1490.96	1349.85	805.81	872.52	675.52	880.36
大中型农用拖拉机	台	5.58	10.11	4.20	2.31	2.64	3.51	3.04
小型农用拖拉机	台	44.18	31.17	43.56	41.92	36.49	33.69	35.62
农用排灌动力机械	台	14.73	14.51	26.04	26.33	22.75	21.00	14.00
插秧机	台			0.08	0.73	0.34	0.16	0.69
收割机	台	1.82	2.20	1.66	1.44	1.46	1.22	1.20
脱粒机	台	6.51	7.15	10.30	12.44	12.40	9.91	7.08
役畜	头	12.92	5.57	3.21	30.05	7.68	35.58	6.10
产品畜	头	31.69	26.83	40.03	43.62	51.08	49.39	44.85

7-51 按收入分组的农民家庭平均每户年末生产性固定资产原值(2018年)

项 目	单位	低收入户	中低收入户	中等收入户	中高收入户	高收入户
期末农业生产性固定资产原价	--					
农业固定资产原价	元	5865.30	5486.43	4679.02	6167.76	6616.56
生产性用房及建筑物	元	885.96	1239.64	472.31	843.62	1542.09
役畜	元	75.58	50.41	70.84	75.33	23.77
农业设施	元	213.68	160.72	694.25	302.62	198.28
农业机械	元	3680.53	3923.80	3222.03	4695.14	4709.72
林业固定资产原价	元	32.83	5.77	42.91	68.77	50.57
生产性用房及建筑物	元		1.44	7.23	4.33	11.56
机械设备	元		4.33	26.31	29.59	39.01
牧业固定资产原价	元	2803.86	387.38	550.26	553.81	2260.99
生产性用房及建筑物	元	2174.45	241.36	528.80	394.56	1328.36
产品畜	元	629.41	66.40	21.46	94.78	663.57
渔业固定资产原价	元	496.01		11.23	1.34	
农林牧渔服务业固定资产原价	元					
期末非农产业固定资产原价	--					
采矿业	元				94.35	39.85
制造业	元	148.54	14.34	158.30	3212.04	1739.92
电力、热力、燃气及水生产和供应业	元					
建筑业	元	267.73	133.99	16.46	160.61	2317.87
批发和零售业	元	1120.88	1175.81	601.15	1214.38	2475.91
交通运输、仓储和邮政业	元	674.62	186.14	1736.57	1479.71	3535.49
住宿和餐饮业	元	276.21		205.84	293.51	1619.59
房地产业	元	71.92				
租赁和商务服务业	元			16.98	204.34	142.14
居民服务、修理和其他服务业	元	105.37	260.75	69.99	371.55	1079.82
其他行业	元	64.23	1294.42	1488.68	186.46	257.97

7-52 按收入分组的农民家庭平均每百户拥有主要生产性固定资产数量(2018年)

项　　目	单位	低收入户	中低收入户	中等收入户	中高收入户	高收入户
生产性用房及建筑物	平方米	692.28	1903.38	512.56	402.98	889.51
大中型农用拖拉机	台	2.15	2.84	1.85	3.42	4.93
小型农用拖拉机	台	35.23	37.60	35.21	35.75	34.33
农用排灌动力机械	台	12.03	13.04	15.12	13.87	15.92
插秧机	台	0.25	0.38	0.45	1.53	0.85
收割机	台	0.98	0.38	1.15	1.97	1.50
脱粒机	台	6.32	7.15	6.50	8.34	7.06
役畜	头	1.21	0.40	0.30	0.90	0.25
产品畜	头	25.35	7.07	5.99	13.13	172.71

7-53 按收入分组的农民家庭平均每人总收入(2018年)

单位：元

项　　目	低收入户	中低收入户	中等收入户	中高收入户	高收入户
总收入	**7045.76**	**10954.62**	**14454.45**	**19263.17**	**37062.53**
工资性收入	**1679.47**	**3235.25**	**5284.21**	**7225.48**	**10559.51**
工资	1267.10	2543.54	4431.71	6141.75	9189.99
实物福利	1.20	1.64	4.16	5.18	13.70
其他	411.17	690.07	848.35	1078.55	1355.83
经营性收入	**3246.40**	**4438.98**	**5116.42**	**7301.32**	**19738.86**
第一产业经营收入	2753.52	3842.21	4166.54	5090.67	11268.47
农业	2282.56	3308.95	3344.67	4320.85	7696.35
林业	81.51	88.75	116.65	162.06	259.68
牧业	374.58	433.77	661.48	600.59	3291.84
渔业	14.87	10.74	43.74	7.16	20.61
第二产业经营收入	18.15	64.69	69.34	397.78	2558.47
第三产业经营收入	474.74	532.07	880.54	1812.88	5911.91
财产性收入	**79.33**	**153.66**	**171.66**	**273.34**	**564.04**
转移性收入	**2040.56**	**3126.74**	**3882.16**	**4463.02**	**6200.12**
家庭外出从业人员寄回带回收入	1349.32	2272.94	2756.94	3074.02	3517.87

7-54 按收入分组的农民家庭平均每人总支出(2018年)

单位：元

项 目	低收入户	中低收入户	中等收入户	中高收入户	高收入户
总支出	**11209.76**	**12350.56**	**13788.92**	**17333.51**	**27534.24**
消费支出	**7470.69**	**8779.79**	**9596.07**	**11413.86**	**15983.62**
生产经营费用支出	**1804.11**	**1673.56**	**1667.11**	**1980.17**	**5488.60**
第一产业经营费用支出	1521.96	1588.67	1488.69	1481.16	3770.63
农业	996.54	1207.26	983.89	1128.05	1951.71
林业	16.65	17.45	13.71	21.24	52.27
牧业	472.84	363.07	486.12	327.89	1757.37
渔业	35.93	0.90	4.97	3.99	9.28
第二产业经营费用支出	27.33	4.86	36.30	81.96	650.03
第三产业经营费用支出	254.82	80.02	142.12	417.05	1067.95
财产性支出	**7.45**	**8.15**	**7.07**	**25.81**	**14.42**
转移性支出	**285.36**	**278.64**	**309.54**	**396.26**	**482.35**
部分商业保险支出	**49.94**	**52.67**	**76.78**	**100.91**	**157.80**
购置资产及非经常性转移支出	**1295.56**	**1375.26**	**1754.48**	**2911.49**	**4358.06**
借贷性支出	**296.64**	**182.48**	**377.87**	**505.02**	**1049.39**

7-55 按收入分组的农民家庭平均每人可支配收入(2018年)

单位：元

项 目	低收入户	中低收入户	中等收入户	中高收入户	高收入户
可支配收入	**4735.15**	**8832.34**	**12290.21**	**16584.87**	**30563.98**
工资性收入	**1679.47**	**3235.25**	**5284.21**	**7225.48**	**10559.51**
工资	1267.10	2543.54	4431.71	6141.75	9189.99
实物福利	1.20	1.64	4.16	5.18	13.70
其他	411.17	690.07	848.35	1078.55	1355.83
经营净收入	**1228.61**	**2603.48**	**3268.79**	**5045.09**	**13737.22**
第一产业经营净收入	1065.77	2147.10	2578.27	3475.66	7290.93
农业	1180.30	2002.36	2272.58	3071.26	5591.29
林业	64.27	71.20	102.14	139.47	206.24
牧业	-148.80	63.70	165.00	261.79	1482.07
渔业	-30.00	9.84	38.55	3.14	11.34
第二产业经营净收入	-16.68	57.14	29.75	247.50	1813.47
第三产业经营净收入	179.52	399.24	660.77	1321.93	4632.82
财产净收入	**71.88**	**145.51**	**164.58**	**247.53**	**549.62**
转移净收入	**1755.20**	**2848.10**	**3572.62**	**4066.77**	**5717.62**

7-56 按收入分组的农民家庭平均每人现金可支配收入(2018年)

单位：元

项目	低收入户	中低收入户	中等收入户	中高收入户	高收入户
现金收入(未扣除生产费用)	**6668.76**	**10210.55**	**13413.15**	**17990.52**	**34526.22**
现金工资性收入	**1678.26**	**3233.61**	**5280.05**	**7220.30**	**10545.82**
工资	1267.10	2543.54	4431.71	6141.75	9189.99
其他工资性收入	411.17	690.07	848.35	1078.55	1355.83
现金经营性收入	**2958.89**	**3844.46**	**4286.94**	**6282.15**	**17924.97**
第一产业现金经营收入	2466.00	3247.69	3337.06	4071.49	9454.59
农业	2019.53	2749.81	2552.15	3345.93	5959.63
林业	67.40	62.70	91.01	128.01	198.11
牧业	364.30	424.50	650.74	590.64	3277.68
渔业	14.78	10.68	43.16	6.91	19.17
第二产业现金经营收入	18.15	64.69	69.34	397.78	2558.47
第三产业现金经营收入	474.74	532.07	880.54	1812.88	5911.91
现金财产性收入	**79.33**	**153.66**	**171.66**	**273.34**	**564.04**
现金转移性收入	**1952.28**	**2978.83**	**3674.50**	**4214.74**	**5491.39**
家庭外出从业人员寄回带回收入	1349.32	2272.94	2756.94	3074.02	3517.87

7-57 按收入分组的农民家庭平均每人现金支出(2018年)

单位：元

项目	低收入户	中低收入户	中等收入户	中高收入户	高收入户
现金支出	**9867.05**	**10885.86**	**12138.34**	**15411.46**	**24735.60**
现金消费支出	**6149.00**	**7348.52**	**7960.81**	**9516.85**	**13248.01**
生产经营现金费用支出	**1783.09**	**1640.13**	**1651.79**	**1955.13**	**5425.57**
第一产业经营现金费用支出	1500.95	1555.25	1473.37	1456.12	3707.59
农业	986.94	1182.68	975.83	1119.47	1902.54
林业	16.65	17.31	13.71	21.24	52.27
牧业	461.43	354.54	478.95	311.43	1743.51
渔业	35.93	0.72	4.88	3.99	9.28
第二产业经营现金费用支出	27.33	4.86	36.30	81.96	650.03
第三产业经营现金费用支出	254.82	80.02	142.12	417.05	1067.95
现金财产性支出	**7.45**	**8.15**	**7.07**	**25.81**	**14.42**
现金转移性支出	**285.36**	**278.64**	**309.54**	**396.26**	**482.35**
部分商业保险支出	**49.94**	**52.67**	**76.78**	**100.91**	**157.80**
购置资产及非经常性转移支出	**1295.56**	**1375.26**	**1754.48**	**2911.49**	**4358.06**
借贷性支出	**296.64**	**182.48**	**377.87**	**505.02**	**1049.39**

7-58 按收入分组的农民家庭平均每人生活消费支出(2018年)

单位：元

项目	低收入户	中低收入户	中等收入户	中高收入户	高收入户
全年生活消费支出	**7470.69**	**8779.79**	**9596.07**	**11413.86**	**15983.62**
食品	2036.22	2333.20	2610.91	3092.19	4137.48
衣着	507.92	609.36	716.48	821.73	1114.80
居住	1673.07	1898.97	2017.20	2511.67	3559.93
家庭设备、用品及服务	472.32	541.27	613.30	823.91	1141.31
交通和通讯	814.49	923.34	1076.25	1403.13	2475.73
文化、教育、娱乐用品及服务	933.96	1237.80	1275.39	1336.71	1399.85
医疗保健	920.84	1087.71	1135.76	1243.75	1888.65
其他商品和服务	111.87	148.14	150.77	180.77	265.85

7-59 按收入分组的农民家庭平均每人生活消费现金支出(2018年)

单位：元

项目	低收入户	中低收入户	中等收入户	中高收入户	高收入户
全年生活消费支出	**6149.00**	**7348.52**	**7960.81**	**9516.85**	**13248.01**
食品	1964.39	2251.59	2519.19	3002.80	4015.34
衣着	507.84	609.36	716.40	821.69	1114.64
居住	505.25	678.24	677.17	952.15	1608.35
家庭设备、用品及服务	472.15	539.76	611.02	823.06	1137.69
交通和通讯	814.49	923.34	1075.92	1403.11	2475.73
文化、教育、娱乐用品及服务	933.96	1237.80	1275.38	1336.68	1397.11
医疗保健	839.64	961.82	935.23	997.48	1234.06
其他商品和服务	111.28	146.62	150.51	179.89	265.09

7-60 贫困地区农民家庭平均每人总收入

单位：元

项目	2000年	2005年	2010年	2014年	2015年	2016年	2017年	2018年
全年总收入(未扣除生产费用)	**2348.31**	**3151.89**	**5577.39**	**10924.61**	**11696.51**	**12344.28**	**13516.33**	**14391.86**
工资性收入	**454.22**	**763.18**	**1709.82**	**2042.32**	**2424.47**	**2829.11**	**3257.37**	**3919.55**
工资	88.77	76.43	135.15	1307.34	1477.61	1806.91	2082.38	2867.03
实物福利	135.81	195.48	452.61	1.94	1.23	0.91	1.11	8.31
其他	229.64	491.27	1122.07	733.04	945.64	1021.28	1173.88	1044.21
经营性收入	**1788.70**	**2260.04**	**3582.47**	**6366.63**	**6374.38**	**6442.34**	**6714.12**	**6316.75**
第一产业经营收入	**1553.94**	**1986.31**	**3050.84**	**5204.93**	**5097.82**	**4868.79**	**5004.18**	**4546.92**
农业	1162.36	1457.49	2310.89	3905.19	3937.37	3770.77	3876.47	3574.68
林业	43.22	52.85	107.30	158.77	155.42	126.80	154.54	186.78
牧业	343.27	467.94	613.46	1123.71	988.84	954.92	951.89	757.10
渔业	5.09	8.03	19.18	17.27	16.19	16.30	21.28	28.36
第二产业经营收入	**63.84**	**70.83**	**141.75**	**267.64**	**297.63**	**364.69**	**491.91**	**421.99**
第三产业经营收入	**170.92**	**202.90**	**389.88**	**894.05**	**978.93**	**1208.86**	**1218.03**	**1347.84**
财产性收入	**12.21**	**28.58**	**28.86**	**77.49**	**96.63**	**122.98**	**133.55**	**170.41**
转移性收入	**93.18**	**100.09**	**256.24**	**2438.18**	**2801.02**	**2949.85**	**3411.29**	**3985.15**
其中：家庭外出从业人员寄回带回收入				1821.81	2128.88	2277.60	2656.84	2956.70

注：2007年以前为44个扶贫开发重点县数据，2008-2012年为31个国家级扶贫开发重点县数据，2013年以后为53个贫困县数据。2014年开始为新口径数据。

7-61 贫困地区农民家庭平均每人总支出

单位：元

项　　目	2000年	2005年	2010年	2014年	2015年	2016年	2017年	2018年
全年总支出	**1771.76**	**2573.91**	**4567.50**	**10480.75**	**10646.53**	**10976.24**	**11903.28**	**13170.07**
生产经营费用支出	**433.97**	**700.13**	**1225.27**	**2144.58**	**2106.26**	**1930.84**	**2103.82**	**1908.00**
第一产业经营费用支出	**381.61**	**630.77**	**1058.27**	**1841.02**	**1784.36**	**1524.61**	**1623.22**	**1551.18**
农业	247.80	406.12	754.92	1164.09	1223.34	1057.88	1128.54	1119.12
林业	2.21	7.52	13.39	20.32	18.91	10.45	10.09	13.39
牧业	130.42	215.07	282.58	652.95	538.66	451.75	482.97	402.89
渔业	1.18	2.06	7.38	3.66	3.46	4.53	1.63	15.77
第二产业经营费用支出	**15.98**	**24.74**	**63.71**	**65.73**	**81.19**	**118.21**	**187.19**	**63.03**
第三产业经营费用支出	**36.38**	**44.62**	**103.28**	**237.83**	**240.71**	**288.02**	**293.41**	**293.79**
部分商业保险支出				16.93	13.41	16.16	15.41	49.25
购置资产及非经常性转移支出				1558.54	1368.04	1369.82	1353.85	1686.61
借贷性支出				**242.34**	**134.99**	**130.47**	**169.12**	**229.48**
消费支出	**1128.84**	**1694.82**	**3088.58**	**6357.58**	**6865.51**	**7360.17**	**8044.71**	**8979.10**
食品烟酒	567.39	823.10	1306.01	1976.11	2157.17	2261.08	2339.16	2555.32
衣着	76.86	109.15	224.72	499.70	539.16	558.01	602.10	669.58
居住	155.79	289.02	654.85	1407.45	1482.22	1559.60	1749.62	2035.67
生活用品及服务	49.08	73.14	178.58	493.66	502.32	550.83	574.41	653.39
交通通信	50.89	127.63	297.07	670.79	784.73	916.71	1008.21	1035.97
教育文化娱乐	128.04	160.65	175.69	615.69	658.09	755.31	879.22	986.39
医疗保健	54.67	84.82	196.00	551.95	598.70	607.22	720.06	890.76
其他用品和服务	46.12	27.31	55.67	142.24	143.11	151.42	171.92	152.01
财产性支出	**16.56**	**2.38**	**2.92**	**3.37**	**2.02**	**3.15**	**3.28**	**5.23**
转移性支出	**67.69**	**93.12**	**214.77**	**157.41**	**156.31**	**165.62**	**213.08**	**312.41**

注：2007年以前为44个扶贫开发重点县数据，2008-2012年为31个国家级扶贫开发重点县数据，2013年以后为53个贫困县数据。2014年开始为新口径数据。

7-62 贫困地区农民家庭平均每人可支配收入

单位：元

项　目	2000年	2005年	2010年	2014年	2015年	2016年	2017年	2018年
全年可支配收入	**1749.31**	**2330.90**	**4208.78**	**8336.19**	**9176.02**	**10020.66**	**10945.31**	**11966.02**
工资性收入	**454.22**	**763.18**	**1709.82**	**2042.32**	**2424.47**	**2829.11**	**3257.37**	**3919.55**
工资				1307.34	1477.61	1806.91	2082.38	2867.03
实物福利				1.94	1.23	0.91	1.11	8.31
其他				733.04	945.64	1021.28	1173.88	1044.21
经营净收入	**1215.22**	**1472.65**	**2254.07**	**3939.62**	**4013.96**	**4287.49**	**4359.46**	**4208.58**
第一产业经营净收入	**1050.51**	**1276.41**	**1904.26**	**3169.48**	**3163.01**	**3201.51**	**3219.91**	**2861.45**
农业	835.46	994.33	1485.23	2575.73	2575.58	2586.79	2603.64	2347.92
林业	40.30	44.58	93.01	135.18	135.90	114.72	143.69	172.85
牧业	171.22	231.70	314.56	445.28	439.04	488.40	453.09	331.17
渔业	3.53	5.80	11.46	13.29	12.49	11.60	19.48	9.51
第二产业经营净收入	**42.10**	**44.04**	**74.82**	**188.88**	**203.63**	**234.15**	**292.08**	**348.77**
第三产业经营净收入	**122.61**	**152.20**	**274.99**	**581.25**	**647.32**	**851.83**	**847.47**	**998.37**
财产净收入	**12.21**	**29.04**	**28.86**	**73.49**	**91.78**	**119.83**	**130.27**	**165.18**
转移净收入	**67.66**	**66.03**	**216.03**	**2280.77**	**2645.80**	**2784.23**	**3198.21**	**3672.71**
其中：家庭外出从业人员寄回带回收入				1821.81	2128.88	2277.60	2656.84	2956.70

注：2007年以前为44个扶贫开发重点县数据，2008-2012年为31个国家级扶贫开发重点县数据，2013年以后为53个贫困县数据。2014年开始为新口径数据。

7-63 贫困地区农民家庭平均每人现金收入

单位：元

项　目	2000年	2005年	2010年	2014年	2015年	2016年	2017年	2018年
全年现金收入（未扣除生产费用）	**1500.48**	**2237.64**	**4234.55**	**9482.11**	**10160.85**	**11109.43**	**12137.11**	**13297.81**
现金工资性收入	**450.17**	**763.18**	**1708.34**	**2040.38**	**2423.25**	**2828.20**	**3256.26**	**3911.24**
工资				1307.34	1477.61	1806.91	2082.38	2867.03
其他工资性收入				733.04	945.64	1021.28	1173.88	1044.21
现金经营性收入	**960.63**	**1358.43**	**2250.75**	**5021.91**	**4961.61**	**5333.35**	**5471.12**	**5377.29**
第一产业现金经营收入	**739.87**	**1084.70**	**1719.69**	**3860.21**	**3685.05**	**3759.79**	**3761.18**	**3607.46**
农业	452.32	598.97	1030.96	2615.42	2564.01	2710.76	2686.89	2700.20
林业	23.96	42.77	96.61	124.28	132.76	94.52	118.25	142.98
牧业	260.74	435.95	576.07	1103.53	972.46	938.70	935.19	736.59
渔业	2.85	7.01	16.04	16.99	15.83	15.81	20.86	27.68
第二产业现金经营收入	**58.11**	**70.83**	**141.18**	**267.64**	**297.63**	**364.69**	**491.91**	**421.99**
第三产业现金经营收入	**162.65**	**202.90**	**389.87**	**894.05**	**978.93**	**1208.86**	**1218.03**	**1347.84**
现金财产性收入	**10.60**	**28.58**	**27.11**	**77.49**	**95.37**	**122.98**	**133.55**	**170.41**
现金转移性收入	**79.08**	**87.45**	**248.35**	**2342.34**	**2680.63**	**2824.91**	**3276.18**	**3838.87**
家庭外出从业人员寄回带回收入				1821.81	2128.88	2277.60	2656.84	2956.70

注：2007年以前为44个扶贫开发重点县数据，2008-2012年为31个国家级扶贫开发重点县数据，2013年以后为53个贫困县数据。2014年开始为新口径数据。

7-64 贫困地区农民家庭平均每人现金支出

单位：元

项目	2000年	2005年	2010年	2014年	2015年	2016年	2017年	2018年
全年现金支出	**1317.56**	**2033.84**	**4056.58**	**9425.51**	**9454.47**	**9734.81**	**10578.99**	**11612.30**
生产经营现金费用支出	**339.65**	**562.10**	**1071.24**	**2097.50**	**2078.91**	**1903.04**	**2061.43**	**1881.37**
第一产业经营现金费用支出	**290.79**	**501.90**	**909.73**	**1793.94**	**1757.01**	**1496.80**	**1580.83**	**1524.55**
农业	210.30	345.09	655.81	1129.35	1208.24	1037.08	1093.92	1102.43
林业	2.16	6.27	12.68	20.30	18.88	10.45	10.04	13.39
牧业	77.48	149.22	236.36	640.65	526.44	444.75	475.24	393.04
渔业	0.85	1.32	4.87	3.63	3.45	4.53	1.62	15.69
第二产业经营现金费用支出	**15.74**	**23.83**	**60.50**	**65.73**	**81.19**	**118.21**	**187.19**	**63.03**
第三产业经营现金费用支出	**33.12**	**36.37**	**101.01**	**237.83**	**240.71**	**288.02**	**293.41**	**293.79**
部分商业保险支出				**16.93**	**13.41**	**16.16**	**15.41**	**49.25**
购置资产及非经常性转移支出				**1558.54**	**1368.04**	**1369.82**	**1353.85**	**1686.61**
借贷性支出				**242.34**	**134.99**	**130.47**	**169.12**	**229.48**
现金消费支出	**786.88**	**1294.62**	**2643.34**	**5349.43**	**5700.80**	**6146.55**	**6762.81**	**7447.95**
食品烟酒	263.59	473.12	901.51	1770.82	1929.50	2087.55	2161.32	2405.80
衣着	73.87	109.15	224.72	499.61	539.04	557.88	601.94	669.35
居住	120.64	238.81	614.11	704.19	665.12	644.38	777.56	800.88
生活用品及服务	49.07	73.14	178.57	491.76	501.49	548.87	572.71	651.81
交通通信	50.89	127.63	297.07	670.67	784.73	916.70	1008.17	1035.83
教育文化娱乐	128.04	160.65	175.69	615.34	657.78	754.74	879.20	985.61
医疗保健	54.67	84.82	196.00	457.08	480.05	485.15	590.02	747.80
其他用品和服务	46.11	27.30	55.67	139.96	143.08	151.28	171.88	150.88
现金财产性支出	**6.67**	**2.38**	**2.92**	**3.37**	**2.02**	**3.15**	**3.28**	**5.23**
现金转移性支出	**66.42**	**91.38**	**213.13**	**157.41**	**156.31**	**165.62**	**213.08**	**312.41**

注：2007年以前为44个扶贫开发重点县数据，2008-2012年为31个国家级扶贫开发重点县数据，2013年以后为53个贫困县数据。2014年开始为新口径数据。

7-65　主要年份农村农户固定资产投资情况

单位：万元

指　　标	2000年	2005	2010年	2014年	2015年	2016年	2017年	2018年
农村投资总额	**2549526**	**450200**	**7866446**	**7698843**	**7090634**	**6611615**	**6065769**	**6292064**
按投资来源分								
国内贷款	209704	8114	35450	52759	97688	247007	258350	285469
自筹资金	3758	4468528	7732178	7576030	6922895	6321870	5756872	5947315
其他资金	2294758	25358	98818	70054	70051	42737	50547	59280
按投资构成分								
建筑工程	1834257	3293919	6923459	6910537	6413649	5842618	5241444	5424050
安装工程	10741	5524	7873	8507				
设备工器具购置	604245	947275	800540	707069	595780	617002	440058	521988
其他	100283	255283	134574	72730	81205	151995	384267	346027
按投资方向分								
农林牧渔业	495605	916446	850420	783825	724561	906768	1018041	1138885
采矿业					126			
制造业	111632	45436	40859	60450	66211	41796	32486	32223
电力煤气及水的生产和供应业		10799	4006	6617	7544		7560	2302
建筑业	19399	118045	26340	48081	45680		5807	76408
交通运输仓储和邮电业	170367	349604	280767	332508	312028	143329	109709	140793
信息传输、计算机服务和软件		5630				99292		
批发和零售	28518	36392	34536	39798	40094		153575	78764
住宿和餐饮		2060	2544	2761	36945		9577	51605
金融业								
房地产业	1678599	2699392	6412652	6122039	5592884	5350269	4641694	4660315
租赁和商务服务业		1093		26775	28344	51334	61392	8597
科学研究、技术服务和地质勘探业								
水利、环境和公共设施管理业		1593		5817	2935	3344	8277	7083
居民服务和其他服务业		314408	214322	270173	233283	15482	17651	95090
教育								
卫生、社会保障和社会福利业	36240							
文化、体育和娱乐业	137	1101						
公共管理和社会组织	9029							

7-66 农村劳动力外出从业情况构成

单位：%

项目	2010年	2011年	2012年	2013年	2014年	2015年	2016年	2017年	2018年
年末就业状况	**100**	**100**	**100**	**100**	**100**	**100**	**100**	**100**	**100.0**
本地务农	51.2	51.4	48.1	40.8	40.1	40.1	38.8	38.9	35.3
本地非农自营	5.6	5.6	5.6	6.6	6.9	6.8	7.0	7.2	6.1
本地非农务工	8.9	10.0	11.5	18.2	18.5	19.7	19.7	20.3	19.1
外出从业	28.2	26.9	28.2	26.5	26.3	26.8	28.0	28.9	31.3
未从业及其他	6.1	6.1	6.6	7.9	8.2	6.6	6.5	4.7	8.2
外出从业地区（人）	**100**	**100**	**100**	**100**	**100**	**100**	**100**	**100.0**	**100.0**
本省	38.9	42.0	43.0	51.4	51.3	54.3	54.8	53.2	50.2
乡外县内	49.5	39.3	39.9	43.7	42.2	46.4	41.3	42.9	42.4
县外省内	50.5	60.7	60.1	56.3	57.8	53.6	58.7	57.1	57.6
省外	61.1	58.0	57.0	48.6	48.7	45.7	45.2	46.8	49.8
东部地区	81.1	81.9	79.9	81.6	80.9	80.1	78.5	78.1	81.4
北京	12.2	9.8	10.0	12.5	13.1	11.1	14.0	10.3	12.2
上海	6.5	10.1	9.2	6.8	7.4	8.6	8.6	7.1	11.0
江苏	11.6	13.5	12.9	17.8	16.4	15.9	16.1	13.8	17.4
浙江	13.8	15.7	17.1	16.8	18.0	18.1	17.4	13.8	20.9
广东	40.4	33.4	34.3	30.2	30.3	32.2	28.9	20.8	26.4
中部地区	10.2	9.8	9.1	7.8	9.4	9.6	10.7	10.6	8.5
西部地区	8.4	7.8	10.5	10.2	9.0	9.8	8.8	9.3	8.7
其他地区	0.3	0.5	0.5	0.4	0.7	0.5	2.0	2.0	1.4
外出从事行业	**100**	**100**	**100**	**100**	**100**	**100**	**100**	**100**	**100.0**
一产业	1.2	2.0	2.0	1.6	1.3	1.1	1.7	1.5	1.4
二产业	64.9	68.9	67.8	65.2	63.8	62.1	58.5	57.2	56.4
制造业	54.7	53.4	52.5	44.2	46.9	45.6	44.3	45.9	48.7
建筑业	40.7	42.5	43.8	51.3	49.6	50.3	50.6	49.0	47.4
三产业	33.9	29.0	30.2	33.2	34.9	36.8	39.8	41.3	42.2
批发和零售业	7.5	5.3	4.9	23.5	24.2	26.6	21.5	19.7	16.3
住宿和餐饮业	5.6	5.5	6.0	18.1	20.0	16.1	17.7	18.0	15.6
外出务工月均收入（元）	**1640**	**2108**	**2315**	**2858**	**2930**	**3123**	**3295**	**3500**	**3827**
社会保障与福利情况									
外出从业的劳动关系	100	100	100	100	100	100	100	100.0	100.0
无固定期限劳动合同工	14.3	15.0	14.5	14.3	17.0	17.0	9.3	9.0	10.5
一年及以上劳动合同工	9.6	9.5	9.7	13.2	13.9	10.5	11.9	10.8	11.1
一年以下劳动合同工	2.5	2.5	2.7	2.6	2.7	2.7	2.6	2.5	3.7
没有劳动合同	61.4	68.1	68.3	64.8	59.1	62.6	68.6	70.2	65.8
自营及其他	12.2	4.9	4.8	5.1	7.3	7.2	7.5	7.5	9.0

注：1.2012年以前为全省42个县，2013年以后为全省92个县(区)。
2.外出从业地区类型里“中部地区”不包含河南。
3.外出从业不含本地非农自营和本地非农务工。

7-66 续表

单位：%

项　　目	2010年	2011年	2012年	2013年	2014年	2015年	2016年	2017年	2018年
单位或雇主提供伙食情况	100	100	100	100	100	100	100	100	100
每天提供三顿	42.3	39.8	41.1	37.7	35.7	28.7	30.9	30.2	29.9
每天提供两顿	6.6	9.5	10.3	8.3	8.9	12.7	10.1	10.0	10.4
每天提供一顿	9.3	10.9	12.7	13.1	12.2	15.4	14.9	16.3	15.4
不提供，但补贴部分伙食费	3.8	5.5	5.9	5.0	5.6	5.1	5.0	5.4	4.7
不提供，也没有补贴	38.0	34.3	30.0	35.9	37.6	38.1	39.1	38.1	39.7
单位或雇主提供住宿情况	100	100	100	100	100	100	100	100	100.0
提供住宿	57.8	66.3	64.3	55.0	52.6	56.5	53.3	54.0	56.9
不提供住宿，但住房有补贴	6.8	5.0	7.5	7.8	8.3	5.7	5.3	5.1	4.7
不提供住宿，也没有住房补贴	35.4	28.7	28.2	37.2	39.1	37.8	41.4	40.9	38.4
单位或雇主拖欠工资情况									
被拖欠工资人数	2.2	0.8	0.6	0.7	0.5	1.8	2.0	1.5	0.8
被拖欠工资的金额(元)		105800	77100	173150	172800	541800	847700	445500	350300
五险一金缴纳情况									
缴纳养老保险	5.9	4.6	5.1	9.0	10.7	9.1	8.5	8.6	9.1
缴纳工伤保险	15.9	11.6	14.1	15.7	17.4	15.2	18.3	17.7	19.1
缴纳医疗保险	8.0	7.5	7.4	9.4	12.2	10.2	18.3	9.7	10.1
缴纳失业保险	3.3	2.5	2.4	3.9	4.5	5.1	5.6	6.1	6.9
缴纳生育保险	1.9	1.3	1.3	2.8	3.0	3.4	3.8	5.2	6.2
缴纳住房公积金	1.8	2.4	2.5	3.6	4.2	4.2	4.9	4.9	5.9

主要统计指标解释

一、住户收支与生活状况调查指标解释

从2013年度起，国家统计局对分别进行的城乡住户调查实施了一体化改革，规范了城乡划分范围，统一了城乡居民收入指标名称、分类和统计标准，建立了城乡统一的一体化住户调查，并据此采集全国居民有关数据。

（一）居民可支配收入

居民可支配收入 指居民可用于最终消费支出和储蓄的总和，即居民可用于自由支配的收入。既包括现金收入，也包括实物收入。按照收入的来源，可支配收入包含四项，分别为：工资性收入、经营性净收入、转移性净收入和财产性净收入。

工资性收入 指就业人员通过各种途径得到的全部劳动报酬和各种福利，包括受雇于单位或个人、从事各种自由职业、兼职和零星劳动得到的全部劳动报酬和福利。

经营净收入 指住户或住户成员从事生产经营活动所获得的净收入，是全部经营收入中扣除经营费用、生产性固定资产折旧和生产税之后得到的净收入。计算公式具体为：

经营净收入=经营收入-经营费用-生产性固定资产折旧-生产税

财产净收入 指住户或住户成员将其所拥有的金融资产、住房等非金融资产和自然资源交由其他机构单位、住户或个人支配而获得的回报并扣除相关的费用之后得到的净收入。财产净收入包括利息净收入、红利收入、储蓄性保险净收益、转让承包土地经营权租金净收入、出租房屋净收入、出租其他资产净收入和自有住房折算净租金等。财产净收入不包括转让资产所有权的溢价所得。

转移净收入 计算公式为：转移净收入=转移性收入-转移性支出

转移性收入 指国家、单位、社会团体对住户的各种经常性转移支付和住户之间的经常性收入转移。包括养老金或退休金、社会救济和补助、政策性生产补贴、政策性生活补贴、救灾款、经常性捐赠和赔偿、报销医疗费、住户之间的赡养收入，本住户非常住成员寄回带回的收入等。转移性收入不包括住户之间的实物馈赠。

转移性支出 指居民家庭对国家、单位、住户或个人的经常性或义务性转移支付。包括缴纳的税款、各项社会保障支出、赡养支出、经常性捐赠和赔偿支出以及其他经常转移支出等。

（二）居民消费支出

居民消费支出 是指居民用于满足家庭日常生活消费需要的全部支出，既包括现金消费支出，也包括实物消费支出。消费支出可划分为食品烟酒、衣着、居住、生活用品及服务、交通通信、教育文化娱乐、医疗保健以及其他用品及服务八大类。

食品烟酒 指用于各种食品和烟草、酒类的支出。

衣着 指与居民穿着有关的支出，包括服装、服装材料、鞋类、其他衣类及配件、衣着相关加工服务的支出。

居住 指与居住有关的支出，包括房租、水、电、燃料、物业管理等方面的支出，也包括自有住房折算租金。

生活用品及服务 指家庭及个人的各类生活品及家庭服务。包括家具及室内装饰品、家用器具、家用纺织品、家庭日用杂品、个人用品和家庭服务。

交通通信 指用于交通和通信工具及相关的各种服务费、维修费和车辆保险等支出。

教育文化娱乐 指用于教育、文化和娱乐方面的支出。

医疗保健 指用于医疗和保健的药品、用品和服务的总费用。包括医疗器具及药品，以及医疗服务。

其他用品及服务 指无法直接归入上述各类支出的其他用品与服务支出。

二、2012 年及以前的分城镇和农村住户调查指标解释

2012 年及以前年份，中国的住户调查一直分城乡分别开展。由于分别调查，农村与城镇居民收入、支出等指标的统计口径有所不同，数据也不完全可比，城镇调查城镇居民可支配收入，农村调查农村居民纯收入。城镇居民收入与支出数据，指现金收入或现金支出，不包括实物收支；其中，计算城镇居民人均可支配收入和消费支出时，不包括自有住房折算租金，也不包括购建房支出。农村居民收入与支出数据，分为总收支和现金收支，即农村居民的总收支部分包括了自产自用的实物收支；其中，计算农村居民人均纯收入和消费支出时，也不包括自有住房折算租金，但农村居民居住消费支出中，包括了购建房支出。

为了保持历史数据的可比，本年鉴中 2012 年及以前年份的数据和指标解释仍保持了原城镇住户调查和农村住户调查方案的原貌。

（一）城镇住户调查主要收支指标解释

1．城镇居民家庭总收入

家庭总收入 指居民家庭中生活在一起的所有家庭成员在调查期得到的工薪收入、经营净收入、财产性收入、转移性收入的总和，不包括出售财物和借贷收入。收入的统计标准以实际发生的数额为准，无论收入是补发还是预发，只要是调查期得到的都应如实计算，不作分摊。

工薪收入 指就业人员通过各种途径得到的全部劳动报酬，包括所从事的主要职业的工资以及从事第二职业、其他兼职和零星劳动得到的其它劳动收入。

经营净收入 指家庭成员从事生产经营活动所获得的净收入。是全部生产经营收入中扣除生产成本和税金后所得的收入。如当期收入小于生产费用的开支，其差额记入“其他借贷支出”中。

财产性收入 指家庭拥有的动产（如银行存款、有价证券）、不动产（如房屋、车辆、土地、收藏品等）所获得的收入。包括出让财产使用权所获得的利息、租金、专利收入；财产营运所获得的红利收入、财产增值收益等。

利息收入 指资产所有者按预先约定的利率获得的高于存款本金以外的那部分收入。包括各类定期和活期存款利息、债券利息、储蓄性奖券和存款的“中奖”收入。利息与红利的差异：利息一般是预先约定的，与企业的经营状况无关，而红利的多少与企业的经营效益直接有关，一般不预先约定。利息收入是应得收入，包括银行代扣的利息所得税。

转移性收入 指国家、单位、社会团体对居民家庭的各种转移支付和居民家庭间的收入转移。包括政府对个人收入转移的离退休金、失业救济金、赔偿等；单位对个人收入转移的辞退金、保险索赔、住房公积金、家庭间的赠送和赡养等。

记账补贴 指居民家庭因承担记账工作从统计部门、工作单位和其它途径所得到的现金。不包括实物部分。

2．城镇居民可支配收入

可支配收入 指居民家庭可用于最终消费支出和其它非义务性支出以及储蓄的总和，即居民家庭可以用来自由支配的收入。它是家庭总收入扣除交纳的所得税、个人交纳的社会保障费以及调查户的记账补贴后的收入。计算公式为：

可支配收入=家庭总收入-交纳所得税-个人交纳的社会保障支出-记账补贴

3．城镇居民家庭总支出

家庭总支出 指家庭除借贷支出以外的全部实际支出。包括消费支出、购房建房支出、转移性支出、财产性支出、社会保障支出。支出统计是以实际购得的商品或服务的总价值填报，不论其付款方式是一次

付清、分期付款，还是赊购，只要商品或服务已被消费就要按其总价值计量。如果采用分期付款或赊购形式，则要在借贷收入类相应的项目填入实付款与总的应付款的差额。

4．城镇居民消费支出

消费支出 指居民家庭用于满足家庭日常生活消费需要的全部支出，包括食品、衣着、居住、家庭设备及用品、交通通信、文教娱乐、医疗保健、其他等八大类。消费支出构成是按照商品或服务的用途进行分类，如果消费支出的目的与用途不一致时，必须按照用途归入相应类内。

服务性消费支出 指居民家庭用于本家庭支付社会提供的各种文化和生活方面的非商品性服务费用。不包括为别人付款的服务。服务消费与商品消费不同，其特点在于其劳动过程和消费过程在时间与空间上的统一。

财产性支出 指家庭购买或维护财产所支付的利息等有关费用。

社会保障支出 指居民家庭成员参加国家法律、法规规定的社会保障项目中由个人交纳的保障支出。不包括职工所在单位交纳的那部分社会保障金。

食品支出 指居民为摄取身体所需要的营养和满足某种嗜好而进食的各种消费品，包括在商店、集市、工作单位食堂和饮食业购买的主食、副食、烟草、酒、饮料以及干鲜瓜果、糖果、糕点、奶制品等。

衣着支出 指各种穿着用品及加工穿着品的各种材料，包括棉、麻、丝、毛和各种人造纤维、合成纤维纺织的各种布匹、呢绒、绸缎及其加工的服装，各种鞋、袜、帽及其他零星穿着用品等。

居住支出 指与居住有关的支出，包括住房、水、电、燃料方面的支出。其中的住房支出：指居民家庭用于住房的直接支出，包括房租、房屋维修支出、物业管理费、房屋装潢支出。不包括购建房支出，也不包括自有住房虚拟租金。

家庭设备及用品支出 指家庭各类日用消费品及家庭服务。包括日用耐用消费品、室内装饰品、床上用品、家庭日用杂品、家具、家庭服务。不含个人用品和服务。

交通通信支出 指用于交通和通信工具和相关的各种服务费、维修等支出。

交通 指购置交通工具及零配件、支付各种交通费、修理服务费、油料费等的支出。

通信 指家庭用于通信方面的全部支出。包括通信工具、电话费、邮费及其他通信费用。

文教娱乐支出 指居民家庭用于教育和文化娱乐方面的支出。

文化娱乐用品 指居民家庭用于购置家庭文娱用耐用消费品和其它文娱用品的支出。其中，购买家庭影院的根据其设备配置情况分别记为彩色电视机、影碟机、组合音响等。

文化娱乐服务 指和文化娱乐活动有关的各种服务费用。

教育支出 是指按一定的目的要求，对受教育者的德育、智育、体育、爱好、技能等诸方面施以影响的一种有计划的活动，与这一活动直接相关的支出即为教育支出。包括学费、教材费、家教费、赞助费、寄宿学生的住宿费等。

医疗保健支出 指用于医疗和保健的药品、用品和服务费用。包括医疗器具、保健用品、医药费、滋补保健品、医疗保健服务及其他医疗保健费用。实行医疗改革的单位，医疗基金（医保卡）支付的全部费用计入工资及补贴收入中，同时记入相应的医疗保健支出中。个人先现金支付然后到单位报销的医疗费在记入相应消费的同时，如果是在职职工则记入工资性收入，如果是离退休职工则记入离退休金中。

其他支出 指无法直接归入上述各类支出以外的个人用品和其他商品与服务支出。

其他商品 指七大类以外的个人用品和各种其他商品。

服务 指用于个人消费中的服务费，包括旅馆住宿费、理发洗澡费、美容费等。

（二）农村住户调查主要收支指标解释

1．农村居民总收入与总支出

总收入 指调查期内农村住户和住户成员从各种来源渠道得到的收入总和。按收入的性质划分为工资性收入、家庭经营收入、财产性收入和转移性收入。

工资性收入 指农村住户成员受雇于单位或个人，靠出卖劳动而获得的收入。

在非企业组织中劳动得到的收入 指农村住户成员在不具备企业性质的行政事业单位和各种组织中劳动得到的收入。包括村干部和民办教师的工资(奖金、补贴)，乡及以上行政、事业单位工作人员的工资(奖金、补贴)等。

在本地劳动得到的收入 指农村住户成员在住户所属乡(镇)地域范围内受雇于单位或个人，靠出卖劳动而获得的收入。

常住人口外出从业得到的收入 指农村住户成员到住户所属乡(镇)地域范围以外从业得到的收入。

家庭经营收入 指农村住户以家庭为生产经营单位进行生产筹划和管理而获得的收入。农村住户家庭经营活动按行业划分为农业、林业、牧业、渔业、工业、建筑业、交通运输业邮电业、批发和零贸易餐饮业、社会服务业、文教卫生业和其他家庭经营。

农业收入 指包括谷物种植业，豆类和薯类作物种植业，棉、麻等植物性纺织原料种植业，油料、糖料作物种植业，烟草种植业，药材种植业，蔬菜、瓜类作物种植业，饲料作物种植业，茶、桑、果树种植业。

种植业收入 是指农村住户当年从承包地和自营地上收获的粮食、经济作物、蔬菜、茶叶、水果、水生植物（如菱、藕等）等的主产品和副产品的全部收入。但生产用的绿肥和青饲料不作为收入，用来沤肥的副产品以及野生植物的采集和家庭兼营商品性手工业不作为种植业收入。

林业收入 是指农村住户当年采伐竹木收入、出售树苗和从人工栽培的竹林上不经砍伐而取得的各种林产品收入，如生漆、棕片、五倍籽、松脂、紫胶、竹笋、油桐籽、油茶籽、乌柏籽、核桃、各种林木子实，以及修剪竹木枝叶（荆条、柳条、蒲葵叶）等等；包括野生林木的采集产品收入；但不包括桑叶、茶叶、水果、花卉，它们算在种植业收入中。

畜牧业收入 是指农村住户当年出售、屠宰的畜禽、小动物和畜禽产品收入。包括家畜（仔畜、架子猪也包括在内）、家禽（包括幼禽）及其他小动物收入；也包括出售鹌鹑、鸽子等收入，按出售和屠宰的产品计算。畜禽的繁殖和增重，不计算收入；活的家畜、家禽及其他小动物的产品（如蛋类、羊毛、蜂蜜、蜂蜡等）收入，按全部产品计算；动物屠宰和死后的畜产品（如猪鬃、羊皮、蚕茧等）收入，按全部产品计算。牧区和半牧区农民出卖大牲畜的收入，应作为畜牧业收入；农户出售肉牛的收入和专门饲养大牲畜出售的收入应作为畜牧业收入，但变卖属于固定资产的役畜的现金收入，不能作为牧业收入，而应计算在出售财物收入中；包括野生动物的狩猎及其产品的采集收入。

渔业收入 是指农村住户当年捕捞天然水生的和人工养殖的鱼、虾、蟹、贝、藻类等淡水水产品和海水水产品的全部收入。包括养殖观赏鱼类的收入。

工业收入 是指农村住户的个体企业（有固定场所和生产设备、有专业生产劳动力，年内生产三个月以上）利用手工和机械进行自然资源开采，农副产品,工业品加工和修理以及从事手工业(手工业指依靠手工劳动，使用简单工具从事的工业性生产活动，包括各种制作、刺绣、编织、雕刻、加工等手工业。)所得全部产品收入，来料加工的产品，按加工费计算收入。自制自用的产品不计收入。

建筑业收入 是指农村住户成员当年从事房屋或建筑物的新建和维修以及设备安装所得到的劳动报酬，参加国家举办的基本建设工程所得到的收入。

交通运输业、邮电业收入 是指农村住户成员当年从事对本户以外的单位或个人进行货物运送、旅客运送及从事邮电行业活动的收入。

批零和零售贸易、餐饮业收入 是指从事批发贸易、零售商业和餐饮业活动的收入。

社会服务业 是指从事于日常生活及社会公共服务等服务活动的收入。包括从事社会服务业、金融保险业、房地产管理、旅馆、车店、理发、照相、洗染、缝纫、修理、导游等收入。

文教卫生业 指在文教卫生等单位从事有关活动的收入。如在教育、文化艺术事业、广播电视业从事有关活动的收入；在体育事业单位、体育设施管理单位、体育队、体育训练机构等从事体育活动的收入；在医疗、防治、检疫及其他卫生事业的收入等。

财产性收入 指金融资产或有形非生产性资产的所有者向其他机构单位提供资金或将有形非生产性资产供其支配，作为回报而从中获得的收入。

转移性收入 指农村住户和住户成员无需付出任何对应物而获得的货物、服务、资金或资产所有权等，不包括无偿提供的用于固定资本形成的资金。一般情况下，是指农村住户在二次分配中的所有收入。包括在外人口寄回和带回、农村外部亲友赠送、救济金、保险赔偿收入、退休金、土地征用补偿收入等。

总支出 是指农村住户全年用于生产、生活和再分配等方面的全部实际支出。包括家庭经营费用支出、购置生产性固定资产支出、税费支出、生活消费支出、转移性支出和财产性支出。

家庭经营费用支出 指农村住户以家庭为基本生产经营单位从事生产经营活动而消费的商品和服务、自产自用产品。所消费的未计算为住户收入的自产自用产品，不计算为费用支出；库存的化肥、农药也不计算为本期费用支出。

农业生产支出 指用于农业生产活动费用。如种籽、肥料、农药、小农具购置和修理、油料费、耕畜的饲料、饲草费、机耕费、排灌费、电费等，此外还包括家庭兼营商品性手工业等所支付的有关费用。

种植业生产支出 是指种植各种农作物所支付的生产费用。如种籽、肥料、农药、小农具购置和修理、油料费、耕畜的饲料、饲草费、机耕费、排灌费、电费等。

林业生产支出 是指经营林业生产而支付的费用。如树种、树苗、肥料、农药、电费及小型工具的购置维修等开支，但不包括林业的基本建设投资。

牧业生产支出 是指经营牧业生产所支付的费用。如购买仔畜（包括架子猪）、幼禽支出；肉用牛、羊的饲料、饲草支出；生猪、家禽等的饲料、燃料、防疫医疗费；电费和小型用具购置、维修等支出。但耕畜的饲料费应列为“种植业生产费用支出”。

渔业生产支出 是指养殖水生动物、培养海藻和捕捞生产过程中的开支。包括鱼苗、饵料、电费以及小型渔具和用具的购置、维修及油料费等支出。但不包括添置的固定资产支出。

工业生产支出 是指进行工业生产所支付的生产费用。包括工业生产耗用的原料、燃料、电费及小型工具的购置、维修等开支，还包括来料加工产品所耗用的燃料、电费，但不包括自产自用和来料加工产品所耗用的原材料。

建筑业生产支出 是指为了从事本户以外的房屋或建筑物的新建与维修以及设备安装而耗用的建筑材料、电器设备、燃料、电费以及小型工具的购置、维修等开支。

交通运输业生产支出 是指为从事对本户以外单位或个人进行货物运送和旅客运送所耗用燃料和小型工具的购置、维修等开支。

批零和零售贸易、餐饮业生产支出 是指从事批发贸易、零售商业、和餐饮业活动时所购买的生产用具支出、租用铺面支出、帮工工资支出、燃料支出、电费支出及其他费用开支。

社会服务业生产支出 指用于包括金融保险业、房地产管理、旅馆、车店、理发、照相、洗染、缝纫、修理、导游等日常生活及社会公共服务等服务活动的费用支出。

文教卫生业生产支出 指在文教卫生等单位从事有关活动的支出。如在教育、文化艺术事业、广播电视业从事有关活动的支出；在体育事业单位、体育设施管理单位、体育队、体育训练机构等从事体育活动的支出；在医疗、防治、检疫及其他卫生事业的支出等。

其他家庭生产经营支出 是指上述各项家庭经营费用支出以外的其他支出，包括各项劳务所支出的费用。

购置生产性固定资产支出 指农村住户用于建造和购置生产性固定资产所支出的费用。

税费支出 是指农村住户从事生产经营活动以现金和实物形式缴纳的各种税费。

消费支出 指农村住户用于物质生活和精神生活方面的消费支出。消费支出分为食品支出、衣着支出、居住支出、家庭设备及用品支出、交通通信支出、文教娱乐支出、医疗保健支出、其他支出。

食品支出 指农村居民年内消费各类食品支出。包括主食、副食、其他食品、在外饮食和食品加工费支出。

衣着支出 指农村住户用于各种穿着用品及加工穿着用品的材料支出。包括棉花、丝棉、化纤棉、驼毛、棉布、各种化纤布、绸、缎、呢绒、各类成衣、棉、毛、丝、麻纺织品，背心、汗衫、棉毛衫裤、卫生衫裤、袜子等针织品，毛线、毛线织品、各种鞋、帽等消费品及衣着的加工修理费(指农村住户为加工或修补服装、鞋帽等衣着所支付的服务费)。但不包括用各种布料做的床上用品，室内装饰品。

居住支出 指与农村住户居住有关的所有支出。包括新建(购)房屋、房屋维修、居住服务、租赁住房所付的租金、生活用水、生活用电、用于生活的燃料等支出。

家庭设备及用品支出 指农村住户消费的各种耐用消费品、其他家庭用品及用品的加工修理费用。

交通通信支出 指农村住户用于交通和通讯的工具、各种服务费、维修费用支出。

文教娱乐支出 指农村住户用于文化、教育、娱乐方面的支出。包括文化教育娱乐用品支出和文化教育娱乐服务支出。

医疗保健支出 指农村住户用于医疗和保健的药品、医疗器械和服务费用。包括医药卫生保健用品、医疗保健服务费和医疗卫生设备、用品加工修理费等。

其他支出 指上述各类支出以外的商品和服务支出。

财产性支出 为获得其他住户财产(包括无形资产)的使用权而支付的各种费用。

转移性支出 指农村住户和住户成员没有获得任何对应物而支出的货物、服务、资金或资产所有权等，不包括无偿提供的用于固定资本形成的资金。一般情况下，指农村住户在二次分配中的所有支出。

2．农村居民现金收入与支出

现金收入 指农村住户和住户成员在调查期内得到以现金形态表现的收入。按来源分成工资性收入、家庭经营现金收入、财产性收入、转移性收入。

现金支出 指农村住户在调查期内用于生产、生活和再分配所支付的现金。包括家庭经营费用支出、缴纳的税费、购买生产性固定资产、生活消费、财产性和转移性支出。

3．农村居民纯收入

纯收入 指农村住户当年从各个来源得到的总收入相应地扣除所发生的费用后的收入总和。纯收入主要用于再生产投入和当年生活消费支出，也可用于储蓄和各种非义务性支出。“农民人均纯收入”按人口平均的纯收入水平，反映的是一个地区或一个农户农村居民的平均收入水平。计算方法：

纯收入＝总收入-家庭经营费用支出-税费支出-生产性固定资产折旧-农村内部亲友赠送

县域经济

资料整理：洪曼绮

8-1 各县(市、区)人口及就业人员(2018年)

县市区	年末总户数(万户)	年末总人口(万人)	常住人口(万人)	#城镇	城镇化率(%)	就业人员(万人)	第一产业	第二、三产业
郑州市								
中原区	25.12	108.09	108.09	98.64	91.26	26.90		26.90
二七区	20.23	83.81	83.81	76.14	90.85	27.80	0.90	26.90
管城区	17.96	83.57	83.57	72.79	87.10	21.30	0.70	20.60
金水区	40.88	176.47	176.47	162.11	91.86	57.80	0.20	57.60
上街区	3.91	14.40	14.40	13.23	91.86	6.20	0.30	5.90
惠济区	7.08	30.35	30.35	23.02	75.85	22.80	3.60	19.20
中牟县	17.94	116.16	116.16	62.35	53.68	43.10	16.60	26.50
巩义市	21.10	85.21	83.83	48.56	57.93	49.80	12.00	37.80
荥阳市	17.56	64.87	64.87	37.16	57.28	43.40	8.10	35.30
新密市	20.89	81.31	81.31	48.63	59.81	48.50	8.90	39.60
新郑市	19.21	98.99	98.99	59.46	60.07	49.50	8.80	40.70
登封市	17.36	71.74	71.74	41.06	57.24	54.60	14.60	40.00
开封市								
龙亭区	12.42	31.97	43.60	35.43	81.25	28.46	4.38	24.08
顺河区	8.53	23.03	24.99	21.80	87.22	11.59	1.45	10.14
鼓楼区	5.43	15.67	15.70	14.99	95.47	9.39	0.75	8.64
禹王台区	4.73	13.71	14.13	11.12	78.68	5.63	1.65	3.98
祥符区	22.29	77.56	66.78	25.76	38.57	46.69	22.20	24.49
杞县	38.33	114.16	89.56	34.39	38.40	68.30	30.76	37.54
通许县	17.92	65.22	51.84	19.89	38.36	37.86	18.50	19.36
尉氏县	26.90	97.83	85.10	32.64	38.36	52.52	30.20	22.32
兰考县	28.85	86.49	64.79	26.97	41.63	59.73	21.53	38.20
洛阳市								
老城区	6.35	17.26	19.78	18.66	94.37	5.33	0.67	4.66
西工区	10.73	33.03	36.75	34.93	95.05	22.09	0.65	21.44
瀍河区	6.31	17.85	19.43	18.40	94.71	6.30	1.32	4.98
涧西区	19.43	60.30	69.93	62.59	89.51	26.21	1.19	25.02
吉利区	2.12	6.85	7.08	5.10	72.05	5.13	1.02	4.11
洛龙区	21.48	67.67	71.96	49.57	68.88	38.81	7.92	30.89
孟津县	15.93	46.77	43.15	21.59	50.03	32.09	12.17	19.92
新安县	15.69	53.38	49.02	23.56	48.06	39.30	14.18	25.12
栾川县	10.59	34.70	35.14	17.55	49.95	26.22	7.32	18.90
嵩县	17.15	60.82	52.14	19.04	36.51	36.95	19.35	17.60
汝阳县	12.87	49.14	42.89	15.93	37.14	31.12	15.68	15.44
宜阳县	19.92	70.41	61.69	23.52	38.12	44.11	20.04	24.07
洛宁县	14.05	49.55	43.57	15.50	35.57	31.31	18.08	13.23
伊川县	25.81	84.80	79.03	35.98	45.53	56.67	21.44	35.23
偃师市	18.26	61.13	57.29	34.64	60.47	39.60	12.90	26.70

8-1 续表 1

县市区	年末总户数(万户)	年末总人口(万人)	常住人口(万人)	#城镇	城镇化率(%)	就业人员(万人)	第一产业	第二、三产业
平顶山市								
新华区	12.42	39.87	40.98	38.98	95.12	22.13	1.15	20.98
卫东区	10.83	29.91	32.17	31.62	98.28	10.45	0.99	9.46
石龙区	1.99	6.25	5.15	4.54	88.14	3.00	0.92	2.08
湛河区	8.10	25.82	30.34	24.46	80.62	13.73	3.27	10.46
宝丰县	16.85	53.74	50.04	21.81	43.58	35.16	18.78	16.38
叶县	23.14	91.86	78.47	30.29	38.60	50.81	29.85	20.96
鲁山县	24.43	95.79	78.76	30.35	38.53	53.23	26.56	26.68
郏县	20.84	64.63	57.84	24.54	42.42	38.84	21.29	17.54
舞钢市	10.41	35.04	32.18	18.81	58.44	20.84	10.21	10.63
汝州市	31.21	109.64	96.84	45.75	47.24	69.21	30.72	38.49
安阳市								
文峰区	15.28	34.50	44.57	39.29	88.16	16.40	1.67	14.74
北关区	8.15	29.32	32.61	27.61	84.66	19.39	2.08	17.31
殷都区	7.49	25.12	27.65	24.27	87.76	35.10	8.46	26.65
龙安区	7.19	27.01	28.72	16.32	56.83	17.79	7.26	10.53
安阳县	32.39	98.03	84.47	37.17	44.00	35.15	17.41	17.74
汤阴县	14.78	51.14	44.27	21.52	48.61	32.60	12.92	19.68
滑县	46.26	139.05	107.10	35.44	33.09	78.10	30.34	47.76
内黄县	19.77	79.20	66.71	21.47	32.19	52.70	17.66	35.04
林州市	32.52	108.90	81.50	44.83	55.00	68.83	18.95	49.88
鹤壁市								
鹤山区	3.34	13.02	12.98	11.09	85.43	3.93	1.10	2.83
山城区	6.00	24.46	24.28	21.16	87.17	4.28	1.03	3.25
淇滨区	11.57	26.62	29.50	23.21	78.69	25.77	3.05	22.72
浚县	19.47	71.95	68.07	26.38	38.75	47.57	19.78	27.79
淇县	8.80	29.73	27.90	15.91	57.01	21.24	6.26	14.98
新乡市								
红旗区	12.23	32.88	45.64	43.56	95.45	24.33	6.49	17.84
卫滨区	7.53	22.32	22.49	22.49	100.00	7.78	2.19	5.59
凤泉区	4.07	14.51	15.84	9.30	58.72	7.24	4.71	2.53
牧野区	10.68	31.14	33.97	32.82	96.62	13.99	4.29	9.70
新乡县	8.59	35.06	34.79	19.31	55.51	28.36	19.79	8.57
获嘉县	12.13	44.56	41.40	19.09	46.12	27.35	21.01	6.34
原阳县	18.79	75.46	65.00	22.91	35.25	43.39	37.03	6.36
延津县	14.21	50.91	45.69	17.26	37.78	28.87	21.91	6.96
封丘县	23.87	83.37	71.71	26.68	37.21	40.99	33.12	7.87
长垣县	28.60	87.83	77.91	37.28	47.85	57.98	30.14	27.84
卫辉市	15.73	52.87	49.07	22.28	45.40	26.30	20.44	5.86
辉县市	26.51	86.43	75.90	36.46	48.04	46.77	33.63	13.14

8-1 续表 2

县市区	年末总户数(万户)	年末总人口(万人)	常住人口(万人)	#城镇	城镇化率(%)	就业人员(万人)	第一产业	第二、三产业
焦作市								
解放区	8.96	28.87	30.50	29.85	97.85	9.58	0.17	9.40
中站区	3.10	12.20	10.73	7.02	65.43	5.83	1.65	4.18
马村区	3.56	14.57	14.18	9.17	64.63	6.17	1.54	4.63
山阳区	11.68	45.50	49.03	36.16	73.75	12.92	0.81	12.12
修武县	7.01	27.46	25.55	13.14	51.43	16.90	4.36	12.54
博爱县	10.34	40.74	38.01	20.66	54.35	26.05	8.55	17.50
武陟县	19.05	72.78	67.03	29.89	44.59	47.33	19.78	27.55
温县	14.10	45.91	42.09	21.09	50.11	31.82	12.32	19.50
沁阳市	12.23	49.88	44.42	27.25	61.35	31.56	10.02	21.54
孟州市	11.32	39.56	37.52	19.14	51.00	30.27	5.80	24.47
濮阳市								
华龙区	23.15	62.67	76.03	60.41	79.45	51.24	4.45	46.79
清丰县	22.28	72.55	63.17	19.87	31.45	44.69	20.76	23.93
南乐县	14.74	54.61	45.89	15.73	34.27	30.88	14.75	16.13
范县	17.13	56.35	44.79	15.70	35.06	33.96	16.89	17.07
台前县	10.93	38.65	33.04	11.32	34.26	21.91	10.75	11.16
濮阳县	31.32	114.33	98.02	40.40	41.22	65.63	30.86	34.77
许昌市								
魏都区	14.79	41.89	52.04	50.12	96.31	15.67	0.05	15.63
建安区	28.73	91.35	79.31	34.01	42.88	49.68	20.08	29.59
鄢陵县	20.59	67.62	57.15	24.50	42.87	35.38	11.99	23.39
襄城县	28.53	88.17	69.23	29.19	42.16	44.41	27.83	16.58
禹州市	41.86	130.38	116.15	56.79	48.89	77.95	32.72	45.23
长葛市	20.67	78.83	69.86	38.93	55.73	56.55	11.54	45.01
漯河市								
源汇区	9.66	34.44	34.42	23.49	68.25	22.18	5.59	16.59
郾城区	14.39	53.30	51.67	29.18	56.48	33.11	11.19	21.92
召陵区	13.46	55.72	50.38	26.31	52.22	34.29	15.36	18.92
舞阳县	16.98	62.43	56.38	25.65	45.50	37.79	16.05	21.74
临颍县	20.47	78.24	73.68	35.22	47.80	50.18	24.80	25.39

8-1 续表 3

县市区	年末总户数(万户)	年末总人口(万人)	常住人口(万人)	#城镇	城镇化率(%)	就业人员(万人)	第一产业	第二、三产业
三门峡市								
湖滨区	9.85	30.41	32.52	30.09	92.51	20.79	3.56	17.23
陕州区	11.76	35.05	35.07	17.03	48.56	20.06	10.90	9.16
渑池县	12.55	35.92	35.32	17.71	50.14	22.78	8.19	14.59
卢氏县	13.03	37.07	35.96	14.57	40.51	21.68	13.19	8.49
义马市	5.10	16.81	14.78	14.26	96.46	9.82	0.80	9.02
灵宝市	21.15	75.54	73.63	34.22	46.47	46.58	25.35	21.23
南阳市								
宛城区	32.30	89.92	93.82	59.66	63.59	52.58	25.73	26.85
卧龙区	34.08	100.93	96.38	61.59	63.90	58.83	16.86	41.97
南召县	22.36	66.24	54.84	22.08	40.26	39.40	20.26	19.14
方城县	37.83	110.68	84.79	33.27	39.24	69.84	40.19	29.65
西峡县	12.52	47.59	42.95	21.48	50.00	41.35	5.28	36.08
镇平县	28.27	104.76	86.57	35.94	41.52	56.08	22.90	33.18
内乡县	23.73	72.51	56.94	23.55	41.36	36.60	15.57	21.04
淅川县	20.80	72.57	62.61	27.10	43.29	50.88	23.09	27.78
社旗县	21.95	74.61	63.69	25.97	40.78	45.86	26.18	19.68
唐河县	42.85	146.34	120.07	50.65	42.19	73.52	39.78	33.73
新野县	24.21	84.32	63.36	26.17	41.30	51.93	23.89	28.04
桐柏县	15.98	48.30	40.49	18.76	46.33	30.06	9.18	20.87
邓州市	49.46	179.30	134.85	56.74	42.08	94.16	52.78	41.38
商丘市								
梁园区	27.09	93.87	96.74	51.91	53.66	59.88	18.49	41.39
睢阳区	29.27	86.43	86.04	41.22	47.91	53.99	11.03	42.96
民权县	28.86	93.25	70.47	26.59	37.73	59.86	22.10	37.76
睢县	25.09	89.12	66.85	25.70	38.45	62.59	23.24	39.35
宁陵县	22.70	66.66	50.88	18.33	36.03	43.04	21.69	21.35
柘城县	33.30	104.40	68.51	25.88	37.78	54.42	22.31	32.10
虞城县	44.68	112.36	82.65	32.21	38.97	69.98	27.85	42.13
夏邑县	43.99	122.48	86.51	35.16	40.64	67.85	20.58	47.27
永城市	46.21	157.60	123.88	60.19	48.59	98.39	27.65	70.74

8-1 续表 4

县市区	年末总户数(万户)	年末总人口(万人)	常住人口(万人)	#城镇	城镇化率(%)	就业人员(万人)	第一产业	第二、三产业
信阳市								
浉河区	21.75	66.89	67.25	46.46	69.08	39.42	15.21	24.21
平桥区	28.63	86.99	74.43	42.83	57.55	51.13	20.95	30.17
罗山县	22.32	77.32	52.91	22.70	42.91	42.59	20.61	21.97
光山县	29.06	86.02	60.89	24.64	40.46	46.31	22.87	23.44
新县	13.09	37.20	28.92	14.16	48.97	23.40	8.26	15.14
商城县	24.35	79.87	52.73	21.27	40.33	40.99	16.23	24.78
固始县	55.79	178.15	109.65	47.12	42.97	102.12	32.03	70.09
潢川县	27.99	88.24	67.65	34.85	51.51	47.34	30.54	16.80
淮滨县	24.24	78.32	58.04	23.73	40.89	46.02	22.54	23.48
息县	32.51	105.63	74.94	30.09	40.15	64.67	34.54	30.13
周口市								
川汇区	19.65	54.67	72.13	46.24	64.10	23.65	5.15	18.50
扶沟县	21.50	77.36	58.95	23.59	40.01	46.31	19.93	26.38
西华县	27.48	98.20	73.70	29.39	39.88	57.90	23.23	34.67
商水县	32.36	125.92	88.00	32.75	37.22	77.10	34.37	42.74
沈丘县	34.54	132.77	93.30	37.57	40.27	76.93	35.75	41.18
郸城县	43.03	136.59	95.70	38.17	39.89	84.44	37.44	47.01
淮阳县	38.62	133.21	97.65	38.94	39.88	85.92	42.29	43.64
太康县	44.41	152.64	103.21	39.65	38.42	88.13	45.74	42.40
鹿邑县	39.85	123.83	87.82	38.32	43.63	72.67	35.27	37.41
项城市	37.59	126.50	97.32	47.33	48.63	73.77	25.80	47.97
驻马店市								
驿城区	23.76	82.78	102.77	70.27	68.38	63.70	18.40	45.30
西平县	25.91	90.76	68.22	26.67	39.09	63.60	12.30	51.30
上蔡县	40.55	154.06	97.51	37.79	38.76	85.30	40.70	44.60
平舆县	34.79	102.30	71.41	29.80	41.73	64.00	29.50	34.50
正阳县	26.05	84.20	62.38	21.45	34.38	55.10	26.60	28.50
确山县	17.00	53.65	40.36	17.38	43.07	36.80	17.50	19.30
泌阳县	27.66	93.44	67.55	28.12	41.62	60.10	18.80	41.30
汝南县	23.09	86.81	65.65	25.65	39.08	55.20	31.30	23.90
遂平县	16.52	57.18	43.17	18.76	43.46	37.40	17.20	20.20
新蔡县	33.21	114.64	84.64	30.28	35.77	75.70	20.20	55.50

8-2 各县(市、区)生产

县市区	生产总值(亿元)	第一产业	第二产业	第三产业
郑州市				
中原区	819.20	0.28	312.44	506.48
二七区	658.81	0.05	114.56	544.20
管城区	1044.38	1.41	536.81	506.17
金水区	1790.83	1.48	177.49	1611.87
上街区	128.88	0.29	66.45	62.14
惠济区	171.31	3.81	65.77	101.73
中牟县	891.01	38.06	480.22	372.73
巩义市	815.57	12.07	468.05	335.45
荥阳市	701.02	29.30	386.76	284.96
新密市	791.83	19.50	372.33	400.00
新郑市	1225.37	26.52	681.24	517.61
登封市	703.03	19.00	376.06	307.98
开封市				
龙亭区	195.69	6.48	72.23	116.98
顺河区	108.25	2.25	42.56	63.44
鼓楼区	88.12	1.74	16.07	70.32
禹王台区	87.17	2.98	29.84	54.35
祥符区	263.81	49.40	91.79	122.61
杞县	322.87	75.31	110.17	137.38
通许县	259.47	44.86	102.17	112.44
尉氏县	373.21	49.87	190.04	133.29
兰考县	303.65	40.30	124.19	139.15
洛阳市				
老城区	95.93	1.52	21.90	72.51
西工区	357.56	0.28	126.95	230.33
瀍河区	112.49	0.59	35.99	75.91
涧西区	514.31	2.03	254.76	257.51
吉利区	116.82	1.48	71.97	43.36
洛龙区	318.46	4.17	108.11	206.19
孟津县	322.26	25.31	170.93	126.02
新安县	514.61	23.94	305.00	185.67
栾川县	200.14	14.98	114.86	70.30
嵩县	188.80	30.28	65.70	92.82
汝阳县	170.17	14.98	87.85	67.33
宜阳县	301.67	36.71	128.63	136.33
洛宁县	208.03	31.10	82.86	94.06
伊川县	404.16	25.89	206.13	172.14
偃师市	547.41	21.17	282.71	243.54
平顶山市				
新华区	225.40	3.20	104.69	117.51
卫东区	187.57	1.20	100.32	86.06
石龙区	54.28	2.32	38.92	13.03
湛河区	144.72	0.51	66.06	78.15
宝丰县	327.42	20.44	184.41	122.57
叶县	224.93	41.55	102.20	81.18
鲁山县	181.66	23.03	68.33	90.30
郏县	186.01	23.29	102.44	60.27
舞钢市	137.10	10.61	62.58	63.91
汝州市	468.02	34.55	187.08	246.40

总值和指数(2018年)

人均生产总值(元)(按常住人口计算)	生产总值指数(%)(上年=100)				人均生产总值指数(%)
		第一产业	第二产业	第三产业	
76962	110.0	87.2	112.1	108.6	107.5
80362	110.1	94.2	108.6	110.5	107.1
126132	119.6	87.8	130.7	108.4	115.1
102980	108.1	81.7	121.1	106.8	105.5
90598	108.2	75.7	108.5	108.0	106.0
56928	109.5	81.0	113.6	108.1	107.3
77615	101.2	94.3	95.1	114.4	99.8
97615	108.1	102.7	108.2	108.1	107.4
109925	101.8	104.2	98.8	106.7	99.5
97586	107.9	104.3	107.9	108.2	107.5
126457	109.0	102.8	108.9	109.5	105.3
98708	106.6	104.1	106.0	107.8	105.4
45404	109.2	104.8	109.1	109.7	107.5
43657	109.6	103.7	108.2	111.0	108.3
56836	107.0	104.0	106.7	107.1	105.1
62354	107.0	103.1	103.2	109.8	105.3
39572	107.3	104.0	108.5	108.0	107.0
35951	105.5	104.2	104.9	106.8	106.0
49908	107.1	103.5	108.5	107.6	107.8
43724	105.3	103.7	104.4	107.7	105.9
47070	108.1	103.9	109.2	108.5	107.2
48982	109.2	101.6	106.3	110.2	107.9
98010	101.6	102.1	106.3	99.2	100.8
58467	105.3	101.6	101.0	107.5	104.3
74239	104.8	101.8	105.3	104.3	101.2
166461	106.1	101.6	103.6	110.8	105.5
45208	107.6	103.2	105.8	108.6	107.3
74830	109.1	104.0	108.5	111.2	108.7
105090	108.7	104.1	108.9	109.0	108.0
56990	107.6	103.9	109.4	105.6	107.6
36227	107.9	103.9	108.2	109.2	107.9
39697	108.7	104.1	108.4	110.5	108.4
48948	108.1	103.8	107.6	109.7	107.7
47814	107.9	103.8	108.0	109.5	107.5
51163	108.1	104.0	108.0	109.0	108.0
95643	108.0	103.8	107.4	109.1	107.9
55057	106.4	103.0	106.9	105.8	106.0
58333	109.4	103.6	109.9	109.1	109.3
105501	109.6	102.4	110.3	107.2	114.5
47769	107.3	104.2	107.5	107.3	106.8
65477	104.9	103.7	104.1	106.9	104.6
28686	108.4	102.3	108.2	112.8	108.1
23077	109.7	103.8	112.5	110.1	109.7
32173	106.5	103.8	106.8	107.0	106.3
42625	107.9	103.9	111.6	104.6	107.8
48913	108.5	103.8	109.9	108.2	106.7

8-2 续表 1

县市区	生产总值(亿元)			
		第一产业	第二产业	第三产业
安阳市				
文峰区	194.62	1.27	58.32	135.03
北关区	184.09	1.60	62.66	119.83
殷都区	174.82	8.96	81.12	84.74
龙安区	169.41	3.08	117.78	48.55
安阳县	356.89	16.30	184.11	156.49
汤阴县	224.11	24.96	120.23	78.92
滑县	263.55	58.65	99.99	104.91
内黄县	231.66	61.97	91.03	78.66
林州市	590.91	17.86	288.34	284.71
鹤壁市				
鹤山区	84.11	2.64	55.56	25.91
山城区	111.66	3.48	76.23	31.95
淇滨区	204.33	6.59	99.28	98.46
浚县	215.50	28.77	122.84	63.89
淇县	246.30	18.57	188.44	39.29
新乡市				
红旗区	461.69	1.96	235.21	224.51
卫滨区	139.58	0.90	28.31	110.36
凤泉区	99.92	2.21	34.52	63.19
牧野区	182.79	1.73	83.96	97.10
新乡县	189.28	8.26	120.82	60.20
获嘉县	113.89	14.09	67.72	32.08
原阳县	163.18	28.83	77.28	57.06
延津县	142.11	23.18	73.14	45.79
封丘县	157.13	42.53	70.13	44.47
长垣县	368.57	41.65	181.40	145.52
卫辉市	128.62	20.69	32.40	75.52
辉县市	378.74	39.74	208.46	130.54
焦作市				
解放区	135.75	0.23	11.87	123.65
中站区	73.36	0.52	48.48	24.35
马村区	55.37	1.29	30.23	23.85
山阳区	275.76	4.38	130.67	140.71
修武县	143.86	8.69	73.70	61.47
博爱县	268.44	14.55	167.91	85.97
武陟县	363.52	35.90	212.11	115.50
温县	296.61	28.72	179.18	88.71
沁阳市	427.35	19.55	266.51	141.29
孟州市	331.41	21.09	221.78	88.55

人均生产总值(元)(按常住人口计算)	生产总值指数(%)(上年=100)	第一产业	第二产业	第三产业	人均生产总值指数(%)
38889	109.1	96.1	112.7	107.8	106.7
65015	105.7	102.9	101.7	108.0	104.1
64060	101.2	102.1	103.2	99.1	99.6
72568	105.4	103.4	104.7	107.7	104.3
40914	107.7	101.8	105.8	111.1	107.0
50928	108.9	104.1	109.4	110.1	108.6
24585	107.0	103.5	109.3	107.3	108.2
34763	107.0	103.5	108.4	108.1	107.2
72813	106.3	102.9	101.6	112.6	105.5
64927	100.0	103.5	98.1	105.5	99.7
46076	100.3	103.2	99.6	102.3	99.7
69390	108.2	103.0	105.9	111.2	107.7
31717	108.6	103.3	110.3	108.3	108.2
88446	107.5	103.6	109.4	99.5	107.0
101996	111.2	103.4	113.5	108.8	109.2
62618	108.3	103.7	106.3	108.9	106.1
63479	108.0	91.4	109.1	107.8	107.0
54047	109.0	95.8	114.2	104.4	108.0
54562	104.6	102.9	104.4	105.8	103.9
27536	105.4	103.6	106.1	104.7	105.1
25066	107.8	103.9	109.3	108.0	108.2
31007	102.8	103.6	102.8	102.1	103.5
21878	107.7	103.9	111.0	106.8	108.1
47647	107.4	103.6	109.8	105.1	105.8
26184	105.4	103.5	111.7	103.8	105.7
49989	104.7	103.8	105.1	104.5	104.2
44578	103.7	100.1	94.8	104.7	103.4
68636	107.2	101.5	111.1	99.6	106.7
39146	101.2	102.1	99.1	104.4	100.8
56751	105.7	101.4	106.2	105.4	104.5
56568	106.9	104.1	105.2	109.8	106.2
70906	105.8	103.8	107.0	103.8	105.2
54492	107.3	103.7	106.7	110.2	106.6
70495	106.4	103.9	106.1	108.1	106.2
96641	106.3	103.9	107.0	105.3	105.6
88680	107.3	103.8	106.9	109.8	106.7

8-2 续表 2

县市区	生产总值（亿元）	第一产业	第二产业	第三产业
濮阳市				
华龙区	469.74	19.74	195.29	254.72
清丰县	239.96	41.99	124.81	73.15
南乐县	198.03	32.35	101.57	64.11
范县	213.22	16.96	137.23	59.03
台前县	115.19	10.00	63.06	42.13
濮阳县	418.33	42.89	215.57	159.86
许昌市				
魏都区	367.69	0.36	174.09	193.24
建安区	438.01	23.11	261.98	152.92
鄢陵县	324.81	43.60	160.19	121.02
襄城县	371.90	32.60	177.00	162.30
禹州市	697.83	25.74	401.24	270.85
长葛市	630.20	22.95	458.71	148.54
漯河市				
源汇区	170.18	9.08	68.41	92.69
郾城区	211.07	19.26	112.95	78.86
召陵区	366.14	24.70	266.26	75.18
舞阳县	195.11	26.45	102.94	65.72
临颍县	291.17	31.49	190.27	69.41
三门峡市				
湖滨区	244.31	5.70	91.46	147.15
陕州区	230.76	19.15	119.18	92.43
渑池县	277.97	16.46	179.67	81.83
卢氏县	98.73	22.50	30.28	45.95
义马市	142.67	1.20	96.02	45.46
灵宝市	534.33	54.08	325.45	154.80
南阳市				
宛城区	350.95	30.12	129.31	191.52
卧龙区	460.01	23.20	130.35	306.46
南召县	149.17	19.46	69.44	60.26
方城县	231.21	40.38	100.04	90.79
西峡县	265.15	29.81	147.30	88.04
镇平县	277.01	32.54	130.24	114.23
内乡县	209.51	38.14	97.43	73.94
淅川县	228.85	38.13	106.74	83.97
社旗县	181.40	37.58	76.25	67.57
唐河县	331.27	76.40	130.52	124.35
新野县	280.08	47.34	121.10	111.64
桐柏县	174.65	22.12	84.62	67.91
邓州市	429.92	88.79	155.13	185.99

人均生产总值 (元) (按常住人口计算)	生产总值指数 (%) (上年=100)				人均生产总值指数 (%)
		第一产业	第二产业	第三产业	
62683	106.6	102.2	100.6	112.2	103.6
37881	100.8	102.6	100.3	100.8	101.7
42418	109.2	103.3	110.4	110.7	111.4
46642	104.8	103.2	108.5	96.0	107.0
34619	103.7	102.8	100.0	110.8	104.3
42480	107.5	103.1	108.5	106.7	107.8
70928	107.8	57.0	107.4	108.5	107.1
55405	107.9	103.6	106.8	111.1	107.2
57034	108.0	103.1	108.3	110.1	107.1
53882	108.7	104.0	109.5	108.9	108.0
60240	109.2	103.5	109.2	110.1	108.6
90532	109.0	103.7	109.2	109.2	108.3
49580	106.6	104.1	105.5	107.9	106.0
40964	107.6	103.8	108.2	107.8	107.1
72878	107.8	104.0	108.1	107.9	107.0
34704	107.8	103.9	107.9	109.4	107.2
39631	107.9	104.2	108.3	108.9	107.4
75214	110.7	104.1	111.7	110.3	110.3
65855	109.5	104.3	111.1	108.6	109.5
78773	107.5	104.5	107.9	107.5	106.7
27478	108.2	104.3	107.2	111.3	107.8
96620	107.3	104.0	107.4	107.0	106.9
72625	105.9	104.1	106.5	105.0	105.5
37519	104.4	103.0	101.7	106.9	103.5
47843	108.1	103.9	106.3	109.5	107.2
27466	104.8	104.0	101.5	109.3	104.2
26792	107.9	103.6	107.6	110.5	110.8
61720	108.6	104.2	110.3	107.0	109.8
32241	108.3	103.3	108.0	110.3	107.1
36837	107.6	104.4	107.3	109.9	106.4
35750	107.7	103.6	107.5	110.2	110.8
28982	107.3	104.1	106.1	111.0	105.5
27546	107.3	104.5	106.8	110.0	107.8
44623	107.4	103.8	106.3	110.9	105.6
44378	107.0	103.9	104.8	111.5	103.8
31120	108.1	103.2	108.6	111.1	111.5

8-2 续表 3

县市区	生产总值（亿元）			
		第一产业	第二产业	第三产业
商丘市				
梁园区	267.96	29.72	128.37	109.88
睢阳区	259.75	38.26	102.11	119.38
民权县	248.14	45.71	92.29	110.14
睢县	183.63	42.54	71.21	69.88
宁陵县	128.33	26.17	55.04	47.12
柘城县	226.44	44.04	83.66	98.74
虞城县	288.72	47.06	116.80	124.85
夏邑县	253.28	47.71	98.82	106.75
永城市	532.33	60.63	238.64	233.06
信阳市				
浉河区	314.09	33.59	109.82	170.68
平桥区	335.97	39.64	173.76	122.57
罗山县	206.44	45.91	72.95	87.59
光山县	199.78	50.80	69.19	79.79
新县	141.02	25.73	58.84	56.46
商城县	199.13	41.42	80.08	77.64
固始县	350.42	73.89	109.43	167.10
潢川县	268.16	52.50	90.97	124.70
淮滨县	186.33	36.90	77.79	71.64
息县	225.13	46.16	86.41	92.56
周口市				
川汇区	254.39	8.65	124.14	121.61
扶沟县	197.00	39.24	94.31	63.45
西华县	249.20	53.25	114.76	81.19
商水县	259.93	57.37	109.41	93.15
沈丘县	280.85	44.62	123.58	112.65
郸城县	261.50	50.14	124.01	87.34
淮阳县	235.21	46.01	107.88	81.33
太康县	276.58	54.81	114.93	106.84
鹿邑县	329.70	50.31	144.50	134.89
项城市	339.91	44.57	152.73	142.61
驻马店市				
驿城区	397.06	27.42	180.17	189.47
西平县	244.24	47.94	81.47	114.83
上蔡县	240.73	41.80	94.72	104.21
平舆县	233.01	38.53	99.72	94.76
正阳县	189.50	50.48	54.11	84.90
确山县	182.37	32.14	72.65	77.58
泌阳县	241.86	49.48	96.44	95.94
汝南县	211.48	47.13	79.38	84.96
遂平县	221.40	29.81	98.51	93.08
新蔡县	210.33	47.84	70.33	92.16

人均生产总值(元)(按常住人口计算)	生产总值指数(%)(上年=100)	第一产业	第二产业	第三产业	人均生产总值指数(%)
27951	107.7	104.0	108.3	108.2	105.4
30079	109.1	104.0	108.2	112.1	109.5
35265	109.3	104.0	108.8	112.6	109.1
27566	107.6	104.1	107.0	111.0	107.0
25353	108.0	104.1	109.0	109.3	107.1
33099	108.7	104.0	109.0	111.0	108.4
34854	108.5	104.0	108.7	110.3	109.4
29271	108.7	104.1	109.0	111.0	108.8
43070	109.6	103.6	109.5	111.9	109.2
46875	107.7	103.0	103.0	112.4	107.3
45051	108.8	103.5	108.5	111.7	108.4
39326	108.6	103.5	107.0	113.7	107.3
32934	107.6	103.4	107.7	110.7	107.0
49240	108.3	103.3	107.3	112.7	107.0
37854	108.3	103.3	106.7	113.7	107.9
32053	109.1	104.1	108.4	112.5	108.7
40081	107.8	101.3	105.8	114.0	106.3
32355	109.0	102.9	109.4	112.7	108.1
29397	108.7	102.9	105.8	116.2	111.9
35470	106.1	103.6	104.2	108.3	105.7
33204	108.1	103.6	108.4	111.1	109.0
33517	108.4	103.7	108.5	112.6	109.7
29336	107.7	103.9	108.7	109.6	108.7
29751	108.7	103.8	108.9	111.1	110.3
27542	108.3	103.7	108.0	112.2	107.7
23922	108.4	104.0	109.0	112.0	109.4
26521	108.8	103.6	109.3	112.1	110.2
37672	109.2	103.0	109.6	111.5	109.9
34502	108.7	103.7	109.0	110.3	110.3
39303	107.9	103.6	107.5	109.1	105.2
35853	109.1	103.7	109.8	111.6	108.9
24727	107.9	103.9	108.6	109.1	108.1
32457	108.9	104.1	110.1	110.0	109.2
30253	108.1	104.0	110.5	109.8	108.5
45310	108.1	103.8	108.7	109.8	107.7
35866	109.0	103.6	109.6	112.3	109.3
32176	109.2	103.9	109.5	112.7	109.2
51591	108.9	103.4	110.1	110.0	108.0
24854	109.1	103.6	110.4	111.6	108.8

8-3 各县(市、区)固定资产投资、建筑业及规模以上工业主要指标(2018年)

县市区	工业增加值增速(%)	主营业务收入(亿元)	利润总额(亿元)	固定资产投资增速(%)	#房地产开发	建筑业总产值(亿元)
郑州市						
中原区	10.1	798.34	70.51	11.0	-1.5	466.62
二七区	7.3	407.79	21.17	25.3	-12.3	348.25
管城区	7.4	1486.37	156.79	24.4	5.3	254.49
金水区	4.9	37.33	1.80	13.7	-0.6	1584.82
上街区	12.5	123.62	5.91	12.4	-13.7	35.14
惠济区	4.3	124.76	2.00	35.7	8.8	154.22
中牟县	8.0	3067.24	22.71	6.8	3.3	86.42
巩义市	7.9	921.72	92.56	10.6	2.5	23.14
荥阳市	-4.6	301.93	27.46	-16.6	-41.5	116.68
新密市	6.6	440.30	87.07	0.6	-34.5	59.63
新郑市	15.2	694.30	86.74	4.2	9.6	34.03
登封市	6.0	494.34	48.50	5.2	41.6	15.15
开封市						
龙亭区	20.0	232.31	3.58	-3.5	-19.6	15.92
顺河区	9.3	100.64	21.36	29.7	48.1	112.57
鼓楼区	1.4	46.27	1.21	-52.6	-69.9	12.48
禹王台区	-2.5	83.83	-0.87	26.7	-32.1	29.25
祥符区	4.7	251.24	19.92	10.5	12.8	
杞县	4.6	259.05	29.74	14.7	34.5	7.33
通许县	7.2	203.48	32.73	4.9	3.8	19.30
尉氏县	3.7	451.42	47.39	13.8	25.5	18.74
兰考县	9.1	244.48	23.48	13.2	5.0	106.53
洛阳市						
老城区	9.5	27.05	-0.04	11.0	-34.4	26.46
西工区	9.3	263.57	8.95	11.6	-13.4	73.40
瀍河区	9.0	153.08	-1.00	1.2	-20.8	108.44
涧西区	9.9	773.03	1.86	9.1	-32.1	44.93
吉利区	9.6	513.24	12.06	14.2	404.0	31.65
洛龙区	10.2	479.50	54.25	7.2	-37.7	59.31
孟津县	9.7	508.95	60.37	13.5	4919.3	15.15
新安县	9.8	818.19	49.02	13.5	83.6	19.93
栾川县	10.1	335.68	75.10	13.0	11.7	37.35
嵩县	9.7	85.24	5.99	10.9	-61.8	5.21
汝阳县	9.4	55.44	4.85	13.0	49.8	5.10
宜阳县	9.3	205.25	27.08	12.0	53.4	10.87
洛宁县	9.3	187.92	20.23	10.5	-47.1	14.00
伊川县	9.2	308.09	8.85	10.2	18.1	3.84
偃师市	7.5	569.76	61.09		156.6	11.71
平顶山市						
新华区	7.0	274.48	15.43	13.9	-19.4	22.04
卫东区	10.2	305.44	12.75	11.3	-5.9	50.08
石龙区	9.9	65.22	3.17	17.5	-100.0	8.19
湛河区	7.5	176.01	-1.24	4.7	-4.6	50.24
宝丰县	1.5	238.69	13.28	13.2	6.4	4.06
叶县	8.3	134.96	6.16	13.8	111.4	9.91
鲁山县	10.1	99.58	0.08	16.6	-32.9	10.75
郏县	7.2	144.72	9.27	16.7	91.9	6.90
舞钢市	15.1	255.31	6.31	-34.7	-6.1	2.94
汝州市	9.3	307.73	20.78	13.2	25.6	13.13

8-3 续表 1

县市区	工业增加值增速(%)	主营业务收入(亿元)	利润总额(亿元)	固定资产投资增速(%)	#房地产开发	建筑业总产值(亿元)
安阳市						
文峰区	20.3	142.72	14.65	-26.2	-52.0	30.27
北关区	6.4	20.62	0.56	-46.4	-57.5	102.66
殷都区	2.5	476.86	21.64	-79.2	-51.4	87.98
龙安区	4.1	351.77	3.99	-13.0	-31.0	29.16
安阳县	7.0	431.27	17.67	17.8	55.5	54.97
汤阴县	10.1	137.05	8.79	18.0	-37.6	16.69
滑县	8.3	116.19	11.18	13.2	-6.1	68.89
内黄县	10.0	66.77	6.49	21.0	-40.2	11.94
林州市	-1.0	229.91	12.96	-24.8	-40.7	575.00
鹤壁市						
鹤山区	-3.2	112.44	6.29	13.6	28.7	2.52
山城区	-2.7	190.53	3.63	13.2	9.6	5.32
淇滨区	9.4	236.00	32.95	-0.6	-6.1	46.88
浚县	13.0	362.90	18.61	12.2	26.0	10.64
淇县	11.5	466.12	46.32	13.9	42.0	3.11
新乡市						
红旗区	13.6	527.21	41.35	11.7	-3.6	57.08
卫滨区	8.1	90.55	1.51	13.3	-31.1	15.35
凤泉区	9.0	64.38	-1.53	13.6	48.8	6.97
牧野区	9.1	122.26	5.88	12.4	-22.2	100.28
新乡县	3.6	272.51	9.81	11.3	-32.4	30.37
获嘉县	5.5	65.76	2.49	13.8	94.9	21.02
原阳县	11.9	99.94	5.79	13.1	4.4	11.76
延津县	4.1	76.64	6.87	-37.5	-31.2	8.33
封丘县	10.1	38.92	2.40	13.6	-33.1	125.04
长垣县	9.1	398.67	38.92	13.2	-11.1	263.69
卫辉市	15.2	109.29	6.49	11.6	19.9	15.22
辉县市	3.9	259.94	10.97	11.6	-7.2	18.55
焦作市						
解放区	7.0	20.64	1.07	22.0	-37.2	21.52
中站区	9.5	200.87	37.38	39.4	-100.0	5.73
马村区	0.5	107.87	0.33	-15.4	-49.8	8.99
山阳区	7.5	632.03	36.13	0.3	-29.4	10.96
修武县	6.5	200.44	4.10	-9.8	18.6	5.37
博爱县	6.8	474.52	71.34	-38.0	185.4	3.03
武陟县	7.5	500.92	34.45	-36.4	-2.5	4.33
温县	6.9	345.09	39.35	-22.0	100.9	4.12
沁阳市	8.0	599.24	91.40	-20.5	16.5	6.30
孟州市	7.8	567.73	62.29	7.1	251.4	4.45

8-3 续表 2

县市区	工业增加值增速(%)	主营业务收入(亿元)	利润总额(亿元)	固定资产投资增速(%)	#房地产开发	建筑业总产值(亿元)
濮阳市						
华龙区	5.8	557.66	-16.01	8.9	14.7	81.54
清丰县	-4.6	126.77	12.39	-39.7	0.4	5.59
南乐县	11.6	81.60	4.02	31.8	6.9	2.32
范县	8.9	164.05	9.25	19.9	23.5	2.24
台前县	0.0	67.77	2.52	30.7	11.3	3.98
濮阳县	9.2	106.64	7.81	26.6	212.4	16.54
许昌市						
魏都区	8.0	319.90	7.67	11.3	71.5	93.20
建安区	5.9	558.25	51.44	11.8	170.4	18.67
鄢陵县	9.0	123.51	11.66	9.0	-53.2	32.03
襄城县	9.4	371.86	39.46	9.5	31.4	5.58
禹州市	9.0	1194.11	126.72	9.2	-4.2	6.44
长葛市	9.5	1870.48	159.76	9.7	36.0	8.63
漯河市						
源汇区	7.8	119.89	7.14		17.1	13.75
郾城区	8.1	214.92	10.37	14.7	150.5	21.06
召陵区	8.3	993.65	63.49	10.9	21.1	11.99
舞阳县	8.0	338.28	33.57	8.3	114.7	3.55
临颍县	8.3	449.11	36.84	13.1	49.1	14.63
三门峡市						
湖滨区	7.7	128.91	10.49	11.8	-9.1	144.86
陕州区	11.6	442.45	29.13	10.2	-5.1	4.76
渑池县	6.5	269.67	29.96	10.0	174.0	11.55
卢氏县	6.5	49.14	9.18	11.3	63.2	9.63
义马市	7.0	373.42	3.86	11.1	11.3	8.04
灵宝市	6.0	522.54	122.69	10.0	65.9	11.42
南阳市						
宛城区	1.6	237.51	-3.70	11.3	-7.4	39.24
卧龙区	7.3	329.80	10.45	12.8	3.7	80.68
南召县	1.1	47.67	2.01	12.7	42.6	17.31
方城县	8.4	98.16	11.41	15.9	26.4	18.14
西峡县	11.0	378.51	14.23	11.2	265.5	14.83
镇平县	8.1	87.23	4.86	15.6	24.9	8.32
内乡县	10.5	227.66	12.11	15.6	7.2	28.55
淅川县	8.3	106.90	8.73	16.2	-13.2	41.51
社旗县	5.1	25.84	2.22	-4.0	-42.2	23.64
唐河县	6.3	97.07	6.62	15.6	9.2	34.23
新野县	5.7	123.55	8.55	-23.3	22.2	13.42
桐柏县	4.3	68.39	20.09	16.0	10.2	22.92
邓州市	7.9	224.53	24.22	13.2	19.6	85.55

8-3 续表 3

县市区	工业增加值增速(%)	主营业务收入(亿元)	利润总额(亿元)	固定资产投资增速(%)	#房地产开发	建筑业总产值(亿元)
商丘市						
梁园区	8.4	306.90	14.32	7.2	-9.6	205.96
睢阳区	8.7	293.18	12.59	9.5	27.9	69.22
民权县	8.6	436.62	17.23	12.5	14.8	62.20
睢县	8.5	213.34	21.12	12.0	8.1	15.31
宁陵县	8.7	186.02	11.81	12.7	143.7	17.40
柘城县	8.8	259.82	69.49	12.6	13.4	27.40
虞城县	8.5	469.68	46.43	12.6	1.6	15.70
夏邑县	8.9	386.66	30.43	13.0	3.3	44.29
永城市	9.0	715.73	40.77	12.5	-23.0	77.22
信阳市						
浉河区	2.4	86.26	3.73	2.8	-17.5	107.69
平桥区	9.5	491.45	21.12	13.3	7.7	33.46
罗山县	7.8	138.95	14.12	12.1	-39.0	90.96
光山县	8.5	97.33	10.45	11.9	0.9	41.43
新县	7.8	105.23	16.22	12.0	10.2	47.78
商城县	7.2	115.08	17.58	11.9	10.1	50.16
固始县	8.5	229.67	15.76	12.6	11.3	50.15
潢川县	5.7	205.73	19.44	3.9	13.6	66.60
淮滨县	10.2	194.71	18.48	12.9	12.8	43.88
息县	5.6	140.34	12.76	7.7	17.9	79.87
周口市						
川汇区	2.7	335.13	30.23	18.2	-30.4	166.86
扶沟县	8.6	277.34	61.12	9.0	81.4	18.85
西华县	8.4	361.50	57.62	9.1	197.2	34.43
商水县	8.8	273.03	40.79	5.8	254.4	43.92
沈丘县	9.2	368.76	49.61	9.2	9.5	16.13
郸城县	8.0	314.71	46.21	1.0	-29.9	41.04
淮阳县	9.2	222.72	22.81	9.3	18.6	24.29
太康县	9.6	419.47	58.48	9.0	107.7	86.88
鹿邑县	9.0	175.29	19.73	13.2	25.0	64.89
项城市	9.2	392.41	44.82	9.6	-30.4	44.14
驻马店市						
驿城区	7.9	383.16	26.49	11.1	5.4	210.28
西平县	9.0	133.36	17.15	10.4	23.0	57.09
上蔡县	8.0	164.99	22.97	11.5	20.0	30.60
平舆县	9.2	189.45	29.87	11.2	31.1	73.02
正阳县	9.2	214.30	19.77	11.0	31.9	40.85
确山县	8.1	101.50	17.93	10.7	11.3	133.26
泌阳县	8.6	201.59	26.99	11.4	18.3	47.91
汝南县	8.6	177.10	24.46	10.5	21.4	16.72
遂平县	9.1	181.46	14.83	10.9	-5.0	33.85
新蔡县	9.2	148.74	13.12	13.2	30.2	50.56

8-4 各县(市、区)城镇就业人员和工资(2018年)

县市区	城镇单位年末就业人员(人)	城镇单位年平均就业人员(人)	城镇单位就业人员平均工资(元)	#在岗职工平均工资
郑州市				
中原区	147356	149369	80845	81726
二七区	135775	129092	82130	83204
管城区	88226	86047	83642	85489
金水区	376835	356737	86451	90866
上街区	21814	21437	72080	75313
惠济区	55661	54436	68008	70579
中牟县	48075	47044	75784	77751
巩义市	52086	51535	58854	59198
荥阳市	52421	52070	70813	71503
新密市	66230	64577	62822	63718
新郑市	83950	82586	73468	75403
登封市	72104	70884	52494	53047
开封市				
龙亭区	84759	81989	57708	58217
顺河区	45484	44108	62318	63482
鼓楼区	33419	32557	60875	63177
禹王台区	16721	16509	57594	57789
祥符区	47625	47393	51789	52035
杞县	44307	43323	53045	52895
通许县	32153	31508	52834	53391
尉氏县	32189	32224	54869	55042
兰考县	53882	51520	57712	57502
洛阳市				
老城区	13505	13628	60923	64744
西工区	70474	70607	83779	86082
瀍河区	14911	15052	84002	85144
涧西区	98573	96837	71646	72336
吉利区	18388	17744	59003	58723
洛龙区	81400	80323	83019	83742
孟津县	44265	42710	50602	51596
新安县	78027	78851	51334	51547
栾川县	27959	27541	59207	62540
嵩县	19574	19449	55864	57168
汝阳县	22935	22260	53672	54069
宜阳县	30456	29736	52196	53876
洛宁县	18124	18159	50219	51304
伊川县	41979	41755	51327	52121
偃师市	29493	29678	55564	56143
平顶山市				
新华区	152871	152697	68160	68609
卫东区	41118	40685	57250	58179
石龙区	6406	6457	45562	45907
湛河区	47184	47391	64139	71890
宝丰县	23014	22778	46349	46997
叶县	31820	29405	45655	46788
鲁山县	32440	31586	52849	52883
郏县	30378	30116	49158	49547
舞钢市	32916	31886	50624	51790
汝州市	59856	59592	57904	58842

8-4 续表 1

县市区	城镇单位年末就业人员(人)	城镇单位年平均就业人员(人)	城镇单位就业人员平均工资(元)	#在岗职工平均工资
安阳市				
文峰区	33488	36347	71969	73327
北关区	41763	41717	57524	57717
殷都区	39167	39409	62437	61670
龙安区	12314	11952	53240	54973
安阳县	22747	21190	56607	61477
汤阴县	28062	28165	52721	53677
滑县	66727	66666	52637	55293
内黄县	26097	25828	51625	51937
林州市	136041	129718	55464	56183
鹤壁市				
鹤山区	6166	6320	55440	55608
山城区	13835	14311	52593	53350
淇滨区	82878	83894	57384	59128
浚县	28514	28447	47346	47771
淇县	29429	29947	50751	51305
新乡市				
红旗区	92363	91763	71149	68502
卫滨区	22925	22879	57904	58064
凤泉区	6757	6736	57695	58633
牧野区	48622	45995	70118	77169
新乡县	40937	39741	48564	49480
获嘉县	21545	21326	47464	48006
原阳县	25716	25210	51975	50960
延津县	26747	26598	54439	54991
封丘县	36483	36195	53023	53044
长垣县	130896	125067	52733	53136
卫辉市	22452	22318	51808	52449
辉县市	44496	43395	45904	49205
焦作市				
解放区	37353	34609	61893	62528
中站区	21512	18096	53469	53618
马村区	10701	10940	59169	62171
山阳区	49270	46781	64141	68067
修武县	23458	23275	59917	60066
博爱县	19555	19181	47841	48187
武陟县	32976	32536	51851	52565
温县	34065	34012	49171	49451
沁阳市	29331	27491	54188	54510
孟州市	43821	43748	61421	62397

8-4 续表 2

县市区	城镇单位 年末就业人员 (人)	城镇单位 年平均就业人员 (人)	城镇单位 就业人员平均工资 (元)	#在岗职工 平均工资
濮阳市				
华龙区	207993	207324	65439	67876
清丰县	26408	25017	56886	60269
南乐县	20857	20279	54520	56185
范县	19842	19384	61702	65363
台前县	14413	14211	47061	47824
濮阳县	49512	50813	51659	51986
许昌市				
魏都区	72374	72148	65883	68062
建安区	51026	50522	59743	59785
鄢陵县	43141	42779	54146	54603
襄城县	44122	43770	61573	62202
禹州市	56524	56767	54911	59274
长葛市	119516	117219	50912	50923
漯河市				
源汇区	63716	61214	57071	57647
郾城区	45003	43605	64545	65152
召陵区	72894	72085	57068	58367
舞阳县	49583	49841	49960	50275
临颍县	63364	58794	55033	55502
三门峡市				
湖滨区	29657	29399	68756	69884
陕州区	17141	16977	65904	66363
渑池县	17802	17546	66876	67218
卢氏县	14825	14177	64949	65704
义马市	51201	52767	58528	58624
灵宝市	36477	37419	48866	49921
南阳市				
宛城区	63480	62979	73034	74436
卧龙区	113463	113258	64974	65369
南召县	33519	31953	51542	51857
方城县	42136	41541	59218	60095
西峡县	43485	43012	49917	50466
镇平县	60641	60271	51328	51577
内乡县	51250	50128	50012	50382
淅川县	50213	49533	54916	56046
社旗县	27445	26839	44464	44647
唐河县	60284	59070	51820	51917
新野县	36570	36380	44398	44711
桐柏县	35972	35183	41535	42759
邓州市	62321	60877	52698	53869

8-4 续表 3

县市区	城镇单位年末就业人员（人）	城镇单位年平均就业人员（人）	城镇单位就业人员平均工资（元）	#在岗职工平均工资
商丘市				
梁园区	107960	99809	52139	52339
睢阳区	78439	76221	77702	77733
民权县	82817	81924	62176	62439
睢县	53829	52750	55240	55248
宁陵县	48460	48221	55456	55489
柘城县	48891	48653	50798	50752
虞城县	91549	87251	54038	54891
夏邑县	83726	80177	51972	52130
永城市	95996	92731	55436	55868
信阳市				
浉河区	81497	83024	60062	60888
平桥区	96165	94852	55972	56431
罗山县	27826	27462	55289	56645
光山县	31971	31414	57897	58696
新县	29842	29298	56463	56516
商城县	33479	32701	53470	53744
固始县	78989	74799	61637	61409
潢川县	52826	52286	50829	50855
淮滨县	43543	44370	55035	55278
息县	49928	45842	51629	51629
周口市				
川汇区	124976	120626	70572	71264
扶沟县	35808	34561	45418	45645
西华县	48725	48595	44643	44650
商水县	48612	48529	55756	55848
沈丘县	72392	71529	49034	49084
郸城县	65688	64252	47617	47844
淮阳县	35370	34690	53722	53846
太康县	56595	56262	62173	62256
鹿邑县	48722	47908	56446	56665
项城市	62403	60979	48330	48119
驻马店市				
驿城区	185903	181764	59240	62872
西平县	50403	49626	51487	51901
上蔡县	45860	43795	52511	53061
平舆县	48379	47512	57290	57458
正阳县	42983	42767	57665	57769
确山县	39339	38279	55104	55632
泌阳县	59314	59427	52732	52712
汝南县	33977	33127	49485	49496
遂平县	46616	44685	52907	53099
新蔡县	42500	41842	50936	51101

8-5 各县(市、区)城乡居民收入和社会消费品零售总额(2018年)

县市区	居民人均可支配收入(元)	农村居民人均可支配收入(元)	城镇居民人均可支配收入(元)	社会消费品零售总额(亿元)
郑州市				
中原区	37904	23050	40507	277.26
二七区	39000	24430	41829	499.33
管城区	36904	26056	39589	642.37
金水区	43170	26013	46012	836.03
上街区	41872	22328	45133	62.92
惠济区	30973	25411	33745	145.53
中牟县	24333	19586	30709	234.71
巩义市	28030	23069	32911	340.31
荥阳市	26699	20589	33232	307.67
新密市	26806	20582	33221	325.73
新郑市	27541	21642	33480	352.25
登封市	25228	18599	32296	248.50
开封市				
龙亭区	26411	15227	31524	153.21
顺河区	27199	14519	30053	74.22
鼓楼区	30533	15435	32221	152.75
禹王台区	25811	14696	29708	62.78
祥符区	16975	13008	25198	87.58
杞县	16996	13660	23927	113.48
通许县	17522	14155	24803	89.46
尉氏县	18241	13942	26979	128.14
兰考县	16490	11911	25029	118.94
洛阳市				
老城区	33289	15195	36050	96.12
西工区	38613	17134	41666	385.21
瀍河区	34889	17143	37424	111.54
涧西区	36029	20221	37693	249.08
吉利区	33094	16604	42438	30.72
洛龙区	28231	15324	37058	241.88
孟津县	20832	13771	30223	87.69
新安县	23643	15977	34587	116.35
栾川县	20315	11902	31462	75.04
嵩县	17308	11878	29623	97.11
汝阳县	16181	11067	27325	76.96
宜阳县	17032	11289	29214	107.89
洛宁县	16188	11006	28752	75.19
伊川县	20963	14465	31174	216.33
偃师市	26249	19540	32263	201.16
平顶山市				
新华区	33924	17320	35316	170.50
卫东区	34171	18265	35213	177.14
石龙区	23214	15508	25903	8.13
湛河区	31088	17999	35213	66.39
宝丰县	20580	15777	28815	63.35
叶县	16887	12278	26674	69.92
鲁山县	14302	9451	24681	54.47
郏县	16924	11974	25769	50.66
舞钢市	22836	14498	30532	55.46
汝州市	21556	16882	28508	166.83

8-5 续表 1

县市区	居民人均可支配收入（元）	农村居民人均可支配收入（元）	城镇居民人均可支配收入（元）	社会消费品零售总额（亿元）
安阳市				
文峰区	32068	19820	36598	146.58
北关区	29792	20178	32766	116.74
殷都区	29370	19685	35854	108.64
龙安区	24766	17161	31587	60.52
安阳县	20794	16738	28968	68.96
汤阴县	20116	14796	27637	45.88
滑县	15766	11898	26212	115.36
内黄县	14935	12200	22984	75.62
林州市	25118	19950	31000	139.41
鹤壁市				
鹤山区	26839	15669	29317	23.77
山城区	28740	16613	31060	44.35
淇滨区	28967	15323	34092	60.43
浚县	19521	17107	24933	61.85
淇县	22662	17117	28193	55.01
新乡市				
红旗区	32245	17189	33820	177.88
卫滨区	33708		33708	187.71
凤泉区	23299	15421	30017	20.41
牧野区	33223	18404	34637	94.70
新乡县	24255	18414	30460	47.90
获嘉县	18216	14917	23202	51.05
原阳县	16261	12944	24124	56.30
延津县	18395	15319	24973	53.17
封丘县	15560	11390	24644	49.72
长垣县	22828	19557	27582	91.51
卫辉市	18927	15139	24796	56.06
辉县市	22236	16196	30748	133.22
焦作市				
解放区	33145		33145	100.83
中站区	22772	16437	27097	28.37
马村区	22563	16351	26909	21.02
山阳区	33061		33061	119.30
修武县	22915	16885	30670	54.81
博爱县	23393	16892	30705	73.34
武陟县	22511	17675	30855	113.94
温县	23083	17698	30396	83.00
沁阳市	25998	18967	31967	110.26
孟州市	24243	18515	31728	83.66

8-5 续表 2

县市区	居民人均可支配收入(元)	农村居民人均可支配收入(元)	城镇居民人均可支配收入(元)	社会消费品零售总额(亿元)
濮阳市				
华龙区	31642	15548	34154	164.05
清丰县	17069	14357	25184	86.73
南乐县	16839	13454	25423	71.45
范县	13696	10150	22717	78.31
台前县	13021	9617	21786	40.25
濮阳县	18633	13226	28228	175.75
许昌市				
魏都区	33744		33744	170.76
建安区	21778	17082	30143	94.11
鄢陵县	21646	17143	29686	70.81
襄城县	20251	15958	28127	68.04
禹州市	23641	17576	32227	225.24
长葛市	23459	17282	30244	164.79
漯河市				
源汇区	28244	18852	34822	141.69
郾城区	25653	18161	33417	119.17
召陵区	23989	17618	31676	104.91
舞阳县	15738	10378	23668	100.82
临颍县	20673	16175	27080	113.52
三门峡市				
湖滨区	29034	15429	30978	128.78
陕州区	19244	12916	28422	58.17
渑池县	22678	16069	31562	63.52
卢氏县	15054	9642	26595	50.21
义马市	28449	17905	29084	47.29
灵宝市	21773	16415	30105	185.76
南阳市				
宛城区	26422	15913	34611	174.43
卧龙区	26583	15763	34881	367.64
南召县	17102	11634	27614	107.62
方城县	18129	13061	28692	142.19
西峡县	23157	16536	32065	98.22
镇平县	19345	14382	28607	177.83
内乡县	19201	13782	29320	108.96
淅川县	18857	12114	30598	118.52
社旗县	16896	11835	26523	80.91
唐河县	19335	14084	28817	191.78
新野县	21221	16416	30165	141.66
桐柏县	18171	11636	28291	98.51
邓州市	20147	15185	29103	193.78

8-5 续表 3

县市区	居民人均可支配收入(元)	农村居民人均可支配收入(元)	城镇居民人均可支配收入(元)	社会消费品零售总额(亿元)
商丘市				
梁园区	21563	11876	31345	280.76
睢阳区	19528	11766	30578	182.22
民权县	16079	10998	27047	72.15
睢县	16145	10973	27309	80.09
宁陵县	14770	10938	24000	54.62
柘城县	15851	11170	25933	96.15
虞城县	16866	11405	28289	91.98
夏邑县	17398	11325	29283	92.77
永城市	21632	14423	31793	202.69
信阳市				
浉河区	24827	15583	30265	195.40
平桥区	22130	13725	30109	156.16
罗山县	18145	12596	27483	77.38
光山县	17918	12866	27274	96.60
新县	18960	12826	27263	54.35
商城县	17569	12371	27327	71.94
固始县	18649	13668	27319	208.59
潢川县	20089	13858	27678	110.59
淮滨县	16846	11644	26810	73.86
息县	16974	11731	27186	94.71
周口市				
川汇区	22555	15114	28148	186.12
扶沟县	15971	11356	24643	80.45
西华县	15710	10699	25215	125.65
商水县	15422	10721	25436	92.17
沈丘县	16118	10917	25908	120.17
郸城县	16401	11318	26102	109.46
淮阳县	15652	10410	25677	140.38
太康县	15888	11381	25073	144.44
鹿邑县	18278	13140	27047	155.78
项城市	18544	12492	26836	167.94
驻马店市				
驿城区	23905	12148	31288	216.62
西平县	17060	12726	25790	126.16
上蔡县	16493	11541	26752	92.37
平舆县	17449	12028	27457	74.75
正阳县	15147	11596	24063	83.02
确山县	17136	11617	26662	68.67
泌阳县	17336	11885	27523	92.75
汝南县	16085	11989	24515	91.63
遂平县	17998	12505	27281	85.49
新蔡县	16027	12186	25156	79.35

8-6 各县(市)农业生产条件(2018年)

县　市	农　村 用电量 (万千瓦时)	化肥施用 折 纯 量 (吨)	农　药 使用量 (吨)	农用塑料薄膜 使　用　量 (吨)
郑州市				
中牟县	21766.32	35694	926	2710
巩义市	57635.54	26559	246	112
荥阳市	31159.90	27494	525	518
新密市	45818.93	26281	269	694
新郑市	41893.73	31052	484	445
登封市	45819.59	23499	236	143
开封市				
杞县	20752.33	69999	972	3558
通许县	4778.73	32107	1003	2089
尉氏县	35936.28	49965	857	2368
兰考县	26000.19	72618	602	1540
洛阳市				
孟津县	21517.23	20071	402	359
新安县	6845.17	21081	486	551
栾川县	32712.02	5800	66	86
嵩县	13132.51	23221	405	250
汝阳县	19852.53	16199	471	542
宜阳县	20787.90	48547	912	814
洛宁县	7713.67	23562	440	953
伊川县	35657.39	24743	309	507
偃师市	29473.21	33891	405	158
平顶山市				
宝丰县	17456.96	49850	411	291
叶县	20612.20	100603	630	1004
鲁山县	30012.24	44605	431	335
郏县	13061.23	43741	636	627
舞钢市	5236.52	16082	607	252
汝州市	32309.23	90459	640	719
安阳市				
安阳县	19840.56	39021	814	22
汤阴县	23231.97	43654	556	490
滑县	50385.86	209739	1728	4030
内黄县	37898.11	76477	1453	13493
林州市	53056.03	37759	264	39
鹤壁市				
浚县	5732.21	46070	603	966
淇县	6792.11	6847	358	45

8-6 续表 1

县 市	农 村 用电量 (万千瓦时)	化肥施用 折 纯 量 (吨)	农 药 使用量 (吨)	农用塑料薄膜 使 用 量 (吨)
新乡市				
新乡县	188941.88	27837	538	35
获嘉县	18773.35	35238	503	86
原阳县	43574.95	37281	761	538
延津县	21949.02	124126	965	157
封丘县	12549.05	78835	2351	220
长垣县	53222.49	66333	1018	734
卫辉市	28078.94	47047	630	321
辉县市	260825.72	83971	941	503
焦作市				
修武县	7413.36	13039	328	79
博爱县	10144.91	28406	454	614
武陟县	19143.92	52818	1338	310
温县	30789.01	22993	422	202
沁阳市	37782.67	29630	680	266
孟州市	31283.24	27746	485	674
濮阳市				
清丰县	15322.97	71191	600	433
南乐县	33585.00	62277	568	3472
范县	13668.64	30986	437	435
台前县	9111.93	11651	200	173
濮阳县	15872.05	100466	1361	490
许昌市				
鄢陵县	7759.96	35968	821	895
襄城县	14473.51	40527	497	647
禹州市	28978.17	56272	466	805
长葛市	29967.04	38376	643	485
漯河市				
舞阳县	12261.88	36383	680	392
临颍县	21841.00	48429	747	1227
三门峡市				
渑池县	5796.50	18317	273	866
卢氏县	2865.80	13603	226	784
义马市	2235.71	998	22	81
灵宝市	13050.17	34374	1323	912
南阳市				
南召县	6495.71	13952	427	696
方城县	16368.93	73744	1419	3351
西峡县	25969.47	25009	324	2023

8-6 续表 2

县 市	农 村用电量(万千瓦时)	化肥施用折纯量(吨)	农 药使用量(吨)	农用塑料薄膜使用量(吨)
镇平县	17177.25	42187	837	938
内乡县	21611.18	28509	503	825
淅川县	22917.94	41833	637	1106
社旗县	7164.04	64918	1364	1288
唐河县	31573.21	104297	3063	2171
新野县	22287.18	89614	2566	7205
桐柏县	7242.92	35329	350	687
邓州市	27334.55	175214	2706	3218
商丘市				
民权县	17883.39	49985	1631	2246
睢县	8473.71	54208	779	1034
宁陵县	19242.15	48237	1127	940
柘城县	25355.42	55329	728	227
虞城县	47969.95	166888	4787	3041
夏邑县	50341.78	115306	1736	1925
永城市	36074.35	191468	2145	1643
信阳市				
罗山县	10008.91	36495	670	787
光山县	27164.81	41448	630	421
新县	6698.88	10569	341	161
商城县	20576.05	21375	414	366
固始县	31333.71	103198	4691	3647
潢川县	21298.74	40942	456	1587
淮滨县	16232.09	51387	1354	2831
息县	18315.90	62620	1715	1137
周口市				
扶沟县	18767.40	63208	1748	3392
西华县	20560.41	116551	2788	969
商水县	14583.05	81269	957	1768
沈丘县	23635.53	109997	2229	2334
郸城县	33120.27	134141	2003	1725
淮阳县	31193.20	101205	2599	4064
太康县	17501.08	116820	2795	2931
鹿邑县	13026.69	96949	1053	710
项城市	26906.64	45885	1416	1171
驻马店市				
西平县	36886.24	70237	327	1315
上蔡县	26909.54	97386	1005	1033
平舆县	8875.10	58321	511	934
正阳县	7058.02	123995	309	1000
确山县	16615.20	68434	987	2446
泌阳县	9848.53	62288	358	2225
汝南县	9972.36	87602	822	1193
遂平县	7794.53	61358	522	477
新蔡县	8781.49	81123	2470	1022

8-7 各县(市)主要农作物播种面积(2018年)

单位：千公顷

县 市	粮食	#谷物	#小麦	#玉米	#豆类	棉花
郑州市						
中牟县	30.21	28.04	12.51	15.35	0.93	0.50
巩义市	43.60	42.27	22.67	17.85	0.58	0.47
荥阳市	56.68	55.47	30.54	23.87	0.38	0.02
新密市	55.94	52.29	28.16	23.76	1.86	0.03
新郑市	49.53	47.81	25.99	21.36	0.83	0.01
登封市	52.40	46.99	25.86	20.51	2.63	0.18
开封市						
杞县	122.29	115.27	65.29	49.98	4.10	2.62
通许县	67.25	64.95	39.66	25.29	1.64	0.33
尉氏县	110.57	105.05	65.71	39.34	3.07	2.03
兰考县	102.13	98.72	59.80	38.73	1.60	1.15
洛阳市						
孟津县	52.93	50.06	27.75	18.40	1.29	0.30
新安县	48.84	43.69	22.94	19.95	2.54	0.06
栾川县	10.98	9.91	3.69	6.22	0.76	0.01
嵩县	52.20	43.40	23.47	19.75	4.09	0.16
汝阳县	44.68	38.90	20.20	18.48	1.96	0.12
宜阳县	89.83	75.72	43.01	28.45	8.10	0.77
洛宁县	62.92	50.10	30.98	16.57	8.52	0.07
伊川县	80.22	70.08	39.46	23.75	2.49	0.42
偃师市	42.92	42.06	22.69	18.94	0.42	0.05
平顶山市						
宝丰县	54.33	53.89	26.49	27.41	0.17	0.02
叶县	124.13	118.50	58.25	60.26	3.90	0.19
鲁山县	63.45	60.77	30.67	29.55	0.65	
郏县	60.45	49.97	30.82	19.16	4.62	0.19
舞钢市	32.91	31.02	16.19	14.82	1.53	0.00
汝州市	96.17	93.47	48.17	44.57	0.85	0.34
安阳市						
安阳县	64.64	64.44	31.95	32.49	0.11	0.20
汤阴县	72.88	71.39	37.86	33.42	0.85	0.14
滑县	208.40	207.32	120.67	86.43	0.37	0.49
内黄县	92.12	90.85	62.93	27.91	0.25	0.13
林州市	78.08	68.68	35.21	29.53	3.39	0.50
鹤壁市						
浚县	101.19	100.92	55.64	45.19	0.12	0.17
淇县	42.53	42.06	20.83	21.20	0.02	0.04

8-7 续表 1

单位：千公顷

县　市	粮食	#谷物	#小麦	#玉米	#豆类	棉花
新乡市						
新乡县	38.32	33.20	19.59	13.56	5.05	0.05
获嘉县	54.71	47.95	26.17	15.96	6.72	0.02
原阳县	141.90	139.66	70.58	53.56	1.82	0.31
延津县	82.00	80.27	55.67	24.59	0.15	
封丘县	114.43	110.88	66.29	44.55	1.27	0.44
长垣县	106.53	103.20	55.00	46.00	2.70	0.28
卫辉市	67.02	66.50	32.57	33.76	0.32	
辉县市	97.78	96.35	49.59	46.39	0.34	
焦作市						
修武县	30.51	30.04	15.25	14.78	0.36	0.01
博爱县	27.76	26.82	13.50	13.27	0.71	0.01
武陟县	71.10	69.18	38.23	26.28	1.37	0.09
温县	40.07	39.44	22.16	17.28	0.12	0.06
沁阳市	46.26	44.04	23.16	20.87	1.77	
孟州市	38.10	37.75	22.32	15.39	0.13	0.08
濮阳市						
清丰县	84.49	81.66	51.29	30.37	0.45	
南乐县	68.56	67.64	36.27	31.37	0.42	0.01
范县	62.79	55.31	29.51	11.51	7.23	0.08
台前县	38.39	33.02	18.83	14.19	5.27	0.05
濮阳县	154.31	143.06	83.97	49.32	10.72	0.96
许昌市						
鄢陵县	79.51	76.53	44.24	32.29	2.48	0.09
襄城县	91.30	63.17	44.97	17.79	12.49	0.27
禹州市	98.67	90.31	47.86	42.45	1.93	0.08
长葛市	81.67	78.93	40.69	38.25	2.38	
漯河市						
舞阳县	83.89	77.65	41.87	35.79	4.71	0.14
临颍县	74.84	62.49	41.57	20.91	7.86	0.41
三门峡市						
渑池县	44.04	33.89	22.31	10.51	7.61	0.07
卢氏县	32.08	26.21	13.87	12.25	4.99	
义马市	2.23	2.01	1.00	1.00	0.09	
灵宝市	55.33	47.41	25.70	21.71	6.23	0.98
南阳市						
南召县	28.99	26.22	8.36	10.73	1.52	
方城县	161.66	148.30	81.18	66.86	10.89	0.41
西峡县	25.20	22.92	11.05	11.08	1.12	

8-7 续表 2

单位：千公顷

县 市	粮食	#谷物	#小麦	#玉米	#豆类	棉花
镇平县	99.24	96.28	52.32	43.35	1.59	0.10
内乡县	72.91	70.29	33.78	35.84	0.32	0.03
淅川县	64.41	58.87	33.42	21.30	3.70	0.39
社旗县	125.67	114.94	63.13	51.81	8.21	0.54
唐河县	231.22	217.81	140.32	70.95	7.87	0.11
新野县	85.77	82.29	57.74	24.55	2.56	
桐柏县	46.99	44.81	16.55	11.28	1.62	0.07
邓州市	218.67	205.26	137.75	58.51	11.20	0.52
商丘市						
民权县	108.89	106.19	68.20	37.61	1.90	0.36
睢县	102.98	98.36	57.51	40.85	2.79	0.32
宁陵县	76.97	73.24	48.26	24.98	1.77	0.02
柘城县	118.16	116.21	65.99	50.22	1.40	0.45
虞城县	148.13	146.89	77.31	69.58	0.73	1.97
夏邑县	159.86	156.70	82.11	74.59	2.18	0.55
永城市	210.80	171.33	111.73	59.60	38.61	0.14
信阳市						
罗山县	97.76	95.61	28.93	0.06	1.04	0.03
光山县	71.12	69.43	15.67		1.10	0.04
新县	14.72	14.05	1.33	0.01	0.10	0.01
商城县	43.17	41.82	9.07	0.03	0.90	0.03
固始县	153.47	153.07	37.33	3.27	0.14	0.07
潢川县	100.35	99.99	37.79	0.05	0.15	0.01
淮滨县	102.08	98.73	55.60	3.11	1.24	0.08
息县	164.71	162.04	93.27	13.59	1.36	0.15
周口市						
扶沟县	105.71	91.91	64.93	26.83	13.50	0.36
西华县	133.05	120.23	73.77	46.46	11.67	0.26
商水县	163.22	142.49	80.15	62.20	17.39	0.42
沈丘县	138.93	127.42	73.42	54.01	7.34	0.01
郸城县	179.46	155.20	89.07	66.12	12.56	0.27
淮阳县	157.40	143.95	79.51	64.43	9.15	0.14
太康县	200.15	188.54	109.37	79.17	9.03	0.78
鹿邑县	144.40	129.40	72.53	56.73	13.84	0.17
项城市	140.11	120.48	75.68	44.80	17.50	0.35
驻马店市						
西平县	141.93	141.53	71.87	69.67	0.27	
上蔡县	169.27	160.33	97.80	62.53	7.93	0.24
平舆县	132.87	123.13	80.27	42.87	7.07	
正阳县	158.67	155.00	129.93	6.93	2.00	
确山县	97.67	94.53	56.00	34.27	0.13	0.02
泌阳县	125.33	119.67	74.47	41.87	0.87	0.06
汝南县	129.27	124.80	86.20	37.00	3.40	
遂平县	102.53	99.07	53.73	45.33	1.73	0.02
新蔡县	152.07	148.58	85.20	60.83	2.33	0.26

8-8 各县(市)主要农作物产量(2018年)

县 市	粮食产量(万吨)	#谷物	#小麦	#玉米	#豆类	棉花产量(吨)	园林水果产量(吨)
郑州市							
中牟县	18.72	17.44	7.27	9.43	0.23	539	15522
巩义市	17.11	16.50	8.56	7.86	0.08	345	27454
荥阳市	31.80	30.99	16.70	13.34	0.05	17	54627
新密市	21.76	20.39	11.67	8.58	0.26	32	19572
新郑市	26.77	26.04	13.97	11.45	0.22	10	81655
登封市	21.45	18.94	9.88	8.82	0.46	194	25259
开封市							
杞县	70.16	66.97	39.67	27.29	1.06	3224	18652
通许县	39.84	39.08	24.45	14.63	0.19	651	106456
尉氏县	62.71	60.34	39.05	21.29	0.59	2163	76689
兰考县	56.90	55.07	34.10	20.81	0.50	1550	136042
洛阳市							
孟津县	26.15	23.96	13.75	8.76	0.63	271	60772
新安县	23.06	20.39	10.61	9.59	0.58	196	55562
栾川县	4.69	4.40	1.51	2.89	0.14	16	6898
嵩县	21.37	18.29	9.73	8.53	0.57	146	74606
汝阳县	19.17	15.89	8.38	7.40	0.71	164	13260
宜阳县	41.73	38.22	19.33	17.57	2.15	935	164467
洛宁县	29.30	24.41	14.03	9.54	2.09	39	329014
伊川县	42.29	36.55	19.78	13.82	0.41	418	10459
偃师市	25.91	25.62	12.88	12.60	0.11	57	68899
平顶山市							
宝丰县	28.52	28.31	14.51	13.80	0.03	20	10166
叶县	69.28	65.96	32.34	33.62	1.77	181	35690
鲁山县	23.65	22.58	11.38	10.85	0.14	1	46036
郏县	33.55	28.99	17.24	11.75	1.22	207	11740
舞钢市	17.64	17.27	8.91	8.35	0.15	2	10502
汝州市	47.09	45.79	24.97	20.68	0.26	381	37952
安阳市							
安阳县	41.03	40.90	20.07	20.83	0.05	243	4341
汤阴县	45.12	44.36	23.17	21.15	0.29	198	46238
滑县	158.50	157.58	88.30	69.13	0.12	583	161530
内黄县	55.65	54.66	36.98	17.67	0.07	216	321004
林州市	33.05	29.23	14.06	14.15	0.64	665	28845
鹤壁市							
浚县	73.45	73.14	38.79	34.31	0.08	284	24189
淇县	29.16	28.70	13.98	14.71		31	4193

8-8 续表 1

县　市	粮食产量（万吨）	#谷物	#小麦	#玉米	#豆类	棉花产量（吨）	园林水果产量（吨）
新乡市							
新乡县	27.10	26.20	14.28	11.88	0.85	44	4005
获嘉县	37.10	34.34	17.85	11.73	2.72	21	12708
原阳县	87.71	86.64	43.96	33.28	0.59	314	31385
延津县	50.40	49.36	35.56	13.80	0.06		24820
封丘县	73.90	70.45	46.54	23.88	0.33	514	28684
长垣县	73.20	72.02	40.30	29.91	0.82	336	15141
卫辉市	41.72	41.17	21.47	19.61	0.11		55972
辉县市	61.47	61.04	31.51	29.44	0.09		51924
焦作市							
修武县	21.77	21.59	10.83	10.76	0.08	8	9204
博爱县	20.41	19.98	10.21	9.74	0.16	32	14366
武陟县	53.18	52.47	29.02	19.71	0.38	135	31239
温县	31.25	30.85	17.28	13.57	0.02	63	23618
沁阳市	34.19	33.21	17.49	15.72	0.55		29962
孟州市	28.12	27.97	16.66	11.30	0.04	73	21361
濮阳市							
清丰县	59.82	57.59	36.66	20.93	0.15	2	11706
南乐县	49.45	48.77	26.67	22.09	0.12	7	172388
范县	39.53	37.57	18.53	7.94	1.74	86	7482
台前县	21.89	20.27	12.04	8.23	1.50	64	6291
濮阳县	100.00	96.23	55.38	31.88	3.17	1701	44309
许昌市							
鄢陵县	56.46	55.09	32.96	22.12	1.03	85	4895
襄城县	58.99	46.31	33.02	13.06	3.72	271	18972
禹州市	56.52	53.01	28.96	24.06	0.35	62	19169
长葛市	57.09	56.00	30.07	25.93	0.83		3972
漯河市							
舞阳县	55.65	53.58	29.32	24.26	1.11	144	17872
临颍县	50.94	46.33	30.80	15.53	1.90	442	1689
三门峡市							
渑池县	19.38	16.03	10.29	5.38	1.44	75	200837
卢氏县	13.50	11.46	6.18	5.25	1.48		78389
义马市	0.98	0.89	0.44	0.45	0.02		825
灵宝市	24.47	22.05	11.90	10.15	1.28	945	1568528
南阳市							
南召县	15.21	14.01	3.47	5.13	0.19		13534
方城县	71.86	69.12	37.76	31.24	1.13	410	42632
西峡县	10.26	9.33	3.55	5.12	0.14		584677

8-8 续表 2

县　市	粮食产量（万吨）	#谷物	#小麦	#玉米	#豆类	棉花产量（吨）	园林水果产量（吨）
镇平县	52.27	51.18	28.10	22.79	0.26	78	9001
内乡县	38.99	36.88	18.60	17.57	0.03	25	55701
淅川县	29.19	27.37	15.23	9.31	0.60	564	50177
社旗县	64.61	60.75	29.10	31.65	1.22	690	18595
唐河县	131.91	125.71	91.48	30.12	0.63	419	70898
新野县	53.04	51.83	38.23	13.60	0.50		14367
桐柏县	24.72	24.26	6.79	4.56	0.11	72	18005
邓州市	120.80	116.52	79.85	30.96	2.83	487	32021
商丘市							
民权县	72.39	71.18	47.47	23.35	0.57	505	185649
睢县	67.86	66.08	40.16	25.91	0.92	337	31471
宁陵县	51.16	49.81	33.84	15.97	0.54	31	273006
柘城县	79.98	79.05	47.51	31.55	0.54	660	14828
虞城县	99.36	98.52	54.89	43.63	0.16	1918	577489
夏邑县	106.40	105.55	58.82	46.73	0.42	662	304440
永城市	132.70	122.14	80.20	41.94	9.60	213	269670
信阳市							
罗山县	71.99	71.25	11.66	0.04	0.10	35	7780
光山县	55.79	55.33	6.31		0.10	49	30809
新县	11.72	11.37	0.44	0.01	0.01	11	3085
商城县	29.92	29.59	3.60	0.02	0.08	28	6657
固始县	113.10	112.90	16.60	2.12	0.03	72	23454
潢川县	69.60	69.46	15.65	0.03	0.02	16	3427
淮滨县	57.46	56.11	27.34	1.93	0.12	85	30017
息县	96.76	95.87	48.06	8.96	0.13	164	20568
周口市							
扶沟县	67.96	63.92	47.16	16.62	3.85	526	26370
西华县	84.36	81.36	53.68	27.68	2.27	371	164222
商水县	109.56	101.69	57.85	43.79	5.55	614	50396
沈丘县	93.87	89.05	53.09	35.96	2.33	19	109687
郸城县	111.81	103.23	64.36	38.88	2.44	398	19091
淮阳县	103.68	98.85	57.45	41.39	2.09	208	18555
太康县	129.25	125.26	79.04	46.21	2.58	1134	42704
鹿邑县	95.60	90.70	52.00	38.71	3.70	256	12317
项城市	91.13	86.10	54.70	31.39	3.38	505	48135
驻马店市							
西平县	96.64	96.51	52.90	43.61	0.04		16950
上蔡县	108.80	106.29	69.59	36.70	1.86	270	9409
平舆县	85.73	83.40	56.69	26.71	0.99	4	5556
正阳县	90.90	89.60	73.24	4.30	0.26		9557
确山县	56.05	53.84	33.88	17.08	0.02	16	7443
泌阳县	68.88	66.06	42.26	21.97	0.10	63	34840
汝南县	82.72	81.32	59.78	20.51	0.64		8791
遂平县	63.87	62.60	37.53	25.07	0.26	21	21787
新蔡县	91.85	91.03	54.76	34.83	0.26	195	19465

8-9 各县(市)畜牧业生产情况(2018年)

县　市	猪出栏头数(万头)	牛出栏头数(万头)	羊出栏只数(万只)	猪肉产量(万吨)	禽蛋产量(万吨)	猪年末头数(万头)	牛年末头数(万头)	羊年末只数(万只)
郑州市								
中牟县	11.77	0.66	3.97	0.86	0.15	2.28	0.64	0.79
巩义市	30.46	0.17	4.95	2.41	0.95	21.21	0.38	3.77
荥阳市	27.49	0.94	4.04	2.22	3.00	12.09	1.00	2.90
新密市	11.13	0.20	3.04	0.81	2.52	11.06	0.50	5.53
新郑市	54.90	0.40	4.67	4.12	2.99	16.12	0.50	2.86
登封市	17.65	0.50	8.02	1.37	1.61	15.58	0.89	8.21
开封市								
杞县	107.39	5.26	37.90	8.00	8.09	79.99	7.55	34.60
通许县	72.90	0.36	22.47	5.37	2.51	53.01	0.51	25.93
尉氏县	111.44	4.44	42.44	8.43	5.49	69.90	9.90	37.04
兰考县	32.50	1.57	38.38	2.49	8.16	19.60	1.97	24.20
洛阳市								
孟津县	20.99	0.69	4.29	1.64	1.06	19.19	2.35	7.37
新安县	18.56	0.65	9.25	1.39	1.22	13.42	1.34	8.51
栾川县	5.34	0.52	1.98	0.40	0.61	4.00	0.27	1.41
嵩县	16.99	3.93	11.53	1.30	1.50	13.49	6.77	11.32
汝阳县	12.63	0.39	3.01	0.95	1.38	9.34	0.88	8.25
宜阳县	33.57	1.35	12.99	2.60	1.29	20.80	2.01	15.16
洛宁县	12.28	5.96	10.80	0.83	1.12	9.05	8.07	7.76
伊川县	27.31	1.53	5.30	1.97	1.60	18.44	2.46	7.14
偃师市	29.92	0.86	2.46	2.11	0.86	20.13	2.08	2.59
平顶山市								
宝丰县	35.46	0.66	7.42	2.58	0.93	29.83	1.89	7.00
叶县	127.06	2.60	49.61	9.57	3.74	62.28	3.62	37.41
鲁山县	24.76	1.15	13.82	1.82	2.27	16.93	2.21	13.34
郏县	25.83	3.04	16.56	1.92	1.20	12.48	3.92	10.54
舞钢市	25.73	0.34	6.99	1.94	0.88	20.38	0.58	7.82
汝州市	94.31	3.55	19.12	7.10	4.99	70.87	5.51	32.70
安阳市								
安阳县	11.56	0.07	2.22	0.86	0.76	7.84	0.13	2.12
汤阴县	33.13	0.37	8.22	2.52	2.78	20.78	0.53	5.33
滑县	44.18	0.95	25.37	3.31	5.58	34.06	1.87	15.16
内黄县	52.28	0.77	31.77	3.97	4.49	37.67	0.91	23.31
林州市	77.26	0.27	6.93	5.91	1.56	55.00	0.24	3.31
鹤壁市								
浚县	73.04	0.84	19.77	5.58	3.81	39.72	1.04	18.84
淇县	56.97	0.09	1.93	4.29	3.71	34.59	0.60	3.29

8-9 续表 1

县 市	猪出栏头数(万头)	牛出栏头数(万头)	羊出栏只数(万只)	猪肉产量(万吨)	禽蛋产量(万吨)	猪年末头数(万头)	牛年末头数(万头)	羊年末只数(万只)
新乡市								
新乡县	18.38	0.43	2.57	1.38	1.39	10.76	0.72	2.60
获嘉县	26.40	0.15	2.49	1.98	1.65	16.50	0.23	2.47
原阳县	45.79	0.83	20.65	3.48	4.03	40.01	2.46	13.97
延津县	24.77	0.70	7.26	1.86	1.25	14.57	1.23	3.83
封丘县	86.54	2.60	24.11	6.43	4.83	50.28	4.66	13.07
长垣县	28.22	0.79	9.87	2.13	2.82	15.23	0.92	5.34
卫辉市	63.95	0.28	3.70	4.78	2.92	47.51	0.51	6.78
辉县市	117.57	1.56	6.95	8.93	7.35	69.80	2.93	4.86
焦作市								
修武县	17.99	1.06	2.71	1.23	1.30	15.65	0.82	2.68
博爱县	14.50	0.50	2.28	1.09	1.14	10.07	0.69	2.35
武陟县	43.65	1.47	8.72	3.19	4.09	29.93	2.05	5.91
温县	14.54	0.74	3.37	1.11	1.83	12.03	0.72	3.49
沁阳市	15.58	0.78	4.54	1.21	0.96	12.27	0.91	3.75
孟州市	31.03	0.73	3.46	2.33	0.89	22.54	0.92	3.32
濮阳市								
清丰县	35.51	0.17	8.33	2.65	1.69	15.73	0.14	4.53
南乐县	37.97	3.61	5.72	2.81	9.49	33.45	2.03	4.10
范县	14.86	0.78	22.89	1.10	3.91	7.85	1.01	11.44
台前县	5.99	0.48	6.54	0.45	1.29	4.23	0.58	4.24
濮阳县	41.64	0.98	56.70	3.06	9.23	40.31	1.57	32.60
许昌市								
鄢陵县	81.15	0.47	8.80	6.07	2.28	54.17	0.19	5.01
襄城县	63.89	3.74	18.86	4.79	3.47	52.36	5.98	15.50
禹州市	79.32	1.46	29.78	5.90	0.77	52.08	1.28	19.41
长葛市	73.02	1.11	12.73	5.48	5.20	43.86	1.25	8.62
漯河市								
舞阳县	77.52	0.30	14.72	5.78	2.31	47.01	0.67	7.51
临颍县	99.04	0.39	4.36	7.32	4.26	53.97	0.62	3.82
三门峡市								
渑池县	28.09	2.51	12.71	2.16	1.51	18.13	5.40	11.72
卢氏县	8.57	1.16	3.49	0.63	0.40	6.09	3.13	4.55
义马市	7.52	0.03	0.71	0.54	0.06	6.45	0.03	0.49
灵宝市	30.28	1.74	11.56	2.27	1.23	24.70	3.59	12.87
南阳市								
南召县	9.50	0.58	13.56	0.73	1.21	7.21	1.35	9.67
方城县	88.77	3.76	25.43	5.70	2.36	56.15	4.57	26.08
西峡县	14.93	1.45	22.72	1.12	0.83	8.60	2.34	12.57

8-9 续表 2

县 市	猪出栏头数(万头)	牛出栏头数(万头)	羊出栏只数(万只)	猪肉产量(万吨)	禽蛋产量(万吨)	猪年末头数(万头)	牛年末头数(万头)	羊年末只数(万只)
镇平县	18.45	0.96	15.84	1.43	2.45	15.49	2.53	14.83
内乡县	119.17	4.90	60.54	9.01	2.00	71.67	7.36	39.12
淅川县	11.02	1.54	19.00	0.86	0.92	7.90	2.15	9.99
社旗县	78.90	5.42	16.45	5.95	1.66	54.78	6.93	18.43
唐河县	113.53	10.70	37.22	8.52	4.80	80.38	15.46	35.29
新野县	24.06	6.36	22.10	1.85	2.58	19.44	10.34	17.81
桐柏县	14.09	1.65	12.56	1.17	1.11	8.96	3.05	10.87
邓州市	142.62	10.29	61.58	10.70	5.33	102.59	15.42	39.43
商丘市								
民权县	41.12	4.32	53.60	2.90	4.72	27.20	5.03	48.13
睢县	54.76	1.03	24.01	4.12	5.15	32.33	1.03	13.29
宁陵县	40.29	0.92	22.17	2.80	2.43	23.55	2.07	17.40
柘城县	53.52	4.40	39.15	4.02	4.15	35.07	4.08	33.74
虞城县	34.46	5.47	42.38	2.58	7.61	20.70	15.52	28.05
夏邑县	88.75	1.62	31.05	6.75	4.62	55.28	4.17	34.13
永城市	51.14	1.65	70.70	3.91	12.27	42.63	1.93	43.27
信阳市								
罗山县	47.02	0.27	3.55	3.90	2.38	39.01	0.88	3.95
光山县	12.16	0.34	2.09	1.04	1.94	12.39	0.95	3.46
新县	4.91	0.87	2.60	0.51	0.74	4.95	1.30	4.19
商城县	14.76	0.29	4.13	1.21	1.36	10.55	0.49	4.06
固始县	109.52	1.56	36.32	8.36	11.40	68.91	1.04	27.91
潢川县	81.01	0.79	4.69	6.15	7.53	49.59	1.13	3.12
淮滨县	17.77	1.09	12.83	1.38	4.25	16.64	1.64	9.01
息县	42.46	1.87	6.81	3.33	2.40	35.40	3.11	6.60
周口市								
扶沟县	52.97	0.50	8.33	3.71	1.46	43.11	0.98	11.16
西华县	94.68	1.66	30.83	7.16	5.78	69.14	2.57	36.19
商水县	95.23	1.80	41.67	7.21	5.67	69.18	2.81	24.02
沈丘县	87.64	2.94	64.17	6.71	5.62	55.10	3.72	54.32
郸城县	53.58	3.20	36.67	3.75	6.99	49.14	5.08	39.42
淮阳县	92.23	1.00	60.00	7.02	5.30	58.07	1.64	32.47
太康县	98.59	2.46	65.00	7.44	5.95	73.55	3.70	31.53
鹿邑县	82.37	0.71	22.13	6.22	3.81	55.99	1.14	18.43
项城市	52.96	2.67	18.17	3.71	4.37	50.97	4.25	21.81
驻马店市								
西平县	136.83	0.90	17.65	10.42	5.30	90.42	1.19	12.16
上蔡县	92.66	2.26	16.23	6.95	2.99	66.31	2.97	12.64
平舆县	74.93	1.37	23.69	5.62	2.43	47.83	2.44	16.65
正阳县	156.42	0.81	4.44	12.06	1.54	107.34	2.26	3.10
确山县	75.27	4.63	32.73	5.67	2.38	55.99	8.57	27.20
泌阳县	94.71	25.03	27.20	7.18	2.55	53.19	38.54	28.23
汝南县	92.16	3.16	33.37	6.93	2.77	65.75	3.78	19.43
遂平县	100.59	1.49	11.75	7.59	4.06	71.94	1.70	8.08
新蔡县	91.57	3.71	26.95	6.95	2.96	65.85	4.24	17.06

8-10 各县(市、区)财政、金融主要指标(2018年)

单位：亿元

县市区	一般公共预算收入	一般公共预算支出	#教育	#农林水事务	金融机构存款余额	金融机构贷款余额
郑州市						
中原区	30.11	35.03	7.27	0.27		
二七区	32.01	39.55	7.37	0.86		
管城区	28.64	35.28	5.02	0.62		
金水区	61.40	66.81	13.54	0.72		
上街区	14.34	23.59	2.83	0.36		
惠济区	21.03	22.37	5.16	1.53		
中牟县	53.00	108.56	15.05	9.57	585.28	403.82
巩义市	45.40	75.64	12.95	6.16	430.65	267.20
荥阳市	46.90	70.42	13.18	7.63	395.91	272.37
新密市	35.05	63.30	11.85	6.81	459.45	205.33
新郑市	75.04	103.73	14.32	8.86	625.09	572.61
登封市	27.51	62.59	12.65	10.10	338.92	178.49
开封市						
龙亭区	2.07	4.57	0.64	0.22		
顺河区	1.55	5.80	0.93	0.22		
鼓楼区	2.01	4.20	0.84	0.14		
禹王台区	2.10	4.79	0.69	0.26		
祥符区	9.84	40.91	6.43	8.06	188.43	107.53
杞县	15.41	49.43	9.30	5.91	208.87	107.71
通许县	10.06	34.69	6.08	4.77	159.27	80.62
尉氏县	20.56	57.82	10.45	9.12	236.97	131.20
兰考县	21.49	65.72	11.87	11.53	236.97	180.52
洛阳市						
老城区	6.79	10.00	1.19	0.14		
西工区	16.75	17.52	2.19	0.19		
瀍河区	6.21	9.67	1.57	0.15		
涧西区	26.75	27.30	3.65	0.08		
吉利区	8.83	7.93	1.23	0.38		
洛龙区	19.59	29.54	4.89	1.35		
孟津县	16.75	33.01	5.75	3.09	168.78	83.86
新安县	24.56	37.30	7.85	4.76	217.01	133.10
栾川县	20.24	28.40	6.01	6.81	202.50	93.99
嵩县	8.37	35.37	7.73	9.78	164.64	62.39
汝阳县	10.69	27.66	6.62	4.70	123.75	73.02
宜阳县	12.78	36.37	8.56	4.59	169.23	101.52
洛宁县	10.79	32.18	6.07	7.62	130.01	58.05
伊川县	22.36	42.46	10.26	5.12	553.91	412.76
偃师市	22.85	37.88	9.45	2.67	318.72	142.98
平顶山市						
新华区	6.05	13.09	2.04	0.25		
卫东区	4.14	10.75	1.64	0.17		
石龙区	4.00	6.96	1.04	0.38		
湛河区	6.45	12.46	2.15	0.54		
宝丰县	12.82	36.54	4.92	4.77	190.77	142.12
叶县	7.82	41.04	6.72	9.96	214.70	84.39
鲁山县	7.53	43.48	8.70	8.49	241.68	75.62
郏县	8.83	27.12	4.80	3.86	163.63	87.99
舞钢市	10.24	22.29	3.82	3.18	166.83	108.80
汝州市	31.59	62.06	13.28	5.18	359.78	237.52

8-10 续表 1

单位：亿元

县市区	一般公共预算收入	一般公共预算支出	#教育	#农林水事务	金融机构存款余额	金融机构贷款余额
安阳市						
文峰区	9.10	12.01	3.04	0.26		
北关区	8.04	9.88	2.32	0.46		
殷都区	18.25	23.43	4.60	2.18		
龙安区	6.52	12.35	2.51	1.52		
安阳县	6.65	24.79	4.62	3.64	376.83	193.33
汤阴县	13.51	33.39	6.84	7.37	159.12	94.43
滑县	12.16	65.67	15.44	9.66	353.64	139.83
内黄县	8.79	36.42	7.32	7.47	166.64	75.73
林州市	25.02	56.76	11.15	6.06	529.79	205.84
鹤壁市						
鹤山区	3.35	7.94	1.08	0.77		
山城区	7.73	11.67	2.87	0.55		
淇滨区	11.06	18.13	2.49	1.46		
浚县	7.88	30.68	5.20	4.87	162.54	122.44
淇县	10.29	21.21	3.42	2.77	100.44	136.93
新乡市						
红旗区	8.16	11.13	2.15	0.50		
卫滨区	3.00	5.79	0.98	0.42		
凤泉区	3.47	5.16	1.13	0.44		
牧野区	5.62	9.59	1.63	0.47		
新乡县	9.53	17.49	3.92	2.49	173.58	113.99
获嘉县	5.25	17.94	4.20	2.77	122.38	38.14
原阳县	10.01	37.12	5.85	9.91	157.80	105.96
延津县	5.14	21.75	4.99	3.71	119.23	40.38
封丘县	6.05	46.63	9.37	16.29	189.99	40.32
长垣县	24.69	55.97	10.59	7.90	427.27	219.14
卫辉市	11.01	26.80	6.10	3.22	155.31	77.88
辉县市	25.86	46.54	8.69	8.25	325.40	166.84
焦作市						
解放区	12.62	12.87	1.78	0.92		
中站区	7.35	7.98	1.29	0.39		
马村区	5.53	6.85	1.36	0.51		
山阳区	13.65	9.85	1.60	0.27		
修武县	13.99	20.53	3.39	2.09	101.87	78.42
博爱县	9.00	18.75	3.26	2.36	133.39	89.06
武陟县	14.05	36.85	5.99	3.93	192.95	127.98
温县	8.26	21.71	3.22	3.19	139.08	78.25
沁阳市	16.58	28.56	4.52	3.16	173.23	105.20
孟州市	14.87	26.23	3.89	3.38	139.90	92.80

8-10　续表 2

单位：亿元

县市区	一般公共预算收入	一般公共预算支出	#教育	#农林水事务	金融机构存款余额	金融机构贷款余额
濮阳市						
华龙区	12.38	19.58	2.92	0.77		
清丰县	8.17	44.76	8.32	5.74	164.30	78.22
南乐县	6.64	30.90	6.81	5.29	129.20	53.83
范县	7.38	36.28	6.37	9.16	164.27	57.03
台前县	4.03	36.20	5.86	13.84	124.11	50.85
濮阳县	13.04	67.57	12.20	13.48	275.20	152.05
许昌市						
魏都区	11.66	17.37	3.66	0.46		
建安区	21.62	43.71	7.75	5.70		
鄢陵县	11.87	33.12	6.71	4.10	205.55	132.07
襄城县	19.00	41.37	8.71	5.22	288.16	194.07
禹州市	20.87	59.54	11.55	6.68	388.28	229.05
长葛市	29.14	45.59	11.00	4.74	322.31	219.21
漯河市						
源汇区	5.85	14.62	1.86	1.49		
郾城区	6.07	20.68	3.86	2.07		
召陵区	4.91	18.63	3.39	2.24		
舞阳县	12.23	33.41	5.39	5.69	167.37	44.24
临颍县	15.47	35.41	7.94	4.02	182.99	105.40
三门峡市						
湖滨区	8.89	14.54	3.01	1.06		
陕州区	18.01	28.81	4.96	4.49		
渑池县	25.83	39.35	7.05	4.99	154.06	74.77
卢氏县	7.46	36.38	6.00	11.66	135.02	70.15
义马市	14.55	19.43	3.27	0.57	117.20	77.66
灵宝市	21.10	49.71	6.83	6.62	326.89	161.37
南阳市						
宛城区	8.29	29.66	5.15	5.04		
卧龙区	11.63	33.00	6.63	3.85		
南召县	6.33	34.26	8.00	6.14	148.78	80.90
方城县	10.25	47.87	10.10	8.10	222.28	108.84
西峡县	15.27	34.17	8.94	5.10	214.09	124.80
镇平县	9.24	47.07	10.07	8.22	292.74	120.62
内乡县	10.82	41.04	8.65	7.30	219.08	153.86
淅川县	9.24	50.25	9.43	9.73	246.37	134.98
社旗县	6.14	33.76	7.41	5.80	160.61	82.04
唐河县	9.41	59.84	10.47	9.61	327.41	128.21
新野县	7.74	32.55	6.52	5.89	224.19	118.29
桐柏县	9.78	29.91	6.76	6.34	146.94	58.66
邓州市	16.73	75.00	16.82	11.86	385.16	211.37

8-10 续表 3

单位：亿元

县市区	一般公共预算收入	一般公共预算支出	#教育	#农林水事务	金融机构存款余额	金融机构贷款余额
商丘市						
梁园区	9.66	34.56	5.92	2.80		
睢阳区	10.37	39.37	6.88	4.70		
民权县	10.01	45.60	7.49	9.59	215.19	118.65
睢县	7.66	41.36	7.21	7.77	198.75	75.16
宁陵县	5.67	36.32	6.78	7.61	153.52	96.20
柘城县	8.58	45.55	9.82	8.90	220.73	85.16
虞城县	10.02	53.06	9.48	8.06	278.57	111.18
夏邑县	8.96	53.99	9.08	9.71	295.66	83.36
永城市	40.80	77.01	13.71	10.54	521.09	292.01
信阳市						
浉河区	10.90	26.32	6.21	2.24		
平桥区	8.40	33.84	10.27	6.02		
罗山县	6.45	37.88	6.52	7.78	256.40	77.39
光山县	5.93	51.73	11.57	8.03	273.81	107.78
新县	6.06	27.30	6.50	5.31	140.25	63.15
商城县	6.57	44.66	13.40	8.49	236.68	78.16
固始县	13.48	77.91	17.90	19.90	489.48	187.54
潢川县	7.03	43.32	10.16	10.43	251.59	258.23
淮滨县	6.76	47.39	11.83	9.72	201.27	75.45
息县	6.79	56.40	13.08	12.06	285.84	97.37
周口市						
川汇区	5.88	26.35	3.29	1.07		
扶沟县	7.49	38.88	7.28	6.63	205.47	65.00
西华县	7.65	49.67	6.89	7.59	233.89	67.74
商水县	7.26	54.63	11.97	10.30	271.59	71.60
沈丘县	14.19	65.03	14.97	10.14	302.01	149.44
郸城县	11.07	59.53	13.74	10.27	283.97	73.61
淮阳县	8.91	60.33	12.49	11.53	288.71	72.65
太康县	11.03	71.66	13.55	12.13	294.30	98.86
鹿邑县	14.24	58.25	8.63	8.97	297.67	133.74
项城市	12.17	52.98	11.27	5.55	329.80	93.02
驻马店市						
驿城区	16.01	47.51	8.93	4.86		
西平县	10.51	45.69	9.14	6.64	261.21	116.39
上蔡县	8.03	61.70	11.96	14.19	352.30	110.94
平舆县	9.64	49.14	9.58	6.73	275.32	111.23
正阳县	6.96	45.24	7.65	5.70	247.59	112.13
确山县	10.52	31.82	6.18	7.88	215.32	79.76
泌阳县	11.00	57.93	9.64	8.22	230.34	87.27
汝南县	8.36	44.92	9.19	9.00	233.27	83.89
遂平县	10.35	35.85	7.27	6.30	186.42	123.58
新蔡县	10.05	54.12	9.67	11.76	276.65	119.27

8-11 各县(市)教育主要指标(2018年)

县 市	在校学生数（人）		小学在校生巩固率	初中在校生巩固率	高中阶段毛入学率
	小学	普通中学	(%)	(%)	(%)
郑州市					
中牟县	113311	53792	100.3	93.4	55.7
巩义市	54103	38743	94.7	100.3	72.5
荥阳市	48417	34444	98.8	98.4	120.4
新密市	68740	48355	101.0	96.5	76.3
新郑市	109347	65987	119.6	97.8	214.8
登封市	89391	81217	128.3	148.3	161.7
开封市					
杞县	97531	64099	109.4	118.1	51.6
通许县	57513	38188	96.0	101.5	78.6
尉氏县	96753	54467	98.0	102.0	55.8
兰考县	80155	56920	98.1	97.0	67.6
洛阳市					
孟津县	30594	27213	96.3	97.7	112.7
新安县	37897	32517	86.4	95.5	128.2
栾川县	30516	20479	99.5	98.6	87.7
嵩县	55268	36105	91.3	92.0	64.1
汝阳县	51907	32883	89.9	91.5	49.3
宜阳县	51919	40761	88.0	91.9	49.9
洛宁县	37203	27104	83.5	92.2	44.9
伊川县	85791	54574	92.5	88.7	62.8
偃师市	38543	28270	92.2	93.5	58.9
平顶山市					
宝丰县	57269	35970	99.2	100.0	69.0
叶县	77570	45619	98.7	98.2	59.8
鲁山县	103159	65651	102.1	96.3	69.6
郏县	58200	37024	94.9	103.0	38.7
舞钢市	30594	16569	98.7	99.6	79.9
汝州市	122624	70506	100.7	86.3	88.9
安阳市					
安阳县	47647	32247	46.9	51.5	33.4
汤阴县	52188	35356	99.8	100.8	68.0
滑县	156802	79189	94.0	91.0	66.9
内黄县	83396	48838	110.0	103.6	52.2
林州市	109070	67198	100.2	102.1	72.5
鹤壁市					
浚县	63211	40933	97.1	98.5	35.4
淇县	25935	17421	94.6	96.7	51.1

8-11 续表 1

县 市	在校学生数（人）		小学在校生巩固率 (%)	初中在校生巩固率 (%)	高中阶段毛入学率 (%)
	小学	普通中学			
新乡市					
新乡县	32762	22053	98.2	92.5	101.3
获嘉县	39061	25886	99.7	98.7	110.2
原阳县	72489	47738	96.6	93.4	102.8
延津县	48436	37632	100.6	99.8	88.9
封丘县	77180	47122	102.8	90.3	109.0
长垣县	97201	66641	104.7	95.4	126.7
卫辉市	57767	33430	97.6	99.8	90.5
辉县市	99834	56098	98.8	99.5	104.7
焦作市					
修武县	19822	16182	92.9	98.0	110.2
博爱县	31735	19620	99.4	101.7	85.5
武陟县	57252	35747	101.1	101.2	119.0
温县	30601	24399	100.2	100.4	102.0
沁阳市	34730	31228	97.7	97.2	111.5
孟州市	21096	13711	97.5	97.7	89.8
濮阳市					
清丰县	62295	29883	87.6	95.3	98.4
南乐县	55927	34558	93.7	97.0	109.3
范县	49231	33332	81.1	89.3	93.3
台前县	40566	22945	91.1	95.5	35.0
濮阳县	105095	45535	79.9	113.9	98.2
许昌市					
鄢陵县	59073	32088	99.8	103.5	118.2
襄城县	73002	52287	106.1	100.3	94.8
禹州市	107525	66122	103.2	99.3	99.1
长葛市	67561	44037	98.8	94.4	108.4
漯河市					
舞阳县	41129	23151	91.2	91.8	71.2
临颍县	50774	39093	94.7	96.4	70.9
三门峡市					
渑池县	31314	21201	96.1	94.8	63.2
卢氏县	22060	21207	98.8	99.7	92.4
义马市	9643	4537	92.5	93.1	134.1
灵宝市	51716	33716	96.1	99.6	107.3
南阳市					
南召县	68894	42005	89.0	84.2	90.7
方城县	121273	68687	94.0	99.8	110.5
西峡县	45967	39234	96.9	99.7	114.5

8-11 续表 2

县 市	在校学生数（人）		小学在校生巩固率	初中在校生巩固率	高中阶段毛入学率
	小学	普通中学	(%)	(%)	(%)
镇平县	104564	57090	85.2	89.0	50.1
内乡县	73102	47849	100.1	97.7	70.9
淅川县	61974	54075	90.3	87.7	64.5
社旗县	71505	40880	111.9	81.5	49.7
唐河县	137849	62693	87.8	99.2	45.3
新野县	84239	48143	88.3	97.4	53.2
桐柏县	47830	32479	100.3	94.1	57.1
邓州市	173329	102038	87.0	83.1	62.8
商丘市					
民权县	77221	47832	73.2	92.2	69.4
睢县	70938	47811	71.9	94.8	75.8
宁陵县	60511	29474	88.7	92.1	48.3
柘城县	75244	52001	83.9	91.6	73.4
虞城县	111659	71177	80.1	100.5	92.8
夏邑县	91464	51140	86.9	96.6	65.7
永城市	156730	90959	86.6	89.1	60.2
信阳市					
罗山县	61726	45227	94.2	101.0	102.0
光山县	64742	65398	95.7	99.4	88.8
新县	25446	23879	86.7	98.3	94.5
商城县	48507	53123	103.1	102.1	94.6
固始县	124246	104898	102.1	101.2	83.8
潢川县	60532	44492	105.5	104.1	90.5
淮滨县	60750	46919	82.1	98.9	94.5
息县	87303	59264	88.4	97.9	66.1
周口市					
扶沟县	50360	44656	118.2	93.8	70.3
西华县	66036	46405	97.0	96.5	63.6
商水县	93799	68674	75.8	100.2	54.3
沈丘县	101501	70311	122.3	103.2	61.2
郸城县	122360	100035	96.0	107.9	90.3
淮阳县	109073	81071	114.4	90.3	68.9
太康县	126089	82557	89.1	92.3	49.8
鹿邑县	97911	64787	148.0	88.2	55.4
项城市	104264	76655	139.5	107.2	78.2
驻马店市					
西平县	52347	37270	90.7	101.2	63.1
上蔡县	118767	88651	74.6	97.3	54.5
平舆县	91578	50934	81.7	101.6	69.9
正阳县	84102	47944	100.9	99.8	81.9
确山县	48144	36153	96.9	100.7	45.7
泌阳县	88039	58321	90.2	102.3	76.2
汝南县	65157	40835	95.3	96.3	64.0
遂平县	49973	28797	88.4	101.0	84.9
新蔡县	101172	65100	67.5	94.6	123.5

8-12 各县(市)卫生主要指标(2018年)

县 市	卫生机构床位数(张)	卫生技术人员(人)	执业医师(人)	助理医师(人)	注册护士(人)
郑州市					
中牟县	3371	3581	1048	295	1535
巩义市	3901	5196	1590	375	2259
荥阳市	2797	3722	1076	276	1588
新密市	5479	4960	1549	303	2227
新郑市	5816	7130	2378	475	3020
登封市	5315	4699	1471	322	2062
开封市					
杞县	3770	4081	1023	806	1364
通许县	2358	2784	718	345	1166
尉氏县	4208	3600	981	480	1607
兰考县	5854	5604	1363	638	2123
洛阳市					
孟津县	1957	2217	652	289	754
新安县	2492	2036	593	180	868
栾川县	2036	1878	518	159	821
嵩县	3368	2490	703	290	1056
汝阳县	1854	1823	468	180	732
宜阳县	3817	3013	708	419	1233
洛宁县	2511	1893	522	294	719
伊川县	4324	4664	1173	732	2272
偃师市	2967	3208	1076	383	1195
平顶山市					
宝丰县	2647	2844	778	489	1013
叶县	2729	2890	734	564	928
鲁山县	3859	3062	778	416	1198
郏县	3074	3218	814	414	1209
舞钢市	1729	1695	501	103	754
汝州市	6374	5615	1414	638	2098
安阳市					
安阳县	1063	1170	384	311	284
汤阴县	1765	2135	579	499	548
滑县	6471	6068	1560	950	2538
内黄县	3384	2973	828	490	986
林州市	4506	4226	1337	691	1408
鹤壁市					
浚县	2582	1797	575	433	430
淇县	2051	1857	539	149	817

8-12 续表 1

县市	卫生机构床位数(张)	卫生技术人员(人)	执业医师(人)	助理医师(人)	注册护士(人)
新乡市					
新乡县	1266	1348	423	230	473
获嘉县	2643	2089	577	209	728
原阳县	3358	3403	909	467	1457
延津县	2580	1877	494	237	746
封丘县	3785	2642	668	330	988
长垣县	4196	5163	1584	685	2085
卫辉市	4866	4597	1395	278	2210
辉县市	3129	3095	932	442	1098
焦作市					
修武县	1223	1413	411	277	455
博爱县	2303	1458	545	307	347
武陟县	3440	3207	891	482	1189
温县	2292	2030	605	178	684
沁阳市	1612	2113	724	264	708
孟州市	2027	1984	571	157	836
濮阳市					
清丰县	2907	1935	512	237	647
南乐县	2496	1779	412	231	669
范县	1841	1783	437	197	594
台前县	2257	1792	441	254	741
濮阳县	5670	4266	1182	775	1501
许昌市					
鄢陵县	3221	2939	742	495	1036
襄城县	3384	2968	708	334	1230
禹州市	6023	5628	1559	678	2168
长葛市	2367	3460	999	463	1260
漯河市					
舞阳县	2754	2373	565	228	927
临颍县	2642	2656	648	207	1157
三门峡市					
渑池县	1944	1735	436	184	646
卢氏县	1839	1595	400	260	534
义马市	1789	1553	431	83	771
灵宝市	2702	3349	1070	432	1219
南阳市					
南召县	2450	2955	605	418	1149
方城县	4513	2891	735	417	1037
西峡县	2541	2146	549	144	938

8-12 续表 2

县 市	卫生机构床位数(张)	卫生技术人员(人)	执业医师(人)	助理医师(人)	注册护士(人)
镇平县	3415	2623	654	525	746
内乡县	3463	2692	666	415	973
淅川县	2579	2518	661	249	842
社旗县	2473	2433	661	389	903
唐河县	3535	3749	861	378	1511
新野县	2867	2467	591	369	896
桐柏县	1778	1936	422	206	659
邓州市	6736	5307	1340	537	2084
商丘市					
民权县	3958	2888	775	421	1030
睢县	3846	4234	882	404	1634
宁陵县	2332	3369	680	520	867
柘城县	4689	4417	1068	768	1694
虞城县	3657	4300	975	999	1147
夏邑县	4056	4128	920	529	1592
永城市	7009	6283	1473	714	2405
信阳市					
罗山县	2617	2231	627	204	974
光山县	3265	2568	747	242	919
新县	996	1187	306	104	457
商城县	2759	2187	629	295	831
固始县	6013	4994	1316	471	1820
潢川县	2468	2261	584	339	761
淮滨县	2543	2166	570	337	818
息县	3221	2893	729	349	1062
周口市					
扶沟县	2823	2790	696	464	986
西华县	3072	3311	655	395	1150
商水县	4481	4151	1092	722	1608
沈丘县	4427	4262	1035	787	1242
郸城县	4831	5260	1161	681	2027
淮阳县	4838	5058	1226	825	1770
太康县	7240	5268	1223	879	2015
鹿邑县	5448	4532	1013	852	1618
项城市	3502	3159	754	373	1245
驻马店市					
西平县	3399	3180	803	403	1261
上蔡县	4860	3855	940	401	1474
平舆县	5825	4427	979	475	2061
正阳县	2832	2713	739	367	1015
确山县	2369	2242	516	235	1046
泌阳县	4470	3080	738	497	1123
汝南县	2386	2765	664	348	1045
遂平县	3029	2621	702	267	1055
新蔡县	3968	4066	958	623	1384

九 城市经济

资料整理：洪曼绮

9-1 城市社会经济主要指标

本表价值量指标均按当年价格计算。

指　　标	2017年	2018年
土地面积(万平方公里)	1.99	1.99
年末城镇失业人员(登记数)（万人）	17.47	23.50
生产总值(亿元)	15363.18	16835.87
第一产业	492.38	493.14
第二产业	6619.57	7062.68
第三产业	8251.23	9280.05
一般公共预算收入(亿元)	1852.38	2002.13
一般公共预算支出(亿元)	3075.04	3441.20
限额以上批发零售业商品销售总额(亿元)	10873.06	10096.84
当年实际使用外资金额(万美元)	854513.00	1145730.00
住户存款余额(亿元)	13971.20	15498.32
在校学生数(万人)		
普通中学	161.57	168.56
普通小学	236.24	243.63

9-2 省辖市市区社会

本表价值量指标均按当年价格计算。

指 标	郑 州	开 封	洛 阳	平顶山	安 阳	鹤 壁	新 乡
年底(末)户籍人口(万人)	383.70	171.32	206.71	111.28	118.24	65.18	108.76
年末城镇单位就业人员数（万人）	150.47	22.80	37.09	28.18	24.60	10.29	17.07
在岗职工平均人数(万人)	135.10	19.33	30.48	26.89	17.32	9.32	15.26
行政区域土地面积(平方公里)	1010	1816	879	443	534	679	432
#建成区面积	544	164	218	74	87	64	125
生产总值(亿元)	6012.93	743.04	1783.53	644.71	726.10	400.10	885.03
#第二产业	2366.93	252.49	622.93	335.90	320.84	231.08	377.29
第三产业	3629.43	427.70	1147.90	301.04	389.90	156.32	500.43
一般公共收入（亿元）	869.16	73.11	193.28	75.55	87.93	46.37	65.07
一般公共支出（亿元）	1279.10	160.72	286.85	129.97	144.21	78.69	119.68
规模以上工业法人企业	654	291	509	176	267	242	298
主营业务收入(亿元)		714.29	2209.47	850.22	1415.39	561.88	804.40
利润总额(亿元)		45.19	76.08	30.38	58.70	43.10	47.21
限额以上批零贸易业商品							
销售总额(亿元)	4916.37	181.91	930.09	461.74	402.16	190.95	334.34
当年实际使用外资金额（万美元）	313346	36421	156608	17724	27084	59448	302971
居民人民币储蓄存款余额（亿元）	5249.23	734.81	1645.21	762.91	624.00	256.27	640.23
在岗职工工资总额(亿元)	1144.93	114.78	245.18	180.02	119.05	55.32	100.79
在校学生数(万人)							
中等职业学校	22.90	2.52	5.81	1.57	2.20	1.70	3.59
普通中学	30.44	11.72	12.28	6.64	10.77	5.36	7.42
小学	48.42	15.44	18.10	9.98	17.96	6.36	10.76

经济主要指标(2018年)

焦　作	濮　阳	许　昌	漯　河	三门峡	南　阳	商　丘	信　阳	周　口	驻马店
153.13	74.51	133.87	134.14	63.01	202.76	187.54	156.50	64.22	85.10
17.16	20.80	17.11	22.70	9.32	17.69	18.64	17.77	12.50	18.59
15.72	17.04	15.99	21.37	8.50	17.01	15.63	19.28	11.80	16.60
578	263	1099	1020	1927	2135	1797	3604	333	1365
116	63	118	70	61	160	137	100	75	90
540.23	469.74	805.90	750.39	475.07	808.55	527.71	611.37	254.39	397.06
221.26	195.29	437.75	448.03	210.64	256.07	230.48	251.40	124.14	180.17
312.56	254.72	344.65	249.32	239.58	499.16	229.26	287.00	121.61	189.47
68.75	52.40	85.26	60.66	51.26	70.97	61.96	51.20	35.33	53.86
116.33	94.35	139.11	115.24	99.06	162.93	149.69	135.83	107.68	121.74
196	184	371	328	154	270	364	306	67	160
961.41	557.63	878.15	1328.46	532.64	586.32	600.08	571.20	281.68	383.16
74.91	-16.01	59.11	80.99	48.95	4.42	26.91	24.85	29.69	26.49
176.68	195.18	253.56	286.04	213.04	423.35	376.01	271.91	214.01	269.51
17739	22250	27239	65529	49510	12305	12573	2140	11060	11783
506.68	539.31	603.87	503.23	318.70	913.66	695.28	680.29	332.18	492.45
100.34	109.72	105.00	113.69	62.70	116.61	100.35	97.14	84.06	101.00
1.62	2.09	1.38	2.52	0.81	4.22	2.21	1.81	2.88	2.07
5.31	10.79	7.65	8.41	3.41	16.46	10.53	9.45	4.40	7.52
7.30	10.48	11.56	11.38	4.71	25.02	17.17	13.99	6.20	8.80

9-3　城市建设基本情况

指　　标	2005年	2010年	2013年	2014年	2015年	2016年	2017年	2018年
城市个数(个)	38	38	38	38	38	38	38	38
城区面积(平方公里)		4101	4658	4663	4810	4822	5132	5132
建成区面积(平方公里)	1572	2014	2289	2375	2503	2544	2685	2797
年底供水综合生产能力(万立方米/日)	1027	1010	1047	1084	1121	1180	1150.37	1166.64
全年供水总量(万立方米)	183436	179122	188710	191001	196709	203936	208604	216305
#生活用水量		76986	82258	87246	87545	96128	112218	118543
平均每人每天生活用水量(升)	147.1	109.1	105.3	107.4	111.0	115.6	129.3	134.8
用水普及率(%)	91.9	91.0	92.2	93.0	93.1	93.4	95.9	96.7
公共交通标准运营车辆(标台)	12514	18912	22790	25257	27355	29615	34082	37833
出租汽车数(辆)			59966	60935	61555	61899	62212	63398
煤气家庭用量(万立方米)	12735	15420	3374	2590	1553	440	43	23
天然气家庭用量(万立方米)	18649	48243	94825	96766	109376	113076	137002	157916
液化石油气家庭用量(吨)	198629	201931	190221	186581	179752	178357	179719	174613
燃气普及率(%)		73.4	82.0	83.8	86.0	88.9	94.0	96.3
集中供热面积(万平方米)	5361	10737	15151	18993	22375	26506	38898	43421
道路长度(千米)	7090	9413	11235	11627	12318	13042	13876	14538
道路面积(万平方米)	15653	21767	26843	28017	29915	31395	34735	36673
排水管道长度(千米)	10201	14733	18297	19348	20467	21376	23624	25027
建成区绿化覆盖面积(公顷)	50822	73652	86076	90995	94345	100070	105903	121864
建成区绿化覆盖率(%)	32.3	36.5	37.6	38.3	37.7	39.3	39.4	40.0
公园个数(个)	272	262	290	306	327	344	438	443
公园绿地面积(公顷)		18361	22226	23834	25201	25429	30002	31934
人均公园绿地面积(平方米)		8.7	9.6	9.9	10.2	10.4	12.0	12.7
生活垃圾清运量(万吨)	754	694	805	833	892	915	986	1019
生活垃圾无害化处理率(%)	58.1	82.5	90.0	92.8	96.0	98.7	99.7	99.7
城市污水排放量(亿吨)		14.74	16.77	16.95	19.47	18.50	19.11	20.04
城市污水处理量(亿吨)		12.91	15.24	15.68	18.22	17.78	18.52	19.49
城市污水处理厂集中处理率(%)			89.3	91.0	93.1	95.3	96.9	97.3

9-4 城市市政公用设施水平情况(2018年)

市	人口密度(人/平方公里)	人均日生活用水量(升)	用水普及率(%)	燃气普及率(%)	建成区供水管道密度(公里/平方公里)	人均城市道路面积(平方米)	建成区排水管道密度(公里/平方公里)	污水处理率(%)
全省	**4903**	**134.79**	**96.7**	**96.3**	**8.52**	**14.57**	**8.42**	**97.3**
郑州市	10937	140.38	100.0	95.1	8.89	9.77	8.35	98.1
巩义市	9900	112.95	78.3	90.9	5.35	11.34	7.46	99.9
荥阳市	2111	164.75	92.2	93.0	8.13	19.26	8.26	96.5
新密市	2754	98.85	98.6	96.6	9.45	15.83	5.07	99.8
新郑市	7638	154.33	90.1	100.0	10.61	16.12	7.45	96.8
登封市	3458	79.09	91.3	90.0	3.07	18.07	5.59	95.4
开封市	5321	139.94	97.1	98.4	13.10	19.41	8.31	95.7
洛阳市	7120	123.01	99.4	99.9	8.02	12.66	7.61	99.3
偃师市	8990	112.96	96.4	80.3	9.81	13.65	8.17	98.0
平顶山市	3709	145.54	98.0	98.4	14.09	14.23	6.84	99.2
舞钢市	1815	120.59	97.2	96.4	6.61	20.11	13.78	87.1
汝州市	3004	137.81	56.7	71.2	8.10	11.77	8.21	99.8
安阳市	4967	198.99	100.0	98.8	9.89	17.10	13.50	98.0
林州市	5682	136.54	99.5	98.9	10.52	14.90	8.60	93.2
鹤壁市	3759	115.17	97.1	97.3	9.22	18.39	8.37	95.5
新乡市	5640	184.30	99.4	99.1	7.12	15.09	5.77	93.1
卫辉市	3540	177.42	94.8	89.1	7.27	11.14	5.82	87.3
辉县市	1909	167.85	99.4	99.6	16.51	13.14	12.27	92.0
焦作市	5721	128.27	99.8	98.2	8.75	17.14	9.62	98.9
沁阳市	4118	75.03	85.3	93.0	8.86	28.30	11.92	92.7
孟州市	1350	96.92	98.1	92.8	12.68	26.26	18.76	95.9
濮阳市	3982	166.69	97.9	98.6	6.94	15.13	10.60	95.5
许昌市	2978	163.64	98.5	98.9	7.09	31.65	7.76	98.0
禹州市	8312	108.91	94.2	95.3	6.74	15.51	8.66	99.2
长葛市	2618	106.35	94.9	98.6	4.04	19.71	9.96	95.9
漯河市	5713	120.22	99.8	96.7	8.62	17.05	11.96	97.0
三门峡市	6770	104.37	97.2	96.5	4.89	13.19	4.63	96.7
义马市	1554	105.82	99.5	92.5	7.50	17.92	3.56	94.5
灵宝市	6424	123.00	99.4	86.7	4.74	15.24	6.62	93.0
南阳市	2503	109.27	88.2	98.2	3.51	13.50	8.79	99.9
邓州市	9763	88.61	92.1	90.5	19.14	16.56	15.03	97.3
商丘市	9367	103.49	98.1	98.7	8.12	12.27	6.59	98.6
永城市	5733	115.85	100.0	95.5	7.35	16.99	11.26	96.0
信阳市	2348	129.90	98.1	96.5	12.95	15.32	3.51	96.0
周口市	4313	185.50	98.6	98.0	5.05	20.98	9.29	95.7
项城市	5110	96.22	96.7	93.1	9.65	14.70	12.04	93.5
驻马店市	2777	171.73	89.1	98.0	6.18	23.46	8.38	98.7
济源市	3923	135.96	100.0	100.0	9.58	19.80	8.71	98.7

9-4 续表

市	人均公园绿地面积(平方米)	建成区绿化覆盖率(%)	建成区绿地率(%)	生活垃圾无害化处理率(%)	建成区面积(平方公里)
全省	**12.7**	**40.0**	**35.4**	**99.7**	**2797**
郑州市	14.3	40.8	35.8	100.0	544
巩义市	14.8	38.0	35.0	100.0	35
荥阳市	11.6	26.6	23.6	100.0	38
新密市	10.2	36.5	32.9	100.0	29
新郑市	13.9	36.2	31.6	100.0	34
登封市	13.0	41.0	36.6	100.0	26
开封市	11.0	38.4	34.3	100.0	134
洛阳市	10.9	40.7	35.4	100.0	227
偃师市	10.5	38.0	35.1	100.0	21
平顶山市	11.8	40.8	38.0	100.0	73
舞钢市	12.4	41.3	36.9	100.0	17
汝州市	13.3	36.2	31.1	100.0	42
安阳市	11.8	41.6	36.3	100.0	87
林州市	11.3	39.1	34.8	100.0	25
鹤壁市	14.2	42.0	35.9	100.0	64
新乡市	11.7	40.1	38.0	100.0	125
卫辉市	9.3	34.8	30.2	100.0	23
辉县市	9.0	35.8	31.5	100.0	22
焦作市	14.0	41.0	35.7	99.2	113
沁阳市	9.2	36.2	30.9	100.0	21
孟州市	10.9	38.7	34.6	100.0	17
濮阳市	14.8	40.6	36.2	100.0	63
许昌市	14.8	41.3	36.0	100.0	107
禹州市	10.8	39.2	34.3	100.0	46
长葛市	15.0	38.3	33.0	100.0	26
漯河市	15.0	41.1	36.4	100.0	68
三门峡市	13.0	36.5	32.4	98.8	61
义马市	13.6	37.2	32.3	100.0	19
灵宝市	10.5	35.3	31.0	100.0	23
南阳市	10.6	37.6	33.7	96.6	160
邓州市	10.1	40.5	38.6	100.0	35
商丘市	10.3	43.5	39.0	98.0	69
永城市	14.1	41.9	36.8	100.0	47
信阳市	14.1	43.8	37.0	100.0	100
周口市	13.3	38.6	33.9	100.0	75
项城市	11.7	38.2	34.5	100.0	36
驻马店市	14.2	45.0	39.0	100.0	90
济源市	12.8	41.9	37.8	100.0	55

9-5 城市供、排水情况(2018年)

市	综合生产能力(万立方米/日)	供水管道长度(公里)	供水总量(万立方米)				用水人口(万人)	污水排放量(万立方米)
				生产运营用水	公共服务用水	居民家庭用水		
全省	**1167**	**25738**	**216305**	**59921**	**28382**	**90161**	**2431.9**	**200389**
郑州市	195	4836	42098	3377	9920	21982	626.2	40880
巩义市	6	185	1773	188	460	688	27.9	1515
荥阳市	4	339	1877	659	170	911	18.0	1689
新密市	7	273	1301			766	21.2	1271
新郑市	16	406	1648	117	369	957	23.6	1480
登封市	4	142	1068	302	243	293	18.6	940
开封市	64	1761	11747	3664	1148	3924	99.3	11549
洛阳市	86	1822	17031	4503	3470	7031	234.5	16520
偃师市	7	208	1146	220	62	689	18.2	1144
平顶山市	60	1217	12545	5142	390	4030	94.5	12500
舞钢市	7	147	1467	801	70	458	12.0	1102
汝州市	19	338	1768	500	55	1080	23.3	1727
安阳市	91	860	10489	3648	1333	4187	76.0	8507
林州市	12	281	1420	108	118	953	21.5	1273
鹤壁市	24	594	4413	1759	34	1957	47.6	4140
新乡市	51	903	13718	6748	980	4299	78.5	10416
卫辉市	6	189	1844	645	203	774	15.1	1574
辉县市	15	433	2344	693	515	839	22.1	1992
焦作市	59	1133	8377	3346	553	3136	79.9	8356
沁阳市	8	191	602	132	60	267	11.9	600
孟州市	5	236	964	281	174	357	15.0	945
濮阳市	49	482	7457	3180	1236	2407	59.9	6208
许昌市	24	759	5006	237	920	2407	55.7	4259
禹州市	14	346	2251	368	72	1554	40.9	2250
长葛市	16	148	1669	438	185	543	18.8	1545
漯河市	41	616	7207	2900	691	1982	60.9	7200
三门峡市	18	314	3180	623	123	1701	48.0	2845
义马市	15	156	2310	1465	145	524	17.3	1678
灵宝市	11	163	2370	1216	211	620	18.5	2180
南阳市	72	1450	10078	3207	2010	3476	141.5	9990
邓州市	15	670	1984	425	187	976	36.0	1716
商丘市	41	627	5975	1330	142	3430	94.7	5600
永城市	13	343	3246	1026	359	1596	46.6	2679
信阳市	26	1299	5005	964		2832	59.7	4160
周口市	22	379	5059	370	872	2008	42.5	4761
项城市	9	382	2862	1321	123	918	29.6	2258
驻马店市	24	567	7309	2283	601	2268	45.8	7290
济源市	11	543	3698	1734	177	1341	30.6	3650

9-6 城市天然气、石油液化气供应情况(2018年)

市	天然气					液化气		
	供气管道长度(公里)	供气总量合计(万立方米)	#居民家庭	用气人口(万人)	天然气汽车加气站(座)	供气总量合计(吨)	#居民家庭	用气人口(万人)
全省	**24719.12**	**543823**	**157917**	**1977.05**	**193**	**213694**	**174614**	**445.78**
郑州市	6182.92	156187	39573	514.53	14	59311	41147	81.23
巩义市	269.22	9326	1041	26.60	2	5350	2980	5.81
荥阳市	226.01	3172	2707	14.24	2	3000	2543	3.90
新密市	375.51	6309	2807	18.80	2	680	675	2.00
新郑市	240.75	9951	1957	19.60	3	3322	1800	6.60
登封市	209.18	5427	330	11.30	4	5035	5000	7.00
开封市	1646.90	17873	5380	89.86	20	14540	13260	10.80
洛阳市	457.12	52422	8723	213.50	15	15032	15019	22.30
偃师市	41.64	1474	1288	11.16	1	1020	1015	4.00
平顶山市	505.89	13453	4089	94.90	10			
舞钢市	90.38	920	635	11.90	2			
汝州市	373.95	3195	888	26.80		2300	720	2.40
安阳市	1906.76	43768	12161	69.24	3	6080	2812	5.87
林州市	578.19	3409	2681	18.61	2	1218	1212	2.74
鹤壁市	505.71	7095	5259	45.00	7	919	895	2.70
新乡市	1471.38	23229	9304	76.19	7	1360	1300	2.06
卫辉市	121.33	1794	1184	11.10	4	1160	1157	3.10
辉县市	201.00	7603	3421	15.85	3	1460	1451	6.30
焦作市	1730.12	27168	6825	78.65				
沁阳市	381.00	3207	945	10.45	1	1721	1721	2.57
孟州市	171.87	1635	1544	14.20	1			
濮阳市	456.18	7354	5027	60.29	20			
许昌市	483.06	12847	6470	53.69	9	5893	576	2.24
禹州市	169.10	8235	1850	21.60	2	5612	5597	19.80
长葛市	144.44	18922	750	8.00	2	6720	5700	11.50
漯河市	359.10	2825	1715	33.00	4	8741	8725	26.03
三门峡市	268.46	12789	974	27.82	2	3660	3347	19.89
义马市	92.00	587	391	11.80		2554	2543	4.30
灵宝市	214.24	1512	349	12.25		840	720	3.90
南阳市	1046.00	12861	3383	112.18	18	14507	14479	45.26
邓州市	91.39	491	331	5.25	4	4714	4560	30.10
商丘市	803.89	13322	4900	55.25	5	13005	12000	40.00
永城市	273.99	3085	1242	25.90	4	4162	3850	18.59
信阳市	758.75	15377	6046	39.62	13	8800	6840	19.15
周口市	574.19	9052	2807	26.42	3	4700	4700	15.85
项城市	260.35	2060	1380	19.35	1	2325	2316	9.18
驻马店市	680.50	8020	4210	41.96		3560	3560	8.41
济源市	356.65	15870	3350	30.19	3	394	394	0.20

9-7 城市道路、园林和绿化情况(2018年)

市	道路长度(公里)	道路面积(万平方米)	道路照明灯盏数(盏)	安装路灯的道路长度(公里)	绿化覆盖面积(公顷)	#建成区	园林绿地面积(公顷)	公园绿地面积(公顷)	公园个数(个)
全省	**14537.74**	**36673**	**972369**	**11760.48**	**121864**	**111943**	**107112**	**31934**	**443**
郑州市	2201.76	6118	108757	2046.73	25065	22209	21544	8928	144
巩义市	140.90	404	16850	103.60	1352	1315	1245	529	3
荥阳市	162.89	376	10729	150.03	1023	1022	910	227	4
新密市	125.29	341	13758	125.29	1057	1056	959	219	4
新郑市	133.53	422	8834	119.05	1232	1231	1084	363	10
登封市	174.54	367	14540	131.00	1090	1070	960	265	9
开封市	708.03	1986	41623	524.29	6288	5162	5331	1127	14
洛阳市	918.06	2987	78766	718.68	9261	9244	8040	2560	18
偃师市	135.40	258	14702	132.00	804	798	747	199	5
平顶山市	372.14	1373	46402	329.00	3226	2991	2952	1136	16
舞钢市	127.87	248	3351	70.80	723	681	644	153	2
汝州市	189.72	483	9495	156.87	1515	1508	1300	547	11
安阳市	541.71	1299	35315	541.71	3687	3620	3184	899	12
林州市	170.61	322	27194	161.15	1051	976	909	244	2
鹤壁市	397.50	902	21210	348.30	2690	2690	2388	696	9
新乡市	497.09	1192	33983	450.48	5005	5003	4743	924	16
卫辉市	92.14	177	7922	73.55	800	798	693	149	2
辉县市	128.55	292	8966	91.02	808	797	711	200	9
焦作市	584.10	1373	25999	513.70	4648	4648	4048	1123	16
沁阳市	185.18	396	8654	149.99	775	759	663	128	4
孟州市	116.50	402	11904	116.65	651	650	586	166	2
濮阳市	393.74	925	31440	393.00	2648	2557	2485	905	9
许昌市	546.24	1791	44519	510.73	4480	4417	3965	835	8
禹州市	354.30	674	25023	169.79	2038	1817	1701	470	4
长葛市	180.46	390	10149	154.18	1016	996	869	296	3
漯河市	504.82	1041	26924	350.00	2940	2783	2472	913	13
三门峡市	317.63	652	32089	305.00	2267	2232	2011	640	7
义马市	142.70	312	4340	64.78	730	695	622	236	4
灵宝市	98.00	284	6210	96.00	828	812	729	196	1
南阳市	1294.46	2166	37198	543.28	8360	6003	7524	1702	14
邓州市	247.02	647	22368	206.00	1697	1417	1530	393	5
商丘市	462.77	1184	49736	435.20	3022	2999	2711	992	24
永城市	332.23	792	14459	273.00	2082	1959	1803	658	10
信阳市	433.72	933	28565	395.00	5681	4395	4901	862	6
周口市	283.57	905	36241	271.25	3414	2894	3201	574	8
项城市	219.28	451	6959	144.69	1451	1385	1277	360	3
驻马店市	381.13	1206	24512	158.34	4050	4048	3561	730	4
济源市	242.16	606	22683	236.35	2408	2309	2109	393	8

9-8 城市市容环境卫生情况(2018年)

市	排水管道长度(公里)	污水处理总量(万立方米)	道路清扫保洁面积(万平方米)	生活垃圾		公共厕所(座)	市容环卫专用车辆设备总数(辆)
				清运量(万吨)	无害化处理量(万吨)		
全省	**25027**	**194955**	**39207**	**1019.62**	**1016.64**	**9851**	**16424**
郑州市	4676	40082	6118	252.64	252.64	1755	7694
巩义市	270	1514	568	10.46	10.46	46	122
荥阳市	368	1630	489	14.78	14.78	60	134
新密市	151	1269	482	10.22	10.22	125	176
新郑市	261	1433	603	7.75	7.75	150	210
登封市	233	897	375	10.21	10.21	51	19
开封市	1118	11054	1925	35.33	35.33	896	378
洛阳市	1926	16407	3104	70.05	70.05	817	934
偃师市	173	1121	380	8.50	8.50	55	43
平顶山市	598	12400	1300	31.07	31.07	400	552
舞钢市	227	960	195	5.37	5.37	78	58
汝州市	363	1723	719	13.62	13.62	75	177
安阳市	1175	8335	1299	32.00	32.00	448	613
林州市	257	1186	437	12.25	12.25	97	75
鹤壁市	561	3954	946	21.13	21.13	100	193
新乡市	921	9697	1480	47.66	47.66	496	391
卫辉市	143	1374	253	7.78	7.78	26	27
辉县市	276	1832	419	16.50	16.50	54	79
焦作市	1090	8263	1671	28.67	28.44	169	247
沁阳市	250	556	383	6.94	6.94	43	60
孟州市	362	906	296	4.94	4.94	26	36
濮阳市	697	5931	925	32.56	32.56	154	187
许昌市	982	4175	1740	35.31	35.31	403	380
禹州市	475	2231	568	12.97	12.97	77	91
长葛市	259	1481	452	7.04	7.04	43	50
漯河市	826	6985	1200	26.01	26.01	384	108
三门峡市	291	2751	462	16.21	16.01	207	99
义马市	66	1585	249	5.80	5.80	30	59
灵宝市	160	2028	320	8.40	8.40	89	53
南阳市	1487	9975	2254	51.38	49.64	678	449
邓州市	526	1670	605	12.78	12.78	148	151
商丘市	520	5520	2173	40.35	39.55	395	1387
永城市	568	2572	748	17.01	17.01	126	73
信阳市	352	3993	481	34.41	34.41	367	252
周口市	710	4557	710	19.06	19.06	178	202
项城市	463	2111	542	10.98	10.98	67	51
驻马店市	754	7194	1748	21.83	21.83	427	510
济源市	493	3603	589	19.66	19.66	111	104

主要统计指标解释

城区面积

包括：市本级(1)街道办事处所辖地域；(2)城市公共设施、居住设施和市政公用设施等连接到的其他镇（乡）地域；（3）常住人口在3000人以上独立的工矿区、开发区、科研单位、大专院校等特殊区域。

建成区面积

城市行政区内实际已成片开发建设、市政公用设施和公共设施基本具备的区域。对核心城市，它包括集中连片的部分以及分散的若干个已经成片建设起来，市政公用设施和公共设施基本具备的地区；对一城多镇来说，它包括由几个连片开发建设起来的，市政公用设施和公共设施基本具备的地区组成。因此建成区范围，一般是指建成区外轮廓线所能包括的地区，也就是这个城市实际建设用地所达到的范围。

供水总量　指报告期供水企业（单位）供出的全部水量。包括有效供水量和漏损水量。

有效供水量指水厂将水供出厂外后，各类用户实际使用到的水量。包括售水量和免费供水量。

城市燃气　指符合《城镇燃气设计规范》的规定，供城市生产和生活作燃料使用的天然气、人工煤气和液化石油气等气体能源的统称。

供气总量　指报告期燃气企业（单位）向用户供应的燃气数量。包括销售量和损失量

集中供热面积　指从一个或多个热源通过热网向城市的热用户供给生产和生活热能，供热企业（单位）向城市各类房屋建筑物、构筑物及其附属设施供热的全部建筑面积。

道路长度　指道路长度和与道路相通的桥梁、隧道的长度，按车行道中心线计算。

道路面积　指道路实际铺装面积和与道路相通的广场、桥梁、隧道的铺装面积（统计时，将人行道面积单独统计）。

人行道面积按道路两侧面积相加计算，包括步行街和广场，不含人车混行的道路。

排水管道长度　指所有排水总管、干管、支管、检查井及连接井进出口等长度之和。计算时应按单管计算，即在同一条街道上如有两条或两条以上并排的排水管道时，应按每条排水管道的长度相加计算。

污水排放总量　指生活污水、工业废水的排放总量，包括从排水管道和排水沟（渠）排出的污水量。

污水处理量　指污水处理厂（或污水处理装置）实际处理的污水量。包括物理处理量、生物处理量和化学处理量。

其中处理本市（县）外，指污水处理厂作为区域设施，不仅处理本市（县）的污水，还处理本市（县）以外其他市、县或乡镇等的污水。这部分污水处理量单独统计，并在计算本市（县）的污水处理率时扣除。

公园绿地面积　城市中向公众开放的、以游憩为主要功能，有一定的游憩设施和服务设施，同时兼有健全生态、美化景观、防灾减灾等综合作用的绿化用地。它是城市建设用地、城市绿地系统和城市市政公用设施的重要组成部分。

生活垃圾清运量　指报告期内收集和运送到各生活垃圾处理厂(场)和生活垃圾最终消纳点的生活垃圾数量。生活垃圾指城市日常生活或为城市日常生活提供服务的活动中产生的固体废物以及法律行政规定的视为城市生活垃圾的固体废物。包括：居民生活垃圾、商业垃圾、集市贸易市场垃圾、街道清扫垃圾、公共场所垃圾和机关、学校、厂矿等单位的生活垃圾。

生活垃圾处理量　指报告期内简易处理场和各种生活垃圾无害化处理场（厂）处理生活垃圾总量。生活垃圾简易处理量指生活垃圾简易处理场所处理的生活垃圾总量。生活垃圾无害化处理量指生活垃圾无害化处理场（厂）所处理的生活垃圾总量。

全国及分省（市、区）指标

资料整理：各有关处

10-1 全国及各省区市生产总值(2018年)

地　区	生　产总　值(亿元)	第一产业	第二产业	第三产业	生产总值增　速(%)	第一产业	第二产业	第三产业
全　国	**900309.50**	**64734.00**	**366000.90**	**469574.60**	**6.6**	**3.5**	**5.8**	**7.6**
北　京	30319.98	118.69	5647.65	24553.64	6.6	-2.3	4.2	7.3
天　津	18809.64	172.71	7609.81	11027.12	3.6	0.1	1.0	5.9
河　北	36010.27	3338.00	16040.06	16632.21	6.6	3.0	4.3	9.8
山　西	16818.11	740.64	7089.19	8988.28	6.7	2.1	4.5	8.8
内蒙古	17289.22	1753.82	6807.30	8728.10	5.3	3.2	5.1	6.0
辽　宁	25315.35	2033.30	10025.10	13256.95	5.7	3.1	7.4	4.8
吉　林	15074.62	1160.75	6410.85	7503.02	4.5	2.0	4.0	5.5
黑龙江	16361.62	3000.96	4030.94	9329.72	4.7	3.7	2.1	6.4
上　海	32679.87	104.37	9732.54	22842.96	6.6	-6.9	1.8	8.7
江　苏	92595.40	4141.72	41248.52	47205.16	6.7	1.8	5.8	7.9
浙　江	56197.15	1967.01	23505.88	30724.26	7.1	1.9	6.7	7.8
安　徽	30006.82	2638.01	13842.09	13526.72	8.0	3.2	8.5	8.6
福　建	35804.04	2379.82	17232.36	16191.86	8.3	3.5	8.5	8.8
江　西	21984.78	1877.33	10250.21	9857.24	8.7	3.4	8.3	10.3
山　东	76469.67	4950.52	33641.72	37877.43	6.4	2.6	5.1	8.3
河　南	**48055.86**	**4289.38**	**22034.83**	**21731.65**	**7.6**	**3.3**	**7.2**	**9.2**
湖　北	39366.55	3547.51	17088.95	18730.09	7.8	2.9	6.8	9.9
湖　南	36425.78	3083.59	14453.54	18888.65	7.8	3.5	7.2	9.2
广　东	97277.77	3831.44	40695.15	52751.18	6.8	4.2	5.9	7.8
广　西	20352.51	3019.37	8072.94	9260.20	6.8	5.6	4.3	9.4
海　南	4832.05	1000.11	1095.79	2736.15	5.8	3.9	4.8	6.8
重　庆	20363.19	1378.27	8328.79	10656.13	6.0	4.4	3.0	9.1
四　川	40678.13	4426.66	15322.72	20928.75	8.0	3.6	7.5	9.4
贵　州	14806.45	2159.54	5755.54	6891.37	9.1	6.9	9.5	9.5
云　南	17881.12	2498.86	6957.44	8424.82	8.9	6.3	11.3	7.6
西　藏	1477.63	130.25	628.37	719.01	9.1	3.4	17.5	4.1
陕　西	24438.32	1830.19	12157.48	10450.65	8.3	3.2	8.7	8.8
甘　肃	8246.07	921.30	2794.67	4530.10	6.3	5.0	3.8	8.4
青　海	2865.23	268.10	1247.06	1350.07	7.2	4.5	7.8	6.9
宁　夏	3705.18	279.85	1650.26	1775.07	7.0	4.0	6.8	7.7
新　疆	12199.08	1692.09	4922.97	5584.02	6.1	4.7	4.2	8.0
河南居全国位次	**5**	**3**	**5**	**7**	**11**	**17**	**11**	**7**

注：生产总值按当年价格计算。生产总值指数按可比价格计算。

10-2 全国及各省区市主要农产品产量(2018年)

单位：万吨

地 区	粮 食	棉 花	油 料	水果	肉类	奶类	禽蛋
全 国	**65789.22**	**610.28**	**3433.39**	**25688.35**	**8624.63**	**3176.79**	**3128.28**
北 京	34.14	0.00	0.42	61.46	17.47	31.06	11.25
天 津	209.69	1.83	0.63	62.47	33.89	48.04	19.41
河 北	3700.86	23.93	121.38	1347.93	466.70	391.13	377.97
山 西	1380.40	0.36	15.47	750.55	93.09	81.69	102.58
内蒙古	3553.28	0.01	201.51	264.18	267.32	571.84	55.20
辽 宁	2192.45	0.00	78.13	788.87	377.12	132.60	297.20
吉 林	3632.74		87.53	148.14	253.60	39.01	117.11
黑龙江	7506.80		11.22	170.82	247.55	458.50	108.50
上 海	103.74	0.01	0.71	54.31	13.45	33.44	3.16
江 苏	3660.28	2.06	86.04	934.13	328.48	50.03	177.96
浙 江	599.14	0.81	29.43	743.62	104.56	15.77	31.49
安 徽	4007.25	8.85	158.04	643.83	421.74	30.80	158.26
福 建	498.58	0.01	21.24	683.11	256.06	14.31	44.32
江 西	2190.70	7.21	120.80	684.37	325.68	9.63	46.96
山 东	5319.51	21.70	310.90	2788.79	854.70	232.52	447.00
河 南	**6648.91**	**3.79**	**631.03**	**2492.76**	**669.41**	**208.90**	**413.61**
湖 北	2839.47	14.93	302.48	997.99	430.95	12.81	171.53
湖 南	3022.90	8.57	234.45	1016.82	541.72	6.20	105.40
广 东	1193.49		106.25	1669.16	449.90	13.90	39.24
广 西	1372.80	0.13	66.66	2116.56	426.84	8.87	22.31
海 南	147.12		8.44	430.41	79.86	0.19	4.66
重 庆	1079.34		63.70	431.27	182.25	4.89	41.46
四 川	3493.70	0.40	362.54	1080.67	664.74	64.27	148.80
贵 州	1059.70	0.06	112.62	369.53	213.73	4.58	20.03
云 南	1860.54	0.00	60.98	813.35	427.16	65.65	32.72
西 藏	104.40		5.85	0.32	28.40	40.79	0.49
陕 西	1226.00	0.99	60.96	1835.08	114.45	159.73	61.58
甘 肃	1151.43	3.53	70.41	609.28	101.21	41.10	14.10
青 海	103.06		28.47	3.51	36.53	33.50	2.33
宁 夏	392.58		7.29	197.21	34.14	169.37	14.38
新 疆	1504.23	511.09	67.81	1497.85	161.95	201.67	37.27
河南为全国%	**10.1**	**0.6**	**18.4**	**9.7**	**7.76**	**6.58**	**13.22**
河南居全国位次	**2**	**8**	**1**	**2**	**2**	**5**	**2**

10-3 全国及各省区市分城乡居民消费、商品零售、农资价格指数(2018年)

(上年=100)

地区	居民消费价格总指数			商品零售价格总指数			农业生产资料价格指数
	全省(市、区)	城市	农村	全省(市、区)	城市	农村	
全国	**102.1**	**102.1**	**102.1**	**101.9**	**101.9**	**102.1**	**103.1**
北京	102.5			101.1			
天津	102.0			101.6			
河北	102.4	102.5	102.4	102.2	102.1	102.6	103.2
山西	101.8	101.8	101.8	101.7	101.7	101.6	102.5
内蒙古	101.8	101.8	101.9	101.6	101.6	101.8	102.8
辽宁	102.5	102.6	102.0	101.4	101.4	101.3	101.8
吉林	102.1	102.0	102.3	102.4	102.4	102.8	103.7
黑龙江	102.0	102.0	101.9	101.1	101.0	101.9	103.6
上海	101.6			101.6			
江苏	102.3	102.3	102.4	102.6	102.5	103.2	103.9
浙江	102.3	102.3	102.2	102.1	102.1	102.3	101.8
安徽	102.0	102.0	102.0	101.9	101.9	102.1	101.5
福建	101.5	101.5	101.5	101.5	101.5	101.6	103.1
江西	102.1	102.1	102.2	101.0	101.0	100.8	102.7
山东	102.5	102.4	102.7	102.2	102.1	102.7	106.9
河南	**102.3**	**102.4**	**102.0**	**102.9**	**103.0**	**102.9**	**104.3**
湖北	101.9	102.0	101.8	101.2	101.2	101.6	100.9
湖南	102.0	101.9	102.0	102.3	102.3	102.0	102.7
广东	102.2	102.2	101.9	102.1	102.1	101.8	102.5
广西	102.3	102.4	102.2	101.6	101.6	101.7	101.8
海南	102.5	102.4	102.5	102.5	102.6	102.2	102.2
重庆	102.0			101.2			
四川	101.7	101.7	101.7	101.4	101.4	101.3	101.8
贵州	101.8	102.0	101.4	101.8	102.0	101.3	98.8
云南	101.6	101.6	101.4	101.5	101.5	101.8	101.7
西藏	101.7	101.3	102.2	101.5	101.3	102.4	101.0
陕西	102.1	102.0	102.3	102.1	102.1	102.3	103.8
甘肃	102.0	101.9	102.3	101.7	101.8	101.0	104.2
青海	102.5	102.5	102.5	102.1	102.0	102.6	102.1
宁夏	102.3	102.2	102.7	102.9	102.9	103.2	105.6
新疆	102.0	101.8	102.4	100.9	100.8	102.0	104.9
河南居全国位次	**11**	**6**	**17**	**1**	**1**	**3**	**4**

10-3 续表

(上年=100)

地 区	居民消费价格总指数	食品烟酒	衣着	居住	生活用品及服务	交通和通信	教育文化和娱乐	医疗保健	其他用品及服务
全 国	**102.1**	**101.9**	**101.2**	**102.4**	**101.6**	**101.7**	**102.2**	**104.3**	**101.2**
北 京	102.5	103.1	99.7	103.2	101.3	100.6	103.6	103.0	102.2
天 津	102.0	103.1	101.1	101.3	101.1	101.3	102.4	102.6	101.1
河 北	102.4	102.0	101.7	102.5	101.7	100.4	102.4	107.4	102.5
山 西	101.8	101.7	100.5	102.4	100.6	101.2	101.9	103.6	101.3
内蒙古	101.8	102.0	101.7	102.3	101.1	101.4	100.8	102.7	100.6
辽 宁	102.5	102.2	100.4	101.5	100.4	101.5	102.1	111.1	100.9
吉 林	102.1	101.4	102.5	102.1	102.3	100.8	102.3	105.3	100.7
黑龙江	102.0	100.9	100.9	101.1	100.8	101.2	102.9	108.6	99.8
上 海	101.6	102.3	98.3	100.2	101.4	104.0	103.1	102.4	102.4
江 苏	102.3	102.3	102.2	102.4	103.4	102.5	102.4	101.2	102.2
浙 江	102.3	102.6	101.1	103.4	101.4	101.0	102.2	102.6	100.2
安 徽	102.0	102.1	102.0	102.1	101.7	101.1	102.2	102.8	100.6
福 建	101.5	101.7	99.6	101.9	100.9	101.2	102.1	102.1	100.5
江 西	102.1	101.0	100.2	102.6	101.0	101.6	102.6	108.3	100.8
山 东	102.5	102.3	103.2	103.1	101.6	101.8	102.2	103.0	100.8
河 南	**102.3**	**101.5**	**101.1**	**102.2**	**101.6**	**102.2**	**103.0**	**106.1**	**101.4**
湖 北	101.9	101.8	100.8	102.5	101.3	102.2	101.5	103.5	100.6
湖 南	102.0	100.8	101.9	103.6	101.3	102.8	101.5	102.5	100.6
广 东	102.2	102.1	101.7	102.1	101.4	101.9	102.3	104.5	101.0
广 西	102.3	101.0	101.5	104.3	101.9	101.6	102.5	104.5	101.3
海 南	102.5	101.2	104.1	103.4	102.0	103.3	102.7	103.6	101.8
重 庆	102.0	101.4	101.5	102.8	101.7	100.1	103.0	105.7	100.9
四 川	101.7	101.3	101.1	102.6	101.5	101.2	101.5	102.8	102.4
贵 州	101.8	100.7	100.9	102.9	100.9	102.1	103.4	102.0	100.6
云 南	101.6	100.5	101.4	102.1	101.1	101.7	102.3	104.1	100.8
西 藏	101.7	102.3	102.3	101.1	101.7	101.5	100.4	102.1	101.1
陕 西	102.1	102.0	100.9	102.7	102.3	101.0	101.7	104.0	101.3
甘 肃	102.0	100.9	101.1	103.5	100.8	101.2	100.5	108.0	100.8
青 海	102.5	102.7	101.4	102.5	101.1	101.6	104.8	103.4	100.5
宁 夏	102.3	102.5	102.2	102.6	102.3	102.7	101.8	101.9	101.2
新 疆	102.0	103.1	98.9	97.9	102.3	101.2	101.3	112.5	100.1
河南居全国位次	**7**	**20**	**16**	**20**	**12**	**6**	**5**	**7**	**7**

10-4 全国及各省区市主要价格指数(2018年)

(上年=100)

地 区	固定资产投资价格指数	工业生产者出厂价格指数	工业生产者购进价格指数
全 国	**105.4**	**103.5**	**104.1**
北 京	103.8	100.0	100.8
天 津	104.5	105.4	106.2
河 北	105.0	106.2	104.0
山 西	104.5	106.7	105.5
内蒙古	103.6	103.2	102.4
辽 宁	103.5	104.8	104.5
吉 林	104.6	102.8	103.5
黑龙江	103.3	109.0	109.0
上 海	105.6	101.7	105.2
江 苏	106.0	102.8	104.6
浙 江	105.7	103.4	105.1
安 徽	105.8	103.0	105.3
福 建	104.9	102.8	102.8
江 西	106.4	104.2	103.2
山 东	106.1	103.7	103.6
河 南	**105.4**	**103.6**	**104.0**
湖 北	106.6	104.2	104.8
湖 南	104.8	103.2	103.5
广 东	106.2	101.8	102.5
广 西	104.5	103.2	103.4
海 南	106.2	108.2	110.8
重 庆	105.0	102.1	102.5
四 川	106.4	103.6	105.3
贵 州	105.2	101.8	103.4
云 南	104.9	102.4	104.4
西 藏		100.1	
陕 西	105.4	105.4	104.2
甘 肃	104.6	109.5	109.8
青 海	104.3	104.8	104.5
宁 夏	103.5	107.3	106.5
新 疆	103.7	111.2	109.2
河南居全国位次	**11**	**15**	**18**

10-5 全国及各省区市分月

(上年同期=100)

地 区	全年	1月	2月	3月	4月	5月
全 国	**103.5**	**104.3**	**103.7**	**103.1**	**103.4**	**104.1**
北 京	100.0	100.0	100.0	99.6	99.3	99.6
天 津	105.4	106.3	104.8	104.8	105.9	107.1
河 北	106.2	109.3	107.5	106.1	107.7	108.4
山 西	106.7	107.5	107.3	106.8	105.7	105.9
内蒙古	103.2	104.8	104.0	103.3	103.0	104.0
辽 宁	104.8	106.1	105.8	105.0	105.1	105.8
吉 林	102.8	102.2	102.3	102.2	102.8	103.8
黑龙江	109.0	105.7	105.6	103.5	106.5	108.9
上 海	101.7	102.5	102.0	101.2	101.2	101.8
江 苏	102.8	103.6	102.7	102.2	102.5	103.4
浙 江	103.4	104.1	103.5	103.0	103.4	104.3
安 徽	103.0	104.3	103.6	103.2	103.6	103.9
福 建	102.8	102.4	101.9	101.5	101.3	102.1
江 西	104.2	107.7	106.2	105.2	105.2	106.1
山 东	103.7	104.4	103.9	103.5	103.6	104.4
河 南	**103.6**	**105.2**	**104.6**	**104.5**	**104.2**	**104.5**
湖 北	104.2	105.0	104.4	103.8	103.9	104.6
湖 南	103.2	103.7	103.5	103.2	103.3	103.7
广 东	101.8	101.4	100.7	100.4	100.8	101.2
广 西	103.2	103.9	103.3	102.9	103.7	104.8
海 南	108.2	106.5	106.1	104.9	105.7	108.2
重 庆	102.1	103.0	102.3	101.9	101.6	102.0
四 川	103.6	106.2	105.3	104.4	104.2	104.3
贵 州	101.8	100.6	100.8	101.5	101.2	101.7
云 南	102.4	104.1	103.6	102.8	102.5	103.1
西 藏	100.1	100.5	101.6	99.5	100.2	101.5
陕 西	105.4	104.1	103.9	104.2	104.3	105.0
甘 肃	109.5	110.2	109.3	107.2	109.7	112.5
青 海	104.8	108.9	108.5	105.8	106.3	106.9
宁 夏	107.3	110.6	110.0	107.6	107.1	108.3
新 疆	111.2	109.9	109.2	105.8	109.7	112.2
河南居全国位次	**15**					

工业生产者出厂价格指数(2018年)

6月	7月	8月	9月	10月	11月	12月
104.7	**104.6**	**104.1**	**103.6**	**103.3**	**102.7**	**100.9**
100.1	100.5	100.6	100.6	100.3	100.1	99.5
108.1	107.9	106.1	105.8	105.6	103.2	99.7
109.3	107.5	105.6	105.1	105.2	104.0	100.1
108.6	108.4	107.6	106.2	105.5	106.4	104.5
105.0	104.7	103.7	102.3	101.2	101.9	100.3
106.3	106.4	105.3	104.5	104.2	103.3	100.7
104.0	103.7	103.2	103.3	103.1	102.1	100.4
112.1	114.8	113.2	114.0	113.6	108.7	102.4
102.6	102.7	102.3	101.9	101.6	101.0	99.9
103.9	103.7	103.4	103.0	102.6	102.0	100.5
104.7	104.4	104.1	103.7	103.0	102.2	100.9
104.3	103.9	103.1	102.5	102.3	101.6	100.1
102.6	103.3	103.9	104.1	104.1	103.6	102.4
106.2	105.2	103.8	102.3	101.8	101.5	100.2
104.9	104.9	104.2	103.8	103.6	102.4	100.6
104.7	**104.1**	**103.3**	**102.6**	**102.4**	**102.1**	**100.9**
105.1	105.2	104.7	104.2	104.3	103.7	102.1
104.2	104.2	103.7	103.1	102.8	102.4	101.1
101.7	102.3	102.7	102.9	102.8	102.7	101.8
104.9	104.7	103.9	103.0	102.5	102.1	99.5
109.9	110.6	112.4	112.8	112.3	107.7	102.3
102.3	102.4	102.3	102.1	101.9	101.7	101.3
104.2	104.1	103.7	102.8	102.3	101.6	100.9
103.0	103.5	103.1	101.7	101.1	102.2	101.8
103.6	103.3	102.1	101.4	101.1	100.9	100.3
101.5	100.7	99.4	100.3	99.7	98.4	98.6
106.8	107.4	106.9	107.0	106.7	106.1	102.9
114.3	113.6	110.2	108.8	109.2	109.1	101.3
107.8	107.8	104.7	102.9	101.9	99.8	98.1
108.9	108.6	107.6	106.4	105.7	104.9	102.3
115.0	116.7	115.4	114.4	114.9	109.6	102.7

10-6 全国及各省区市分月

(上年同期=100)

地 区	全年	1月	2月	3月	4月	5月
全 国	**104.1**	**105.2**	**104.4**	**103.7**	**103.7**	**104.3**
北 京	100.8	100.8	100.5	100.0	100.3	100.4
天 津	106.2	108.0	106.9	106.1	106.0	106.5
河 北	104.0	105.6	104.7	103.0	103.0	103.4
山 西	105.5	107.0	106.7	106.5	105.6	105.6
内蒙古	102.4	103.8	103.4	102.8	102.3	102.7
辽 宁	104.5	105.0	104.9	103.8	103.8	104.3
吉 林	103.5	103.8	103.6	103.0	103.6	104.0
黑龙江	109.0	106.7	106.2	104.3	106.4	108.9
上 海	105.2	105.4	103.8	102.8	103.1	103.9
江 苏	104.6	106.4	105.3	104.3	104.7	105.3
浙 江	105.1	106.7	105.6	104.6	104.6	105.6
安 徽	105.3	107.1	106.8	106.5	105.5	105.9
福 建	102.8	103.3	102.5	101.9	101.6	102.2
江 西	103.2	104.6	103.9	103.0	103.3	104.0
山 东	103.6	104.6	103.7	103.1	103.4	104.1
河 南	**104.0**	**105.1**	**104.4**	**103.8**	**104.2**	**105.1**
湖 北	104.8	105.5	104.6	104.0	103.9	105.1
湖 南	103.5	104.6	103.8	103.5	103.3	104.0
广 东	102.5	102.9	102.5	101.9	101.1	101.3
广 西	103.4	104.7	103.5	103.1	102.8	103.3
海 南	110.8	102.9	104.8	104.5	104.9	106.7
重 庆	102.5	103.2	102.5	102.3	102.4	102.6
四 川	105.3	107.5	106.9	106.1	105.4	105.9
贵 州	103.4	103.7	102.3	102.4	103.0	103.7
云 南	104.4	105.1	105.0	106.0	105.5	106.0
西 藏						
陕 西	104.2	104.0	103.4	102.6	104.1	104.3
甘 肃	109.8	110.9	110.3	107.1	107.9	110.1
青 海	104.5	105.9	107.0	105.4	106.5	105.8
宁 夏	106.5	107.0	106.9	106.0	106.2	106.1
新 疆	109.2	112.7	110.6	107.8	108.3	109.2
河南居全国位次	**18**					

工业生产者购进价格指数(2018年)

6月	7月	8月	9月	10月	11月	12月
105.1	**105.2**	**104.8**	**104.2**	**104.0**	**103.3**	**101.6**
100.7	100.9	101.2	101.4	100.9	101.2	100.9
107.8	107.9	107.0	106.2	105.7	104.7	101.7
104.9	104.7	104.2	103.4	104.4	104.5	102.2
107.1	106.8	106.0	104.4	103.4	103.9	103.1
103.0	102.7	102.0	101.6	101.6	101.2	101.2
105.4	105.7	105.1	104.7	104.7	104.3	102.0
104.6	104.4	103.9	104.0	103.8	102.8	100.3
111.5	114.1	112.7	113.0	112.9	108.8	103.0
105.9	107.2	107.2	106.9	107.0	106.5	102.6
106.0	105.8	105.3	104.6	104.1	102.8	100.6
106.6	106.7	106.1	105.3	104.6	103.4	101.2
106.7	106.5	105.4	104.5	103.6	103.0	102.0
102.9	103.9	104.2	103.8	103.2	102.9	101.2
104.2	104.2	103.5	102.4	102.3	102.1	100.7
104.8	104.7	104.2	103.6	103.5	102.8	101.3
105.2	**104.7**	**104.8**	**103.9**	**103.2**	**102.5**	**101.8**
106.1	106.0	106.1	105.1	104.9	104.4	101.9
104.3	104.2	103.7	103.1	102.9	102.8	101.7
102.7	103.0	103.1	102.9	103.4	102.9	101.6
104.1	104.3	103.6	103.3	103.3	102.7	101.6
111.2	116.4	114.9	114.6	118.6	118.1	112.4
102.9	102.8	102.8	102.5	102.2	102.0	101.5
105.9	106.1	105.4	104.3	104.0	103.8	102.9
104.1	104.8	104.4	104.1	103.2	102.9	102.2
106.0	105.3	104.5	103.7	103.3	101.7	101.0
105.1	105.5	105.1	104.8	104.7	104.3	103.0
112.5	113.8	111.5	111.6	111.1	108.0	103.2
105.1	106.3	103.9	102.8	104.6	101.2	99.4
106.9	108.7	107.8	107.1	106.3	106.1	103.1
110.0	110.5	109.7	109.7	110.4	108.2	104.1

10-7 全国70个大中城市商品住宅销售价格指数(2018年)

(上年=100)

地　　区	新建商品住宅销售价格指数	二手住宅交易价格指数
北　　京	100.2	96.2
天　　津	101.2	103.0
石 家 庄	106.3	102.5
太　　原	108.7	109.4
呼和浩特	112.5	108.9
沈　　阳	111.3	106.7
大　　连	112.6	107.4
长　　春	110.2	107.7
哈 尔 滨	112.6	109.5
上　　海	99.8	98.2
南　　京	98.8	99.6
杭　　州	101.4	106.2
宁　　波	105.9	106.5
合　　肥	101.2	101.5
福　　州	101.8	100.9
厦　　门	100.7	95.8
南　　昌	106.5	105.3
济　　南	106.9	104.1
青　　岛	107.6	109.4
郑　　州	**104.0**	**99.4**
武　　汉	104.1	106.9
长　　沙	107.7	107.5
广　　州	103.0	103.0
深　　圳	98.8	105.3
南　　宁	107.4	105.4
海　　口	114.3	106.5
重　　庆	108.9	107.9
成　　都	105.6	103.4
贵　　阳	113.1	108.0
昆　　明	114.2	110.6
西　　安	114.6	111.3
兰　　州	107.5	106.4
西　　宁	108.2	104.4
银　　川	107.4	103.3
乌鲁木齐	110.4	114.2

注：各地年度数据是根据国家各月反馈数据进行简单平均计算得出。新建商品住宅不包含保障性住房。

10-7 续表

(上年=100)

地　区	新建商品住宅销售价格指数	二手住宅交易价格指数
唐　山	108.5	104.3
秦皇岛	110.3	106.5
包　头	109.3	104.3
丹　东	111.7	105.2
锦　州	106.0	102.8
吉　林	108.7	105.5
牡丹江	108.7	104.0
无　锡	100.7	105.0
扬　州	109.1	106.0
徐　州	111.7	106.7
温　州	104.0	103.1
金　华	106.9	107.2
蚌　埠	104.6	105.1
安　庆	105.5	105.1
泉　州	100.6	103.3
九　江	106.7	104.5
赣　州	103.3	104.6
烟　台	110.4	108.1
济　宁	109.1	111.0
洛　阳	**107.7**	**105.9**
平顶山	**107.2**	**106.6**
宜　昌	109.2	108.1
襄　阳	108.1	106.5
岳　阳	108.5	105.7
常　德	107.8	105.3
惠　州	103.3	105.1
湛　江	106.9	105.4
韶　关	105.1	104.6
桂　林	107.5	104.1
北　海	110.1	106.1
三　亚	111.9	107.6
泸　州	109.4	107.5
南　充	112.0	109.1
遵　义	110.7	108.0
大　理	111.7	107.9

10-8 全国及各省区市固定资产投资价格指数(2018年)

(上年=100)

地 区	固定资产投资价格指数	建筑安装工程	设备、工器具	其它费用
全 国	**105.4**	**107.2**	**101.0**	**101.2**
北 京	103.8	108.2	100.4	100.6
天 津	104.5	106.9	101.0	100.5
河 北	105.0	106.7	101.3	100.6
山 西	104.5	106.5	101.0	100.9
内蒙古	103.6	104.6	101.0	100.8
辽 宁	103.5	104.4	100.8	101.2
吉 林	104.6	107.8	100.8	100.9
黑龙江	103.3	104.4	100.8	100.4
上 海	105.6	109.2	100.8	101.0
江 苏	106.0	109.6	100.7	102.3
浙 江	105.7	108.8	100.7	101.9
安 徽	105.8	108.5	101.0	100.8
福 建	104.9	106.7	100.8	100.4
江 西	106.4	109.2	100.1	101.0
山 东	106.1	108.7	101.5	101.5
河 南	**105.4**	**107.4**	**101.5**	**101.0**
湖 北	106.6	108.8	101.1	102.3
湖 南	104.8	105.8	100.7	102.6
广 东	106.2	108.4	101.1	101.3
广 西	104.5	106.3	100.6	100.3
海 南	106.2	108.0	101.0	101.7
重 庆	105.0	106.3	101.0	100.5
四 川	106.4	109.0	101.0	103.7
贵 州	105.2	106.0	101.7	101.1
云 南	104.9	105.7	100.9	100.6
西 藏				
陕 西	105.4	107.1	100.6	103.1
甘 肃	104.6	105.4	101.8	101.5
青 海	104.3	105.2	101.0	102.2
宁 夏	103.5	104.7	100.9	100.0
新 疆	103.7	104.5	101.1	100.2
河南居全国位次	**11**	**13**	**4**	**14**

10-9 全国及各省区市城乡居民人均可支配收入和消费支出(2018年)

单位：元

地 区	全体居民		城镇常住居民		农村常住居民	
	可支配收入	人均消费支出	可支配收入	人均消费支出	可支配收入	人均消费支出
全 国	**28228**	**19853**	**39251**	**26112**	**14617**	**12124**
北 京	62361	39843	67990	42926	.	.
天 津	39506	29903	42976	32655	23065	16863
河 北	23446	16722	32977	22127	14031	11383
山 西	21990	14810	31035	19790	11750	9172
内蒙古	28376	19665	38305	24437	13803	12661
辽 宁	29701	21398	37342	26448	14656	11455
吉 林	22798	17200	30172	22394	13748	10826
黑龙江	22726	16994	29191	21035	13804	11417
上 海	64183	43351	68034	46015	30375	19965
江 苏	38096	25007	47200	29462	20845	16567
浙 江	45840	29471	55574	34598	27302	19707
安 徽	23984	17045	34393	21523	13996	12748
福 建	32644	22996	42121	28145	17821	14943
江 西	24080	15792	33819	20760	14460	10885
山 东	29205	18780	39549	24798	16297	11270
河 南	**21964**	**15169**	**31874**	**20989**	**13831**	**10392**
湖 北	25815	19538	34455	23996	14978	13946
湖 南	25241	18808	36698	25064	14093	12721
广 东	35810	26054	44341	30924	17168	15411
广 西	21485	14935	32436	20159	12435	10617
海 南	24579	17528	33349	22971	13989	10956
重 庆	26386	19248	34889	24154	13781	11977
四 川	22461	17664	33216	23484	13331	12723
贵 州	18430	13798	31592	20788	9716	9170
云 南	20084	14250	33488	21626	10768	9123
西 藏	17286	11520	33797	23029	11450	7452
陕 西	22528	16160	33319	21966	11213	10071
甘 肃	17488	14624	29957	22606	8804	9065
青 海	20757	16557	31515	22998	10393	10352
宁 夏	22400	16715	31895	21977	11708	10790
新 疆	21500	16189	32764	24191	11975	9421

《河南调查年鉴-2019》只读光盘介绍

《河南调查年鉴-2019》只读光盘是一张信息高度密集的资料载体。该光盘全面反映河南省经济社会发展情况的抽样调查资料，收录了全省和市、县（区）2018年经济和社会发展有关方面大量的调查统计数据，以及历史重要年份的全省主要调查统计数据。

光盘的主要内容分为10个部分，即1.综合；2.农业；3.畜牧业；4.消费价格；5.生产价格；6.农产品价格；7.人民生活；8. 县域经济；9. 城市经济；10. 全国及分省（市、区）指标。主要篇末附有《主要统计指标解释》。

《河南调查年鉴-2019》光盘（CD-ROM）操作简便、功能实用，浏览时可实现各部分内容之间的切换，并附有Html文件。

本光盘所有资料的浏览查阅和计算加工，未经许可不得用于营业性用途，否则必追究其法律责任。